礼乐制度变迁与春秋文体演变研究

韩高年　著

商务印书馆
创于1897　The Commercial Press

图书在版编目（CIP）数据

礼乐制度变迁与春秋文体演变研究 / 韩高年著. —
北京：商务印书馆，2021
ISBN 978-7-100-18790-9

Ⅰ.①礼… Ⅱ.①韩… Ⅲ.①礼乐－文化研究－中国－
春秋时代②古典文学－文学研究－中国－春秋时代
Ⅳ.①K892.9②I206.2

中国版本图书馆CIP数据核字（2020）第137956号

国家社科基金一般项目"礼乐制度变迁
与春秋文体源流演变研究"（项目编号：09BZW020）成果

礼乐制度变迁与春秋文体演变研究

韩高年　著

商　务　印　书　馆　出　版
（北京王府井大街36号　邮政编码 100710）
商　务　印　书　馆　发　行
三 河 市 尚 艺 印 装 有 限 公 司 印 刷
ISBN 978 - 7 - 100 - 18790 - 9

2021年4月第1版　　开本 710×1000　1/16
2021年4月第1次印刷　印张 26 1/2

定价：132.00元

序

吴承学

今年寒假，韩高年教授来信，告知新著《礼乐制度变迁与春秋文体演变研究》（以下简称"韩著"）即将由商务印书馆出版，嘱余写序。我虽然很早就读过韩高年教授的论文，神交已久，但没有打过交道。他名字的高古和文章的老到，竟然让我误以为他是一位老先生。前几年在北京《文学遗产》编辑部开会时，他自我介绍，我才知道他原是位帅气的年轻人。

韩著研究礼乐制度与春秋文体的关系，我对此甚感兴趣，也有共鸣。我曾在《中国古代文体学研究》的绪论中，提出早期的文体学研究，必须"考之以制度"："在研究文体与文体学时，一定要注意到文体与中国古代礼乐与政治制度的关系。因为中国古代大量的文体，其实是实用文体，与礼乐和政治制度关系密切，研究时要考证和梳理其具体使用背景，还原其仪式、程序、文本形式等历史语境。""中国古代文体学具有礼学的背景，这正是中国文体学固有特色之一。如果我们承认文体谱系与礼乐制度、政治制度密切相关。那么，一系列的问题也就相应而生。比如，先秦的礼乐制度与文体产生、秦汉政治制度的建立与文体谱系形成、历代政治制度的变迁与文体演化、举士制度与文体演化……这些都有待我们去探讨。"中国早期文体谱系的建构与制度设置有密切关系。中国早期文体谱系观念的发生是基于礼仪、政治及制度建构之上的，许多文体功能、文体类别是从文体使用者的身份与职责延伸而来的，与之共同构成文体谱系。韩著就是一部典型的"考之以制度"的论著，它以礼乐制度变迁与文体流变的互动关系作为出发点而进行综合研究，以"制度—文体"为核心展开论述，对春秋时代文体生成的礼制背景进行了全面而系统的勾勒，并对相关的文体加以勾连，对文体史料中的文献细节进行了细致观察，见微知著地揭示了先秦文体发展的内在动因。

传统的中国文体学主要遵循魏晋以来所形成的以集部为中心的范式。春秋时期的文体学语境与集部语境就完全不同。章太炎认为古今文体变化很大，古时有些常用文体，后来却隐没了。他举了"发""遣""造""说"诸种在后代未见之文体。这些主要是"仪式"或者是言辞行为，若按惯常的学术眼光来看，似乎"文体"形态不是很明显，难称为"文章"。章太炎恰恰把它们看成是那个时代独特的"文章"文体。他对早期文体的独特性与丰富性的揭示无疑富有启发性：研究早期文体，应别具只眼，绝不能套用魏晋以来的文体学标准。口头性、仪式性与实用性是早期文体的基本特点。从"辞命"到"文章"，两个文体系统之间既有传承关系又各具特性。韩著最具启发性之处是从早期文体的具体语境出发，寻求春秋时期文体研究的独特性。它认为，春秋时期是文学由"文章官守"向个体撰制创作形态的转变时期。如书中论述祭祀祝嘏与赋体源流，指出赋体"铺陈物类"的文体构成要素源于上古祭神仪式中铺陈祭品的言语活动，而"不歌而诵"的传播方式也是巫师在祭祀仪式上用以通神的主要手段之一。战国时代，随着新兴的"士"阶层成为文化传承的主体，铺陈物类、不歌而诵的赋法，演变为外交燕享仪式中的赋诗言志，最终在战国之士的宣道活动中成为铺陈状物、恢廓声势的赋体。作者将文体的演变置于先秦整个礼乐大背景下，把握了赋体表述模式的生成与文体形态演变的内在规律。

春秋文体的口头性特点，是韩著关注的一个重点。在先秦时期的言语活动中，诉之口头的文辞占据较大的比例。作者指出，这些文辞中相当一部分已经形成了一定的撰制和表述模式，因此亦纳入研究范围。事实上，在相似的场合，某种言语模式被不断地重复运用，以表达类似内容，特殊形态的言语运用形成习惯，技巧日渐成熟，文体因此逐渐成型。这一文体生成与演进的规律也适用于口头的言语活动。韩著对口头言语活动有深入和独到的关注，扩充了先秦文体研究的视域。如第五章将先秦的"预言"作为一种文类加以研究，这类文本存在于《左传》《国语》等典籍，大多数只是言辞活动，但从语体模式、作者、文例、传播等方面而言，其中相当一部分已经具备了文体的基本要素，具有文体研究的价值。对灾异型、筮占型、星占型、谣占型、梦占型、相术型、察言观礼型、逻辑推理型预言的礼仪背景、文体特征及文学意义加以论述，是作者在近年来对该文类研究的基础上的进一步细化和延展。

春秋时期也是文体的口头形式向书面形式转化的关键时期。书中对这一转变多有关涉，在描述文体形态的同时，亦关注文本的口头言说与书面化的问题。如对"问对"之文的研究，作者提出，"春秋时代的问对之文经由史官著录而由口传状态被写定成为书面的文本，从而也完成了其文体的'定型'"，而且一些问对文互见于《左传》《国语》，"大体相同而细节有异，不大像是后出者因袭时代在前者，而更像是同一个文本的不同传本。这表明到春秋末期，一些论理深刻、引证丰富、且富于文采的问对文已经独立于史传而传播于士大夫君子之间"。作者认为问对之文从口传到书面的传写撰抄过程具有文体定型的作用，而且这些文本应是独立于史传的公共资源，被不断利用、改写。韩著论述春秋议政制度与政论文，指出"议政制度的核心仍然是以书面语言为媒介的信息的交换活动"。作者还观察到《左传》《国语》对政论文本的记载略同的现象（如《左传·庄公二十年》《国语·周语上》对郑厉公评王政之辞的记载），推断这些文本已经成为书面文献被保存、传播。作者指出：

> 春秋时期出自卿大夫或士阶层的议政之辞虽然只是一种对政治事件和人物所发表的即兴的口头评论，但因为卿大夫及士阶层深厚的学养与娴雅的辞令，使得他们的评论在形式和内容两方面都具备了"立言"的高度而很快成为"嘉言善语"而经典化。在这些"嘉言善语"被不断传播、引证的过程中，它们的文本也很自然地被固定了下来，具备了文体的特征。

议政之辞因作为"嘉言善语"而成为人们经常引述、传播的对象，在这个过程中文本被固定，从而具备一定文体的特征。又如研究春秋讲史制度与"故志""训语"，其中涉及"志"类的文本生成，作者认为可能最初只是通过口耳相传，其中一些特别有影响的"志"在传播过程中逐渐形成了比较固定的"文本"，并被写定下来，有专人对这些"志"加以辑录而最终成书。要之，作者对这一系列文体的研究，描述其从口头言语活动到书面文本的演化规律，即一开始口耳相传，在频繁称引、转述的过程中文本逐渐固定，最后再写定下来。这一论断实际上指向了一个更为深层的问题，即文本的频繁引证与流传，在某种意义上具有文体特征的"凝固"作用，而这背后正体现了对文本的称引者、传播者、撰抄者的文体观念。

近年来，学界越来越多地关注文本传抄和流传的复杂性和多系统性，这是新的研究视域。春秋时期文本传抄与流动也受到韩著的关注。比如它通过梳理、观察、对比《国语》《墨子》《荀子》《尸子》《吕氏春秋》等典籍文献所载商汤祷辞的文本形态，揭示对祷辞的称引与改编行为中所体现的不同时代的政治与文化需求。又如分析《左传》中的"史传式小说"时，指出由于《左传》采用郑国史料较多，通过将《左传》所记郑庄公的材料进行分类排比，分析其文本特征，并加以分类，从而析出三个文本层次，指出今本《左传》所载应来自于一篇首尾完整的郑庄公传记文，而《左传》撰者又对这些材料进行了重新的组合。对文本层次的剖析与文体学的研究方法相结合，令人耳目一新。

近年来，地下材料的不断出土给文体学研究带来了新的机遇和挑战。出土文献扩充了多个面向地认识文体文本的可能性，通过对出土文献与传世文献的文体文本加以对比，如同一文体的不同形态甚至同一文本的异文研究等等，探究其背后的联系与规律，研究者由此可体察在文本流变过程中的文体发展之变、文体观念之变。韩著注意将出土文献与传世文献相互结合，相互印证，较为全面地展示了春秋文体的面貌。如对春秋婚礼礼辞的研究关注到青铜媵器铭文，并且指出春秋时期通过婚姻缔结政治联盟的时风对铭体功能演变的影响。论述祭祝文体，通过引入对睡虎地秦简《日书》中的"马禖祝辞"与《诗·鲁颂·駉》的对比研究，为认识《駉》的文体性质和文体来源提供了新的角度。对史传式小说的研究关注了新出土的清华简《尹至》《赤鹄之集于汤之屋》等材料。研究先秦铭体，由于文献所载文本有限，青铜器铭文是绕不过去的材料。特别是春秋时期的铜器铭文呈现出对西周铭体继承与新变共存的特点，值得关注。作者在研究春秋铭体时，选取了叔夷钟铭、子犯编钟铭、晋公盆铭等具有代表性的文本进行了详细分析，颇具识力。而且韩著还关注了春秋时人对铭体的引证与传播，这是这个时代突出的文体史现象，值得重视。

春秋战国时期的文体，有全篇记载的不多，它们大多以引述、抄撰、改写等方式散见于典籍及出土文献中，这一特点为先秦文体研究造成了相当的难度。作者曾写过《先秦文章文体研究的几个问题》一文（《复旦学报》2016年第6期），提出利用"裁篇别出之法"对先秦文体进行"还原式"的整理。本书采用这一方法，对这些文辞进行了细致的搜集、梳理，包括冠礼、婚礼、丧礼、祭礼、聘礼中的各种礼辞、占筮活动中的解兆之辞和说象之辞、预言、盟誓、书告、问对、谏语、政论文、史志文、铭文和册命等，并以礼仪制度为纲对这些系列文体进行了系统的研究，全面呈现了春秋时期礼仪文体的发展脉络和面貌。

先秦文体具有边界模糊、不同的文体文本之间相互借用甚至改编的特点。作者对此有相当敏锐和准确的把握，提出春秋时代文体的规定性与交叉性并存。如论述秦简"马禖祝辞"与《鲁颂·駉》的联系，通过对其礼俗背景、篇旨、文体特征对比，指出《鲁颂·駉》的仪式背景是祭祀马祖，其文体来源是祈祷马祖先牧的祝辞，是在鲁国重视马政以强兵，又以礼为邦本的历史背景下，由史官以祭祀马祖的祝辞为基础而创作的颂词。这一认识与传统诗说的观点有较大不同，颇具新意。又如就册命之辞对诗歌创作的影响进行了集中研究，指出册命文本在春秋时期被广泛传播并运用于其他文体的创作之中。

韩著从动笔到定稿，花了十年光景。虽然学术著作写作时间的长短和质量高下并没有必然的对应关系，但一般而言，优秀成果的确需要长时段的思考与磨砺。韩著将宏通视野与个案研究结合起来，将春秋文体作为有时空特性的独立研究对象，并从礼乐制度及其转型作为切入点对其作了全面深入研究；对春秋文体进行分类研究，深化了学术界对先秦文学与文体的认识；辑录出土文献中的春秋文章，并依先秦经、史、子多为文集的通例，析出其中的春秋之文，拓展了春秋文章的材料范围，展示了春秋文章的创作实绩；通过对春秋文体源流的研究，揭示出先秦文学主体由"官守"到"世族"再至"士"的转型及其文学史意义。这些努力都有独到甚至独创之处。总体而言，韩著是一部具有较重要的学术价值和意义的文体学著作，它对于研究中国早期文体的特点、早期文体谱系的建构以及相关的研究方式，都是有启发性的。

新世纪以来，中国文体学研究已形成一支强大的学术队伍。有一大批出生于20世纪七八十年代的年轻学者已经成为文体学研究的主力，而韩高年就

是其中的代表性人物之一。前几年，在一次青年学者会议上，我以"致新一代
学人"为题致开幕辞，指出新一代学者完全具备超越吾辈的条件，我期待也相
信，他们必能超越吾辈。韩高年教授在中国早期文体尤其是春秋文体研究方面
取得的卓然成就，正是一个生动的例子。

2020 年 3 月于波士顿

目 录

引　言

　　春秋时代，虽然此前的"礼乐文明"有衰落的趋势，但周室余威尚在，尊礼重信仍是社会的主要趋势。整个春秋社会政治表现出浓重的"文治"特点，无论是传统的人生礼仪、祭祖祭神礼仪，还是处在变革中的筮占、预言、聘问、会盟、册命等制度，都是借助于相应的各类礼仪之文的撰制和发布而在实际的社会生活中运作。而与此同时，伴随着政治理性的觉醒而出现的咨询制度、讽谏制度、议政制度，也是以特定形式的语辞的发表、传播而发挥着经国济世的作用。因此，本书拟从春秋时期礼乐制度的实际实施操作情况的归纳入手，对由此而产生的各类文章文类的特点、功用予以系统梳理，并借此彰显春秋时代文章、文类生成的独特样貌；从文章创作的角度呈现春秋文学的实绩及其对后世文学的影响。因为涉及问题复杂，故在进入正题之前，先对春秋文学与文体的生成背景、研究现状，以及主要的研究内容做一简要概括说明。

一、春秋时代的文学及其总体特征

　　周室东迁以后，各种政治势力暂时达成了均衡的态势，西周末年的政治危机得以暂时缓解。对西周末年大败亡的反思促成了文化与政治的理性化趋势。与此相应，与当时的文化、政治相表里的文学创作也进入一个新的发展阶段。从总体上观察，春秋时期的文学创作和与文学有关的文化、文学活动的地域格局由原来的以周天子所在王畿地区为中心向周边地区辐射，呈现出多元共存的态势：其表层是礼乐制度的逐步下移，其内在则是各种礼文的撰作、传播下移至诸侯国。具体来说，就是文学活动的地域范围包括了周的东都洛邑和齐、鲁、晋、秦、郑、卫等各诸侯王所在的地区及南方的楚国，文学创作也表现出明显而丰富的地域文化特征。

春秋时期尚未产生现代概念范畴层面上的"文学"观念，文学活动从根本上说还从属于礼乐制度（宗教、政治活动），文学体现着宗教和政治教化的功能，文章文体的制作也更多地体现着礼俗仪式为表征的各类社会公共生活的实际需要；文类文体明显地突出其社会性功能，以"经世致用"为主流，后世文学那种个性化、主观化的特征还不是主流。

从文学创作及参与文学活动的主体构成来说，春秋以前主要是高级贵族和为之服务的巫祝卜史之流，而春秋时期因为社会阶层的急剧变化和理性精神的勃兴，导致巫祝卜史地位的下降和世族大夫阶层地位的上升[1]。因为卿大夫阶层掌握了为政者必需的文化资源（前代的礼乐制度与操演此类制度的经验和能力），他们自然也就成为当时文学创作与文学活动的主要参与者。刘师培指出："春秋之时，学术虽盛，然多才艺、娴文学者，仍属之卿士大夫。"[2]即以见于《左氏春秋》《国语》等记载的富有学识、极具文采，且有文章传世的杰出人物来说，就有如夜空中那璀璨的群星，要说他们中的杰出代表，如单襄公、单穆公、石碏、季梁、子产、子大叔、叔向、叔孙豹、展禽、晏婴等人即是。

与此同时，西周以前神权观念的式微也导致民本思想的出现，民心向背渐渐为为政者所重视。反映庶民阶层生活和情感的歌谣、谚语等，在很多情况下成为上层统治者"观风俗，知得失，自考正"的一种重要依据，从而使之受到重视，由此也进入代表着春秋主流文化的卿大夫阶层的视野。于是，庶民阶层作为春秋时期文学创作与文学活动的参与者也逐步显示出其活力。

从文体创造的角度来说，春秋时期的"作家"有很突出的实绩。不仅之前即已出现的一些文学文体在他们的手里被继续推进和发展，有了新的变化，而且也有新的文学文体不断出现，并且还产生了大量的经典性作品。

---

① 参何怀宏：《世袭社会及其解体 —— 中国历史上的春秋时代》第四章《春秋社会的世族》，生活·读书·新知三联书店 1996 年版，第 101—161 页。

② 参刘师培：《补古学出于史官论》，朱维铮编：《刘师培辛亥前文选》，生活·读书·新知三联书店 1998 年版，第 430 页。

　　诗歌方面，夏、商、西周为特定礼仪服务的仪式乐歌创作至此已为针对现实、有感而发的歌诗创作所替代，《诗三百》中属于地域文学的《国风》的绝大多数作品产生于春秋中期以前，即是明证。与此前的雅、颂之作相比，这些诗歌所反映的思想意识和感受体验越来越呈现出对神灵世界的"敬而远之"和对世俗生活及其情感体验的关注。有的诗篇已经涉及人生价值、生命体验的某些实质，表现出一定的个体化的倾向；孟子曾说"诗亡然后春秋作"①，意谓在春秋中叶以后，诗歌创作逐步衰退，一些与现实政治事件或特定礼俗有关的谣、讴、谚、诵、盟、誓、诔、铭、祝、赞等文体兴起。这些文体多在形式上受到《诗》的四言体的影响，这表明《诗》文本结集后通过在列国的传播所产生的对口宣文体文本形式的创作的广泛影响。

　　与此同时，散文的创作出现了新的变化，具体来说，就是在传统的史官叙事、记言之文外，春秋列国礼乐及行政制度的"尚文"特点（文学化）导致一些新的散文文体产生。

　　首先是讽谏语创作的繁荣。讽谏语是西周以来讽谏制度的产物，时到春秋，周室衰弱，诸侯争霸，政治行为的理性化使纳谏、从谏成为春秋各诸侯王政治革新的重要手段，在这种风气下，一种新的文学样式——谏语——应运而生。

　　春秋时期的讽谏语大多包含在《左传》《国语》《逸周书》等史传的历史叙事中，形式上大多围绕某一具体的政治事件讲述道理，均引述经典，深析事理，且语带感情，感人至深；结构上则常常首尾完整，论题集中，从同样出现于《国语》和《左传》两书中的同一谏语的语言形式的比较来看，可以推断二书中所收的这类讽谏语，当来源于当时流传的专门记录这类谏语的更为原始的资料。后世一些春秋散文的选粹和评点类书籍，如宋代真德秀所编《文章正宗》以及之后金圣叹的《才子古文》，汪基的《古文喈凤》，吴楚材、吴调侯的《古文观止》，乃至姚鼐所编《古文辞类纂》等都将《左传》等书中的谏语作为一个完整的文本，独立选录，并作评点。可见谏语是产生于春秋时期的一种独立的文体。这类谏语，点评时事，出谋划策，直接影响到后世的史论之文。

---

　　① （清）焦循撰，沈文倬点校：《孟子正义》，中华书局1987年版，第572页。

　　其次是辞令的大量涌现。辞令或称行人辞令、辞。广义的辞令既包括行人出使他国时的外交辞令，也包括其他政治活动中的即兴演说。春秋行人"受命不受辞"（《仪礼·聘仪》）[①]，其他礼仪活动中亦特别注重言语交通神人、协和彼此，几乎可说是"非言辞不为功"（《左传》载孔子语）[②]。

　　世族大夫阶层对礼乐制度及言语文学及其实践的重视，促成了春秋时期以《诗》《书》《易》等为标志的经典的形成[③]，进而又促成了辞令的产生 —— 在揖让周旋之际以文质彬彬的辞令来观志、言志、足志，一时间成为世族大夫身份地位的标志。为政者，尤其是大夫和行人之官，不仅要熟知《诗》《书》《易》等经典和《故志》《训典》，而且要在使于四方之时在各种不同的场合自如地运用这些文化资源来微言相感，寓讽托喻。作为卿大夫阶层，必须"建邦能命龟，田能施命，作器能铭，使能造命，升高能赋，师旅能誓，山川能说，丧纪能诔，祭祀能语，君子能此九者，可谓有德音，可以为大夫"（《毛传》释《诗·定之方中》）[④]，这是说为政者必须有很高的礼学修养和演说才能，具体说就是要"善于辞令"。由此引发出一种思想风气：对"辞令"的功能及其创作规律的深入思考和探索 —— 凡祭祀典礼、政令发布、邻国相交，甚至于两军对垒，均可说是非陈辞不能成其功。在一些当时有名的政治家如子产、叔孙豹、叔向等人看来，"有辞"即意味着有理合礼，有理合礼就可以成事，所以他们都十分重视"辞令"。据《左传》等典籍中记载，他们有的以机智精彩的辞令存国家于危亡之际，如烛之武；有的在诸侯盟会中以雄辩的辞令维护本国之利益，如子产、孔子；有的则在诸侯交往中以顺美恰当的辞令获得了美好的声名，如季札、叔孙豹等。《仪礼·聘礼》说："辞无常，孙而说。辞多则史，少则不达。辞苟足以达，义之至也。"[⑤]意思是说，辞令的体式没有固定不变的

---

　　① （汉）郑玄注，（唐）贾公彦疏：《仪礼注疏》，《十三经注疏》（标点本），北京大学出版社 1999 年版，第 455 页。

　　② 杨伯峻编著：《春秋左传注》，中华书局 2009 年版，第 1106 页。

　　③ 参陈来：《古代思想文化的世界 —— 春秋时代的宗教、伦理与社会思想》第六章《经典》，生活·读书·新知三联书店 2002 年版，第 133—173 页。

　　④ （汉）毛亨传，（汉）郑玄笺，（唐）孔颖达疏：《毛诗正义》，《十三经注疏》（标点本），北京大学出版社 1999 年版，第 199 页。

　　⑤ （汉）郑玄注，（唐）贾公彦疏：《仪礼注疏》，《十三经注疏》（标点本），北京大学出版社 1999 年版，第 455 页。

格式，重要的是要合乎谦逊顺美而且能沟通人际关系的标准。辞令繁缛就接近史官的风格，过于枯淡简要又不能畅达明白。言辞能恰如其分地表达意义，就是辞令制作的最高标准。

孔门应当时社会需要，教弟子以"言语"之学。孔子曾旁搜前代礼乐制度，深通辞令制作的内在规律，他曾总结说："《志》有之：'言以足志，文以足言。'不言，谁知其志？言之无文，行而不远。晋为伯，郑入陈，非文辞不为功。慎辞也。"（《左传·襄公二十五年》）① 这是对辞令撰作、发布中"言""志""文"相互关系的深刻表述。《论语》中记载郑国辞令的起草过程说："裨谌草创之，世叔讨论之，行人子羽修饰之，东里子产润色之。"② 这些对于辞令创作过程与风格的论述表明，当时的人对于这种文体已经有了自觉的认识。可以说，春秋时期的辞令，与谏语一样，虽然在形态上是史传叙事的一部分，但也是一种独立的文体。

再次，是寓言创作的兴起。先秦寓言起源于民间，殷末周初，已有寓言产生，从文体构成来说，它是一种主要运用比喻的手法，虚构人物、故事，或者假托历史人物和事迹寄托了劝喻或讽刺意义的文体。《尚书》《诗经》已经出现了一些初具寓言文体特征的作品，但还未引起上层社会的普遍关注。春秋时期，尤其是春秋末期，随着论辩讽谏风气和诸子学派的兴起，世族大夫阶层和士阶层开始有意识地运用寓言这种民间文学样式来讲说道理、宣传思想。儒家后学所编的《论语》，墨翟后学所编的《墨子》，分别记载了孔丘和墨翟对于寓言的主要手法——"譬"（比喻）的论述。孔子说："能近取譬，可谓仁之方也已。"（《论语·雍也》）朱熹注："譬，喻也。方，术也。"③ 也就是说，比喻是宣传仁义的有效途径。墨翟更是重视"譬"在说理当中的作用，《墨子·小取》云："譬也者，举他物而以明之也。"④ 不仅如此，墨翟还在说理中广泛地运用譬，创作了为数不少的寓言。《兼爱上》为了说明兼爱不能实行的原因，连

① 杨伯峻编著：《春秋左传注》，中华书局 2009 年版，第 1106 页。
② （魏）何晏注，（宋）邢昺疏：《论语注疏》，《十三经注疏》（标点本），北京大学出版社 1999 年版，第 185—186 页。
③ （宋）朱熹撰：《四书章句集注》，中华书局 2012 年版，第 92 页。
④ （清）孙诒让撰，孙启治点校：《墨子间诂》，中华书局 2001 年版，第 416 页。

用了"晋文公好士之恶衣""楚灵王好细腰""越王勾践好士之勇"等三个由历史故事改造而成的寓言来说明君主不愿推行兼爱，故臣下亦不效仿的道理；《耕柱》《鲁问》则是用两则生活寓言来讽刺鲁阳文君与齐大王田和，并宣传自己非攻的思想。[①]另外，在《论语》《韩非子》《左传》《晏子春秋》《魏文侯书》等书中也记载了一些春秋末期的寓言作品。可以说，春秋末期寓言的创作与探索，为战国时代寓言文学的兴盛打下了坚实的基础，没有春秋末年寓言创作的准备和酝酿，就不可能有战国寓言创作的高潮。

春秋时期的文学活动最有特色的当数见于《国语》《左传》等典籍的歌诗观志、赋诗言志和引诗足志。

春秋时期的歌诗观志有三种类型：第一种是在祭祀神灵和祖先的宗教仪式中进行的歌诗活动，由乐工歌奏前代之诗和《周颂》乐歌，这种场合的歌诗主要观察的是仪式参与者的礼仪素养，即威仪。第二种是在燕饮仪式中由乐工歌诗，所歌之诗也偶涉前代之乐，但主要是《诗》中之雅诗，如《小雅》中的《鹿鸣》《鱼丽》《湛露》等。这类歌诗活动体现的是宾、主之间"宴以合好"的礼义，注重内心情感的交流，借此观察参与者的"情志"。第三种是在外交礼仪中出于显示一国文化教养的需要而进行的歌诗观礼活动。所歌之诗限于与本国文化传统关系密切者，如鲁国之歌《诗三百》，宋国之歌《大濩》《桑林》即是。这种场合观察的是宾客的礼乐文化、辞令应对等方面的综合素养。这三类歌诗活动虽用处、对象不同，但均具有借歌诗活动而观察接受者、参与者的志意的特点。同时歌诗活动也带有一定的表演性和娱乐性，从中可以观察周代以前诗歌及周代诗歌的形态及传播状况，同时其中也表现出春秋时人们对于诗、乐价值功能的认知。

章学诚说："观春秋之辞命，列国大夫，聘问诸侯，出使专对，盖欲文其言以达旨而已。"（《文史通义·诗教》）[②]"专对"即指在外交场合以赋诗言志为标志的宾主之间的对答。赋诗言志的目的是"文其言以达其旨"，也就是以赋《诗》的形式使言辞文雅化，委婉含蓄地表达思想和观点。赋诗言志虽是一种

---

① 赵逵夫主编：《先秦文学编年史》前言，商务印书馆 2010 年版，第 35—51 页。
② （清）章学诚撰，叶瑛校注：《文史通义校注》，中华书局 2014 年版，第 72 页。

政治活动，但在文学史上的意义却十分重大，它不仅展示了春秋大夫阶层在各种场合对《诗》篇的实际运用和风雅好尚，同时如"垂陇之会"那样的大规模的赋诗活动也开了后世文人雅集的先河①，是春秋文学创作与文学批评的一种重要组织形式；此外，赋诗活动本身表现出的对诗篇所蕴含的德义礼仪内涵的阐发，形成了春秋文学批评中重视实用，文、质兼顾，真、善、美统一的文学思想和批评标准；同时，在一些场合下赋诗者为借诗达意而临时采取的不顾诗篇本义的"断章取义""予取所求"的阐释方式，也对后世《诗》学批评中的重主观、道德化诠释方式有重大影响。

引诗足志是指在说理和论事中引证《诗》句，以作为立论依据或评价人与事之标准的活动，这一现象体现出春秋时人对《诗》所体现的德义内涵以及礼仪规范的认同。《诗》与礼、乐相表里，讽诵歌唱诗篇可以观志、言志，反过来人的某些实践也可以经由《诗》来得到理论上的确证。在这里，《诗》已经和《故志》《前志》一样，被人们视为多记前言往行因而具有为人生诸事垂范的经典。这就难怪乎孔子一再强调"小子何莫学夫诗"，"《诗》可以兴、可以观、可以群、可以怨"（《论语·阳货》）②了。

总而言之，春秋时代是先秦文学发展的一个重要阶段，文学活动虽然比之前有了渐趋独立的趋势，但仍然没有彻底地从礼俗仪式、星占、卜筮、祭祀、行政等社会生活的实际需要中分离出来，虽然说当时的卿大夫们已经有了比较清楚的文体意识和审美意识，但文体创造的主要动机还是为了满足为政和宗教礼仪的实际需要。在上述基础上产生的"立言不朽""言之无文，行而不远"、文质并重等重要的文学思想，也明显带有春秋时代的过渡特征。这些特征直接影响到后世的文学思想和文学传统，因而具有重要的原型意义。

---

① 《左传·昭公十六年》载郑国之六卿饯韩起于郊，宾主赋诗言志，史称"垂陇之会"。参与此次盛会的都是当时深通诗学、娴于辞令的杰出人物，故为当时及后世所称道。

② （魏）何晏注，（宋）邢昺疏：《论语注疏》，《十三经注疏》（标点本），北京大学出版社1999年版，第237页。

二、春秋文章文体的研究现状

春秋时期是中国古代文化的轴心期，也是民族精神和文学传统的形成期。[①]春秋文学上承三代"文章官守"传统，完成了文章创作由宗教化向人文性的转变，同时下启战国"私人撰著""文体大备"的局面。当时不仅文章数量众多、文类丰富、文体成熟，且已出现丰富的文章文体专论。[②] 因此，文学史家郭沫若称之为古代文学史上的"五四"时期。[③] 虽然春秋时代文章的创作实绩突出，时人的文章文体意识比较清晰，但国内外学术界对其讫无系统归纳与断代研究。

春秋早期的各体文章源于"世官之守"，具有程式化、实用性和集体创作的形态特征，春秋末叶随着世官制度的衰落和私学的兴起，文章撰作与文体也逐渐有了"私人化"或"个体化"的倾向。可见礼乐制度的"文教"特质所导致的"文章官守"及其演变是探讨春秋文章与文体演变的关键。

由礼乐行政制度论春秋文章体制，始于战国时代。《孟子》一书尝言"王者之迹熄而诗亡，诗亡然后《春秋》作"[④]，是从王政入手讨论文体兴替；《周礼》以天、地、四季区分官制，其中又分述巫、祝、卜、史及行人等官职守与各体文章之关系，也是如此；之后《毛诗·鄘风·定之方中》云春秋"君子"须能撰作辞、命、铭、赋、誓、说、诔、语等文体，方可入仕为官。班固《汉书·艺文志》承刘歆之说倡言"诸子出于王官"之说。郑玄"三礼注"关于不同官制与各体应用文章之间关系的论述，蔡邕《独断》《铭论》及刘熙《释名》之《释书契》《释典艺》，唐贾公彦、孔颖达的"礼"疏，宋代陈骙《文则》，

---

① 冯天瑜先生认为春秋时期是中华"元典"的生成时期，而元典则是民族精神的载体。"如果说，由柏拉图、亚里士多德等哲人论著组成的希腊元典主要使用逻辑编码，那么中华元典则以诗学编码见长，这不仅体现在以'赋、比、兴'为基本表现手法的《诗经》中，而且常见于其他中华元典，例如穷理尽性的《周易》《老子》《庄子》，在很大程度上便是哲理诗……中华元典的诗学编码倾向，不但表现在它们讲究文辞的语形美、语音美，富于诗的韵味，而且广为采用比附、隐喻、引申、转义等修辞手法，造成一种'言简而义丰'的格局。"见其《中华元典精神》，武汉大学出版社 2006 年版，第 71 页。

② 春秋时代单篇文章见严可均《全先秦文》所收、《古文观止》《才子古文》等所选。春秋时代的文体理论见《论语》《左传》《国语》等先秦典籍所载孔门师徒及春秋时人对文章文体功能及文体特点的讨论。

③ 郭沫若：《古代的"五四运动"——论古代文学》，《豕蹄内外》，浙江人民出版社 1998 年版，第3—8 页。

④ （清）焦循撰，沈文倬点校：《孟子正义》，中华书局 1987 年版，第 572 页。

明人徐师曾《文体明辨》、吴讷《文章辨体》等，对春秋文体与礼制关系都有所涉及。其次，刘勰、颜之推、孔颖达、陈骙、章学诚等探讨先秦文体源流，提出"文源五经"之说（"五经"是礼乐制度的产物），其实质亦均涉及礼乐制度与文体创造的关系。

此外，历代经、史、子、集对春秋文章的著录也不容忽视。《尚书》《逸周书》《国语》《左传》《韩非子》《说苑》《新序》《列女传》等分体著录和保存大量的春秋文章，显示出春秋文体的风貌。从汉魏六朝始，总集、选集大量选录评点春秋各体文章。如真德秀《文章正宗》、汪基《古文喈凤》、金圣叹《必读才子古文》、余诚《古文释义》、姚鼐《古文辞类纂》等，均选评《左传》《国语》所载春秋辞令、书启、奏议、谏语类文章。严可均《全上古三代文》著录春秋之文凡百余家，数百篇，涉及文体近 30 种。各代著录虽有很多遗漏，也主要着眼于文章评点，但春秋文章及文体之大端得以呈现，奠定了研究春秋文体的文献学基础。

清末至"文革"前，本课题研究始转向文学及文体。章太炎《国学讲演录·文学略说》指出："《左》《国》《史》《汉》中之奏议书札，皆独行之文也。"[①]章氏认为宜将《左传》《国语》中的奏议书札作为独立的文体来对待，这对于春秋文章文体的研究具有重要的启发意义。刘师培《文说》《文学出于巫祝之官》等对各体文章"推迹其本原，诊求其旨趣"，已是文体研究专论。黄侃《文心雕龙札记》、范文澜的《文心雕龙注》对春秋文体的例证、讲疏，明确春秋文章创作取决于礼乐行政的需要，是对刘勰"释名以彰义，选文以定篇，敷理以举统"的文体研究方法的发展，但惜乎后继寥寥。

20 世纪 80 年代至今，先秦文体研究的重点一直是战国诸子与史传，春秋文章文体研究相对薄弱。先秦散文史、文体史论著如章明寿《尚书：古代类体散文的开篇》（《中国古代、近代文学研究》1980 年第 28 期），谭家健、郑君华《先秦散文纲要》（山西人民出版社 1987 年版）、《先秦散文艺术新探》（首都师范大学出版社 1995 年版），致力于先秦散文"文体元素"和文学性的阐发，但对春秋文章文体较少涉及。郭预衡《中国散文史》（上海古籍出版社

---

① 章太炎：《国学讲演录》，华东师范大学出版社 1995 年版，第 239 页。

1986 年版）、褚斌杰《中国古代文体概论》（增订本，北京大学出版社 1990 年版）、漆绪邦《中国散文通史》（先秦部分）（吉林教育出版社 1994 年版）、熊礼汇《先唐散文艺术论》（学苑出版社 1999 年版）等，追溯各类文体之源有时也论及春秋文章文体，但都不够专深。

此期的专题研究集中在后半期，为数不多，但富于启发。胡念贻《〈逸周书〉中的三篇小说》（《文学遗产》1981 年第 2 期）指出《太子晋》等三篇文章的"小说"性质，邓国光《周礼"六辞"初探：中国古代文学原始的探讨》（《汉学研究》1993 年第 1 期）、李学勤《〈称〉篇与〈周祝〉》（《简帛佚籍与学术史》，江西教育出版社 2001 年版，第 297 页）对祭祀制度与祝祷文体成因的探讨，王树民《瞽史》（《文史》第二十一辑，中华书局 1983 年版）、《释"志"》（《文史》第三十二辑，中华书局 1990 年版），过常宝《春秋笔法与古代史官的话语权力》（《北京师范大学学报》[社会科学版] 2003 年第 4 期），廖群《"说""传""语"：先秦"说体"考索》（《文学遗产》2006 年第 6 期）等对史官制度与讲史类的"志"、嘉言善语类的"语"的研究，张岩《春秋战国文体源流考略》（《从部落文明到礼乐制度》，上海三联书店 2004 年版，第406—440 页）、王启才《奏议渊源略论》（《文学遗产》2006 年第 6 期）考察讽谏制度与奏议、谏语类文章创作之间的关系，吴承学《中国古代文体形态研究》（中山大学出版社 2000 年版）论春秋盟誓文体与盟誓制度关系，陈彦辉《春秋辞令研究》（中华书局 2006 年版）论证了春秋时代的行人制度与辞令诸体之间的关系。

傅修延《先秦叙事研究：关于中国叙事传统的形成》（东方出版社 1999 年版）、赵逵夫《先秦文体分类与古代文章分类学》（见孙以昭、陶新民主编《中国古代散文研究》，安徽大学出版社 2001 年版，第 3—15 页）、沈立岩《先秦语言活动之形态观念及文学意义》（人民出版社 2005 年版）等，揭示并肯定先秦文类文体繁荣的事实。罗家湘《〈逸周书〉研究》（上海古籍出版社 2006 年版）在诸家基础上，分史书、政书、兵书和礼书等体对《逸周书》文章进行分类断代研究，涉及大量春秋之文，以及讲史、解说、训诫、兵书、祝祷等若干文类文体。

此外，历史学、考古学、文献学对出土文献的研究也涉及春秋制度与相关文体。如陈梦家、饶宗颐、李学勤、裘锡圭、李零等学者的研究，涉及帛书《春秋事语》与语体文，《纵横家书》与说辞书信，以及出土的秦楚简帛中的筮书卜辞、册命、祝祷、故志、训语、论说、盟誓等文体。上述学者的研究提供了大量文体研究材料，同时也展示了文体创作的制度背景。尤其是一些先秦文体，过去只见其名目，而无篇章实例，有的只见其源，不见其流，或只见其流，未见其源，出土文献适足以补其缺环。这使对文体源流的描述成为可能。

综上所述，以往学者确立了本课题研究方法和文献基础，而新时期春秋文体专题研究，则对文体与礼乐制度的内在关联进行了初步探讨。取得了一定的成绩，但问题亦复不少。刘跃进先生曾撰长文《走出散文史研究的困境——20 世纪中国散文史研究的回顾与展望》，对 20 世纪中国古代散文研究的得失进行了系统的梳理。在文章开篇，他就不无感叹地说："古往今来，中国的散文家族始终处在一种变化多端、归属莫定的状态。因此之故，20 世纪的中国古代散文史研究虽然取得了令人瞩目的成就，但是，面临的问题似乎最多，分歧也最大。这是因为，迄今为止，中国散文史研究的最基本问题，诸如什么是'文'，什么是'散文'，古代的'文章'与今天的'散文'观念有多少相通之处？类似的概念，迄今尚没有梳理清楚，更不要说有关散文史研究的重大理论问题了。"① 刘先生所说的这些问题，不仅在整个中国古代散文史研究中存在，在先秦散文，再具体一些说，在春秋时代散文研究中也存在。目前，距刘先生撰写其文总结中国古代散文史研究得失的 2001 年又过去了 19 个年头，在此期间中国古代散文研究又有了长足的进展，但问题仍然存在。

就春秋时代的文章研究而言，其明显的不足之处在于：1. 研究对象大多仍然主要以书为单位，偶尔涉及篇章，也仅限于行人辞令等，还略显粗疏；2. 囿于"春秋无私家著述"的传统观念和偏重战国"诸子"的先秦散文研究格局，对春秋文章创制的成就和文类文体研究尚显薄弱；3. 春秋文章分体分类存在名实相混、体类淆杂之弊，缺乏统一的分类标准和科学严格的归纳；4. 尚未揭示文章官守及其转型的文学史、文体学意义；5. 对春秋时代文章撰作的人类学还

---

① 刘跃进：《走出散文史研究的困境——20 世纪中国散文史研究的回顾与展望》，《人文论丛》2001 年卷，武汉大学出版社 2002 年版。

原尚显不足。很少从春秋礼乐制度对文体创制的"吁求"出发，对春秋文章文体的内在规定性加以揭示。

三、春秋文章文体研究应涉及的主要内容

基于前人研究所取得的丰富的成果与尚存的不足，笔者认为，春秋文体研究的主要问题是春秋文章文体的创造、文体分类与文体演变等与礼乐制度的内在关联，以及在此基础上揭示先秦文学由"文章官守"向个体撰制的创作形态的转变及其意义。总体而言，需要研究的主要内容如下：

（一）春秋礼乐制度的"文治"特点与"文章官守"格局；春秋文章官守制度对文体创造的吁求，及春秋文章分类；文章官守及其转型与春秋文体的形态特征：口宣与书面并存，文体规定性与交叉性并存，文体程式化与语体差异性并存。

（二）人生礼仪与礼文。人生礼仪包括命名礼、冠礼、婚礼与丧礼，春秋时代的人生礼仪基本上继承了西周，在礼仪的展演中，各类礼文是必不可少的仪节，这些礼文是春秋时代重要的文体样式。

（三）祭祀制度与祝颂文。祭祀与太祝"六辞"；祭祀祝嘏与赋体源流；鲁国祭祀与《鲁颂》；诔谥之礼与春秋诔谥之体；祈禳之制与春秋祷文源流。

（四）筮占制度与解说文。春秋卜官与释"象"之辞的演变；春秋筮占与释卦说爻之论；星占、梦占、谣谶与春秋预言；儒门翼《易》之辞中的文体创造及其对解经文体的影响。

（五）聘问制度与行人辞令。在聘问制度背景下，可以观察下列问题："行人之学"与春秋辞令的文体特征；文辞行礼与据礼制辞；"受命不受辞"与辞令的个体特征；春秋辞令与战国说辞。

（六）盟会制度与盟誓书告文。盟会制度与春秋侯国书告之体；出奔制度与春秋卿大夫书启之体；照会制度与春秋书奏之体；盟誓之制与春秋盟辞载书；春秋规诲之制与《尚书·秦誓》等诲过之文。

（七）讽谏制度与讽谏之文。春秋讽谏制度与讽谏之文的生成；《左》《国》

中谏语的文体特征；春秋讽谏之文对后世的影响。

（八）咨询制度与问对之文。春秋咨询制度与问对之文的生成；春秋问对之文的文体特征；春秋问对文对诸子论说文的影响。

（九）议政制度与政书德论。春秋听政制度与《逸周书》"政书"源流；春秋箴诫及其诗化特征；"听政于民"与诵、谣、歌、言等体的舆论监督功能。

（十）史官制度与史志文。史官职守与"诗世""帝系"；瞽史与史诗源流；讲史制度与《周书》中之小说；讲史制度与"故志""训语"；巫史记事传统与《春秋》义法的文体渊源。

（十一）铭功制度与铭赞册命。铭功制度与记事之文；册命制度与《文侯之命》等命体文；册命礼的衰落与春秋铭体的"私人化"。

（十二）官私教育制度与先秦文章文体的传承。官学教育与"五经"文体的教化功能；楚国贵族教育与申叔时的文体功能理论；周史奔晋与晋国官私文体；官学下移与孔门"言语""文学"之教。

（十三）春秋时代的文章本体观念及其奠基意义。

笔者认为，上述内容是春秋文体研究中应当重点予以注意的。除材料的钩稽外，如要贯彻上述研究思路，在研究方法上也要有所创新。只有采取文学文体学、历史学、文献学等多学科交叉的研究方法，把春秋文类及文体的形态、功能、源流置于礼乐制度文化的大背景上加以考察；以"制度—文体"的研究方法，全面地描述春秋文章文体源流；阐述各类文体，遵循"原始以表末，选文以定篇，敷理以举统"的方法，才能在实例分析、归纳的基础上进行分类辨体。从而最终从春秋礼乐制度对文体的吁求角度，揭示春秋时期诸种文类的文体形态、功能及演变。

总之，本文所拟定的"礼乐制度变迁与春秋文体源流"研究方案，首次将春秋文体作为有时空特性的独立研究对象，并从礼乐制度及其转型角度对其作全面深入研究；对春秋文体进行分类研究，可以深化先秦文学与文体的研究；辑录出土文献中的春秋文章，并依先秦经、史、子多为文集的通例，析出其中的春秋之文，拓展了春秋文章的材料范围，展示春秋文章的创作实绩；通过对春秋文体源流的研究，分析了先秦文学主体由"官守"到"世族"再至"士"的转型及其文学史意义，揭示春秋文学、文体繁荣自觉的事实，确立其中国文学传统奠基期的地位。

四、春秋礼乐制度的"文治"特点与春秋文章格局

如果从"大文学"的概念出发来观察中国古代文学与文章的创作，就会发现古代文章的创作与传播不是只受到政治教化等制度文化的影响，而是被其决定和主导。这种态势在先秦时代尤其明显。由礼乐制度如何决定先秦时期文章文体的生成与文体功能的运作等问题入手，对春秋时代的文章文体创作格局予以描述，以为后文的文章文体个案研究勾勒一个可能的论证范围。

春秋时期的文学活动与当时的宗教礼仪密切相关，在大多数情况下，文学活动或作为宗教礼仪的一部分存在，或者以宗教礼仪为背景展开。近人钟泰云："《周礼·春官》：'太卜掌三《易》之法：一曰《连山》，二曰《归藏》，三曰《周易》。'则《易》在礼之中矣。'大师教六诗：曰风，曰赋，曰比，曰兴，曰雅，曰颂。'则《诗》在礼之中矣。'大司乐以乐舞教国子，舞云门、大卷、大咸、大韶、大夏、大濩、大武。'则乐在礼之中矣。'小史掌邦国之志；外史掌四方之志，掌三皇五帝之书。'则《书》与《春秋》在礼之中矣。是故言礼，而六艺即无不在。晋韩宣子之聘鲁也，观收于太史氏，得见《易象》与鲁《春秋》，曰：'周礼尽在鲁矣。吾乃今知周公之德，与周之所以王也。'是可证也。"[①] 这里是说"六艺"皆出于礼教，春秋之文不外"六艺"，故讨论春秋文学活动，当由礼乐制度（宗教礼仪与人生礼仪）入手。

春秋时期是西周高度发达的礼乐文明行将衰落、发生变迁的时期，虽然史称礼崩乐坏，但礼乐制度的展演仍然是社会政治文化活动的一大特色。刘向《战国策·刘向书录》云：

> 周室自文、武始兴，崇道德，隆礼义。……及春秋时，已四五百载矣，然其余业遗烈，流而未灭。五伯之起，尊事周室。五伯之后，时君虽

---

① 钟泰：《中国哲学史》，台湾商务印书馆 1967 年版，第 7—8 页。

无德，人臣辅其君者若郑之子产、晋之叔向、齐之晏婴，挟君辅政，以并立于中国，犹以义相支持，歌说以相感，聘觐以相交，期会以相一，盟誓以相救。天子之命，犹有所行；会享之国，犹有所耻。小国得有所依，百姓得有所息。……仲尼既没之后，田氏取齐，六卿分晋，道德大废，上下失序。至秦孝公，捐礼让而贵战争，弃仁义而用诈谲，苟以取强而已矣。夫篡盗之人，列为侯王，诈谲之国，兴立为强。是以传相仿效，后生师之，遂相吞灭，并大兼小，暴师经岁，流血满野。父子不相亲，兄弟不相安，夫妇离散，莫保其命，泯然道德绝矣！……贪饕无耻，竞进无厌，国异政教，各自制断。上无天子，下无方伯，力功争强，胜者为右……①

上引刘向之语，从比较中深刻地揭示了春秋时代重礼而战国时代毁礼的历史现实。顾炎武《日知录》卷十三《周末风俗》亦云："春秋时犹尊礼重信，而七国则绝不言礼与信矣。春秋时犹尊周王，而七国则绝不言王矣。春秋时犹严祭祀，重聘享，而七国则无其事矣。春秋时犹论宗姓氏族，而七国则无一言及之矣。春秋时犹宴会赋诗，而七国则不闻矣。春秋时犹有赴告策书，而七国则无有矣。邦无定交，士无定主……不待始皇之并天下，而文、武之道尽矣！"②也以比较的方式指出春秋社会的"礼治"特点。

春秋时期的礼乐制度及其实施情况，可从《周礼》《仪礼》及《国语》《左传》等典籍，还有近年出土之铜器铭文中得其细节。结合上述文献中所见有关春秋礼乐制度的记载来看，春秋礼的主要类别有：1. 吉礼。吉礼为祭祀典礼，包括一年四季的例祭如郊、雩、蒸、尝及荥祭等。2. 凶礼。凶礼为丧葬制度，有会葬、助丧、殉葬等。3. 军礼。军礼为军旅征战之事，有训练、行军作战时的祭祀占卜及战后的赏罚等。4. 宾礼。主要有朝聘会盟等。5. 嘉礼。主要有婚礼等。为适应春秋时期社会现实，西周以来的各类礼仪的实施运用在春秋时期也有新的变化：礼仪的展演性质逐渐淡化，而其实践性质逐步加强。换句话说，春秋之礼的制度化倾向更加突出。依据其实施的情况，春秋时期的礼乐制

---

① （西汉）刘向集录，范祥雍笺证，范邦瑾协校：《战国策笺证·刘向书录》，上海古籍出版社2006年版，第1—2页。

② （清）顾炎武撰，严文儒、戴扬本校点：《日知录》，上海古籍出版社2012年版，第522—523页。

度有下列名目：祭祀制度、筮占制度、会盟制度、咨询谏议制度、听政制度、史官制度、行人专对制度、铭功制度、官私教育制度等。这些制度的实施，体现着"文辞行礼""非文辞不为功"的特点，很大程度上依赖于相关文辞的制作。与春秋礼乐制度的类型相适应，春秋文章创作也呈现出明显的制度化、类型化特征。傅斯年指出：

> 在春秋时，只政府有力作文书者，到战国初年，民间学者也可著书了。西周至东周初年文籍现在可见者，皆是官书。《周书》《雅》《颂》不必说，即如《国风》及《小雅》若干篇，性质全是民间者，其著于简篇当在春秋之世。《国语》乃由各国材料拼合而成于魏文侯朝，仍是官家培植之著作，私人无此力量。[①]

傅氏指出春秋文章与战国的最大区别在于其为"官书"，这是十分正确的。

同时，春秋时期，对礼的发展与破坏是并存的。对礼的破坏正是促使礼在春秋时期发展的一个重要因素。从整个礼的发展历程来看，主要是从古礼到儒家的礼学的过渡。一些极端的事例表明，世官制度虽然在春秋末叶仍未完全废止，但数典忘祖之事也时有发生。如《左传·昭公十五年》载晋国籍谈至周，天子与其叙旧：

> 王曰："叔氏，而忘诸乎？……且昔而高祖孙伯黡，司晋之典籍，以为大政，故曰籍氏。及辛有之二子董之晋，于是乎有董史。女，司典之后也，何故忘之？"籍谈不能对。宾出，王曰："籍父其无后乎。数典而忘其祖。"[②]

籍谈作为司典之后，不知其祖为何职何守，这透露出春秋时期世官制度的式微趋势。围绕着这一进程，春秋文章创作也表现出由官守向私家著作的过渡。本课题主要由此思路入手，概述春秋文章创作的概况。

[①] 傅斯年：《春秋战国之际为什么诸家并兴》，《傅斯年"战国子家"与〈史记〉讲义》，天津古籍出版社 2007 年版，第 19 页。

[②] 杨伯峻编著：《春秋左传注》，中华书局 2009 年版，第 1372—1373 页。

第一章　春秋冠、婚礼仪与礼辞的生成

周初制礼作乐，涉及人生的礼仪有出生礼、冠礼、婚礼、丧礼等，这些礼仪就像一道道"门"，生活于其中的个体都要通过这些"门"。因为如此，所以社会学家把这类礼仪称之为"通过性礼仪"。周代的礼仪由仪程、礼辞、礼义组成，在这些礼仪的展演中，伴随着各类礼辞的撰作。如《礼记·檀弓上》载："幼名，冠字，五十以伯仲，死谥，周道也。"[①]取名、加冠、赐谥都有礼辞，足见在周人的世界里，人的一生，从出生到离世，都贯穿着礼辞，也就是祝嘏之礼。《左传·襄公十二年》："（周）灵王求后于齐，齐侯问对于晏桓子。桓子对曰：'先王之礼辞有之，天子求后于诸侯，诸侯对曰："夫妇所生若而人，妾妇之子若而人。"无女而有姊妹及姑姊妹，则曰："先守某公之遗女若而人。"'齐侯许婚，王使阴里结之。"[②]其中记求婚"礼辞"两条。又《礼记·礼运》："故先王秉蓍龟，列祭祀，瘗缯，宣祝嘏辞说，设制度，故国有礼，官有御，事有职，礼有序。"孔颖达疏云："宣祝嘏辞说，宣，扬也。祝嘏有旧辞，更宣扬告神也。"[③]祝以宣祝嘏辞说为其职守，用于冠、婚、丧、祭之事。忠于职守谓之"事有职，礼有序"。到了春秋时期，虽然"礼崩乐坏"，但只是礼的等级性遭到破坏，也就是所谓"礼乐征伐出自天子"变为"礼乐征伐出自诸侯"，礼典礼乐制度并未发生变化。本章拟从人生礼仪中的仪节出发，探讨春

---

① （汉）郑玄注，（唐）孔颖达疏：《礼记正义》，《十三经注疏》（标点本），北京大学出版社1999年版，第219页。

② 杨伯峻编著：《春秋左传注》，中华书局2009年版，第996—997页。

③ （汉）郑玄注，（唐）孔颖达疏：《礼记正义》，《十三经注疏》（标点本），北京大学出版社1999年版，第705页。

秋时期各类礼辞的生成机制。

一、命名礼、冠礼的展演与祝辞的生成

在周代社会里，名字负载着一个人身份等社会信息，因此需要特别的礼仪才能获得，具有神圣的意义。春秋时代的命名礼、冠礼就是通过礼辞赋予行礼者特别的名与字。

（一）春秋命名礼与礼辞的人文性

什么是名？《说文》："名，自命也。从口夕，夕者冥也，冥不相见，以口自名。"① 《春秋繁露·深察名号》："鸣而施命谓之名，名之为言，鸣与命也。"② 古人又说："名者，序长幼，辨贵贱，别嫌疑，礼之大者也。"（《潜书·名称》）③ 综合以上说法，名就是一个人的称呼，古人借名来排列长幼，辨别贵贱，避免嫌疑，所以古人特别重视命名之礼。

命名礼，顾名思义就是给新出生的孩子取名字的礼仪。周代以前，人们大多只有姓氏，也就是族名、公名，而少有私名。到了周代，典籍中所见的私名就多了。也就是说，到了周代，于姓氏之外，人们取私名成为一种风尚，之后形成一种礼仪制度。《仪礼·丧服》载："子生三月，则父名之。"④ 《白虎通义·姓名篇》曰："三月名之何？天道一时，物有其变。人生三月，目煦亦能咳笑，与人相更答，故因其始有知而名之。"⑤ 关于名与字的关系，《礼记·檀弓》云："幼名，冠字。"孔颖达《正义》曰："生若无名，不可分别，故始三月而加名，故云幼名也。冠字者，人年二十，有为人父之道，朋友等类不可复

---

① （汉）许慎撰，（清）段玉裁注：《说文解字注》，上海古籍出版社 1981 年版，第 56 页。
② （清）苏舆撰，钟哲点校：《春秋繁露义证》，中华书局 1992 年版，第 285 页。
③ （清）唐甄：《潜书》，中华书局 1963 年版，第 160 页。
④ （汉）郑玄注，（唐）贾公彦疏：《仪礼注疏》，《十三经注疏》（标点本），北京大学出版社 1999 年版，第 599 页。
⑤ （汉）班固撰，陈立疏证：《白虎通义》，《万有文库》第二集，商务印书馆 1937 年版，第 341 页。

呼幼名，故冠而加字。"①《仪礼·士冠礼》："冠而字之，敬其名也。"② 说的就是这个道理。命名礼既体现了社会生活的实际需要，同时也体现出对于人的尊重，体现出人的社会属性，带有浓厚的人文色彩。

据周代礼仪，女子在怀孕后就要遵循"胎教"之礼，孩子出生后有接子之礼，满三个月行命名礼。命名礼的具体仪程，保存于《礼记·内则》：

> 三月之末，择日剪发为鬌，男角女羁，否则男左女右。是日也，妻以子见于父……由命士以下皆漱浣，男女夙兴，沐浴，衣服，具视朔食。夫入门，升自阼阶，立于阼，西乡。妻抱子出自房，当楣立，东面。
>
> 姆先相，曰："母某敢用时日，祇见孺子。"夫对曰："钦有帅。"父执子之右手，咳而名之。妻对曰："记有成。"遂左还授师。子师辩告诸妇、诸母名。妻遂适寝。夫告宰名，宰辩告诸男名，书曰："某年某月某日某生"而藏之。宰告闾史，闾史书为二：其一藏诸闾府，其一献诸州史。州史献诸州伯，州伯命藏诸州府。夫入，食如养礼。
>
> 世子生，则君沐浴朝服，夫人亦如之，皆立于阼阶，西乡。世妇抱子升自西阶，君名之，乃降。
>
> 適子庶子见于外寝，抚其首，咳而名之。礼帅初，无辞。③

《内则》所记是卿大夫以下阶层的命名礼。诸侯、卿大夫之子生三月后由父命名之礼细节上稍异，但大体相同。由以上所载可以看出，周代命名礼的仪程是：

1. 行礼前的准备活动。这些准备活动包括给新生儿剪发留鬌，子之父母、傅姆、老师及其他参加礼仪者均早起沐浴更衣等。

2. 行命名礼仪式。由新生儿母亲抱着新生儿见其父，仪式中傅姆代替孩

---

① （汉）郑玄注，（唐）孔颖达疏：《礼记正义》，《十三经注疏》（标点本），北京大学出版社 1999 年版，第 219 页。

② （汉）郑玄注，（唐）贾公彦疏：《仪礼注疏》，《十三经注疏》（标点本），北京大学出版社 1999 年版，第 55 页。

③ （汉）郑玄注，（唐）孔颖达疏：《礼记正义》，《十三经注疏》（标点本），北京大学出版社 1999 年版，第 862—865 页。

子的母亲对其父致辞，表示怀孕以来的禁忌解除，新生儿见其父。其父也向其母郑重致辞，表示一切遵循礼仪进行。而后父握新生儿右手，托着新生儿的下巴，当众宣布其名字为某某，也就是宣布命名辞。其母代替新生儿致辞，表示受命者将依父命名的期望进德修业。①

3. 新生儿的老师及傅姆将命名辞遍告其兄弟姐妹，并将新生儿的生辰、命名等书之简册，逐级上报至州府，以备受名者以后就学、考课时查考。

4. 命名礼中有特定格式的"礼辞"，包括傅姆代母致子父之辞、父之答辞、父命名辞。这些礼辞虽然短小，但措辞语气力求典雅，且表达了父母及家族对初生三月的新生儿的美好期望。既体现了周礼的"礼义"，也表现出一种深切的人文关怀。

5. 命名礼中的"礼辞"除要当众口宣以外，还要书之简策，抄写副本，存档备查。这充分体现了礼辞写作过程富于仪式感、写作程式化的特点。

清人孙希旦认为《内则》所述的命名礼当属古制②，此礼在春秋时期也很受贵族阶层的重视，曾在各诸侯国普遍实行，是人们特别看重的礼仪。以下借助几个实例，具体来看春秋时人是如何为出生三月者行命名礼的。如《左传·桓公六年》：

> 九月丁卯，子同生。以大子生之礼举之，接以大牢，卜士负之，士妻食之。公与文姜、宗妇命之。
>
> 公问名于申繻，对曰："名有五：有信，有义，有象，有假，有类。以名生为信，以德命为义，以类命为象，取于物为假，取于父为类。不以国，不以官，不以山川，不以隐疾，不以畜牲，不以器币。周人以讳事神，名，终将讳之。故以国则废名，以官则废职，以山川则废主，以畜牲

① 《礼记正义》孔颖达疏曰："姆先相者，妻既抱子，当楣东面而立，傅姆在母之前，而相佐其辞曰：'母某氏，敢用时日祇见孺子。'祇，敬也。孺，稚也。谓恭敬奉见稚子。夫对曰：'钦有帅'者，钦，敬也。帅，循也。夫对妻言，当教之，令其恭敬，使有循善道。对妻既讫，父遂执子右手，咳而名之，谓以一手执子右手，以一手承子之咳而名之。妻对曰：'记有成'者，当记识夫言，教之使有成就。"（汉）郑玄注，（唐）孔颖达疏：《礼记正义》，《十三经注疏》（标点本），北京大学出版社1999年版，第864页。

② （清）孙希旦撰，沈啸寰、王星贤点校：《礼记集解》，中华书局1989年版，第724页。

则废祀，以器币则废礼。晋以僖侯废司徒，宋以武公废司空，先君献、武废二山，是以大物不可以命。"

公曰："是其生也，与吾同物，命之曰同。"①

以上所述接子礼、命名礼均与《内则》大体相同，惟鲁桓公于命名前，特别咨询申繻，与礼书所载不同。这是春秋时代的新风气。申繻是鲁国大夫，从他对命名的五种原则和六种禁忌的谙熟来看，堪称深于礼学者。申繻所论，除细节外，多与《礼记·内则》《礼记·曲礼》所载命名礼的礼义相合。"公曰"以下，是礼辞中的命名辞。

另外，还有春秋时晋国实行命名礼的情况，如《左传·桓公二年》载：

初，晋穆侯之夫人姜氏以条之役生太子，命之曰仇。其弟以千亩之战生，命之曰成师。师服曰："异哉，君之名子也！夫名以制义，义以出礼，礼以体政，政以正民，是以政成而民听。易则生乱。嘉耦曰妃，怨耦曰仇，古之命也。今君命太子曰仇，弟曰成师，始兆乱矣。兄其替乎！"（鲁）惠之二十四年，晋始乱……②

上述晋穆侯为两个儿子行三月命名礼的情况，《史记》所载略有不同，但载录的命辞却是相同的，都是以纪念战争的方式为受名者命名，一曰"仇"，一曰"成师"。所以才引发了师服的批评。师服是引述了"古之命"辞来批评晋穆侯的。或许春秋时还有专门汇编这类"礼辞"的礼书。《晋世家》："穆侯四年，取齐女姜氏为夫人。七年，伐条。生太子仇。十年，伐千亩，有功。生少子，名曰成师。晋人师服曰：'异哉，君之命子也！太子曰仇，仇者雠也。少子曰成师，成师大号，成之者也。名，自命也；物，自定也。今适庶名反逆，此后晋其能毋乱乎？'……君子曰：'晋之乱其在曲沃矣。末大于本而得民心，不乱何待！'"③此处发表评论的"君子"大概也是指师服。

---

① 杨伯峻编著：《春秋左传注》，中华书局 2009 年版，第 114—117 页。
② 杨伯峻编著：《春秋左传注》，中华书局 2009 年版，第 91—93 页。
③ 韩兆琦编著：《史记笺证》，江西人民出版社 2004 年版，第 1637—1638 页。

《左传·桓公二年》师服条杜预《注》云："师服,晋国大夫。"[1]《史记集解》引贾逵亦曰："晋大夫。"班固《汉书·古今人表》以为师服是周宣王时人,《左传》所载评论当为追述其事。除此之外,典籍中还保留了春秋时贵族的命名礼,如郑穆公,及鲁国的叔孙侨如、孔子等等,不再详述。由这些例子来看,春秋时的命名礼在仪程方面与之前并无大的变化,但在礼辞方面却有较大的新变:一是高级贵族的命名礼还要就某些事项咨询长者和深于礼学的卿大夫;二是命名礼中的礼辞和命名并不严格遵守《内则》所述的古礼,如晋穆侯命子,均以纪念战争为出发点,突破了古礼命名的原则,已属变格。

命名礼既然如此受贵族阶层的重视,必然会影响到每一个受名者的心理,使他(她)在成长中产生一种指向命名者期许的内在动力,从而有可能最终影响一个人的人生。屈原的《离骚》在开篇处自述家世后,满怀自豪地说:"皇览揆余初度兮,肇锡余以嘉名。名余曰正则兮,字余曰灵均。"汤炳正先生认为"嘉名"之"嘉"当与"乳"同,"嘉名"就是乳名,就是始生三月行命名礼,从而得名。其名"正则",是因为"屈原不仅生于一年之首的正月,而且是难得的岁星'恒星周期'的第一年、'会合周期'的第一个月的夏历正月,故名之曰'正则'。《仪礼·士冠礼》云:'以岁之正,以月之令',郑注:'正,犹善也。'是'正则'者,有以善为法之意"。[2]这与《内则》所载命名礼父对新生三月之子以命名方式寄予的期许完全相同。可以说,屈原《离骚》中写到初生三月而命名的礼仪,并特别提到"名余曰正则"的命名辞,体现了三月命名这一人生礼仪对诗人的追求和志向的影响。

(二)春秋冠礼与加冠祝辞

一个人在出生三月命名后,受名者还没有字,他(她)要到行冠礼的时候才能由持礼仪的长者根据先前的名而得到"字"。《礼记·冠义》:"冠者,礼

---

① 杨伯峻编著:《春秋左传注》,中华书局 2009 年版,第 92 页。
② 汤炳正、李大明等注:《楚辞今注》,上海古籍出版社 1996 年版,第 4 页。

之始也，是故古者圣王重冠。"①据学者们研究，冠礼仪式起源于原始社会的成丁礼②，西周时代的冠礼常与庙祭相衔接，是在宗庙中举行的重要的人生礼仪。礼家据《仪礼》等材料研究归纳，冠礼仪式及礼辞如下：

1.冠前预备之礼。包括筮日、戒宾、筮宾、宿宾。筮日即在行礼之前通过占卜确定吉日。这个仪式也有筮辞，因属占卜，此处不论。戒宾是主人邀请僚友到吉日前来参加冠礼，礼书记载，这个环节有礼辞：

> 主人戒宾之辞曰："某有子某，将加布于其首，愿吾子之教之也。"宾辞谢曰："某不敏，恐不能共事，以病吾子，敢辞。"主人再请，曰："某愿吾子之终教之也。"宾允诺，曰："吾子重有命，某敢不从。"③

这类礼辞没有具体的名姓，以"某"代替，显然不是某次具体的礼仪上所用，而是通用于戒宾等礼仪的礼辞的"模板"。按照礼制形成的一般规律，西周早期的礼仪，往往是因事而举行，饰礼的文辞也往往是因事制辞；而定型后的礼仪已经制度化，按期举行，饰礼的文辞则是"率由旧章"。④因此，此处引述的冠礼戒宾之辞，应当是西周中后期礼典定型后的礼辞，至迟也是春秋时代的礼辞。

筮宾，就是通过占卜确定一位嘉宾作为加冠时的执礼之宾，一位协助执礼者的赞者。确定后，主人要专程邀请，这两个程序也应当有"礼辞"以致主人

---

① （汉）郑玄注，（唐）孔颖达疏：《礼记正义》，《十三经注疏》（标点本），北京大学出版社1999年版，第615页。

② 杨宽：《冠礼新探》，《西周史》，上海人民出版社1999年版，第770—787页。

③ 钱玄：《冠礼通释》，《三礼通论》，南京师范大学出版社1996年版，第558页。

④ 贾海生《祝嘏、铭文与颂歌——以文辞饰礼的综合考察》一文认为："西周初期，各种典礼都是有为事而举行，尚未形成春祠、夏礿、秋尝、冬烝的四时祭。因此仪式典礼所用文辞都表明了因何而作，向神明所致之情也因事而异，形式也是多种多样。……至春秋、战国时期，不仅逐渐形成了四时祭，还有所谓三年一祫、五年一禘的时祭。各种典礼往往都是按时举行，目的仅仅是为了向神明致以孝敬之情，几乎不再因事而行礼，因而饰礼的文辞也就逐渐演变成了套语式的祝嘏。"（《文史》2007年第二辑，第5—6页）考虑到战国时代礼乐制度遭到破坏的事实，可以推断，礼书当中所记载的各类饰礼的文辞，大部分应当是春秋时期的作品。

之情。当宾客请来后，在行礼前一日要留宿于主人家，亦有辞：

> 主人宿宾之辞曰："某将加布于某之首，吾子将莅之。敢宿。"
> 宾对曰："某敢不夙兴。"①

这虽然像是客套话，但对于行礼来说却是必不可少的。除此之外，行礼的前一晚，还要由宰召集兄弟、执事等于庙宣告安排行礼事宜。

2. 三加之礼与赐字之礼。这是冠礼的核心内容，先由执事安排在宗庙中陈设加冠所用的器服，然后主人、宾客就位，宾及赞者盛服入庙门。正式的加冠仪式有三次，故称为"三加之礼"。始加缁布冠，并向受冠者致祝辞；冠者受冠后出门让众亲友宾客观瞻威仪，之后再入门，由执礼宾为之加皮弁，并致祝辞。受冠者出门展示威仪如始加。之后是三加，仪式如前。三加之仪结束后，由嘉宾接见受冠者，并致辞。之后冠者出见其母，再由宾告冠者之字，冠者及主人答谢宾。② 答谢时也有固定的礼辞。关于这些礼辞，后文还要讨论，此处从略。

3. 冠者受戒。冠者见兄弟、姐妹，见长者贤者，并就治国修身之道接受训导。至此冠礼全部仪节结束。天子、诸侯的冠礼和大夫、士的冠礼程序大致相同，但在礼仪的规格方面应当有等级的不同。天子、诸侯、大夫的冠礼可能有金石之乐助兴，士的冠礼则无奏乐之仪。

礼与乐相须为用，而礼仪的展演又时时贯穿着礼辞。以下试从这一角度梳理从西周至春秋时代冠礼展演中礼辞的撰制，及其因时代而发生的变化轨迹。

西周时代贵族举行冠礼的情况屡见于典籍。许慎《五经异义》言："今《礼》戴说：'男子，阳也，成于阴，故二十而冠。'《古尚书》说云：'武王崩时，成王年十三，后一年管、蔡作乱，周公东辟之，王与大夫尽弁，以开金滕之书。时成王年十四，言弁，明知已冠矣。'《春秋左氏传》说，岁星为年纪十二而一周于天，天道备，故人君年十二可以冠。自夏殷天子皆十二而冠。"又言"周公居东，岁大风，王与大夫冠弁开金滕之书，成王年十四，丧冠也"。

---

① 钱玄：《冠礼通释》，《三礼通论》，南京师范大学出版社 1996 年版，第 558 页。
② 钱玄：《冠礼通释》，《三礼通论》，南京师范大学出版社 1996 年版，第 557—561 页。

陈寿祺《疏证》于此条下说：

> 蒙案：《通典》五十六《嘉礼》注："谯周《五经然否论》云：'《古文尚书》说，武王崩，成王年十三。推武王以庚辰岁崩，周公以壬午岁出居东，癸未岁反。《礼·公冠》记，周公冠成王，命史作祝辞。辞，告也，是除丧冠也。周公未反，成王冠弁开金滕之书，时十六矣。是成王十五，周公冠之而后出也。'许慎《异义》云：'武王崩，后管、蔡作乱，周公出居东，是岁大风，王与大夫冠弁开金滕之书，成王年十四，是丧冠也者，恐失矣。'按《礼》《传》天子之年，近则十二，远则十五，必冠矣。"[1]

据陈寿祺说，则成王加冠时已十五岁，且周公为之主持冠礼。另外，因为武王新丧，所以成王的冠礼属丧冠，是在非常情况下举行的冠礼。《礼记·曾子问》说：

> 父没而冠，则已冠扫地而祭于祢。已祭，而见伯父、叔父。而后享冠者。[2]

父亲过世而举行冠礼，在冠礼之后还要祭祀父亲。祭毕父亲拜见伯父、叔父，之后还要行享礼，也就是专为受冠者举行的礼宾之礼。郑玄《礼记》注曰："享，礼之。"这些都与《尚书》等记载的成王冠礼的细节相吻合。

成王冠毕祭庙和拜见伯父、叔父以受教这两个仪节，还见于《诗经》诗篇。《周颂》中的《闵予小子》《访落》《敬之》《小毖》四诗，《诗序》以来的解说者多以为是为成王冠礼仪式而作的仪式乐歌。《诗序》言："《闵予小子》，嗣王朝于庙也。"[3]即成王冠后举行庙祭之诗。又言："《访落》，嗣王谋于庙

---

① （清）陈寿祺撰，曹建墩点校：《五经异义疏证》，上海古籍出版社 2012 年版，第 141—143 页。

② （汉）郑玄注，（唐）孔颖达疏：《礼记正义》，《十三经注疏》（标点本），北京大学出版社 1999 年版，第 576 页。

③ （汉）毛亨传，（汉）郑玄笺，（唐）孔颖达疏：《毛诗正义》，《十三经注疏》（标点本），北京大学出版社 1999 年版，第 1343 页。

也。"① 王先谦《集疏》："鲁说曰：'《访落》，一章十二句，成王谋政于庙之所歌也。'"② 是成王于丧冠之礼中行庙祭之后拜见伯父、叔父辈也。《敬之》篇，《毛序》以为："群臣进戒嗣王也。"③《小毖》篇，《毛序》说是"嗣王求助也"④。这两篇似为群臣训诫天子之辞，都合乎礼书所载"丧冠"的仪节。

成王加冠的情况还见于其他文献，如《尚书·周书》中的《无逸》一篇，说："呜呼！继自今嗣王，则无逸于观、于逸、于游、于田。"又说："呜呼！嗣王其监于兹！"⑤"嗣王"就是指成王。蔡沈《书集传》说：

> 成王初政，周公惧其知逸而不知无逸也，故作是书以训之。言则古昔必称商王者，时之近也；必称先王者，王之亲也。举三宗者，继世之君也；详文祖者，耳目之所逮也。上自天命精微，下至畎亩艰难，闲时怨诅，无不具载。岂独成王之所当知哉？实天下万世人主之龟鉴也。是篇凡七更端，周公皆以"呜呼"发之，深嗟永叹，其意深远矣。亦训体也。⑥

蔡氏解说《无逸》之旨甚是。因成王刚行冠礼并继位大典，故周公姬旦在成王加冠仪式中告诫成王就更多了一层训勉之意。《无逸》明显是用于冠礼的仪式祝辞。⑦

另外，成王加冠的情况还见于《今本竹书纪年》所载：

---

① （汉）毛亨传，（汉）郑玄笺，（唐）孔颖达疏：《毛诗正义》，《十三经注疏》（标点本），北京大学出版社1999年版，第1346页。

② （清）王先谦撰，吴格点校：《诗三家义集疏》，中华书局1987年版，第1038页。

③ （汉）毛亨传，（汉）郑玄笺，（唐）孔颖达疏：《毛诗正义》，《十三经注疏》（标点本），北京大学出版社1999年版，第1348页。

④ （汉）毛亨传，（汉）郑玄笺，（唐）孔颖达疏：《毛诗正义》，《十三经注疏》（标点本），北京大学出版社1999年版，第1350页。

⑤ （汉）孔安国传，（唐）孔颖达疏：《尚书正义》，《十三经注疏》（标点本），北京大学出版社1999年版，第435页。

⑥ （宋）蔡沈注，钱宗武、钱忠弼整理：《书集传》，凤凰出版社2010年版，第197页。

⑦ 参韩高年：《周初天子冠礼仪式乐歌及仪式诵辞考论》，《西北师大学报》2011年第6期。

（成王）元年丁酉春正月，王即位，命冢宰周文公总百官。庚午，周公诰诸侯于皇门。夏六月，葬武王于毕。秋，王加元服。①

《孔子家语·冠颂》亦载："武王崩，成王年十有三而嗣立。周公居冢宰，摄政以治天下。明年夏六月，既葬，冠成王而朝于祖，以见诸侯，示有君也。"②此与《今本竹书纪年》所记相近。王肃时《竹书纪年》尚未亡佚，故其得见《竹书纪年》原书，可证《今本纪年》所述大体可信。《今本纪年》中所述"秋，王加元服。名祝雍作颂"一句颇为引人注意，表明在加冠仪式上有祝官名雍者为其作颂辞，其辞见于《大戴礼记·公冠篇》所载：

> 成王冠，周公使祝雍祝王，曰："达而勿多也。"
> 祝雍曰："使王近于民，远于年，啬于时，惠于财，亲贤使能。"③

孔广森注："雍，太祝定。左与王为祝辞，于冠告焉。"《孔子家语·冠颂》也载有成王加冠时所歌之"颂"一篇：

> 令月吉日，王始中元服，去王幼志服衮职。钦若昊天，六合是式。率尔祖考，永永无极。④

王树枏曰："《家语·冠颂篇》及《说苑·修文篇》所录冠礼祝辞皆袭《大

---

① 王国维：《今本竹书纪年疏证》（卷下），收入《海宁王忠悫公遗书三集》。自王国维《竹书纪年疏证》出，学者遂以为《今本纪年》为伪书，弃而不用。范祥雍指出：实际《今本竹书纪年》是在宋代流传的《古本竹书纪年》残本的基础上逐渐附益而成的（《关于〈古本竹书纪年〉的亡佚年代》，刊《文史》第二十五辑，中华书局1985年版)，其中一些内容可能为《古本竹书纪年》之旧，因此不能将《今本》完全视为伪书。美国史丹福大学倪得伟《西周之年历》一文认为《今本竹书纪年》"并非明代学者于真正的十二至十四卷原文散佚以后才伪造的，它可能是在东晋时根据《古本纪年》删订而成，其后于六朝时又经过陆续的修改与增补，这就是说，编订《今本竹书纪年》的学者，当时仍然得见公元281年出土于魏襄王墓的《竹书纪年》原文。以上这些研究成果认为，《今本竹书纪年》所记内容相当一部分是可以信据的。

② （魏）王肃注：《孔子家语》，上海古籍出版社1990年版，第86页。

③ （清）王聘珍撰，王文锦点校：《大戴礼记解诂》，中华书局1983年版，第249—250页。

④ （清）王聘珍撰，王文锦点校：《大戴礼记解诂》，中华书局1983年版，第86页。

戴礼》。"①礼学家沈文倬以为成王行冠礼无可疑。②按《仪礼·士冠礼》载贵族中之"士"行冠礼有通用的祝颂之辞，可知三代行冠礼，必于仪式之上唱诵祝贺之辞，以应礼仪之需。《大戴礼记》《孔子家语》所载冠颂，其文字虽不能确定为周初之旧，然于成王加冠之仪必有"名祝雍作颂"之文学活动则可以肯定。

礼仪作为一种兼有制度层面和习俗层面双重性质的存在，具有相对的稳定性，在一般情况下不会随着社会的变迁发生断裂性的变化。《大戴礼记·公冠篇》还附录了汉昭帝的冠礼祝辞，比较而言，已完全是散体文，但其用意与成王冠颂相同。这说明后世的追述，亦应有其原始的根据。不可一概视为"伪作""假托"。《成王冠颂》亦应当作如此观。③

春秋时期，诸侯仍尊周礼，但礼典的实行往往呈现出某种变通，冠礼的实行亦如此。天子之外，诸侯、大夫、士均实行冠礼。春秋时代的诸侯冠礼，如《左传·襄公九年》载鲁襄公的冠礼：

> （鲁襄）公送晋侯。晋侯以公宴于河上，问公年。季武子对曰："会于沙随之岁，寡君以生。"晋侯曰："十二年矣。是谓一终，一星终也，国君十五而生子，冠而生子，礼也，君可以冠矣。大夫盍为冠具？"武子对曰："君冠，必以裸享之礼行之，以金石之乐节之，以先君之祧处之。今寡君在行，未可具也，请及兄弟之国而假备焉。"晋侯曰："诺。"公还，及卫，冠于成公之庙，假钟磬焉，礼也。④

---

① 方向东：《大戴礼记汇校集解》，中华书局 2012 年版，第 1260—1261 页。

② 沈文倬：《略论礼典的实行与〈仪礼〉书本的撰作》，《文史》第十五、十六辑，中华书局 1982 年版。

③ 《汉书·艺文志》载："《孔子家语》二十七卷。"颜师古曰："非今所有《家语》也。"是《孔子家语》实为先秦旧书，流传中散佚篇章，而经后人附益。1973 年河北定县八角廊汉墓出土整理者定名为《儒家者言》的竹书，1977 年安徽阜阳双古堆汉墓又出土了章题木牍，这些材料均以孔子及其弟子言行为主，与《孔子家语》性质相似。李学勤《竹简〈家语〉与汉魏孔氏家学》（《孔子研究》1987 年第 2 期）从年代和内容上分析指出竹简可能是《汉志》著录《家语》之一部分，也许是摘抄本。后经胡平生、朱渊清、杨朝明等学者研究，可以确定其书不伪。其中《冠颂篇》与《大戴礼记》所载相同，当为旧有之章。关于其真伪的论述，参邓瑞全、王冠英：《中国伪书综考》，黄山书社 1998 年版，第 384—387 页；张岩：《〈孔子家语〉研究综述》，《孔子研究》2004 年第 4 期。

④ 杨伯峻编著：《春秋左传注》，中华书局 2009 年版，第 970—971 页。

西周时冠礼一般在宗庙中举行，含有让祖先见证受冠者成年之意，同时也可以使受冠者有一种神圣感。到春秋时，鲁襄公的冠礼则在卫国的祖庙里进行，连冠具也是临时借用的。可见春秋时冠礼仪程可以变通，只取其礼义而已。

因为尚重礼义，所以冠礼中的祝辞虽然是程式化的写作，但也体现出春秋时代的特点。清人胡培翚尝言："'三礼'惟《仪礼》最古，亦惟《仪礼》最醇矣。《仪礼》有经，有记，有传。记、传乃孔门七十子之徒之所为，而经非周公莫能作。"① 今天来看，说《仪礼》为周公所作固然不对，但其记、传为孔门弟子所作，且其中述周公所作之礼仪则没错。现代礼学家沈文倬研究后对《仪礼》的撰作年代发表看法认为：

> 《仪礼》是成于孔子的弟子或再传弟子之手。制作年代大约在春秋战国间；但是因为它是贵族相沿演习的、相承不替的仪节，仍可信为是西周初年的一种制度和仪节，正如皮锡瑞所说："必当时实有此制度，非能凭空撰述。"……②
>
> 《仪礼》书本残存十七篇以及已佚若干篇的撰作时代，其上限是鲁哀公末年鲁悼公初年，即周元王、定王之际；其下限是鲁共公十年前后，即周烈王、显王之际。它是在公元前五世纪中期到四世纪中期这一百多年中，由孔子的弟子、后学陆续撰作的。③

这个说法是对清儒胡培翚补充，为现今大多数学者所认可。今人钱玄在此基础上又补充说"儒家要学礼文，所以孔子撰写礼书以授徒，这完全是可能的。"又说："孔子及其弟子撰作《仪礼》即在大小戴《礼记》中的一些篇目及《墨子》之前。"④ 由此来看，《仪礼·士冠礼》完全可能出自春秋时代，其中载

① （清）胡培翚：《仪礼正义》第一册，商务印书馆1934年版，第3页。
② 沈文倬：《〈周代城市生活图〉编绘计划》，《菿闇文存》，商务印书馆2006年版，第1011—1012页。
③ 沈文倬：《略论礼典的实行和〈仪礼〉书本的撰作》，《宗周礼乐文明考论》，浙江大学出版社1999年版，第54页。
④ 钱玄：《〈仪礼〉及〈礼古经〉》，《三礼通论》，南京师范大学出版社1996年版，第12—14页。

录的冠礼祝辞当然也产生于春秋时代。

由《仪礼·士冠礼》所载春秋冠礼祝辞来看，具体表现是冠礼祝辞内容上侧重于赞扬祝福加冠者，在形式上则由西周时代的散韵不拘，变为整齐的韵文。为进一步考察春秋时冠颂辞的内容及形式特点，今录《仪礼·士冠礼》中所载之"士冠礼颂辞"如下：

> 令月吉日，始加元服，弃尔幼志，顺尔成德。寿考惟祺，介尔景福。（一加）
>
> 吉月令辰，乃申尔服，敬尔威仪，淑慎尔德，眉寿万年，永受胡福。（再加）
>
> 以岁之正，以月之令。咸加尔服，兄弟具在，以成厥德。黄耇无疆，受天之庆。（三加）[①]

胡培翚疏云："前始加冠时云：进容乃祝。此令月吉日以下，即始加之祝辞也。再加三加不言祝，省文。"[②] 以上是三次加冠仪程举行时由主持人朗诵的祝辞，一加之辞主要是告诫受冠者要从此告别孩童的言行习惯，以成年人的德行来要求自己，并祝福受冠者长寿多福。二加之辞告诫受冠者从此要严格遵守礼仪，注重威仪，并对受冠者表示祝贺。三加之辞主要告诫受冠者"成德"之后要以身作则，并祈福上天保佑受冠者。

除三加之礼中的祝辞外，《士冠礼》还载有加冠时的《醴辞》：

> 甘醴惟厚，嘉荐令芳。拜受祭之，以定尔祥。承天之休，寿考不忘。[③]

胡培翚释曰："此醴辞，谓冠讫醴冠者之辞也。""拜受祭之，谓拜受觯，

---

① （汉）郑玄注，（唐）贾公彦疏：《仪礼注疏》，《十三经注疏》（标点本），北京大学出版社1999年版，第49—50页。

② （清）胡培翚：《仪礼正义》第一册，商务印书馆1934年版，第74页。

③ （汉）郑玄注，（唐）贾公彦疏：《仪礼注疏》，《十三经注疏》（标点本），北京大学出版社1999年版，第50页。

祭脯醢，祭醴也。此教其行礼。下三句，祝之也。张氏尔岐云：'定祥承休'
与《易》凝命之旨相类。天人之理，徵见于此。……敖氏云：寿考不忘者，谓
至于寿考而人不能忘之也。此盖古人祝颂之常语，《诗》亦多用之。"①这条祝
辞前两句是铺陈祭品之美，后四句则是祝颂受冠者的吉祥语。这类祝辞，多见
于《诗》，以及春秋时代的铭文之中。这样的礼辞在《仪礼》中作为述礼节的
"经文"之外的补充材料，礼家认为它介于经和记之间，也有的学者认为这也
是"经"。但就其撰作情况来看，撰作者对《诗》文本很熟悉，所以在撰作中
吸收和运用了《诗》篇中关于祝颂的常用语或常见词。

　　还有在行冠礼时受冠者的父兄及长辈对受冠者行祝酒礼时所诵之祝酒辞，
即《醮辞》：

　　　　旨酒既清，嘉荐亶时，始加元服，兄弟具来，孝友时格，永乃保之。
　　　　旨酒既湑，嘉荐伊脯，乃申尔服，礼仪有序。祭此嘉爵，承天之祜。
　　　　旨酒令芳，笾豆有楚。咸加尔服，肴升折俎。承天之庆，受福无疆。②

　　《醮辞》铺陈酒食肴馔之丰盛洁净，其目的在于为受冠者祈福求佑，并表
示对受冠者的无限寄望、对礼仪的赞美。其中"旨酒""嘉荐"，"肴升折俎"
等礼仪特别用词，多取于《诗》，而"孝友时格""承天之祜"等这些祝嘏之
辞，则与春秋时代的铜器铭文用语颇多相同。

　　《士冠礼》记述男子取字的方式是："曰：伯某甫，仲、叔、季，唯其所
当。"③杨宽先生认为"这是说：男子'字'的全称有三个字，第一字是长幼行
辈的称呼如伯、仲、叔、季之类，第二字是和'名'相联系的某一个'字'，
末一字都用'甫'的称呼。其实'甫'是'父'的假借字。从古文献来看，西
周时确定流行着这种取'字'的方式（在金文中尤为常见），春秋时也还有沿

①　（清）胡培翚：《仪礼正义》第一册，商务印书馆1934年版，第76—77页。
②　（汉）郑玄注，（唐）贾公彦疏：《仪礼注疏》，《十三经注疏》（标点本），北京大学出版社1999
年版，第51页。
③　（汉）郑玄注，（唐）贾公彦疏：《仪礼注疏》，《十三经注疏》（标点本），北京大学出版社1999
年版，第51页。

用这种习惯的。见于西周文献的，如白（伯）丁父（令簋）、白（伯）懋父（小臣𬮿簋等）、白家父（伯家父簋）、程伯林父（《大雅·常武》）"[1]，见于春秋时文献的如晋国的桓伯林父（《左传·成公十八年》）、鲁国的白愈父（鲁伯愈父鬲）等。女子的"字"必须在许嫁时题取，取"字"方式基本和男子相同。杨宽先生概括为"曰：伯（或作孟）某母（或作女），仲、叔、季，唯其所当。"[2]除此以外，《士冠礼》还载有主持仪式的"宾"为受冠者赐"字"的《字辞》：

> 礼仪既备，令月吉日，昭告尔字，爰字孔嘉，髦士攸宜，宜之于假，永受保之。

这是赐字时的祝辞。男子出生三月而命名，尚无字。冠毕赐字，意味着正式成人。所以要由宾当着众人昭告其字，并表示称赞和祝贺，祝福其成人后永保福佑。

上文曾引述皮锡瑞、沈文倬、钱玄等学者的观点，认为据周代礼制的形成过程可以推断《仪礼》诸礼书所载的饰礼文辞大多产生于春秋时代，此处所引的《仪礼·士冠礼》所录诸祝辞应当也不例外。

除了上述理由外，从这些祝辞的语汇方面，以及其中所反映的思想倾向方面，也都可以看出它们是产生于春秋时代的。语汇方面，例如其中的"成德""景福""威仪""旨酒"等词汇，多见于西周末、春秋时代的文献，而少见于战国时代文献。姚际恒尝言："祝辞多用诗语，便知《仪礼》为春秋后人所作。胡与遐通，'胡福'，即诗'降尔遐福'也。"[3]实际上《诗》文本编成于春秋中叶，春秋时赋诗、歌诗、引诗，进而言语之中用诗的风气最盛。《仪礼》冠礼祝辞用《诗》成辞，正说明其时代在春秋。

其次，《仪礼》冠礼祝辞说"敬尔威仪，淑慎尔德"，强调"慎德"，重视

---

① 杨宽：《西周史》第八章《冠礼新探》，上海人民出版社 1999 年版，第 774 页。
② 杨宽：《西周史》第八章《冠礼新探》，上海人民出版社 1999 年版，第 777 页。
③ （清）姚际恒著，陈祖武点校：《仪礼通论》，中国社会科学出版社 1998 年版，第 39 页。

礼仪、强调德行的观念，也是春秋时代的特点。① 因此我们把《仪礼》冠礼祝辞的年代断在春秋时代，不管是从礼制史的角度，还是从语言史和思想史的角度，都是说得通的。

据《大戴礼记·公冠》《仪礼·士冠礼》等所载，受冠者在加冠完毕后，还要"服玄冠、玄端，爵韠，奠挚见于君。遂以挚见于乡大夫、乡先生"。（《士冠礼》）② 君、乡大夫、乡先生于士为尊者。据礼家之言，此虽是言"士"之冠礼，实际是赅大夫、诸侯而言。这个礼节中，受冠者执礼物拜见长者，听取他们的告诫和祝福。

长者的祝福、告诫之辞也是饰礼致情的礼辞，《仪礼》未载，但可由其他典籍所载略见端倪。据《国语·晋语六》记载，春秋时晋国执政赵盾之孙赵武（文子）加冠后，按礼节拜见长老并接受告诫和祝福的情况，据此可知冠礼中的"赠言"之制，并可以借此探讨春秋冠礼祝辞在内容和形式上的变化。《晋语六》载：

> 赵文子冠，见栾武子，武子曰："美哉！昔吾逮事庄主，华则荣矣，实之不知，请务实乎。"
>
> 见中行宣子，宣子曰："美哉！惜也，吾老矣！"
>
> 见范文子，文子曰："而今可以戒矣，夫贤者宠至而益戒，不足者为宠骄。故兴王赏谏臣，逸王罚之。吾闻古之王者，政德既成，又听于民，于是乎使工诵谏于朝，在列者献诗使勿兜，风听胪言于市，辨祅祥于谣，考百事于朝，问谤誉于路，有邪而正之，尽戒之术也。先王疾是骄也。"
>
> 见郤驹伯，驹伯曰："美哉！然而壮不若老者多矣。"
>
> 见韩献子，献子曰："戒之，此谓成人。成人在始与善，始与善，善进善，不善蔑由至矣；始与不善，不善进不善，善亦蔑由至矣。如草木之产也，各以其物。人之有冠，犹宫室之有墙屋也，粪除而已，又何加焉。"

---

① 参陈来：《古代思想文化的世界——春秋时代的宗教、伦理与社会思想》，生活·读书·新知三联书店 2002 年版，第 246—291 页。

② （汉）郑玄注，（唐）贾公彦疏：《仪礼注疏》，《十三经注疏》（标点本），北京大学出版社 1999 年版，第 38 页。

见智武子，武子曰："吾子勉之，成、宣之后而老为大夫，非耻乎！成子之文，宣子之忠，其可忘乎！夫成子导前志以佐先君，导法而卒以政，可不谓文乎！夫宣子尽谏于襄、灵，以谏取恶，不惮死进，可不谓忠乎！吾子勉之，有宣子之忠，而纳之以成子之文，事君必济。"

见苦成叔子，叔子曰："抑年少而执官者众，吾安容子。"

见温季子，季子曰："谁之不如，可以求之。"

见张老而语之，张老曰："善矣，从栾伯之言，可以滋；范叔之教，可以大；韩子之戒，可以成。物备矣，志在子。若夫三郤，亡人之言也，何称述焉！智子之道善矣，是先主覆露子也。"①

清代学者董增龄《国语正义》云："（赵）文子，赵盾之孙，赵朔之子，赵武也。冠，谓以士礼始冠。《仪礼·士冠礼》服元冠元端爵韠奠挚见于君，遂以挚见于乡大夫、乡先生。郑注：'乡先生，乡中老人，为卿大夫致仕者。'故此传列叙诸人也。"②陈戍国先生也认为"赵文子始冠，所求见九人皆卿大夫，正是士冠礼的一个仪注。《礼经·士冠礼》'乡大夫'之乡，自以作卿为是"③。所言不差。

从上引一段材料可以看出，赵武受冠后意味着他将要成赵氏家族的族长，同时也意味着他将继承其祖而任晋国执政，故遍访长老，咨询之以为政之事。他所见的栾武子、中行宣子、范文子、郤驹伯、韩献子、知（智）武子，都是晋国当时政局中的头面人物。晋国众长老均告以政事。据此可以推断，春秋时贵族冠礼，加冠之后，受冠者要穿戴礼冠礼服携礼拜见卿大夫与致仕卿大夫，谋为政之道于"老成人"，卿大夫要致诫于受冠者。《晋语》六载录了赵武加冠后众卿大夫致戒于赵武的礼辞，可补礼书记载之阙。下面根据《晋语》所载，试对晋国众卿的致辞进行简要的分析。

栾武子（栾书）致戒之辞首言"美哉！"徐元诰集解："美哉，美成人

---

① 徐元诰撰，王树民、沈长云点校：《国语集解》（修订本），中华书局 2002 年版，第 387—389 页。
② （清）董增龄撰：《国语正义》，巴蜀书社 1985 年版，第 875 页。
③ 陈戍国：《中国礼制史》（先秦卷），湖南教育出版社 1996 年版，第 374—375 页。

也。"①意谓先表示祝贺，之后告诫赵武不要像其父赵庄子那样华而不实。栾书对赵武殷殷以期，虽似出言随意，但也是冠礼致戒的应有之义，由其言辞也可以看出他是个心直口快的人。

中行宣子的致辞也是以"美哉"开始，也是首先向赵武表示祝贺，然后他说自己年事已高，不能亲见赵武建功立业。虽然比较简要，但富含深义，实际是含蓄地向赵武表示勉励。

范文子的致辞最具致戒的意味，特别切题，比较合乎礼辞的谨严风格。他的核心意思是"贤者宠至而益戒，不足者为宠骄"！后又引证前代有关纳谏的言论，主题是"兴王赏谏臣，逸王罚之"。似是进谏君王纳谏的话，与告诫赵武的一番言辞完全不相承接，文气不顺，颇疑此处有错简或脱误。不过仍然可以看出范燮熟知掌故、长于文辞。

郤驹伯即"三郤"之一的晋卿郤錡，他对赵武虽然也礼节性地表示祝贺，但又说"壮不若老者多矣"，正如董增龄所评，有点"恃年自矜"（《国语正义》），盛气凌人的意味。

韩献子即韩厥，时为晋卿。他与知庄子（荀首）、范文子（士燮）并称为晋之"三贤"。韩厥对赵武的致辞完全合乎礼义，他说："戒之，此谓成人之始"，意思是说冠礼是成人之始，以此勉励赵武。之后他又从进善好修方面提示赵武如何"成人"，其辞立意高远而又善用比喻，可谓文质兼备。韩献子的个性"宽厚正直"，在他手上，韩氏奠定了在晋国的地位。

知武子，即荀首之子荀罃，荀氏食采邑于知，故又称知罃。知罃勉励赵武要遵循先人赵衰、赵盾的踵武，早为晋卿，继兴事业；知武子主持晋国之政多年，能以礼服人，以德和人，又足智多谋，忠义两全。他在致辞中讲述赵武的祖上赵衰的"文"德与赵盾的忠义，预言赵武如能兼而取之，则大事可成。

苦成叔子即郤犨，晋国"三郤"之一，为人自以为是、贪图私利。他对来拜见的赵武说："现在年少为官者很多，我又怎么安排你的官职呢？"言辞之间尽显其骄横之气。

温季子即"三郤"之一的郤至，他是郤氏中少有的忠信正直之人。郤至勉

---

① 徐元诰撰，王树民、沈长云点校：《国语集解》（修订本），中华书局 2002 年版，第 387 页。

励赵武应努力从政，他对赵武的态度与郤錡、郤犨截然不同。

张老，即晋大夫张孟。张孟对赵武一一评论了以上诸卿的致戒之辞，批评"三郤"之言为"亡人之言"，无可称述；并勉励赵武从善言而修德，立志成就一番事业。

从以上的分析来看，因为加冠之人没有阅历，所以需要长老们的辅助才能发扬先人的功业。冠礼祝辞的内容完全是围绕着对加冠者赵武的训诫与祝福，和西周冠礼致诫之辞（如《无逸》）比较而言，在回顾历史、赞美祖先以说理方面来说，大体相似。而从其语言形式来看，西周时期冠礼致诫之辞用词典雅，而春秋时期的冠礼致诫之辞则明白如话，且可看出致诫者的个性，总体上呈现出口头化、个性化、散文化的趋势。

二、春秋婚姻制度、婚姻礼仪与祝辞的撰制

《大戴礼记·保傅》说："《春秋》之元，诗之《关雎》，礼之冠昏（婚），易之乾坤，皆慎始敬终云尔。"[1] 意谓除冠礼外，婚礼也是周代重要的人生礼仪。婚礼的实践伴随着仪式祝辞的撰制与传播，其内容与形式则受到春秋时代婚姻制度的影响。

（一）春秋婚姻制度与婚礼仪节述要

春秋时期的婚姻制度基本上继承了西周，在贵族社会主要是实行一夫一妻制，同时辅以陪媵制、烝报制、交换婚、赠婚等制，在个别地区也保留了掠夺婚、兄妹婚、贡献婚、冥婚等原始婚姻制度。[2] 婚姻制度不同，决定着婚姻礼仪的差异。

杜佑《通典》云："周制，限男女之岁，定婚姻之时。亲迎于户，六礼之

---

① （清）王聘珍撰，王文锦点校：《大戴礼记解诂》，中华书局 1983 年版，第 59 页。
② 参见陈绍棣：《中国风俗通史》（两周卷），上海文艺出版社 2003 年版，第 252—262 页。

仪始备。"①春秋时代的婚礼仪程也大体继承了西周的"六仪"之礼，但学者们根据《仪礼·士昏礼》及《左传》《国语》等典籍所载考察，春秋时期实行的婚礼仪程与"六仪"有合有不合。概括而言，主要有以下几个仪程：

1. 纳采问名之礼。即男方派使者到女方家请婚并问其名。《仪礼·士昏礼》："昏礼下达，纳采，用雁。……摈者出请，宾执雁，请问名，主人许。"郑玄注："将欲与彼合昏姻，必先使媒氏下通其言，女氏许之，乃后使人纳其采择之礼。"②姚际恒云"纳采之前，应有行媒通言"，又云"纳采、问名二礼，同日而举。故下文云'纳吉用雁，如纳采礼'，不言问名，以纳采该问名也"。③《左传·隐公七年》载："郑公子忽在王所，故陈侯请妻之，郑伯许之，乃成昏。"④表明春秋时实行过纳采之礼。

2. 纳吉之礼。即问名以后，以卜筮确定婚姻吉凶。

3. 纳征之礼。纳征即纳币，也就是聘，现时民间称之为订婚。

4. 请期之礼。男家遣使至女家商议婚期。实际上是男方确定，通知女家。

5. 亲迎之礼。这是婚礼的核心礼节，主要是男子于黄昏时分备好礼物，坐着车赴女方家迎娶新妇。《诗经》中《小雅》《国风》的很多诗篇描写了这个礼节。

6. 三月庙见礼。即新妇于亲迎至夫家后三月举行庙祭，然后同居。据《士昏礼》三月庙见礼只是舅姑殁时举行，然而据《左传》《列女传》等所载来看，无论舅姑在或殁，均要举行三月庙见之礼。《公羊传·成公九年》何休注："古者妇人三月而后庙见，称妇，择日而祭于祢，成妇之义也……必三月者，取一时足以别贞信，贞信著，然后成妇礼。"⑤这样做的目的，"是为了检验新妇是否怀有别人的孩子，保证她日后所生的子女具有夫方纯正的血统"。⑥

---

① （唐）杜佑撰：《通典》卷五十八，礼十八，嘉礼三，中华书局 1984 年版，第 333 页。
② （汉）郑玄注，（唐）贾公彦疏：《仪礼注疏》，《十三经注疏》（标点本），北京大学出版社 1999 年版，第 60—63 页。
③ （清）姚际恒著，陈祖武点校：《仪礼通论》，中国社会科学出版社 1998 年版，第 44—46 页。
④ 杨伯峻编著：《春秋左传注》，中华书局 2009 年版，第 55 页。
⑤ （汉）公羊寿传，（汉）何休解诂，（唐）徐彦疏：《春秋公羊传注疏》，《十三经注疏》（标点本），北京大学出版社 1999 年版，第 389 页。
⑥ 胡新生：《试论春秋时期贵族昏礼中的"三月庙见"仪式》，《东岳论丛》2000 年第 4 期，第 102 页。

7. 归宁和大归之礼。归宁指新妇回娘家探亲，大归指女子出嫁后因故离开夫家返回娘家。《左传·庄公二十七年》："冬，杞伯姬来，归宁也。凡诸侯之女，归宁曰来，出曰来归，夫人归宁曰如某，出曰归于某。"[1] 杜预《注》："宁，问父母安否。""归，不返之辞。"[2]《诗经·周南·葛覃》一诗曰："害浣害否？归宁父母。"即是一个嫁后欲归宁父母的女子的诗。至于已嫁女子大归，《春秋》中也多有记载，不繁举。

也有的学者认为春秋时未实行婚礼"六仪"，顾栋高《春秋大事表》、陈筱芳《周代婚礼：六礼抑或三礼？》（《文史》第四辑，中华书局 2001 年版，第 21 页）认为周代实际实行的婚姻礼仪是"聘（委禽）、纳币（成昏）和逆女三礼，没有所谓问名、纳吉和请期"。

（二）《士昏礼》所载婚礼礼辞考

古人重视婚礼，在长期实行婚礼的过程中，既形成了特定的礼仪程序，同时也形成了适用于缔结婚约的特定仪程的近乎固定的礼辞。《士昏礼》的"记"中记载了春秋时期人们在婚礼各阶段的"昏（婚）辞"，包括"纳采之辞""问名之辞""醴辞""纳之辞""纳征之辞""请期之辞""使者返命之辞""父醮子命辞""宾者之辞""父送女之辞""母授绥之辞"等等。借助这些礼辞的形式和内容，可以考察春秋时代婚礼中礼文的撰制情况。为方便论述，兹引述其文如下：

> 昏辞曰："吾子有惠，贶室某也。某有先人之礼，使某也请纳采。"对曰："某之子蠢愚，又弗能教。吾子命之，某不敢辞。"[3]

这是男方家遣使至女方家求婚时使者代表男方对女方父亲的说辞。郑玄

---

① 杨伯峻编著：《春秋左传注》，中华书局 2009 年版，第 236 页。
② （晋）杜预：《春秋左传集解》，上海人民出版社 1977 年版，第 196 页。
③ （汉）郑玄注，（唐）贾公彦疏：《仪礼注疏》，《十三经注疏》（标点本），北京大学出版社 1999 年版，第 101—102 页。

注：“昏辞，摈者请事告之辞。吾子，谓女父也。称有惠，明下达。贶，赐也。室犹妻也。……某，婿名。”①“对曰”是女方父亲的答辞。表示愿意结亲，《礼记·祭统》载国君昏辞：“夫祭也者，必夫妇亲之，所以备外内之官也。”“故国君取夫人之辞曰：‘请君之玉女，与寡人共有敝邑，事宗庙、社稷。’”孙希旦注：“取夫人之辞，谓纳采之辞也。郑氏曰：玉女者，美言之，君子于玉比德焉。”②此可与《仪礼》所载互参。

以下是《士昏礼》经文后所附“记”之中记载的纳采问名之辞：

> 致命，曰：“敢纳采。”问名，曰：“某既受命，将加诸卜，敢请女为谁氏？”对曰：“吾子有命，且以备数而择之，某不敢辞。”③

这是使者与女方父亲就纳采、问名二事的对话，纳采的对话有省略。贾公彦疏曰：“此使者升堂，致命于主人辞。若然，亦当有主人对辞，如纳徵致命，主人对辞，不言之者，文不具也。问名，宾在门外请问名，主人许。无辞者，纳采问名同使，前已相亲于纳采，许昏讫，故于问名略，不言主人所传辞也。是以于此直见宾升堂，致命主人之辞也。”④宾行纳采之礼后，出门未返，在门外请事。宾执雁说：“请问名。”主人许可，宾入，升阶。宾、主就问名对答如上。女方为答谢宾，要行醴宾之礼，以醴招待宾客。主人要致辞。以下是醴辞：

> 醴，（主人）曰：“子为事故，至于某之室。某有先人之礼，请醴从者。”（宾）对曰：“某既得将事矣，敢辞。”（主人曰：）“先人之礼，敢固

---

① （汉）郑玄注，（唐）贾公彦疏：《仪礼注疏》，《十三经注疏》（标点本），北京大学出版社1999年版，第101页。

② （清）孙希旦撰，沈啸寰、王星贤点校：《礼记集解》，中华书局1989年版，第1238页。

③ （汉）郑玄注，（唐）贾公彦疏：《仪礼注疏》，《十三经注疏》（标点本），北京大学出版社1999年版，第102页。

④ （汉）郑玄注，（唐）贾公彦疏：《仪礼注疏》，《十三经注疏》（标点本），北京大学出版社1999年版，第102页。

以请。"（宾曰：）"某辞不得命，敢不从也？"①

醴宾之礼毕，主人送宾于门外。宾归男家，卜得吉兆后，再至女家，行纳吉之礼。其辞如下：

> 纳吉，（宾致辞）曰："吾子有贶命，某加诸卜，占曰'吉'。使某也敢告。"（主人）对曰："某之子不教，唯恐弗堪。子有吉，我与在。某不敢辞。"②

《左传·僖公四年》载"初，晋献公欲以为骊姬为夫人，卜之，不吉；筮之，吉。公曰：'从筮。'卜人曰：'筮短龟长，不如从长。且其繇曰："专之渝，攘公之羭。一薰一莸，十年尚犹有臭。"必不可。'弗听，立之"③，是春秋时娶妻必卜的例子。纳吉之礼毕，婚约初成，还须致送聘礼，也就是纳徵。"徵"，成也，行聘则婚事成。宾带着聘礼至女家行礼，其辞如下：

> 纳徵，（宾）曰："吾子有嘉命，贶室某也。某有先人之礼，俪皮束帛，使某也请纳征。"致命，曰："某敢纳征。"对曰："吾子顺先典，贶某重礼，某不敢辞，敢不承命？"④

聘礼有黑色和浅绛色的绸共五匹，鹿皮两张。女方家接受聘礼时双方的辞令对答体现了谦让的精神。之后男方就要和女方一起商量婚期，其辞如下：

> 请期，曰："吾子有赐命，某既申受命矣。惟是三族之不虞，使某也

---

　　① （汉）郑玄注，（唐）贾公彦疏：《仪礼注疏》，《十三经注疏》（标点本），北京大学出版社1999年版，第103页。

　　② （汉）郑玄注，（唐）贾公彦疏：《仪礼注疏》，《十三经注疏》（标点本），北京大学出版社1999年版，第103页。

　　③ 杨伯峻编著：《春秋左传注》，中华书局2009年版，第295—296页。

　　④ （汉）郑玄注，（唐）贾公彦疏：《仪礼注疏》，《十三经注疏》（标点本），北京大学出版社1999年版，第103页。

请吉日。"对曰："某既前受命矣，唯命是听。"曰："某命某听命于吾子。"对曰："某固唯命是听。"使者曰："某使某受命，吾子不许，某敢不告期？曰某日。"对曰："某敢不敬须？"[1]

实际上婚期的确定以男方为主，以上所引双方的对答也体现自谦的礼义。使者奔忙于双方之间，每一个礼仪结束都要反命于男方家。据《士昏礼》载也有礼辞：

> 凡使者归，反命，曰："某既得将事矣，敢以礼告。"主人曰："闻命矣。"[2]

这是通例。

在婚期确定之后，到了那一天，婿就要到妇家迎娶，也就是亲迎。出发前，父命子曰：

> 父醮子，命之，曰："往迎尔相，承我宗事。勖帅以敬，先妣之嗣。若则有常。"子曰："诺。唯恐弗堪，不敢忘命。"[3]

醮，就是要在出发前以酒食祭祖，应当也在宗庙里。男方父亲在此仪式上当着祖先的面，训诫其子，迎娶新妇，承继宗事。男子至女家，由使者先报女方。即礼书所言"宾至，摈者请"，（主人）对曰："吾子命某，以兹初昏，使某将，请承命。"对曰："某固敬具以须。"然后女父迎婿入宗庙，新妇从房中出，其父其母、庶母共戒之，有辞曰：

> 父送女，命之曰："戒之敬之，夙夜毋违命！"母施衿结帨，曰："勉

---

①　（汉）郑玄注，（唐）贾公彦疏：《仪礼注疏》，《十三经注疏》（标点本），北京大学出版社1999年版，第104页。

②　（汉）郑玄注，（唐）贾公彦疏：《仪礼注疏》，《十三经注疏》（标点本），北京大学出版社1999年版，第104页。

③　（汉）郑玄注，（唐）贾公彦疏：《仪礼注疏》，《十三经注疏》（标点本），北京大学出版社1999年版，第104—105页。

之敬之，夙夜无违宫事！"庶母及门内，施鞶，申之以父母之命，命之
曰："敬恭听，宗尔父母之言。夙夜无愆，视诸衿鞶！"①

戒辞为四言体，且均用《诗·周颂》词语，内容主要是告诫女子勤勉事
夫、恭敬侍舅姑。出发赴男家前，还要举行授绥礼：

授绥，姆辞曰："未教，不足与为礼也。"

郑注："姆，教人者。"② 意谓行授绥之礼时，女子之姆还要致辞。
　　如果男方因故未能按期亲迎，则新妇至男家三月后行庙见之礼。宾主间亦
有礼辞：

若不亲迎，则妇入三月，然后婿见，曰："某以得为外昏姻，请觌。"
主人对曰："某以得为外昏姻之数，某之子未得濯溉于祭祀，是以未敢见。
今吾子辱，请吾子之就宫，某将走见。"对曰："某以非他故，不足以辱
命，请终赐见。"对曰："某得以为昏姻之故，不敢固辞，敢不从！"③

关于新妇三月庙见的问题，学者们有不同意见。据载如舅姑殁，新妇庙见
之时，还要由祝代达祝祷之辞于死去的舅姑，曰："某氏来妇，敢奠嘉菜于皇
舅某子。"又祝祷曰："某氏来妇，敢告于皇姑某氏。"④ 按常理来讲，只有当一
种礼仪不断重复实行、展演，才有可能形成一套独特的话语模式。从以上这些
已经形成定式的礼辞来看，人们对婚礼礼仪的实践已经不是只停留在仪式行为

---

① （汉）郑玄注，（唐）贾公彦疏：《仪礼注疏》，《十三经注疏》（标点本），北京大学出版社 1999
年版，第 105 页。
② （汉）郑玄注，（唐）贾公彦疏：《仪礼注疏》，《十三经注疏》（标点本），北京大学出版社 1999
年版，第 106 页。
③ （汉）郑玄注，（唐）贾公彦疏：《仪礼注疏》，《十三经注疏》（标点本），北京大学出版社 1999
年版，第 107—108 页。
④ （汉）郑玄注，（唐）贾公彦疏：《仪礼注疏》，《十三经注疏》（标点本），北京大学出版社 1999
年版，第 93—94 页。

层面，而是已经在总结、抽象仪式所包含的"礼义"了。

通过春秋时代的婚礼实录来与礼书仪节的比较，可以清楚地看到上述变化，及二者之间的关联性。如《左传·昭公元年》载："楚公子围聘于郑，且娶于公孙段氏。伍举为介。将入馆，郑人恶之，使行人子羽与之言，乃馆于外，既聘，将以众逆，子产患之，使子羽辞，曰：'以敝邑褊小，不足以容从者，请墠听命。'令尹命太宰伯州犁对曰：'君辱贶寡大夫围，谓围将使丰氏抚而有室。围布几筵，告于庄、共之庙而来。若野赐之，是委君贶于草莽也，是寡大夫不得列于诸卿也。不宁唯是，又使围蒙其先君，将不得为寡君老，其蔑以复矣，唯大夫图之。'子羽曰：'小国无罪……不然，敝邑，馆人之属也，其敢爱丰氏之祧。'伍举知其有备也，请垂橐而入，许之。"①楚国公子围求婚于郑之丰氏，在行过聘礼后，想带着军队入郑国国都丰氏宗庙亲迎新妇，实际上是想借机攻打郑国。结果被郑国的子产等人识破，断然拒绝。类似的例子还见于《隐公八年》。从以上记载来看，有三点与以上所述婚礼相合：

第一，春秋时代贵族婚礼均要在宗庙中进行，亲迎前男方要在宗庙告祭先祖，新郎要在宗庙中接受其父的训戒。亲迎的礼仪要在女方宗庙进行。

第二，春秋时代婚礼仪节中宾主间的交流有特殊的辞令形式，《左传》所载婚礼实例中的辞令与《士丧礼》"记"中所载的礼辞格式、文风、措辞相似，可以证明后者出自春秋时代。

第三，春秋时代礼仪的实践在仪节（名物、器服、场合等）上容有变通（是所谓礼崩乐坏），但表现出对礼义的讲求。上述婚礼的各种礼辞，在措辞上的模式化倾向，内容上对德行的强调，恰恰与春秋时代仪式伦理向德行伦理转化的总体趋势相符②，这也可以证明上述礼辞当产生于春秋时代。

（三）媵婚制度与媵器铭文

所谓媵婚制，就是侄娣同嫁一夫，或异姓女子同嫁一夫的婚姻制度。杨伯

---

① 杨伯峻编著：《春秋左传注》，中华书局 2009 年版，第 1199—1201 页。

② 黄开国认为："在将礼由事神致福的宗教仪式转变为人们的社会规范的同时，人们赋予礼以道德因素，一方面经常将礼与其他道德因素联系为说，另一方面，更多的是将礼看成统摄一切具体德行的道德观念。"见其《诸子百家兴起的前奏——春秋时期的思想文化》，巴蜀书社 2004 年版，第 233 页。

峻先生曰：“古代上层人物娶妇，除妇为嫡妻外，妇家又以其妹或姪女陪嫁，曰媵。”①据学者们研究，媵婚制起源很早，商周时代贵族阶层通行媵婚制。春秋时代是媵婚制的鼎盛期，仅《左传》所载就有四十多例，如《左传·隐公三年》载：“卫庄公娶于齐东宫得臣之妹，曰庄姜。美而无子，卫人所为赋《硕人》也。又娶于陈，曰厉妫，生孝伯，早死。其娣戴妫，生桓公。”②戴妫与厉妫为姐妹，同嫁于卫庄公。《襄公二十三年》：“初，臧宣叔娶于铸，生贾及为而死。继室以其姪，穆姜之姨子也。生纥，长于公宫。姜氏爱之，故立之。”③意谓铸国之女生了两个儿子贾和为就死了，臧宣叔又以穆姜妹妹的女儿作为继室，生了臧孙纥。这是以姪女为媵的例子。

春秋时代，诸侯争霸，弱国需要通过婚姻形成政治联盟。这就是所谓“申之以盟誓，重之以婚姻”。媵婚制之所以盛行于春秋时代，主要原因即在于此。为了体现通过媵婚所缔结的政治联盟关系，嫁女之国或媵女之国常作器铭来记录其事，以为陪嫁品，实际上这类铭文具有盟誓或凭证的作用。如：

　　1.《许子妆簠铭》：“许子妆择其吉金，用铸其簠，用媵孟姜、秦嬴。”④

　　2.《樊君鬲铭》：“樊君作叔嬴、叻（芈）媵器宝鬲。”⑤

　　3.《曾侯簠铭》：“叔姬霝乍（嫁）黄邦，曾侯作叔姬、邛妳媵器彝。”⑥

　　4.《上鄀公簠铭》：“上鄀公择其吉金，铸叔芈、番改媵匜。”⑦

---

①　杨伯峻编著：《春秋左传注》，中华书局 2009 年版，第 1048 页。

②　杨伯峻编著：《春秋左传注》，中华书局 2009 年版，第 30—31 页。

③　杨伯峻编著：《春秋左传注》，中华书局 2009 年版，第 1082 页。

④　中国社会科学考古研究所编：《殷周金文集成》（修订增补本）第四册，中华书局 2007 年版，第 2990 页。

⑤　中国社会科学考古研究所编：《殷周金文集成》（修订增补本）第一册，中华书局 2007 年版，第 602 页。

⑥　中国社会科学考古研究所编：《殷周金文集成》（修订增补本）第四册，中华书局 2007 年版，第 2966 页。

⑦　河南省文物研究所、河南省丹江库区考古发掘队等：《淅川下寺春秋楚墓》，文物出版社 1991 年版，第 9—10 页。

5.《季宫父簠铭》："季宫父作仲姊（曹）、姬匜。"①

6.《鲁大司徒匜铭》："鲁大司徒子仲白其庶女厉孟姬媵匜。"②

上引第 1 例是许国与秦国共嫁女，许为媵，秦为嫡。郭沫若以为："殆许与秦同嫁女，或许嫡秦为媵，秦嫡许为媵，故铸器以分媵之。"③马承源则以为是许国嫁女，秦国来媵，许国为这二女作器以纪之。④当以马说为是。

上引第 2 例也是一铭兼媵两女，一位是叔嬴，一位是芈。樊君是以来媵国名义为他国主嫁嫡女和本国芈姓媵女作器。⑤第 3 例是曾侯之女叔姬出嫁，邛芈为媵妾，曾侯作媵器。第 4 例是上都公为叔芈和番改作器，叔芈应为上都公之女，而番改则是媵女。第 5 例是季公父为其女作器，环则是媵女。二人同嫁一夫，季公父之女为嫡。第 6 例是鲁国大司徒子仲白以父亲名义为其嫁往厉国的庶女作器。⑥

综上所述，春秋时代这类铭文或是主嫁女国所作，或是媵女国所作，其写作目的很明确，就是为媵婚礼仪而作。铭辞虽很简明，仅只叙述媵女国及作媵器以陪嫁之事，但又寄缔结政治联盟之意于言外。此类铭文甚多，不繁举。杨树达先生曾言："顷者余重治金文，私谓钟鼎铭辞，以文体别之，可分为二事。一曰纯乎记事者，二曰纯乎记言者。"⑦以此来衡量媵器铭文，当属"纯乎记事"者之类。从铭文的发展历史来看，商代铭文以记事为主，相对比较简短，西周以后出现长篇铭文，既有叙事也有记言，以及言、事相兼者。但商周铭文中很少见媵器铭文，此类铭文独盛于春秋时代，主要是媵婚制在当时盛行所致。一种文体的盛行，常与其时社会生活的实际需要密切相关。这一文体生成的规律，对于铭体而言也是适用的。

---

① 中国社会科学考古研究所编：《殷周金文集成》（修订增补本）第四册，中华书局 2007 年版，第 2942 页。

② 中国社会科学考古研究所编：《殷周金文集成》（修订增补本）第七册，中华书局 2007 年版，第 5533 页。

③ 郭沫若：《两周金文辞大系图录考释》，《郭沫若全集》，科学出版社 1982 年版，第 179 页。

④ 马承源：《商周青铜器铭文选》，文物出版社 1988 年版，第 406 页。

⑤ 李学勤：《光山黄国墓的几个问题》，《考古与文物》1985 年第 2 期，第 51 页。

⑥ 高兵：《周代婚姻形态研究》，巴蜀书社 2007 年版，第 102—103 页。

⑦ 杨树达：《善夫克鼎跋》，《积微居金文说》，中华书局 1997 年版，第 45 页。

第二章 春秋丧礼与礼文的生成

丧礼属人生礼仪之一，也是周代众多礼仪中生命力最强的一种。从西周到春秋时代，丧礼的合法性都受到人们的认可，但其具体实施则略有不同。春秋时代的贵族实行丧礼的情况屡见于《左传》《国语》等书及出土文献的记载，与西周时代相比，在一些具体的仪节如"三年之丧"等方面，多有变通。因为丧礼的某些仪节贯穿着礼文的写作，下文试在综述丧礼仪节大要的基础上，摘取其中与礼文撰制有关的仪节，探讨丧礼礼文产生的机制及其文体特点。

一、春秋丧礼仪节及礼文撰制述要

据《仪礼》中的《丧服》《士丧礼》《既夕礼》《士虞礼》及《礼记》中的《杂记》《丧大礼》等文献记载，钱玄先生《丧礼通论》[①] 概括时士阶层丧礼的主要仪节如下：

第一，临终之礼与礼辞的撰制。包括：1. 移居正寝。2. 君、友问疾。3. 祷五祀。五祀，指对门、户、中霤、灶、行神的祭祀。《论语·述而》记载："子疾病，子路请祷。子曰：'有诸？'子路对曰：'有之。诔曰祷尔于上下神祇。'子曰：'丘之祷久矣。'"[②] 据此，则祷为祷病，即病重时亲属祈求神灵希望能康复。《周书·金縢》、清华简《周武王有疾周公所自以代王之志》即属此类礼辞。

---

① 钱玄：《丧礼通论》，《三礼通论》，南京师范大学出版社1996年版，第597—616页。

② （魏）何晏注，（宋）邢昺疏：《论语注疏》，《十三经注疏》（标点本），北京大学出版社1999年版，第98页。

第二，始死之礼与礼辞的撰制。包括：1. 招魂，或曰"复"。《礼记·丧服小记》云："复与书铭，自天子至达于士，其辞一也。男子称名，妇人书姓与伯仲，如不知姓，则书氏。"孙希旦《集解》云："復，招魂也。书铭，谓为铭旌而书死者于其上也。其辞一者，谓复之辞与铭之辞同也。男子称名，谓复也。《士丧礼》复曰'某復'，是称名也。"[①] 这是说巫祝在死者始死时为之招魂，"招魂辞"的撰写规定没有身份地位的差异。《楚辞》有《大招》《招魂》，均为此类礼辞。2. 迁尸。3. 楔齿、缀足。4. 设奠、帷堂。5. 讣告。6. 众亲入哭位哭泣。7. 君及宾客吊、襚。8. 设铭。9. 沐浴尸体。10. 饭含。11. 袭。12. 设重、设燎。

第三，小敛之礼。指死者去世后第二天将其尸体移至堂上并祭奠，然后接受亲友的致襚。

第四，大敛之礼。指死者去世后第三天，将尸体移至棺木之中，中间有十分繁复的礼节。

第五，成服之礼。指亲属依与死者亲疏关系穿戴丧服。

第六，安葬之礼与礼辞的撰制与发表。包括：1. 筮宅。2. 视椁及明器。3. 卜葬日。4. 启殡。5. 朝祖。6. 君及宾客赗赠。《仪礼·既夕礼》："书赗于方，若九，若七，若五。书遣于策。"郑玄注："方，板也。书赗奠赗赠之人名与其物于板。每板若九行，若七行，若五行。策，简也。遣犹送也。"[②]《仪礼·聘礼·记》："百名以上书于策，不及百名书于方。"[③] 意谓书写吊唁宾客所赠物品清单，并将随葬物品书写在竹简上，编成遣策。战国墓葬中多出遣策，《周书·器服》即是一篇遣策。7. 设大遣奠。8. 发引，即出殡。9. 入圹，即入土。读遣策。

第七，葬后祭礼与礼辞的撰制。1. 反哭。2. 虞祭。3. 卒哭之祭。祭时有祝辞："哀子某，来日某，隮祔尔于尔皇祖某甫，尚饗。"[④] 4. 班祔。为死者神主入

① （清）孙希旦撰，沈啸寰、王星贤点校：《礼记集解》，中华书局1989年版，第881页。
② （汉）郑玄注，（唐）贾公彦疏：《仪礼注疏》，《十三经注疏》（标点本），北京大学出版社1999年版，第747—748页。
③ （汉）郑玄注，（唐）贾公彦疏：《仪礼注疏》，《十三经注疏》（标点本），北京大学出版社1999年版，第450页。
④ 钱玄：《丧礼通论》，《三礼通论》，南京师范大学出版社1996年版，第605页。

庙而祭，亦有祝辞。5. 小祥、大祥及禫，即死后一年、二年、三年之祭。

　　丧礼的仪节十分繁琐，其核心是表达生者对死者的惜别之情与痛惜之感。从西周到春秋，一些有识之士如齐国的晏婴等，已经颇感丧礼时间太长，耗费太多。因此虽然观念上认可，但在操作中反对"久丧"。陈戍国先生尝言："从《左传》可以推知天子之丧葬之礼的大致情形：（一）讣告天下，如《左传》隐公三年'平王崩，赴以庚戌'即是。（二）诸侯吊赠，并有赙，无劳王室征求（如《左传》隐公三年求赙则非礼）。（三）到期会葬……（四）葬礼有隧……（五）三年之丧……"又言："春秋时期诸侯丧葬之礼，自始死到安葬，至后人服丧，其节目较详。从大体上说，顾栋高所谓'天子诸侯丧礼已废绝于春秋时论'是基本符合事实的。"[1] 但从士阶层丧礼的仪节来看，在春秋时还大体保持了西周时代的仪节，但有被简化的趋势。

二、临终礼的演变与春秋时代的遗言遗训

　　丧礼从一个人病重之时即已启动，通过遗言、遗训的方式，预先对身后重大事件的考量而提前作出各种安排，对于春秋时代贵族阶层来说，具有重要的意义。这既体现了对将死者的临终关怀与尊重，同时针对贵族，尤其是天子、诸侯、卿大夫等阶层来说，也是国家权力的交接方式与政治经验的传承方式。这种仪节虽然礼书无载，但却见于其他史料。

（一）西周时代遗言遗训

　　西周时代即有遗言、遗训的仪节。《书序》曰："成王将崩，命召公、毕公，率诸侯相康王，作《顾命》。"[2] 据此可知，《顾命》是周成王临终的遗言。《尚书·周书·顾命》：

---

　　① 陈戍国：《中国礼制史》（先秦卷），湖南教育出版社 1996 年版，第 316、322 页。
　　② （汉）孔安国传，（唐）孔颖达疏：《尚书正义》，《十三经注疏》（标点本），北京大学出版社 1999 年版，第 494 页。

惟四月哉生魄，王不怿。甲子，王乃洮沫水。相被冕服，凭玉几。乃同召太保奭、芮伯、彤伯、毕公、卫侯、毛公、师氏、虎臣、百尹、御事。王曰："呜呼！疾大渐，惟几。病日臻，既弥留，恐不获誓言嗣，兹予审训命汝。昔君文王武王宣重光，奠丽陈教则肄。肄不违，用克达殷，集大命。在后之侗，敬迓天威，嗣守文武大训，无敢昏逾。今天降疾殆，弗兴弗悟，尔尚明时朕言，用敬保元子钊，弘济于艰难，柔远能迩，安劝小大庶邦。思夫人自乱于威仪，尔无以钊冒贡于非几。"

兹既受命还，出缀衣于庭。越翼日乙丑，王崩。太保命仲桓、南宫毛，俾爰齐侯吕伋，以二干戈、虎贲百人，逆子钊于南门之外。延入翼室，恤宅宗。丁卯，命作册度。越七日癸酉，伯相命士须材。狄设黼扆、缀衣。牖间南向，敷重篾席，黼纯，华玉仍几。西序东向，敷重底席，缀纯，文贝仍几。东序西向，敷重丰席，画纯，雕玉仍几。西夹南向，敷重筍席，玄纷纯，漆仍几。越玉五重，陈宝，赤刀、大训、弘璧、琬琰在西序。大玉、夷玉、天球、河图，在东序。胤之舞衣、大贝、鼖鼓，在西房。兑之戈、和之弓、垂之竹矢，在东房。大辂在宾阶面，缀辂在阼阶面，先辂在左塾之前，次辂在右塾之前。二人雀弁，执惠，立于毕门之内。四人綦弁，执戈上刃，夹两阶戺。一人冕，执刘，立于东堂。一人冕，执钺，立于西堂。一人冕，执戣，立于东垂。一人冕，执瞿，立于西垂。一人冕，执锐，立于侧阶。王麻冕黼裳，由宾阶跻。卿士、邦君麻冕蚁裳，入即位。太保、太史、太宗皆麻冕彤裳。太保承介圭，上宗奉同、瑁，由阼阶跻。太史秉书，由宾阶跻，御王册命。曰："皇后凭玉几，道扬末命，命汝嗣训，临君周邦，率循大卞，燮和天下，用答扬文武之光训。"王再拜，兴，答曰："眇眇予末小子，其能而乱四方，以敬忌天威？"乃受同、瑁，王三宿，三祭，三咤。上宗曰："飨！"太保受同，降，盥以异同，秉璋以酢。授宗人同，拜，王答拜。太保受同，祭，哜，宅，授宗人同，拜，王答拜。太保降，收。诸侯出庙门俟。①

---

① （汉）孔安国传，（唐）孔颖达疏：《尚书正义》，《十三经注疏》（标点本），北京大学出版社1999年版，第494—515页。

汉代人以为此篇为周成王临终前的遗言。《史记·周本纪》言：“成王将崩，惧太子钊之不任，乃命召公、毕公率诸侯相太子而立之。成王既崩，二公率诸侯，以太子钊见于先王庙，申告以文王、武王之所以为王业之不易，务在节俭，毋多欲，以笃信临之，作《顾命》。”① 又《中论·法象篇》曰：“又有颠沛而不可乱者，则成王加季路其人也。昔者成王将崩，体被冕服，然后发顾命之辞。季路遭乱，结缨而后死白刃之难，夫以崩亡之困，白刃之难，犹不忘敬，况于游宴乎？”② 从上文所引《顾命》之文本身来看，“王曰”之后一大段是成王弥留之际的遗言，当时大概有太史记录在册。蔡沈《书集传》于此下云：

> 此下（“王曰”以下）成王之顾命也。自叹其疾大进，惟危殆，病日至。既弥甚而留连，恐遂死，不得誓言以嗣续我志，此我所以详审发训命汝。……文、武宣布重明之德，定民所依，陈列教条则民习服，习而不违，天下化之。用能达于殷邦，而集大命于周也。……成王言：今天降疾，我身殆将必死，弗兴弗悟。尔庶几明是我言，用敬保元子钊大济于艰难。③

蔡氏认为《顾命》中“王曰”下一段是周成王临终的“遗言”，主要的内容是将太子钊（康王）托付于召公等大臣，并对太子钊提出了训诫和希望，也对众大臣提出要求。朱子又引“苏氏”之言曰：“死生之际，圣贤之所甚重也。成王将崩之一日，被冕服以见百官，出经远保世之言，其不死于燕安、妇人之手也，明矣！其置刑措宜哉！”由苏氏之言可知，临终遗言，是西周丧礼的一项重要仪节。

此外，《逸周书》中的《祭公解》，《礼记·缁衣》引作《祭公之顾命》，上博简《缁衣》、郭店楚简《缁衣》所引并同。新近公布的《清华大学藏战国竹简》中也有《祭公之顾命》一篇，整理者认为“是今传世《逸周书》所收《祭公》的祖本，以简文与今本相互对照，今本的大量讹误衍脱，都涣然冰释。至

---

① （汉）司马迁：《史记》，中华书局1982年版，第134页。
② （汉）扬雄、徐干：《法言　中论（附札记）》，《丛书集成初编》，中华书局1985年版，第3页。
③ （宋）蔡沈注，钱宗武、钱忠弼整理：《书集传》，凤凰出版社2010年版，第231—232页。

于今本中将邦字除去，或改为国字，显然是汉人避高祖讳的结果"①。从传本及简本《祭公之顾命》内容来看，开篇说："祭公拜手稽首曰：'天子！谋父疾维不瘳。朕身尚在兹，朕魂在于天。昭王之所勖，宅天命！'"②显然是周穆王在祭公谋父临终前请求这位老臣留下治国遗训，后文也记录了祭公关于如何治国的训辞。

（二）春秋临终礼与遗言遗训

临终遗言的仪节在春秋时仍在实行，但已经不只是限于天子、诸侯、卿大夫、士，甚至普通贵族也实行此仪节，流风所及，非正常故去的人也在临死前用遗言的方式表明心志。这是在礼崩乐坏的大背景下丧礼发生的变化。以下试以春秋时代的临终遗言为例，来描述这种变化。如《左传·隐公三年》载：

> 宋穆公疾，召大司马孔父而属殇公焉，曰："先君舍与夷而立寡人，寡人弗敢忘。若以大夫之灵，得保首领以没，先君若问与夷，其将何辞以对？请子奉之，以主社稷。寡人虽死，亦无悔焉。"对曰："群臣愿奉冯也。"公曰："不可。先君以寡人为贤，使主社稷。若弃德不让，是废先君之举也，岂曰能贤？光昭先君之令德，可不务乎？吾子其无废先君之功！"使公子冯出居于郑。
>
> 八月庚辰，宋穆公卒，殇公即位。君子曰："宋宣公可谓知人矣。立穆公，其子飨之，命以义夫！《商颂》曰：'殷受命咸宜，百禄是荷'，其是之谓乎！"③

宋穆公临终召司马而"属殇公"，与《顾命》开篇所述细节大体相同，这

① 清华大学出土文献研究与保护中心编，李学勤主编：《清华大学藏战国竹简（壹）》，中西书局2010年版，第173页。
② 黄怀信、张懋镕、田旭东撰：《逸周书汇校集注》（修订本），上海古籍出版社2007年版，第926页。
③ 杨伯峻编著：《春秋左传注》，中华书局2009年版，第28—30页。

是春秋时期诸侯实行临终遗言遗训仪节的典型例证。"公曰"云云,即是其遗言遗训。"八月庚辰"一段,只述殇公即位,略去在宗庙受史官册命,并听史官诵读遗言遗训的仪节。《左传》虽述礼,但并非礼经,这样作,只是《左传》出于对叙事效果的考虑而进行的删节。国君的遗言,还有《左传·僖公七年》载:

> 夏,郑杀申侯以说于齐,且用陈辕涛涂之谮也。
>
> 初,申侯,申出也,有宠于楚文王。文王将死,与之璧,使行,曰:"唯我知女。女专利而不厌,予取予求,不女疵瑕也。后之人将求多于女,女必不免。我死,女必速行。无适小国,将不女容焉。"既葬,出奔郑,又有宠于厉公。
>
> 子文闻其死也,曰:"古人有言曰:'知臣莫若君。'弗可改也已。"①

楚文王宠爱申侯,临终遗言,嘱其离开楚国而投奔大国。而申侯未听其遗言,投奔郑国,终因卷入郑国内部权力争夺而被杀。上引材料中"曰"以下为楚文王遗言,遗言之后接着书写"既葬",表明春秋时楚国也实行临终遗言遗训之礼。此一事例中楚文王临终,竟然为一个贪婪专利、专事阿谀奉迎的申侯立下遗言。从中可以看出,春秋时临终遗言遗训之礼的仪节虽在,但其"礼义"已经出现了背离西周时代遗言遗训神圣性的倾向。楚文王号称明君,但于此事观之,难免有晚节不保之讥。除此之外,《左传·僖公九年》晋献公临终遗言托太子奚齐于荀息、《左传·襄公十三年》载楚共王临死遗训以请谥、《哀公六年》载楚昭王临战有疾而遗嘱命公子启为君等,都属于国君层面的临终遗言之礼。

不仅诸侯国的国君如此,春秋时期的卿大夫阶层亦实行临终遗言之礼,如《左传·宣公十五年》载:

> 初,魏武子有嬖妾,无子。武子疾,命颗曰:"必嫁是。"疾病,则

---

① 杨伯峻编著:《春秋左传注》,中华书局2009年版,第316—317页。

曰:"必以为殉。"及卒,颗嫁之,曰:"疾病则乱,吾从其治也。"及辅氏之役,颗见老人结草以亢杜回。杜回踬而颠,故获之。夜梦之曰:"余,而所嫁妇人之父也,尔用先人之治命,余是以报。"[①]

这是著名的"结草衔环以报恩"的典故,同时也记录了春秋时代临终遗言遗训的丧礼仪节。虽然略去了仪节的细节,但仍可证明西周以来的仪节仍在延续。魏武子为晋国大夫,遵行周礼,但两次遗言,一次是在病重但神志清醒时所述,一次是在神志不清时所述。其子魏颗"从其治也",即以其父弥留之际头脑尚清醒时的遗言为准,使其嬖妾改嫁。魏颗的举动既体现了春秋时代摒弃人殉制度的人文精神,同时也表明当时卿大夫阶层在丧礼实践方面灵活变通。再如《左传·襄公十四年》载:

楚子囊还自伐吴,卒。将死,遗言谓子庚:"必城郢!"君子谓:"子囊忠。君薨,不忘增其名,将死,不忘卫社稷,可不谓忠乎?忠,民之望也。《诗》曰:'行归于周,万民所望。'忠也。"[②]

这条材料所记载的明显也是临终遗言的仪节,遗言只有三个字"必城郢"!这可能是子囊临终时生命垂危,无法说得更多更详细。也有可能当时遗言本不止此,而《左传》编者节录其遗言中关于国事的部分。总之,从楚国的子囊临终遗言可知,他念念不忘国家的安危,故"君子"称赞其为忠臣。

受诸侯及卿大夫实行丧礼临终遗言之风气的影响,春秋时代人们在面对暴力被杀或迫于某种压力自杀之前,也选择临终遗言。这可以视为丧礼临终遗言的特例。如《左传·僖公二十三年》载:

九月,晋惠公卒。怀公立,命无从亡人。期,期而不至,无赦。狐突之子毛及偃从重耳在秦,弗召。

---

① 杨伯峻编著:《春秋左传注》,中华书局 2009 年版,第 764 页。

② 杨伯峻编著:《春秋左传注》,中华书局 2009 年版,第 1019—1020 页。

　　冬，怀公执狐突，曰："子来则免。"对曰："子之能仕，父教之忠，古之制也。策名、委质，贰乃辟也。今臣之子，名在重耳，有年数矣。若又召之，教之贰也。父教子贰，何以事君？刑之不滥，君之明也，臣之愿也。淫刑以逞，谁则无罪？臣闻命矣。"乃杀之。

　　卜偃称疾不出，曰："《周书》有之：'乃大明，服。'己则不明，而杀人以逞，不亦难乎？民不见德，而唯戮是闻，其何后之有？"①

　　晋怀公为了铲除异己，逮捕狐突，命令狐突召回追随公子重耳出亡的两个儿子狐毛、狐偃，否则就处死狐突。面对威逼，狐突大义凛然，遗言明志，而后慷慨赴死。这显然是丧礼临终遗言的一种变易形式。有的情况下，是迫于压力而自杀前的遗言。如《左传·定公十四年》载：

　　梁婴父恶董安于，谓知文子曰："不杀安于，使终为政于赵氏，赵氏必得晋国，盍以其先发难也讨于赵氏？"文子使告于赵孟曰："范、中行氏虽信为乱，安于则发之，是安于与谋乱也，晋国有命，始祸者死。二子既伏其罪矣，敢以告。"赵孟患之。安于曰："我死而晋国宁，赵氏定，将焉用生？人谁不死，吾死莫矣。"乃缢而死。赵孟尸诸市，而告于知氏曰："主命戮罪人安于，既伏其罪矣，敢以告。"知伯从赵孟盟，而后赵氏定，祀安于于庙。②

　　董安于迫于压力，选择自杀以保其主赵孟，最终打消了知氏对赵氏的疑心，使其主赵氏脱离了被围攻的险境。上引其临终遗言："安于曰：我死而晋国宁，赵氏定，将焉用生？人谁不死，吾死莫矣。"其忠心、其心志、其人格，从遗言中昭昭可见。赵孟为报其忠，阴以安于之主入赵氏祖庙，也算是对这位忠臣的认可与嘉许了。类似的例子还有《左传·僖公十年》所载晋侯将杀里克，里克拔剑自刎之前的遗言，等等，不繁举。特别可贵的是，因为这类遗言

———————

①　杨伯峻编著：《春秋左传注》，中华书局 2009 年版，第 402—403 页。
②　杨伯峻编著：《春秋左传注》，中华书局 2009 年版，第 1594—1595 页。

是在某种外力的逼迫之下结束生命时的最后言说，因而反映了个体对生死问题的思考，这在抽象思辨不发达的中国人来说，显得弥足珍贵。

（三）春秋遗言遗训的文体特征

从以上所举春秋时代诸侯、卿大夫的临终遗言遗训来看，遗言遗训从内容到形式都具有独立性，已经是一种具有特殊文体功能和文体特征文体。以下试以典籍所载遗言的实例为准，归纳概括遗言遗训的文体特征和文体功能。

第一，遗言遗训是西周以来丧礼临终礼的一个仪节，其文体属于"礼辞"的范畴。《尚书·顾命》所载周成王的遗言，是其临终之礼的一个组成部分，成王强打精神，洗了脸，穿戴整齐，召集召公等大臣，当众宣布遗言，并由史官把遗言记录在册。这一系列的活动，都是丧礼仪节。《国语》《左传》所载的众多遗言，从其撰制、记录、宣布各个环节来说，都与《顾命》所述相同。

第二，遗言遗训的内容十分广泛，一般涉及将逝者对自己处境与病情的叙述、权力的传承、对后继者的训诫、国家及家族事务的重大安排、对亲属及其他生者的期望、对自己死亡的态度与感受等，体现了周礼的"慎终"精神，贯注着强烈的人文关怀。春秋时期的遗言尤其突出个体在即将离世前对于家国的责任感和对于生命意义和价值的追问和探索，具有明确的时代特色。

第三，遗言遗训在形式上常以"遗言谓某某""遗言曰""召某某而属某某曰""命某某曰""曰"等领起，天子、诸侯和卿大夫的遗言一般是由立遗言者口头表述，由史官记录在册，非正常情况下的遗言也宣之于口，大概也由史官记录下来。因为天子、诸侯、卿大夫的遗言有时涉及权力传承等大事，可能除了旧史官记录在册之外，还要制作副本，藏之宫廷，以备查考。这类遗言，具有法律效力，与后世的遗嘱比较相似。如《左传·隐公三年》"宋穆公疾，召大司马孔父而属殇公"就很典型。

第四，西周时代的遗言在表达方式方面大多以叙事与议论相结合，如《顾命》所载周成王遗言，先讲故事，然后加以评论引申，最后表达对遗言接受者的训诫和期望。春秋时代的遗言大体继承了西周遗言的作风，但也有的以分析事理为主，有的通过引述前言往行来表达遗言者对政治、人生的观点和遗训。

第五，因为礼典实施以及遗言发布者的个人权威及社会影响，西周时代和春秋时代的某些遗言遗训在流传过程中逐渐被经典化，成为治国修身的准则。最为典型的是周初文王、武王等明君的遗言，成为后世人们争相征引的经典。春秋时代卿大夫的遗言，被经典化的如子产的遗言。《左传·昭公二十年》载：

> 郑子产有疾，谓子大叔曰："我死，子必为政。唯有德者能以宽服民，其次莫如猛，夫火烈，民望而畏之，故鲜死焉，水懦弱，民狎而玩之，则多死焉。故宽难。"疾数月而卒。大叔为政，不忍猛而宽。郑国多盗，取人于萑苻之泽，大叔悔之曰："吾早从夫子，不及此"。兴徒兵以攻萑苻之盗，尽杀之，盗少止。
>
> 仲尼曰："善哉！政宽则民慢，慢则纠之以猛，猛则民残，残则施之以宽，宽以济猛，猛以济宽，政是以和。《诗》曰：'民亦劳止，汔可小康。惠此中国，以绥四方。'施之以宽也。'毋从诡随，以谨无良。式遏寇虐，惨不畏明'。纠之以猛也。'柔远能迩，以定我王。'平之以和也。又曰：'不竞不絿，不刚不柔。布政优优，百禄是遒'。和之至也。"
>
> 及子产卒，仲尼闻之，出涕曰："古之遗爱也。"①

子产临终遗言嘱咐继任者子大叔，为政当以宽猛相济。大叔初不以为然，执政以宽而不忍猛，结果导致"郑国多盗"，一度到不可收拾的地步。这才悟到子产遗言遗训所蕴含的道理，进而以猛济宽，国得以治。经历了实践的检验，子大叔为子产的政治智慧所折服，把子产的遗言当作为政的最高准则。上引孔子对子产遗言的评价和发挥，进一步说明，子产强调以"中""和"治国的思想。子产去世后不久，他的遗言已经成为为政者的经典了。

第六，从语体风格来看，遗言总体上保持了"礼辞"的庄重雅正风格，这表现在一些礼仪专用词汇的使用上，如《顾命》载成王遗言、《左传·隐公元年》载宋穆公遗言即是。到了春秋时代，有的遗言的语体风格逐渐趋于平易化、口语化，也有使用引证、比喻等修辞手法的。如上引《左传·僖公七年》

---

①　杨伯峻编著：《春秋左传注》，中华书局 2009 年版，第 1421—1422 页。

载楚文遗言平实如道家常，《左传·僖公二十三年》载晋狐突遗言，引"古之制"以明志，《左传·昭公二十年》载子产遗言以水、火比喻政之宽猛，等等。这种语体风格上的变化，是周礼的崩坏所引起的。虽然如此，春秋时，如果贵族在嗣位前未能得到遗训，仍被视为缺憾。《国语·晋语》载：

> 赵简子使尹铎为晋阳，曰："必堕其垒培。吾将往焉，若见垒培，是见寅与吉射也。"尹铎往而增之。简子如晋阳，见垒怒，曰："必杀铎也而后入。"大夫辞之，不可，曰："是昭余雠也。"
>
> 邮无正进，曰："昔先主文子少蕲于难，从姬氏于公宫，有孝德以出在公族，有恭德以升在位，有武德以羞为正卿，有温德以成其名誉，失赵氏之典刑，而去其师保，基于其身，以更复其所。及景子长于公宫，未及教训而嗣立矣，亦能纂修其身以受先业，无谤于国，顺德以学子，择言以教子，择师保以相子。今吾子嗣位，有文之典刑，有景之教训，重之以师保，加之以父兄，子皆疏之，以及此难。夫尹铎曰：'思乐而喜，思难而惧，人之道也。委土可以为师保，吾何为不增？'是以修之，庶曰可以鉴而鸠赵宗乎！若罚之，是罚善也。罚善必赏恶，臣何望矣？"简子说，曰："微子，吾几不为人矣！"以免难之赏赏尹铎。
>
> 初，伯乐与尹铎有怨，以其赏如伯乐氏，曰："子免吾死，敢不归禄。"辞曰："吾为主图，非为子也。怨若怨焉。"[1]

邮无正对赵简子言其父"景子长于公宫，未及教训而嗣立矣"，而"今吾子嗣位，有文之典刑，有景之教训，重之以师保，加之以父兄，子皆疏之"，对比之下，以受其父死前之遗训为合礼，以未受为憾事。这说明春秋时期贵族社会在权力传承中继任者十分重视先人遗训。

---

[1]　徐元诰撰，王树民、沈长云点校：《国语集解》（修订本），中华书局 2002 年版，第 448—449 页。

（四）清华简《保训》成篇于春秋时代

清华大学收藏战国楚简中有《保训》一篇，与《顾命》相似，也是一篇"礼文"，述临终遗言之仪。从其内容来看，是武王临终时对成王的遗训。笔者认为，这篇"遗训"，是春秋时代的学者根据西周以来实行的丧礼临终遗言之仪构拟的一篇假托文王的训辞，其目的是为了阐明"中"道。为方便论述，兹引《保训》简文如下：

> 佳王五十年，不豫，王念日之多鬲（歷），恐墜保（宝）训。……戊子，自靧水。己丑，眛爽，□□□□□□□□□，〔王〕若曰：发，朕疾捷甚，恐不汝及训。昔前人传宝，必受之以詷。今朕疾允病，恐弗堪终，汝以书受之。钦哉！勿淫！昔舜旧（久）作小人，亲耕于歷丘，恐求中，自稽厥志，不违于庶万姓之多欲。厥有施于上下远迩，乃易立（位）设稽，测阴阳之物，咸顺不逆。舜既得中，言不易实变名，身兹备，惟允，翼翼不解，用作三降之德。帝尧嘉之，用授厥绪。呜呼！祗之哉！
>
> 昔微假中于河，以復有易，有易服厥罪。微无害，乃归中于河。微志弗忘，传贻子孙，至于成汤。祗服不懈，用受大命。呜呼！发，敬哉！朕闻兹不旧（久），命未又所延。今汝祗服毋懈，其有所由矣。不及尔身受大命，敬哉！毋淫！日不足佳宿不羕（祥）。[①]

原简无篇题，现名"保训"是整理者根据简文开头中的"保训"二字所定。[②] 按"保训"之"保"，当作"宝"，"保训"即"宝训"。《逸周书·宝典》，意谓"言宝之典，故曰宝典。此篇记武王与周公对话，讲王者修身、择人、敬谋、慎言的原则，重点言信与义，即所谓宝"。如此则"宝（保）训"，即言宝之训。重点在于君王应当持中道而治国。

---

① 引文据清华大学出土文献研究与保护中心编，李学勤主编：《清华大学藏战国竹简（壹）》，中西书局 2010 年版，第 143 页。个别释字参考刘乐贤：《读楚简札记二则》，简帛研究网 2004 年 5 月 29 日。

② 李学勤：《周文王遗言》，《光明日报》2009 年 4 月 13 日；又见其《清华简九篇综述》，《文物》2010 年第 5 期，第 51—57 页。

《保训》作于春秋之时，有以下几个证据：第一，《保训》开篇言："隹王五十年，不豫，王念日之多鬲（歷），恐墬保（宝）训。……戊子，自湏水。己丑，昧爽，□□□□□□□□，〔王〕若曰：……"述临终遗训之礼，与《顾命》相似，但《顾命》为成王临终遗训召公等，转达遗训于康王，并辅佐康王即位。实际上是要确定接班人，也是一种权力交接的仪式，遗训也具有法律文书的效力。周公摄政之时"制礼作乐"，周礼始初具规模，《顾命》所述丧礼临终之仪当属史实。而文王时，周方为西方诸侯，且礼乐未备，因此《保训》开篇所述丧仪定是据《顾命》一类文献构拟。从上文所述春秋时代天子、诸侯，甚至于卿大夫都实行丧礼临终遗训制度的情况来看，构拟者当为春秋时代的知丧礼者。

第二，《保训》中所言"中"道，学者们大多认为"为君（之所以能位中）之道也，乃指君王对'中'德之追求而立信于民"[①]。"中"字及其观念，在西周文献及战国文献中出现较少，而多见于春秋时代人们的言论之中。如《左传·文公元年》："于是闰三月，非礼也。先王之正时也，履端于始，举正于中，归余于终。履端于始，序则不愆；举正于中，民则不惑，归余于终，事则不悖。"[②] 又《成公十三年》："民受天地之中以生，所谓命也，是以有动作礼义威仪之则，以定命也。能者养之以福，不能者败。"[③]《昭公十二年》：

南蒯之将叛也，其乡人或知之，过之而叹，且言曰："恤恤乎，湫乎攸乎！深思而浅谋，迩身而远志，家臣而君图，有人矣哉！"南蒯枚筮之，遇《坤》之《比》，曰："黄裳元吉。"以为大吉也。示子服惠伯，曰："即欲有事，何如？"惠伯曰："吾尝学此矣，忠信之事则可，不然，必败。外强内温，忠也；和以率贞，信也，故曰'黄裳元吉'。黄，中之色也；裳，下之饰也；元，善之长也。中不忠，不得其色；下不共，不得其饰；事不善，不得其极。外内倡和为忠，率事以信为共，供养三德为善，

---

① 陈慧：《保君德训向"中求"——读清华简〈保训〉》，见陈致主编：《简帛·经典·古史》，上海古籍出版社 2013 年版，第 209—215 页。

② 杨伯峻编著：《春秋左传注》，中华书局 2009 年版，第 510—511 页。

③ 杨伯峻编著：《春秋左传注》，中华书局 2009 年版，第 860—861 页。

非此三者弗当。且夫《易》，不可以占险，将何事也？且可饰乎？中美能黄，上美为元，下美则裳，参成可筮。犹有阙也，筮虽吉，未也。"①

此处的"中"字有"内心"（"中不忠，不得其色"）、"中间"（"中美能黄"）两意。另子服惠伯言"中"而涉及"三德"，也与《保训》言舜得"中"而"翼翼不懈，用作三降之德"存在某种联系。再如《哀公十一年》载：

季孙欲以田赋，使冉有访诸仲尼。仲尼曰："丘不识也。"三发，卒曰："子为国老，待子而行，若子何子之不言也？"仲尼不对。而私于冉有曰："君子之行也，度于礼，施取其厚，事举其中，敛从其薄。如是则以丘亦足矣。若不度于礼，而贪冒无厌，则虽以田赋，将又不足。且子季孙若欲行而法，则周公之典在；若欲苟而行，又何访焉？"弗听。②

孔子所言"事举其中"，"中"之含义与《保训》相同，都是治国安邦之道。又《国语·周语上》载周襄王时内史过尝言：

民之所急在大事，先王知大事之必以众济也，是故被除其心，以和惠民。考中度衷以莅之，昭明物则以训之，制义庶孚以行之。被除其心，精也。考中度衷，忠也。昭明物则，礼也。制义庶孚，信也。然则长众使民之道，非精不和，非忠不立，非礼不顺，非信不行。今晋侯即位而背外内之赂。虐其处者，弃其信也。不敬王命，弃其礼也。施其所恶，弃其忠也。以恶实心，弃其精也。四者皆弃，则远不至而近不和矣，将何以守国？③

内史过所言"中"道，即以和惠民之道，与《保训》所言同。又同书载周襄王内史兴赞晋文公曰："中能应外，忠也；施三服义，仁也；守节不淫，信也，行礼不疚，义也。"《周书下》载伶州鸠言曰："夫有和平之声，则有蕃殖

---

① 杨伯峻编著：《春秋左传注》，中华书局 2009 年版，第 1336—1338 页。
② 杨伯峻编著：《春秋左传注》，中华书局 2009 年版，第 1667—1668 页。
③ 徐元诰撰，王树民、沈长云点校：《国语集解》（修订本），中华书局 2002 年版，第 32—33 页。

之财。于是乎道之以中德，咏之以中音，德音不愆，以合神人，神是以宁，民是以听。若夫匮财用，罢民力，以逞淫心，听之不和，比之不度，无益于教，而离民怒神，非臣之所闻也。"①

有的学者认为，《保训》之"中"还另有含义。如王晖先生认为："中"应当指宗庙朝廷的系有先祖名号旌铭的旗杆。《保训》中的舜"求中""得中"反映了舜在自己部族创立祖先崇拜的过程，神杆上系有先祖的名号旌铭，在万民看来，就是建立了与自己有血缘关系的先祖灵牌，找到了保护自己的神灵；舜掌握了这种神杆就可以用它来控制万民。而《保训》中的上甲微"借中""归中"，则是指向河伯借兵来伐有易。②王先生依据的材料有：1.《逸周书·尝麦》"维四年孟夏，王初祈祷于宗庙，乃尝麦于太祖。……宰乃承王中，升自客阶……"2.《楚语上》载："灵王虐，白公子张骤谏。王患之，谓史老曰：'吾欲已子张之谏，若何？'对曰：'用之实难，已之易矣。若谏，君则曰："余左执鬼中，右执殇宫，凡百箴谏，吾尽闻之矣，宁闻他言？"'"3.《礼记·礼器》："是故因天事天，因地事地。因名山升中于天，因吉土以飨帝于郊。升中于天而凤凰降，龟龙假。飨地于郊而风雨节。"其中后两条材料出自春秋时代人之言论。

第三，《保训》篇模仿丧礼临终遗训"礼文"，但与《顾命》比较而言，并非现场实录，而是虚设场景的说理文。《保训》采取了"即事说理"的说理方式，这是春秋时代论说文常见模式。举例来说，如《楚语上》载：

灵王虐，白公子张骤谏，王患之，谓史老曰："吾欲已子张之谏，若何？"对曰："用之实难，已之易矣。若谏，君则曰：'余左执鬼中，右执殇宫，凡百箴谏，吾尽闻之矣，宁闻他言？'"

白公又谏，王若史老之言。（白公子张）对曰："昔殷武丁能耸其德，至于神明，以入于河，自河徂亳，于是乎三年，默以思道。卿士患之，曰：'王言以出令也，若不言，是无所禀令也。'武丁于是作书，曰：'以

---

① 徐元诰撰，王树民、沈长云点校：《国语集解》（修订本），中华书局 2002 年版，第 112 页。

② 王晖：《清华简〈保训〉"中"字释义及其主题思想》，《清华简研究》第一辑，中西书局 2012 年版，第 84—91 页。

余正四方，余恐德之不类，兹故不言。如是而又使以象梦旁求四方之贤，得傅说以来，升以为公，而使朝夕规谏，曰："若金，用女作砺；若津水，用女作舟；若天旱，用女作霖雨。启乃心，沃朕心。若药不瞑眩，厥疾不瘳。若跣不视地，厥足用伤。'"若武丁之神明也，其圣之睿广也，其智之不疚也，犹自谓未乂，故三年默以思道。既得道，犹不敢专制，使以象旁求圣人。既得以为辅，又恐其荒失遗忘，故使朝夕规诲箴谏，曰：'必交修余，无余弃也。'今君或者未及武丁，而恶规谏者，不亦难乎！"

"齐桓、晋文，皆非嗣也，还轸诸侯，不敢淫逸，心类德音，以德有国。近臣谏，远臣谤，舆人诵，以自诰也。是以其入也，四封不备一同，而至于有畿田，以属诸侯，至于今为令君。桓、文皆然，君不度忧于二令君，而欲自逸也，无乃不可乎？《周诗》有之曰：'弗躬弗亲，庶民弗信。'臣惧民之不信君也，国外不敢不言。不然，何急其以言取罪也？"①

此例中白公子张谏楚灵王之辞有两个特点，一个是根据他所掌握的有关史料及"武丁作书"等文献，重新构拟了"武丁训诰群臣"的场面，这是春秋论说文的一个共同特点，《保训》开篇与此相同。另一个是白公子张谏灵王之辞"未尝离事言理"，而是即事说理。前以武丁纳谏为例来对谏灵王纳谏，后又以齐桓、晋文之事言己进谏之用心，都是即事说理。经学者们考察，清华简出于楚地，《保训》说理方式与《楚语》类同，更多一层联系。

综合以上几点来看，清华简《保训》当写成于春秋时代，其作者当为卿大夫中具有进步政治思想的杰出人物。

三、临终祷病之礼与春秋时代的祷病之辞

依《士丧礼》及出土文献，丧礼临终有"祷五祀"及祈禳之仪。五祀，指

---

① 徐元诰撰，王树民、沈长云点校：《国语集解》（修订本），中华书局 2002 年版，第 502—505 页。

对门、户、中霤、灶、行神的祭祀。《论语·述而》记载："子疾病，子路请祷。子曰：'有诸？'子路对曰：'有之。诔曰祷尔于上下神祇。'子曰：'丘之祷久矣。'"①据此，则祷为祷病，即病重时亲属祈求神灵希望能康复。《周书·金縢》、清华简《周武王有疾周公所自以代王之志》即属此类礼辞。《周礼·春官》太祝所掌"六辞"之一是"祷"，《说文》曰："祷，告事求福也。"②可见祷辞是举行告神求福仪式时由巫祝向神灵祝祷的言辞。考察先秦文献，祝祷常用于禳除灾祸。比较典型的有两种用途，一是禳解疾病或人祸，为私人服务。一是用于禳除天灾（如旱涝之灾、虫灾、日食、月食等），为公众服务，本节只从丧礼的角度，阐明春秋时代丧礼中的祈禳制度与祷辞的撰制传布。

（一）西周祷病礼及礼辞

上古时代医疗知识有限，人们生病后多以为是鬼神作祟。故久病不愈，常常祝祷于神灵，以求康复。祷病之祭，殷商甲骨卜辞即有其例，到了周代，更是见于文献所载。《尚书·金縢》载周公旦在武王病重时祈求一死，以代武王。史载周公宣读其祝辞曰：

> 惟尔元孙某，遘厉虐疾。若尔三王，是有丕子之责于天，以旦代某之身。予仁若考，能多材多艺，能事鬼神。乃元孙不若旦多材多艺，不能事鬼神，乃命于帝庭，敷佑四方。用能定尔子孙于下地，四方之民，罔不祗畏。呜呼！无坠天之降宝命，我先王亦永有依归。今我即命于元龟，尔之许我，我其璧与珪，归俟尔命。尔不许我，我乃屏璧与珪。③

此篇祝辞大意是周公祷告、祈求上天，希望以己代武王而死，这表明祈禳

---

①　（魏）何晏注，（宋）邢昺疏：《论语注疏》，《十三经注疏》（标点本），北京大学出版社1999年版，第98页。

②　（汉）许慎撰，（宋）徐铉校定：《说文解字》，中华书局2013年版，第2页。

③　（汉）孔安国传，（唐）孔颖达疏：《尚书正义》，《十三经注疏》（标点本），北京大学出版社1999年版，第333—334页。

需作辞以通神，告知己意。近时清华大学收藏战国楚简中有一篇与《金縢》内容相同的文献，惟其篇名与今本不同，简端自有篇名曰："周武王有疾，周公所自以代王之志。"①除此之外，学者们还发现清华简中此篇与传世本《金縢》有四处不同：第一，于生王之称，竹书较传本增写谥号；第二，于周公的祝文，竹书较传本直书武王之名；第三，竹书用字不若传本简洁，存有明显的说经内容；第四，竹书缺少周公"乃卜三龟，一习吉"之占卜内容。冯时据此认为：

> 竹书首言"武王即克殷三年，王不豫，有遟"；次又有"成王由幼在位"。皆以武、成二王在世而谥称武、成，与西周制度明显不合。而今文《金縢》但言"既克商二年，王有疾，弗豫"，于武王尚在而祇称"王"，不谥"武王"，下文武王既丧才称"武王"，又于在位成王而称"孺子"或"王"，其用谥之专，与生王之称泾渭分明，其与西周金文及早期文献所见之制度颇合，显然较竹书本所体现的时代更早。②

冯先生认为竹书本《周武王有疾，周公所自以代王之志》是"传经之文"，其中比今文《尚书》本多出的文字，显然都是对经文作更具体准确的说明。如果冯时先生所述可信，竹书本《金縢》最迟也是战国时文献，那么就可以证明今文《金縢》至迟也是写定于春秋时代的文献。屈万里先生曾指出："金縢，金属之绳也。因篇中有'以启金縢之书'语，故以名篇。《书序》以本篇为周公所作；而篇中屡言'周公'，或但称周公曰'公'，知《书序》之说非是。《东坡书传》云：'金縢之书，缘周公而作，非周公作也。'其说良是。按：本篇文辞平易，不类西周时作品；殆春秋或战国时人述古之作也。"③现在出现了比今本《金縢》更晚的竹简传本，或可证明今本为春秋时代人

---

① 清华大学出土文献研究与保护中心编，李学勤主编：《清华大学藏战国竹简（壹）》，中西书局2010年版，第157页。

② 冯时：《清华简〈金縢〉书文本性质考述》，《清华简研究》（第一辑），中西书局2012年版，第152—170页。

③ 屈万里：《尚书今注今译》，新世界出版社2011年版，第71页。

"述古之作"。

两个传本的两篇《金縢》都包含了周公为武王祷病的祷辞，借此可看出祷辞的一般写作模式。祷辞分为两部分，前半向神灵简要叙述何以代王而死，其原因是代死者认为自己比将死者"多材多艺"，更适合侍奉鬼神；后半则向神灵祈祷并许愿，尤可注意者，末言"尔不许我，我用屏璧与珪"，意谓如果神灵不答应，我就撤去献祭的璧与珪！祈祷中带有对神灵的威胁之辞，这是祈祷之辞的一个特点。

（二）春秋时期的祷病之辞

春秋时代，虽然像子产、叔向、叔孙豹等一些卿大夫的杰出人物对鬼神天命已经显示出怀疑的态度，但整个社会的大多数人仍然相信鬼神。表现在对疾病和生死的认识上，就是认为人生病都是鬼神在作祟，如果要康复，就必须祈祷于鬼神。据上引《仪礼》看，西周时代临终前的祈祷，主要是祷于"五祀"，也有祖先及其他神灵的。春秋时代诸侯国的国君及高级贵族病重，仍然祷于鬼神，但并不止于《仪礼》所述的"五祀"。如《左传·昭公元年》载：

> 晋侯有疾，郑伯使公孙侨如晋聘，且问疾。叔向问焉，曰："寡君之疾病，卜人曰：'实沈、台骀为祟。'史莫之知。敢问此何神也？"子产曰："昔高辛氏有二子，伯曰阏伯，季曰实沈，居于旷林，不相能也。日寻干戈，以相征讨。后帝不臧，迁阏伯于商丘，主辰。商人是因，故辰为商星。迁实沈于大夏，主参。唐人是因，以服事夏、商。其季世曰唐叔虞。当武王邑姜方震大叔，梦帝谓己：'余命而子曰虞，将与之唐，属诸参，而蕃育其子孙。'及生，有文在其手曰虞，遂以命之。及成王灭唐，而封大叔焉，故参为晋星。由是观之，则实沈，参神也。昔金天氏有裔子曰昧，为玄冥师，生允格、台骀。台骀能业其官，宣汾、洮，障大泽，以处大原。帝用嘉之，封诸汾川，沈、姒、蓐、黄，实守其祀。今晋主汾而灭之矣。由是观之，则台骀，汾神也。抑此二者，不及君身。山川之神，则水旱疠疫之灾，于是乎禜之。日月星辰之神，则雪霜风雨之不时，于是

平荣之。若君身，则亦出入、饮食、哀乐之事也，山川、星辰之神又何为焉？侨闻之，君子有四时，朝以听政，昼以访问，夕以修令，夜以安身。于是乎节宣其气，勿使有所壅闭湫底，以露其体，兹心不爽，而昏乱百度。今无乃壹之，则生疾矣。侨又闻之，内官不及同姓，其生不殖。美先尽矣，则相生疾，君子是以恶之。故《志》曰："买妾不知其姓，则卜之。"违此二者，古之所慎也。男女辨姓，礼之大司也。今君内实有四姬焉，其无乃是也乎？若由是二者，弗可为也已。四姬有省犹可，无则必生疾矣。"叔向曰："善哉！肸未之闻也，此皆然矣。"[1]

晋景公病重，晋国的君臣均以为是实沈、台骀作祟，本国的巫官也祈祷于二神，但病不见好转，所以向子产请教。子产认为生病的原因是晋景公的生活方式不健康，再加上淫乱过度所致。虽然这里没有记录晋国巫祝的祈祷之辞，但仍可以看出，当时人们普遍还是持鬼神为祟而致人生病的观念。《晋语九》：

> 铁之战，赵简子曰："郑人击我。吾伏弢呕血，鼓音不衰。今日之事，莫我若也。"卫庄公为右，曰："吾九上九下，击人尽殪。今日之事，莫我加也。"邮无正御，曰："吾两鞅将绝，吾能止之。今日之事，我上之次也。"驾而乘材，两鞅皆绝。
>
> 卫庄公祷，曰："曾孙蒯聩以谆赵鞅之故，敢昭告于皇祖文王、烈祖康叔、文祖襄公、昭考灵公，夷请无筋无骨，无面伤，无败用，无陨惧；死不敢请。"简子曰："志父寄也。"[2]

铁之战发生在公元前 493 年，战前卫庄公祷告祖先说："曾孙蒯聩因帮助赵鞅作战之故，冒昧地敬告伟大的先祖文王、功业显赫的先祖康叔、以礼乐教化治理先民的先祖襄公、业绩光辉的先父灵公，请加护佑。如作战受伤，请不要伤及筋骨，不要使面部受伤；不要使车马兵甲损坏，不要使车陷马惊。如命

---

① 杨伯峻编著：《春秋左传注》，中华书局 2009 年版，第 1217—1221 页。

② 徐元诰撰，王树民、沈长云点校：《国语集解》（修订本），中华书局 2002 年版，第 449—450 页。

定死于此役，则不敢请求免此厄。"①赵简子也把同样的祷告寄托于卫庄公的祷告。依周礼，军礼与丧礼均属凶礼，战争中刀枪无眼，死亡是常有的事，因此，临战而祷与临死而祷都属凶礼。其目的都是祈求神灵保佑保其生命无恙。上引卫庄公临战而祷的祷辞，是一篇典型的祷辞。

反过来说，如果迫于情势，不得已而求死，也要祷告于鬼神。《左传·成公十七年》载："晋范文子反自鄢陵，使其祝宗祈死，曰：'君骄侈而克敌，是天益其疾也，难将作矣。爱我者唯祝我，使我速死。无及于难，范氏之福也。'六月戊辰，士燮卒。"②晋范燮因国君之骄侈与国政之非，使其祝宗祈死，六月戊辰卒。求死之祝是为解除痛苦和祸患，使无及于难，是另一种方式的祈福。当某种灾难大于死亡时，人们选择祈死以避之。

此处所说的祝宗，疑是祝史之长，据《左传·襄公二十七年》，卿大夫之家有祝史；据《昭公二十五年》及此年传，卿大夫家亦有祝宗。祈死，即祈求速死。《昭公二十五年》："冬十月辛酉，昭子斋于其寝，使祝宗祈死。戊辰，卒。"③与此年范文子祈死相类。杜《注》皆云两人先祈死，后自裁。孔《疏》引刘炫说则以为非自杀。沈钦韩《补注》、焦循《补疏》皆驳杜《注》。杨伯峻《注》谓二人或因病而求死，故求死与死，其间相距，远者将近一年，近者亦有七日。然此年范文子之死明为惧祸，非有疾。故仍当从杜预之说。上文所述范燮与昭子之祈死，亦当有祝辞。

祷病之辞至战国时代而继续发展，但与早期临终由巫为病者祈祷不同，而与春秋后期的自祷相同。最有代表性的，如秦骃玉版所载祷病之辞曰：

（1）甲版正面

有秦曾孙小子骃曰：孟冬十月，厥气败凋。余身遭病，为我感忧。辗转反侧，无间无瘳。众人弗知，余亦弗知，而靡有息休。吾穷而无奈之何，永（咏）叹忧愁。

---

① 此处解说据董立章：《国语译注辨析》，暨南大学出版社 1993 年版，第 576 页。
② 杨伯峻编著：《春秋左传注》，中华书局 2009 年版，第 897 页。
③ 杨伯峻编著：《春秋左传注》，中华书局 2009 年版，第 1466 页。

　　周世既没，典法散亡，惴惴小子，欲事天地，四极三光，山川神祇，五祀先祖，而不得厥方。

　　羲（牺）羧既美，玉帛既精，余毓子厥惹，西东若彗。东方有土姓，为刑法氏，其名曰陉，洁可以为法，□可以为正。吾敢告之余无罪也，使明神知吾情。若明神不□其行，而无罪□宥刑，硜硜烝民之事明神，孰敢不敬？小子骃收以介圭、吉纽，以告于

　　（2）乙版背面

　　吉纽，以告于[①]华太山。太山有赐：□己□□心以下至于足骨□之病，能自复如故。言□□用牛牺二，其齿七，絷□□及羊豢，路车四马，三人一家，一璧先之。□□用二牺羊、豢，一璧先之。而乏华太山之阴阳，以殃□咎，□咎□□，其□□里。世万子孙，以此为尚。后令（？）小子骃之病自复。故告大壹（？）、大将军，人一，□王室相如。[②]

　　玉版有两件，是由同一板材对剖，一分为二。玉版的正反面书祷病文，甲版正面文字为刻写，而乙版则是朱书。两版文字相同，但因两次书写，所以文字分布稍异。这篇祷辞第一段押幽部韵，主要叙述器主染病不愈；第二段押阳部韵，大意是说祭神无方；第三段押耕部韵，器主祷告神灵释罪；第四段无韵，讲报神之赐。这篇祷辞经李零先生整理研究，提出五点意见，其中以三点确定祷辞的作者、了解其内容有重要参考价值，兹引述如下：

　　（1）作器者骃可能是秦惠文王或秦武王的后裔（"有秦曾孙"），于史无考。

　　（2）铭文提到"周世既没"，提到"王室"，用字不避秦始皇讳。其铭文很可能作于秦昭王灭西周后，秦始皇即位前，即公元前256至公元前246年之间的十年里。

---

① "吉丑（纽），以告于"五字甲版正面末尾与乙版背面开头相同。

② 引文据李零考释，个别地方断句参以己意。参李零：《秦骃祷病玉版的研究》，《中国方术续考》"附录四"，东方出版社2000年版，第451—474页。

（3）原文是一篇报神还愿的祷祝之文。祷祝原因是作器者久病不愈，曾到华山祈祷，求神释罪，后来果然痊愈。铭文提到"天地、四极、三光""山川、神祇、五祀、先祖"，特别是"明神""东方有土姓，为刑法氏，其名曰陉"，以及"太一""大将军"，这不仅对了解华山在秦国祭祀系统中的地位，而且对了解古代流行的祷病礼俗也是宝贵材料。[1]

李零先生对此文断代和器主的推断可以信从，但祷辞只包括文章的前三段，最后一段"太山有赐"以下似是祈祷病愈之后，表示对神灵的感恩。前三段和最后一段应当是分两次书写的。和上文引述的春秋时代的祷病之辞相比较，这篇战国末期的祷辞（前三段）也是以叙述自己病情开端，然后叙述祭神之敬，然后祷告神灵释罪使己康复。祷辞以四言句为主，为韵语。这是与前文所引祷病之辞不同的地方。另外，据此篇祷病之辞来推断，载于《国语》《左传》中的祷病之辞并不是完篇，而是叙事者对祷病之辞的节引。

四、诔谥之礼与春秋诔谥文

诔和谥既是通行于周代的一种丧礼仪程，也指用于这种礼仪的文体。二者既有区别，又有联系。诔谥之礼都属于丧礼范畴，简单说，诔，就是在死者出殡前由典礼之人当众宣读死者生平事迹并对其做简要评价的仪程。谥，就是赐谥之礼。也是在死者入葬前，由典礼者召集死者的亲友商议，根据死者生前的身份地位及功业德行给死者一个"名号"[2]，以示对死者的尊重。诔谥之礼起源于何时，学者们有很大争议。但综合各种说法，再考之有关文献，当以产生于

① 李零：《秦骃祷病玉版的研究》，《中国方术续考》"附录四"，东方出版社2000年版，第472—473页。

② （宋）郑樵：《通志·谥略·序论》："周人卒哭而讳，将葬而谥。""生有名，死有谥。名乃生者之辨，谥乃死者之辨，初不为善恶也。以谥易名，名尚不敢称，况可加之以恶乎？非臣子之所安也！""成周之法，初无恶谥，谥之有恶者，后人之所立也。"

西周共王、懿王以后说比较可信。① 秦始皇二十六年《废止谥法制》说："朕闻太古有号毋谥，中古有号，死而以行为谥。"② 秦人所说中古即指西周。由上述材料可知谥法随时代而变。有的学者指出，西周时谏谥均是高级贵族之礼，低级贵族及庶人无之。然而到了春秋时代，谥法越来越制度化、礼仪化。同时命谥的范围和对象也越来越广泛，不仅天子、诸侯国国君有谥，卿大夫、士以及庶人都有谥。谏、谥相连，谏亦当如此。本节即以春秋时代谏谥之礼的变迁为切入点，考察谏文与谥体的文体变迁。

第一，春秋谏谥之礼与谏谥的撰制。归根结底，谏谥之礼是一种以言辞的撰制和诵读为核心的活动。据《周礼·大宗伯》载太祝官主作"六辞"，其六曰谏。《周礼注疏》："谏，谓积累生时德行以赐之命。"③ 天子之谏的撰制由太祝掌管，而谏文的诵读是由太史承担。《周礼·春官》载，"大史"于"遣之日读谏"，注云："遣谓祖庙之庭大奠，将行时也。人之道终于此，累其行而读之。"④ 同时太师帅瞽矇即兴讽诵天子的治功之诗，据郑玄注，似此治功之诗亦即谏辞。《周礼》所述，大概是古制。谏文的撰制最初只是累述死者事迹功业，赞其德行，只是礼仪的一部分。

———————————

① 关于谥法起源时代计有四说：西周以前说，西周初年周公所制说，西周中期说，战国说。其中王国维的西周中期说比较可信。王氏在《遹敦跋》中说："此敦称穆王者三，余谓周昭王之子穆王满也。何以生称穆王？曰：周初诸王若文、武、成、康、昭、穆皆号，而非谥也。殷人卜辞中有文祖丁（即文丁）、武祖乙（即武乙）、康祖丁（即庚丁），《周书》亦称天乙为成汤，则文、武、成、康之为美名古矣。《诗》称'率见昭考''率时昭考'。《书》称'乃穆考文王'。彝器有'周邵康宫''周康穆宫'。则昭、穆之为美名亦古矣。此美名者，死称之，生亦称之。《书·酒诰》首'王若曰'。《释文》云'马本作成王若曰'。注云：言成王者，未闻也。俗儒以为成王骨节始成，故曰成。此三者吾无取焉。吾以为后录《书》者加之，未敢专从，故曰未闻也。'案马所谓俗儒，谓今文欧阳、大小夏侯三家。是《酒诰》首句三家今文并卫、贾、马古文皆作'成王若曰'。又《顾命》'越翌日乙丑，王崩'。《释文》云：'马本作成王崩。'《汉书·律历志》《白虎通·崩薨篇》引《顾命》皆同。《史记·鲁世家》周公曰'吾成王之叔父。'又云：'必葬我成周，以明吾不敢离成王。'是成王乃生时之称。此敦生称穆王，即其比矣。内府藏《献侯器尊》，其铭曰：'惟成王大□在宗周，赏献侯器贝，用作丁侯宝尊彝。'是为生称成王之证矣。《考古图》所录《载敦》曰：'穆公人右载。'《博古图》所录《敔敦》曰：'武公人右敔。'此皆生时称穆公、武公。是周初天子诸侯，爵上或冠以美名，如唐、宋帝之有尊号矣。然则，谥法之作，其在宗周共、懿诸王以后乎！"见氏著《观堂集林》卷十八，中华书局 1959 年版。

② （汉）司马迁：《史记》，中华书局 1982 年版，第 236 页。

③ （汉）郑玄注，（唐）贾公彦疏：《周礼注疏》，《十三经注疏》（标点本），北京大学出版社 1999 年版，第 661 页。

④ （汉）郑玄注，（唐）贾公彦疏：《周礼注疏》，《十三经注疏》（标点本），北京大学出版社 1999 年版，第 697 页。

到了春秋时代，诔谥之礼进一步制度化和程式化。但到孔子出来，因为他强调的是礼义，不是死守礼节，所以诔文的撰制与诵读就成为一种表彰或批评死者的手段，其礼仪性反而没有那么严格了。在这种写作标准下，诔也就超越了身份的限制，褒贬的限制。不仅太祝可以撰诔，卿大夫、士，甚至于庶人也可以撰诔。诔不仅可以颂扬死者，也可以像谥那样贬斥死者。这对顾惜身后名誉的人们来说，无疑是一种有力的道德上的褒扬和监督，使之在生前不敢放纵自己，以免死后被命以恶诔。

《礼记·檀弓上》载："鲁庄公及宋人战于乘丘。县贲父御，卜国为右。马惊，败绩，公队（坠）。佐车授绥。公曰：'末之卜也。'县贲父曰：'他日不败绩，而今败绩，是无勇也。'遂死之。圉人浴马，有流矢在白肉。公曰：'非其罪也。'遂诔之。士之有诔，自此始也。"[1] 依周礼，士阶层本无资格行诔谥之礼，然而鲁庄为旌县贲父之勇而诔之，此为礼之变，即特例，遂开贵诔贱的先例。同时，由此例之中也可以看出，诔实际上起到了表彰死者的作用。《墨子·鲁问篇》云："子墨子曰：'诔者，道死人之志也。'"[2]《荀子·礼论》："其铭诔系世，敬传其名也。"[3] 结合上文之例证来看，《墨子》及《荀子》所论甚是。

春秋时代赐谥制度逐步完善，多见于典籍所载。《国语·楚语上》载：

恭王有疾，召大夫曰："不谷不德，失先君之业，覆出国之师，不谷之罪也。若得保其首领以殁，唯是春秋所以从先君者，请为'灵'若'厉'。"大夫许诺。

王卒，及葬，子囊议谥。大夫曰："王有命矣。"子囊曰："不可。夫事君者，先其善不从其过。赫赫楚国，而君临之，抚征南海，训及诸夏，其宠大矣。有是宠也，而知其过，可不谓'恭'乎？若先君善，则请为

---

① （汉）郑玄注，（唐）孔颖达疏：《礼记正义》，《十三经注疏》（标点本），北京大学出版社1999年版，第185页。

② （清）孙诒让撰，孙启治点校：《墨子间诂》，中华书局2001年版，第470页。

③ （清）王先谦撰，沈啸寰、王星贤点校：《荀子集解》，中华书局2013年版，第439页。

'恭'。"大夫从之。①

　　楚恭王很谦虚，认为自己失先君之业而"不德"，故临死前嘱咐大夫死后请谥为"厉"，"厉"本是恶谥，以表示忏悔之意。然而及其入葬，子囊及大夫议事，以为恭王知过能悟，可谓"恭"，故谥为"恭"。由上可见，谥号的确定要经过大夫们共同讨论这个程序。确定谥号的原则的确是据其生前的德行功业而定。

　　归纳起来，诔和谥的撰制均是丧礼的一部分，又都依据死者生前的功业事迹。因此诔谥常连称也就不奇怪了。

　　第二，春秋诔辞的文体特征。《周礼·春官》载：太师"大丧，帅瞽而廞，作匶，谥"。郑玄注："廞，兴也，兴言王之行，谓讽诵其治功之诗，故书'廞'为'淫'。"②这表明天子驾崩，移葬命谥前，太师帅瞽称天以诔，是根据天子之生前行事而"兴言"，类似于祭礼中讽诵史诗以陈述祖先的功业德行。《诗·鄘风·定之方中》"毛传"称君子有"九能"，方可为大夫，其一即"丧纪能诔"。孔颖达疏："丧纪能诔者，谓于丧纪之事，能累列其行为文辞，以作谥。"③"累列其行"即陈述其行事，"为文辞"，即撰制诔辞。而谥，则是在诔的基础上对死者德行功业的高度概括与综合评价。

　　《文心雕龙·诔碑》云："周世盛德，有铭诔之文。大夫之材，临丧能诔。诔者，累也；累其德行，旌之不朽也。夏商已前，其详靡闻。周虽有诔，未被于士。又贱不诔贵，幼不诔长，在万乘则称天以诔之，读诔定谥，其节文大矣。自鲁庄战乘丘，始及于士。逮尼父卒，哀公作诔。观其慭遗之切，呜呼之叹，虽非睿作，古式存焉。至柳妻之诔惠子，则辞哀而韵长矣。"④刘氏此段议论，简要概述了诔文从西周发展到春秋时的轨迹，虽然是总述诔文之演进，但口诵的诔辞是书面体诔文的前身，故其中也涉及春秋时期诔辞的文体特点。其

---

① 徐元诰撰，王树民、沈长云点校：《国语集解》（修订本），中华书局 2002 年版，第 487 页。
② （汉）郑玄注，（唐）贾公彦疏：《周礼注疏》，《十三经注疏》（标点本），北京大学出版社 1999 年版，第 613 页。
③ （汉）毛亨传，（汉）郑玄笺，（唐）孔颖达疏：《毛诗正义》，《十三经注疏》（标点本），北京大学出版社 1999 年版，第 200 页。
④ （南朝梁）刘勰著，范文澜注：《文心雕龙注》，人民文学出版社 1958 年版，第 212—213 页。

说最重要者有四点：

首先，诔辞撰制的官守性。诔辞涉及对一个人一生德行功业的评价，具有彰善惩恶的功能，是维系等级制度的一种重要手段。因此这种话语权须统治者掌握，故春秋以前"贱不诔贵""幼不诔长"，而天子的诔辞由太祝、太史及太师等专官撰制并讽诵。春秋时期大体仍是如此。

其次，诔辞所指对象的针对性。春秋以前诔辞只为天子等高级贵族而撰，一般的贵族无资格。而到春秋时，这方面都有所突破，不仅出现了鲁庄公为士制诔之例，而且出现了柳下惠妻为其夫撰诔之事。

再次，诔辞内容的纪念性。诔辞内容以追述逝者功德为主，带有纪念性特点。刘勰氏又云其体若诗："若夫殷臣诔汤，追褒玄鸟之祚；周史歌文，上阐后稷之烈：诔述祖宗，盖诗人之则也。"[1]

最后，诔辞传播形式的口诵性。诔辞用于丧礼，由太史、小史或太师、瞽矇口头讽诵，其腔调语气具有"辞哀而韵长"的风格特点。刘氏谓诔辞创作方法上祖述诗人之则，即表明诔文不仅押韵，而且风格以哀伤为主。以下结合实例进一步印证刘氏这一判断的真伪。

春秋时期，鲁哀公十六年四月己丑，孔丘卒，鲁哀公作诔以吊之。此例甚为典型。《左传·哀公十六年》载："夏四月己丑，孔丘卒。公诔之曰：'旻天不吊，不慭遗一老，俾屏余一人以在位，茕茕余在疚，呜呼哀哉尼父！无自律。'子赣曰：'君其不没于鲁乎！夫子之言曰："礼失则昏，名失则愆。"失志为昏，失所为愆。生不能用，死而诔之，非礼也；称一人，非名也。君两失之。'"[2]子贡以为鲁哀公对孔子"生不能用，而死诔之"，有失于礼。主要的意思是说诔失其实，违背了诔谥之礼的礼义。因为诔辞多口头传播，故春秋诔辞多不见载。若非此诔，则无法观春秋之时诔辞之范式。故范文澜《文心雕龙注》引纪评云："诔之传者始于是，故标为古式。"[3]是说此诔代表了诔文的文体标准。

分析上面引述的诔辞，从其内容来说，诔辞并未集中叙述孔子生时德行功

---

① （南朝梁）刘勰著，范文澜注：《文心雕龙注》，人民文学出版社 1958 年版，第 213 页。

② 杨伯峻编著：《春秋左传注》，中华书局 2009 年版，第 1698—1699 页。

③ （南朝梁）刘勰著，范文澜注：《文心雕龙注》，人民文学出版社 1958 年版，第 217 页。

业。这大约是因为孔子的特殊身份，也因为孔子之功业德行在当时已经为世人共知。所以诔辞的重点是表达鲁哀公对孔子逝去的痛惜之情。体现了"辞哀"的特点，文风典重雅致，不事藻饰，不用夸张。

从上述诔例来看，刘勰以诔体似诗，似不确切。春秋诔辞为讽诵之文，可押韵，亦可散体单行。然而春秋诔文亦有变体，似有公室之诔与私家之诔之别，后者亦有用歌体者。如《列女传·贤明传》载："柳下既死，门人将诔之。妻曰：'将诔夫子之德邪？则二三子不如妾知之也。'乃诔曰：'夫子之不伐兮，夫子之不竭兮。夫子之信诚而与人无害兮。屈柔从俗，不强察兮。蒙耻救民，德弥大兮。虽遇三黜，终不蔽兮。恺悌君子，永能厉兮。嗟乎惜哉，乃下世兮。庶几遐年，今遂逝兮。呜乎哀哉，魂神泄兮。夫子之谥，宜为惠兮。'门人从之以为诔，莫能窜一字。君子谓柳下惠妻能光其夫矣。《诗》曰：'人知其一，莫知其他。'此之谓也。"纪评曰："此诔体之始变，然其文出《列女传》，未必果真出柳下妇也。"按《列女传》出刘向手编，如《新序》《说苑》《战国策》等书，其材料皆出中秘，来源甚古，此诔当近真。纪云诔体始变，指其体类楚歌而言。由此而言，是春秋时私诔近乎诗体，刘勰之论诔体大约是以此为准的。

第三，春秋谥文及其文体特征。谥即死者名号，谥实际上是对诔辞的高度概括，故文献多以诔谥并称。赐谥时据其生前事迹德行以命之，宗庙祭祀称之。据王国维考证，西周初年，周王死后均称生名，尚无赐谥之制，赐谥之制在懿王、恭王之后。[①]谥文体式短小，只据死者生前事迹与德行，给出相应之名号，德行高则名号佳，否则恶。谥体虽短，而寓警诫之意；如倒过来读，则颇类词典体。考察西周至春秋谥例，计有一字体、二字体、三字体等几种形式。其中似以二字体为常。童书业先生云：

周代谥号往往多至二三字，而文献中常简称其主要之一字，如卫武公之为"睿圣武公"，齐灵公之为"桓武灵公"是也。余如周贞定王亦称"定王"或"贞王"，考哲王亦称"考王"，威烈王亦称"威王"，元安王

---

① 参王国维：《遹敦跋》，《观堂集林》卷十八，中华书局 1959 年版。

亦称"安王",夷烈王亦称"烈王",显圣王亦称"显王";秦厉共公亦称"共公",元献公亦称"献公",惠文王亦称"惠王",悼武王亦称"武王",昭襄王亦称"昭王";田齐孝武桓公亦称"桓公";魏惠成王亦称"惠王";韩昭厘侯亦称"厘侯";赵惠文王亦称"文王",燕昭襄王亦称"昭王"或"襄王";东周昭文君亦称"文君",均为二字谥。又韩桓惠王亦称"悼惠王",宣惠王亦称"威侯",秦悼武亦称"武烈王",则或为三字谥,盖古谥法颇为错出也。①

　　童先生归纳了《春秋》及《左传》中所见的谥例,得出上述结论,比较有说服力。由此可见谥之为体虽简要至一字、二字、三字,但其用意却很深。其一,谥实为人死之后的特定称号,是一种礼仪之文。称谥以示其人已故,以有别于生时,示尊敬也。其二,春秋时代的谥号还带有扬善惩恶之功能,是所谓"以一字寓褒贬"。所谓"春秋笔法",当受谥体之启示。

　　第四,春秋谥辞的汇编:《逸周书·谥法》。礼制史的研究表明,西周以来的各种礼仪最初只是停留在实际操演的层面,其礼文的形成,还在进入春秋之时。② 前文也已经论及,西周以来丧礼谥谥到春秋时代逐步地走向程式化和制度化。这样,就有人把屡次撰制的诔辞和谥辞加以汇编,以备丧纪诔谥时之用。这就是诔谥之礼的礼文的汇编。文献中有没有这里说的诔谥礼文的汇总性文献呢?我们试加以考察。《逸周书》有《谥法解》一篇,学者们或以为是西周初年之文 ③,或以为是春秋战国之文,也有人以为晚至汉代之文。就笔者考察所及,窃以为是春秋谥文之汇编,其性质为礼书。为讨论的方便,兹引其文如下:

　　　　维周公旦、太公望开嗣王业,攻于牧野之中,终葬,乃制谥叙法。谥

---

①　童书业:《周代谥法》,见氏著《春秋左传研究》(校订本),中华书局 2006 年版,第 342—345 页。
②　礼经的撰作当在礼典实行相当一段时间之后,这一观点颇为治礼制史者所认同。详参陈戍国:《先秦礼制史》"绪论",湖南教育出版社 1991 年版。
③　汉儒及清代治《周书》者,大多据《谥法》首节文字以为周公制谥法。详参黄怀信、张懋镕、田旭东撰:《逸周书汇校集注》(修订本)卷六引,上海古籍出版社 2007 年版。

者，行之迹也；号者，功之表也；车服，位之章也。是以大行受大名，细行受小名；行出于己，名生于人。

一人无名曰神。称善□简曰圣。敬宾厚礼曰圣。德象天地曰帝。静民则法曰皇。仁义所在曰王。立制及众曰公。执应八方曰侯。壹德不懈曰简。平易不疵曰简。经纬天地曰文。道德博厚曰文。学勤好问曰文。慈惠爱民曰文。愍民惠礼曰文。锡民爵位曰文。刚强理直曰武。威强叡德曰武。克定祸乱曰武。刑民克服曰武。大志多穷曰武。敬事供上曰恭。尊贤贵义曰恭。尊贤敬让曰恭。既过能改曰恭。执事坚固曰恭。安民长悌曰恭。执礼敬宾曰恭。芘亲之门曰恭。尊长让善曰恭。渊源流通曰恭。照临四方曰明。谮诉不行曰明。威仪悉备曰钦。大虑静民曰定。安民大虑曰定。安民法古曰定。纯行不伤曰定。谋虑不威曰德。辟地有德曰襄。甲胄有劳曰襄。有伐而还曰釐。质渊受谏曰釐。慈惠爱亲曰釐。博文多能曰宪。聪明叡哲曰献。温柔圣善曰懿。五宗安之曰孝。协时肇享曰孝。秉德不回曰孝。大虑行节曰孝。执心克庄曰齐。辅轻供就曰齐。温年好乐曰康。安乐抚民曰康。令民安乐曰乐。安民立政曰成。布德执义曰穆。中情见貌曰穆。敏以敬顺曰倾。昭德有劳曰昭。圣文周达曰昭。保民耆艾曰胡。弥年寿考曰胡。强毅果敢曰刚。追补前过曰刚。柔德考众曰静。供己鲜言曰静。宽乐令终曰静。治而清省曰平。执事有制曰平。布纲治纪曰平。由义而济曰景。布义行纲曰景。清白守节曰贞。大虑克就曰贞。不隐无克曰贞。强以刚果曰威。猛以强果曰威。强毅信正曰威。辟土服远曰桓。道德纯一曰思。不眚兆民曰思。外内思索曰思。追悔前过曰思。柔质受课曰惠。能思辩众曰元。行义说民曰元。始建国都曰元。主义行德曰元。兵甲亟作曰庄。叡通克服曰庄。死于原野曰庄。屡征□伐曰庄。武而不遂曰庄。克杀秉正曰夷。安心好静曰夷。幸义扬善曰怀。慈义短折曰怀。夙夜警戒曰敬。夙夜恭事曰敬。象方益平曰敬。合善法典曰敬。述善不克曰丁。述义不悌曰丁。有功安民曰烈。秉德遵业曰烈。刚克为伐曰翼。思虑深远曰翼。刚德克就曰肃。执心决断曰肃。爱民好治曰戴。典礼不塞曰戴。死而志成曰灵。乱而不损曰灵。极知鬼事曰灵。不勤成名曰灵。死见鬼能曰灵。好祭鬼神曰灵。短折不成曰殇。未家短折曰殇。不显尸国曰隐。隐拂不成曰隐。年中早夭曰悼。肆行劳祀曰悼。恐惧从处曰悼。不思忘爱曰刺。愎很遂过曰刺。外内从乱曰荒。好乐怠政曰荒。在国逢难曰愍。使民折伤曰愍。在国连忧曰愍。祸乱方作曰愍。蚤孤短折曰哀。恭仁短折曰哀。蚤孤有位曰幽。壅遏不通曰幽。动祭乱常曰幽。克威捷行曰魏。克威惠礼曰魏。去礼远众曰炀。瞡心动惧曰甄。容仪恭美曰胜。威德刚武曰圉。圣善周闻曰宣。治民克尽曰□。行见中外曰悫。胜敌壮志曰勇。照功宁民曰商。状古述今曰誉。心能制义曰庶。好和不争曰安。外内贞复曰白。不生其国曰声。致戮无辜曰厉。官人应实曰知。凶年无谷曰糠。名实不爽曰质。不悔前过曰戾。温良好乐曰良。怙威肆行曰丑。勤政无私曰类。好变动民曰躁。慈和遍服曰顺。满志多穷曰惑。危身奉上曰忠。思虑深远曰翼。息政外交曰携。疏远继□曰绍。彰义掩过曰坚。肇敏行成曰直。内外宾服曰止。华言无实曰夸。教诲不倦曰长。爱民在刑曰克。啬于赐与曰爱。逆天虐民曰炀。好廉自克曰节。择善而从曰比。好更改旧曰易。名与实爽曰谬。思厚不爽曰愿。贞心大度曰匡。

隐，哀之也。施为文也，除为武也。辟地为襄，视远为恒。刚克为发。柔克为懿。履亡为庄。有过为僖。施而不成曰宣，惠无内德曰献。治而生眚为平，乱而不损为灵，由义而济为景。失无补，则以其明。余皆象也。

和，会也。勤，劳也。遵，循也。爽，伤也。肇，始也。乂，治也。康，安也。怙，恃也。享，祀也。胡，大也。服，败也。康，顺也。就，会也。慆，过也。锡，与也。典，常也。肆，施也。糠，虚也。睿，圣也。惠，爱也。绥，安也。坚，长也。耆，强也。考，成也。周，至也。怀，思也。式，法也。敏，疾也。捷，克也。载，事也。弥，久也。①

潘振云："谥，诔行立号以易名也。谥有一定之凡例，故曰法。"②据此，《谥法》的文献性质是一篇礼文，即规定如何赐谥命谥的法则、规定。这种礼

①　黄怀信、张懋镕、田旭东撰：《逸周书汇校集注》（修订本）卷六引，上海古籍出版社 2007 年版，第 623—707 页。
②　黄怀信、张懋镕、田旭东撰：《逸周书汇校集注》（修订本）卷六引，上海古籍出版社 2007 年版，第 622 页。

文一定是在谥法实行了一段时间后所做的总结。前文言及谥法源于西周恭王、穆王以后，那么《谥法》的产生当在此后。宋代王应麟《困学纪闻·书卷》以来，至清代朱右曾《逸周书集训校释》等均据《谥法》首句，以为周初之文。也有的学者据《谥法》之大部分内容与张守节附于《史记》者相同，而认为《谥法》撰于汉初。以上二说，实不可信。今人黄怀信认为：

> 《谥法》言给谥的法则。王国维根据金文材料及《尚书》的综合研究，则发现周谥产生于恭、懿之后（见《观堂集林》）。那么，加上一个完善的过程，此篇之作必更在恭、懿之后。此篇文字多"××××曰×"之体，非西周文字所见。但也不可能晚至战国，因为战国时期周王室已失去为诸侯给谥的权力，自然也不会有人再为之作法。所以，此篇之作必在春秋周王室未衰之前，也有可能是在西周旧法基础上增益改造而成。[1]

黄说从礼仪文献生成的一般规律入手推断《谥法》产生于春秋时代，并结合战国时代周室日衰，诸侯大多不请谥的事实，予以证成其说，很有说服力。兹再补充一证，考《谥法》所述之谥，多与《左传》《国语》及春秋史料所载之谥例相合，尤足证明《谥法》产生于春秋，且实行于春秋。其中明显者如"圣""简""文""武""恭""定""穆""昭""平""景""桓""敬""元""庄""怀""惠""戴"等美谥，"灵""厉""携""殇""哀""愍"等恶谥，均见于《左传》及《国语》。

前文已言及，谥以一字寓褒贬，极似《春秋》笔法；谥法有贬扬善行、惩戒恶人之功能，故春秋时楚恭王临死与臣子论谥，是敬惧身后之名也。儒家重谥重名，孔子屡与弟子讨论谥及"正名"的问题，谓"名不正则言不顺，言不顺则事不成"（《论语·子路》）[2]。谥之功能，正合乎儒家惩戒人心之思想。故《谥法》一篇，其编者当为儒家弟子无疑。丁宗洛引浮山云："谥法起则人自耻为恶，谥法行则益务好名，盖制刑所以绝乎小人之路，而制谥所以

---

① 黄怀信：《逸周书校补注译》（修订本）前言，三秦出版社 2006 年版。

② （魏）何晏注，（宋）邢昺疏：《论语注疏》，《十三经注疏》（标点本），北京大学出版社 1999 年版，第 171 页。

坚其君子之心，周公为天下后世虑深矣。"①对谥法与儒家救世精神一致性的概括，可谓精确。

《谥法》为春秋时之儒者所编辑虽大体可以确定，然而由今本之结构及语言分析，实非一人一时之著作之文，而是多次附益而成篇。刘师培云：

> 案《玉海》五十四引沈约《谥例序》云"《周书·谥法一》第五十六、《谥法二》第五十七"，是旧本《周书》或析《谥法》为二篇，篇第亦殊。今本《玉海》又引沈约云"《周书·谥法一》第五十六、《谥法二》第五十七"，上篇有十余谥，下篇惟有第目无谥名，是沈约所见分篇本上缺下亡。《玉海》又云沈约案《谥法》上篇卷前云《礼大戴记》，后云《周书·谥法》第四十二，又云"凡有一百七十五谥"，王氏所引盖亦《谥例序》文。据彼说是《周书·谥法》别有单行本，与《大戴·谥法》为一编，所载之谥计百余，惟所标第次复迥不同。②

由刘氏所述可知，南北朝时《谥法》或有上、下两篇之别，且有单行本。此与今传本不同。然由其"凡有一百七十五谥"来看，则与今本大体不差。由此可知今本《谥法》非复原本之旧，大约是缀合相关文本而成。

不难看出，今本《谥法》明显可以分为三大部分，第一部分为"民无能名曰神"至"贞心大度曰匡"一段，从句式上来看，此部分取"××××曰×"，与《逸周书》所录春秋之文句式相近，故当是春秋儒者所编之旧，是《谥法》的主体部分。第二部分是"隐，哀之也"至"弥，久也"两段。句法为"×，×××也"，明显不同于第一部分。当是采自他书，因内容与第一部分相近而附入的。第三部分是开头的一段交待背景的文字。这部分实际上是一个"小序"，当是《逸周书》编者所补。

---

① 黄怀信、张懋镕、田旭东撰：《逸周书汇校集注》（修订版），上海古籍出版社 2007 年版，第623 页。

② 刘师培：《周书补正》，《刘申叔遗书》，江苏古籍出版社 1997 年版，第 756 页。

第三章　春秋祭礼的演变与祝颂文

　　本章所要讨论的春秋祭礼泛指春秋时代的郊祀、宗庙祭祀及群祀，也包括贯穿在其他礼仪及民间宗教仪式中的临时性祭祀。

　　据《周礼·春官》载：大宗伯"掌建邦之天神、人鬼、地祇之礼，以佐王建保邦国"。[①]西周以来的祭祀制度高度体系化，祭祀对象包括天神、地祇、人鬼三个层次。宗庙祭祀的对象主要是祖先，郊祀及群祀的对象比较多，对象虽有不同，但祭祀的程序大体一致。据《礼记·礼运》载："故玄酒在室，醴醆在户，粢醍在堂，澄酒在下。陈其牺牲，备其鼎俎，列其琴、瑟、管、磬、钟、鼓，修其祝嘏，以降上神与其先祖。"[②]可见祭祀的仪程大体包括择期[③]、献祭、奏乐、祝嘏、降神、燕享等仪节。[④]祭祀的核心仪程是"修其祝嘏"，也就是用特殊的言辞完成人与神的沟通。

　　又《礼记·曲礼下》说："天子祭天地，祭四方，祭山川，祭五祀，岁徧。诸侯方祀，祭山川，祭五祀，岁徧。大夫祭五祀，岁徧。士祭其先。"[⑤]不同阶层所祭对象不同，祭祀的规格也有相应的差异，祝嘏之辞也有不同的要求。这体现了祭祀的等级性特征。春秋祭祀制度大体继承了西周而小有变化，本章拟从祭祀制度入手，探讨祭祀祝嘏辞的写作及其对后世文章的影响。

---

　　① （清）孙诒让撰，王文锦、陈玉霞点校：《周礼正义》，中华书局1987年版，第1296页。

　　② （汉）郑玄注，（唐）孔颖达疏：《礼记正义》，《十三经注疏》（标点本），北京大学出版社1999年版，第670页。

　　③ 柳诒徵尝言："祭必卜日，先期斋戒，以所祭者之孙或同姓者为尸。"见氏著《中国文化史》（上册），东方出版中心1988年版，第169页。

　　④ 钱玄：《祭礼通释》，《三礼通论》，南京师范大学出版社1996年版，第617—627页。

　　⑤ （汉）郑玄注，（唐）孔颖达疏：《礼记正义》，《十三经注疏》（标点本），北京大学出版社1999年版，第153页。

一、春秋祭礼的文学化特征

刘师培尝言："东周以降，祭礼未沦，故陈信鬼神无愧词者，随会之祝史也（《左传·昭二十年》）。能上下说乎鬼神者，楚王之左史也。推之范文虞灾，则祝宗为之祈死；随侯失德，则祝史兼用矫词。盖周代司祭之官，多娴文学，与印度婆罗门同，故修词之术，克擅厥长。"①足见春秋时代祝史"修其祝嘏"之风的盛行。

因为祭祀的核心是通过祝嘏之辞的撰制与宣示完成人、神之间的信息沟通，再加上祭祀的过程贯穿着歌舞艺术的展演，因此可以说祭坛就是"文坛"。②在神圣和世俗的祭祀仪式的展演当中，一方面是春秋以前的仪式乐歌借此定型和传播，另一方面是祝嘏通神的祝颂之文的创作。以下试以具体的祭礼为例，对春秋祝颂之文的生成机制予以叙述。

（一）春秋郊祭中的奏乐歌颂与祝嘏辞说

郊祭见于甲骨文记载，说明商代已有郊祭。据文献记载，周代郊祭既是祭天大典，也是以始祖后稷及先王配祭的祭祖大典。《尚书·召诰》载周公摄政七年，洛邑告成，举行郊天之礼的盛况：

> 若翼日乙卯，周公朝至于洛，则达观于新邑营。越三日丁巳，用牲于郊，牛二。③

孙星衍疏曰："王郊是正祭，当以上旬行礼于镐京。此因始立郊兆而特祭天，配以后稷也。"④是说郊祭本应在镐京举行，但因为洛邑初成，修建了郊祭

---

① 刘师培：《周末学术史序·文章学史序》，原载《国粹学报》第一至第五期，1905 年 2 月 23 日至 6 月 23 日出版。又收入《刘申叔先生遗书》。

② 参黄惠焜：《祭坛就是文坛 —— 论原始宗教与原始文学的关系》，《思想战线》1981 年第 2 期。

③ （清）孙星衍撰，陈抗、盛冬铃点校：《尚书今古文注疏》，中华书局 1986 年版，第 393 页。

④ （清）孙星衍撰，陈抗、盛冬铃点校：《尚书今古文注疏》，中华书局 1986 年版，第 393 页。

用的祭坛，所以祭天。郊祭用特牲，即两头牛，而不用猪与羊。《逸周书·作雒》记周公营建洛邑后，"乃设丘兆于南郊，以祀上帝，配□后稷，日月星辰、先王皆与食"[1]。也记录了周公还政成王之前，在洛邑举行郊祭的情况。周公之后，郊礼就固定了下来，此后成为常制。

后世礼家以为《周礼》中的祭上帝、五帝之祭也属郊祭，今人钱玄认为"先秦祀天只有天（昊天），或称上帝，其祀即《左传》《礼记》及其他书中所述郊祭"[2]。其说是。

关于郊祭的时间，《礼记·郊特牲》曰："郊之祭也，迎长日之至也，大报天而主日也。兆于南郊，就阳位也。……于郊，故谓之郊。"[3] 又云："郊之用，辛也，周之始，郊日以至。"言西周为冬至行郊礼。钱玄据此认为西周郊祭在一年的冬至日进行，有时也推迟至下年一月举行。[4] 具体的时间，《礼记·祭义》云："郊之祭，大报天而主日，配以月。夏后氏祭其闇，殷人祭其阳，周人祭日以朝及闇。"[5] 这是说夏代祭天在黄昏时分，商代在日中时分，而周代祭日则或在早晨或在黄昏。郊祭的地点在南郊。杨天宇则以为西周郊祭不一定在冬至举行，其常制当在周历四月、夏历二月，地点也不一定在南郊。[6] 考之春秋有关郊礼的记载，似以杨说为长。

依西周礼乐相须的礼制，祭必有乐，奏乐必歌诗；《周礼·春官·大司乐》载大司乐"掌成均之法……乃分乐而序之，以祭，以享，以祀。乃奏黄钟，歌大吕，舞《云门》，以祀天神"[7]。这里说的祀"天神"即是郊祭天神。大司乐

---

① 黄怀信、张懋镕、田旭东撰：《逸周书汇校集注》（修订本），上海古籍出版社 2007 年版，第 533 页。

② 钱玄：《郊社及群祀》，《三礼通论》，南京师范大学出版社 1996 年版，第 489 页。

③ （汉）郑玄注，（唐）孔颖达疏：《礼记正义》，《十三经注疏》（标点本），北京大学出版社 1999 年版，第 795—796 页。

④ 钱玄：《三礼通论》，南京师范大学出版社 1996 年版，第 490 页。

⑤ （汉）郑玄注，（唐）孔颖达疏：《礼记正义》，《十三经注疏》（标点本），北京大学出版社 1999 年版，第 1322 页。

⑥ 杨天宇《西周郊天礼考辨二题》一文认为："西周的郊天礼，就是祭天的最高祀典，此外再无所谓圜丘祀天之礼。'郊'字只可作祭名看。西周郊天不一定在国郊，更不一定在南郊，也不一定筑坛，只是择地势较高处祭之而已。""礼书及先儒（如郑玄、王肃等）所谓冬至郊、立春郊或启蛰郊的说法，都是缺乏根据的。西周郊天时间的常制，当在周历四月、夏历二月。"文刊《文史哲》2004 年第 3 期，第 94、96 页。

⑦ （清）孙诒让撰，王文锦、陈玉霞点校：《周礼正义》，中华书局 1987 年版，第 1711—1739 页。

机构中有乐师四人、史八人，还有其他人员共计一百二十多人，这些人都是奏乐歌诗的承担者。从乐曲名目来看，周代郊祭所歌之诗多为"率由旧章"：或歌三代之乐，或歌《周颂》。但这种看似重复的仪式歌诗展演，既是乐歌旧章的传播保存方式，同时也是诗歌欣赏与批评的方式。据学者考证，《诗·周颂·昊天有成命》即为"郊祀天地之所歌也"。而《思文》则是郊祭中"以后稷配天"之诗，以先王配享所奏乐歌为《天作》，绎祭宾尸奏《丝衣》。[①]

郊祭仪式之中，最为核心的言辞活动是"修其祝嘏"，巫史之官要撰写辞章与天神沟通，整个仪式具有很浓重的文学化色彩。值得注意的是，郊祭中的祝辞都具有固定的语体模式，甚至措辞也是固定的，具有礼仪写作的一般特点。如上文所载周公摄政期间于洛邑郊天的祝嘏辞，还见载于《何尊铭》之中，此铭记载成王祭天情形云：

> 惟王初壅宅于成周，复□武王丰福，自天。在四月丙戌，王诰宗小子于京室曰：昔在尔考公氏克弼文王，肆文王受兹大命。惟武王既克大邑商，则廷告于天曰：余其宅此中国，自之乂民。乌呼！尔有唯小子亡识，眡于公氏有爵恪于天，徹命，敬享哉！惟王恭德裕天，训我不敏。王咸诰。何赐贝卅朋，用作□公宝尊彝。佳王五祀。[②]

学者们认为，这是一个名叫"何"的贵族用作祭祀的礼器，铭文中记载成王郊祭上天的事[③]，其中引述"则廷告于天曰：余其宅此中国，自之乂民"是成王祭天祷辞的一部分。意思是说："我建都在这天下的中心，从这里来治理人民。"[④] 虽然只是片言只字，不够完整，也可见祭天祷辞之一斑。

实际《召诰》中所载所谓召公的"诰辞"[⑤]，大意也是向上天申明营建洛邑的用心，当为史官所记录的成王在洛邑郊祭时的祝嘏之辞。其辞曰：

---

① 参贾海生：《洛邑告成祭祀典礼所奏乐歌考》，《文学遗产》2001 年第 2 期。
② 参马承源：《中国古代青铜器》，上海人民出版社 2008 年版，第 81 页。个别释字参以己意。
③ 顾颉刚、刘起釪：《尚书校释译论》，中华书局 2005 年版，第 1453 页。
④ 铭文释文及释义均参马承源：《中国古代青铜器》，上海人民出版社 2008 年版，第 80—81 页。
⑤ 于省吾据金文重文通例，认为篇中"太保（召公）入锡周公曰"当作"太保入锡周公。周公曰"。则发表诰辞的应当是周公。说见其《双剑誃尚书新证》，中华书局 2009 年版，第 160 页。

呜呼，皇天上帝改厥元子，兹大国殷之命，惟王受命，无疆惟休，亦无疆惟恤。呜呼，曷其奈何弗敬！

天既遐终大邦殷之命，兹殷多先哲王在天。越厥后王后民，兹服厥命厥终，智藏，瘝在！夫知保抱携持厥妇子以哀顾天："徂，厥亡出执！"呜呼，天亦哀于四方民，其眷命用懋！王其疾敬德！

相古先民有夏，天迪从子保；面稽天若，今时既坠厥命。今相有殷，天迪格保；面稽天若，今时既坠厥命。今冲子嗣则无遗寿耇，曰："其稽我古人之德，矧曰其有能稽谋自天。"

呜呼，有王虽小，元子哉！其丕能諴于小民！今休王不敢后。用顾畏于民碞。

王来绍上帝，自服于土中。旦曰："其作大邑，其自时配皇天。毖祀于上下，其自时中乂。"王厥有成命治民，今休。

王先服殷御事，比介于我有周御事，节性惟日其迈。王敬所作，不可不敬德！

我不可不监于有夏，亦不可不监于有殷。我不敢知曰有夏服天命惟有历年，我不敢知曰不其延，惟不敬厥德乃早坠厥命。我不敢知曰有殷受天命惟有历年，我不敢知曰不其延，惟不敬厥德乃早坠厥命。今王嗣受厥命，我亦惟兹二国命，嗣若功。

王乃初服！呜呼，若生子，罔不在厥初生，自贻哲命！今天其命哲？命吉凶？命历年？知今我初服。宅新邑，肆惟王其疾敬德！王其德之，用祈天永命！

其惟王勿以小民淫用非彝；亦敢殄戮；用乂民若有功。其惟王位在德元，小民乃惟刑用于天下，越王显。上下勤恤，其曰："我受天命，丕若有夏历年，式勿替有殷历年！欲王以小民受天永命！"①

从内容来看，这篇文诰围绕着"天命"的转移展开，反复申明周受天命，是因为有德。因此告诫成王"疾敬德"，"用祈天永命"，使天命祐周。明明是

① （汉）孔安国传，（唐）孔颖达疏：《尚书正义》，《十三经注疏》（标点本），北京大学出版社1999年版，第394—402页。

周公借祷告上天而致戒于成王的，却被历来的学者误解为召公诰周公之辞，殊为无据。另外，诰辞中言："王来绍上帝，自服于土中。旦曰：其作大邑，其自时配皇天。"完全与郊天之礼吻合；其中出现"服于土中""作大邑""乂民"等词汇，与《何尊》中所引的两句祝嘏辞相同。由这些证据来看，以上所引的《召诰》中的"周公诰辞"，就是郊祭的祝嘏之辞。

郊祭和其他祭礼一样，也要立尸。《诗·大雅·既醉》孔颖达疏引《石渠论》云："周公祭天，用太公为尸。"[1]《国语·晋语八》："宣子以告祀夏郊，董伯为尸。"[2]俱可为证。立尸前必须要用筮占决定吉凶，《仪礼》之《特牲馈食礼》与《少牢馈食礼》均载筮日、筮尸之命辞与祝宿尸之辞，大体相同。如少牢馈食礼主人使史筮尸吉否之命辞曰：

> 孝孙某，来日丁亥，用荐岁事于皇祖伯某，以某妃配某氏。以某之某为尸，尚飨。[3]

郑玄注："荐，进也，进岁时之祭事也。皇，君也。伯某，且（祖）字也。大夫或因字为氏。《春秋传》曰'鲁无骇卒，请谥与族，公命之以字为展氏'是也。某仲、叔、季，亦曰仲某、叔某、季某。某妃，某妻也。合食曰配。某氏，若言姜氏、子氏也。尚，庶几。飨，歆也。"[4]史受主人之命后，在筮时还要"述命"，即重申主人上面所引的主人的"命辞"：

> 假尔大筮有常。孝孙某，来日丁亥，用荐岁事于皇祖伯某，以某妃配某氏，尚飨。[5]

---

① （汉）毛亨传，（汉）郑玄笺，（唐）孔颖达疏：《毛诗正义》，《十三经注疏》（标点本），北京大学出版社 1999 年版，第 1093 页。

② 徐元诰撰，王树民、沈长云点校：《国语集解》（修订本），中华书局 2002 年版，第 437 页。

③ （汉）郑玄注，（唐）贾公彦疏：《仪礼注疏》，《十三经注疏》（标点本），北京大学出版社 1999 年版，第 898 页。

④ （汉）郑玄注，（唐）贾公彦疏：《仪礼注疏》，《十三经注疏》（标点本），北京大学出版社 1999 年版，第 898—899 页。

⑤ （汉）郑玄注，（唐）贾公彦疏：《仪礼注疏》，《十三经注疏》（标点本），北京大学出版社 1999 年版，第 900 页。

郑玄注:"述,循也。重以主人辞告筮也。假,借也。言因蓍之灵以问之。常,吉凶之占繇。"如果史求吉得吉,要告主人:"占曰从。"[1] 接下来要行"宿尸之仪",由祝代主人告尸曰:

> 孝孙某,来日丁亥,用荐岁事于皇祖伯某,以某妃配某氏。敢宿。[2]

因神尸代表受祭者,提前将其请至家,就意味着祭前准备工作的完结。以上所载的是一般祭祀的祭礼筮日、筮尸、宿尸命辞,由此可见祭礼之中祝嘏辞的撰作到春秋时代已经形成一种套式。每当祭礼操演之时,循此套式进行即可。可以推知郊祭立尸当亦有辞。

关于正式举行祭礼时的祝嘏活动,周人立尸作为天的代表,但尸不是人与神沟通的中介,中介者是祝。据《仪礼·少牢馈食礼》等所载,祭品备好后,由祝来陈辞,将主人的祈祷及愿望转达于尸。其祝辞曰:

> 孝孙某,敢用柔毛、刚鬣、嘉荐、普淖,用荐岁事于皇祖伯某,以某妃配某氏。尚飨。[3]

因是祝向神所致之辞,不同于一般交际语言,故祭品的称谓也有专称,"羊曰柔毛,豕曰刚鬣。嘉荐,菹醢也。普淖,黍稷也"(《少牢馈食礼》郑注)[4]。按:礼书所载献祭之辞应是春秋时代献祭通用之辞。《左传·桓公六年》载:

> 楚武王侵随,使薳章求成焉,军于瑕以待之。随人使少师董成。……少师归,请追楚师,随侯将许之。

---

① (汉)郑玄注,(唐)贾公彦疏:《仪礼注疏》,《十三经注疏》(标点本),北京大学出版社1999年版,第900—901页。

② (汉)郑玄注,(唐)贾公彦疏:《仪礼注疏》,《十三经注疏》(标点本),北京大学出版社1999年版,第903页。

③ (汉)郑玄注,(唐)贾公彦疏:《仪礼注疏》,《十三经注疏》(标点本),北京大学出版社1999年版,第916页。

④ (汉)郑玄注,(唐)贾公彦疏:《仪礼注疏》,《十三经注疏》(标点本),北京大学出版社1999年版,第916页。

　　季梁止之曰："天方授楚，楚之嬴，其诱我也，君何急焉？臣闻小之能敌大也，小道大淫。所谓道，忠于民而信于神也。上思利民，忠也，祝史正辞，信也。今民馁而君逞欲，祝史矫举以祭，臣不知其可也。"

　　公曰："吾牲牷肥腯，粢盛丰备，何则不信？"

　　对曰："夫民，神之主也。是以圣王先成民而后致力于神。故奉牲以告曰'博硕肥腯'，谓民力之普存也，谓其畜之硕大蕃滋也，谓其不疾瘯蠡也，谓其备腯咸有也；奉盛以告曰'絜粢丰盛'，谓其三时不害而民和年丰也；奉酒醴以告曰'嘉栗旨酒'，谓其上下皆有嘉德而无违心也。所谓馨香，无谗慝也。故务其三时，修其五教，亲其九族，以致其禋祀。于是乎民和而神降之福，故动则有成。今民各有心，而鬼神乏主，君虽独丰，其何福之有。君姑修政而亲兄弟之国，庶免于难。"随侯惧而修政，楚不敢伐。[①]

　　这是随国的国君和大臣季梁有关祭神的一段讨论，事情虽然由能否追击楚军引起，但涉及春秋时祭祀的一般仪节和其中蕴含的祭祀观念。季梁的谏语中三次引证献祭时的"祝辞"，并对其用意做了解说。这些被引的祝辞，虽非完篇，但仍可看出是由《仪礼》所载的祝辞样本的"翻版"。这反过来证明了《仪礼》祝辞的时代。

　　献祭之后，天神或祖先接受祭祀后，将要赐福佑于主人。这将由尸转达于祝，再由祝转达于主人。《少牢馈食礼》载祝嘏主人曰：

　　皇尸命工祝，承致多福无疆于女孝孙。来女孝孙，使女受禄于天，宜稼于田，眉寿万年，勿替引之。[②]

　　这种人与神交通的过程是通过特定的文辞 ——"祝祷"与"嘏辞"——的制作与传递来完成的。

　　① 杨伯峻编著：《春秋左传注》，中华书局 2009 年版，第 109—112 页。
　　② （汉）郑玄注，（唐）贾公彦疏：《仪礼注疏》，《十三经注疏》（标点本），北京大学出版社 1999 年版，第 924 页。

　　春秋时的郊祭中也不乏通神文章的创制，其作者为卜官、史官、祝官之类，文章的内容多为祭礼中的祈祷之辞和祝福之辞。

　　春秋时期，因为周公的原因，鲁国保留了郊礼。据《左传》载，鲁国的郊祭除祭天外，还有春耕前的祀后稷与祈农事仪式。如《左传·襄公七年》载："夏四月，三卜郊，不从，乃免牲。孟献子曰：'吾乃今而后知有卜、筮，夫郊，祀后稷以祈农事也，是故启蛰而郊，郊而后耕，今既耕而卜郊，宜其不从也。'"启蛰，节气名。杜预《注》："启蛰，夏正建寅之月。"①春秋时尚无二十四节气之名。卜郊应在耕种之前，今鲁耕而后卜郊，有违启蛰而郊之古礼，故三卜而不许，孟献子赞美龟之灵验。又如《春秋·宣公三年》载："三年春王正月，郊牛之口伤，改卜牛。牛死，乃不郊。犹三望。"②《左传·宣公三年》："三年春，不郊而望，皆非礼也。望，郊之属也。不郊亦无望，可也。"③此年鲁废郊祀之礼，而举行望祭，实际只是改换名目而已。由这些例子来看，春秋郊祭的主要功能除了祭天以外，也是祭祀先农，祈求丰收，郊祭既是鲁国的宗教大典，也是行政大典。

　　据上引鲁国郊祭材料，郊祭前必占卜，故太卜及各级卜官必从主祭者，为之服务，因此必有命龟之辞、释兆之辞的创制。祭天为王者大事，以史官职责言之，君举必书，因此郊祭中必有史官纪事之文的创制。《礼记·郊特牲》言郊祭时，"诏祝于室，坐尸于堂，用牲于庭，升首于室。直祭祝于主，索祭祝于祊"④。是说正祭则祝释辞于主，索祭则祝释辞于门外之祊。"释辞"，实即祝传达主人与神之辞命，也即发表沟通神人之文章。又言"卜之日，王立于泽，亲听誓命，受教谏之义也"，意谓其日卜筮结束后，有司即以祭天之事誓戒命，令众执事者，而国君也要听有司宣读誓命。

　　我们认为，鲁宣公、襄公时代的郊礼已经废弛，最为鼎盛的是在鲁僖公时代。《鲁颂》中的《閟宫》，就是春秋时鲁国郊祭的仪式颂歌，在其文本的撰作中，作者融合了祭天的祝嘏之辞与颂扬祖先功德的礼器铭文。为论述之便，兹

　　① 杨伯峻编著：《春秋左传注》，中华书局2009年版，第950页。
　　② 杨伯峻编著：《春秋左传注》，中华书局2009年版，第667页。
　　③ 杨伯峻编著：《春秋左传注》，中华书局2009年版，第668页。
　　④ （清）孙希旦撰，沈啸寰、王星贤点校：《礼记集解》，中华书局1989年版，第715页。

引其文如下：

　　閟宫有恤，实实枚枚。赫赫姜嫄，其德不回。上帝是依，无灾无害；弥月不迟，是生后稷。降之百福，黍稷重穋，稙稚菽麦。奄有下国，俾民稼穑。有稷有黍，有稻有秬。奄有下土，缵禹之绪。

　　后稷之孙，实维大王；居岐之阳，实始翦商。至于文武，缵大王之绪。致天之届，于牧之野。无贰无虞，上帝临女。敦商之旅，克咸厥功。

　　王曰：叔父！建尔元子，俾侯于鲁；大启尔宇，为周室辅。乃命鲁公，俾侯于东；锡之山川，土田附庸。

　　周公之孙，庄公之子，龙旂承祀，六辔耳耳。春秋匪解，享祀不忒；皇皇后帝，皇祖后稷，享以骍牺。是飨是宜，降福既多。周公皇祖，亦其福女。

　　秋而载尝，夏而楅衡。白牡骍刚，牺尊将将。毛炰胾羹，笾豆大房；万舞洋洋，孝孙有庆。俾尔炽而昌，俾尔寿而臧。保彼东方，鲁邦是常。不亏不崩，不震不腾。三寿作朋，如冈如陵。

　　公车千乘，朱英绿縢，二矛重弓。公徒三万，贝胄朱綅，烝徒增增。戎狄是膺，荆舒是惩，则莫我敢承。俾尔昌而炽，俾尔寿而富。黄髪台背，寿胥与试。俾尔昌而大，俾尔耆而艾。万有千岁，眉寿无有害。

　　泰山岩岩，鲁邦所詹。奄有龟蒙，遂荒大东，至于海邦。淮夷来同，莫不率从，鲁侯之功。保有凫绎，遂荒徐宅，至于海邦。淮夷蛮貊，及彼南夷，莫不率从。莫敢不诺，鲁侯是若。

　　天锡公纯嘏，眉寿保鲁；居常与许，复周公之宇。鲁侯燕喜，令妻寿母，宜大夫庶士，邦国是有。既多受祉，黄髪儿齿。

　　徂来之松，新甫之柏，是断是度，是寻是尺。松桷有舄，路寝孔硕。新庙奕奕，奚斯所作。孔曼且硕，万民是若。①

---

① （汉）毛亨传，（汉）郑玄笺，（唐）孔颖达疏：《毛诗正义》，《十三经注疏》（标点本），北京大学出版社1999年版，第1407—1425页。

　　学者们普遍认为，这首诗是公子奚斯所作，颂扬鲁僖公能恢复疆土、重修祖庙，举行祭祀。所说大体可信。这首诗共八章，篇幅较长。前三章追述周人受天命福佑，由姜嫄、后稷、文王、太王、武王，说到成王、周公，再到鲁国始封，都是借回顾历史来申明天（"上帝"）对鲁国的福佑，充满了对天的敬畏和感激。似是祭天时，由巫史对天的祷告和祝嘏。从诗中所述来看，这首诗很有可能是鲁僖公新建姜嫄庙成，仿效周公洛邑宗庙落成举行祭盛大祭典的故事，而举行郊天祭祖时所奏之乐歌。之所以这样看，理由如下：

　　第一，《毛序》言《閟宫》"颂僖公能复周公之宇也"，《笺》："宇，居也。"即僖公时代恢复了成王册封周公的疆土。这是诗篇创作的背景。而此诗创作的直接原因，则是閟宫（姜嫄庙）的建成。朱熹《诗序辨说》云："此诗言'庄公之子'，又言'新庙奕奕'，则为僖公修庙之诗明矣。"僖公修庙，就是修姜嫄庙。[①] 学者们认为，周人祭礼中凡出现女性祖先，均是依附于男性祖先，这和商代祭祖礼不同。[②] 西周祭祖典礼中无姜嫄，惟《大雅·生民》中颂之，但《生民》颂扬的重点是后稷；《閟宫》中虽也提到姜嫄，也是为了突出后稷。仍未超出"郊祀以后稷配天"的礼典。

　　第二，诗中追述鲁之受命始封，歌颂周公皇祖及鲁国始封之祖的功业。第三章"王曰叔父……"，"王"指成王，"叔父"即周公。这章是说周成王分封周公之后伯禽于鲁的事。内容及格式显然都是引述册命的命辞。

　　第三，诗中突出了郊天（上帝）的内容。第四章中明言"周公之孙，庄公之子，龙旗承祀，六辔耳耳"。朱熹解此章云："庄公之子，其一闵公，其一僖公。知此是僖公者，闵公在位不久，未有可颂，此必是僖公也。……成王以周公有大功于王室，故命鲁公夏正孟春郊祀上帝，配以后稷，牲用骍牡。皇祖，谓群公。此章以后，皆言僖公致敬郊庙，而神降之福，国人称愿之如此也。"[③] 林义光也说："龙旗是承，郊祀也。《礼记·明堂位》云：鲁君孟春乘大路，载弧韣，旂十有二旒，日月之章（此旂有交龙，《郊特牲》云龙章而设日月是也），祀帝于郊，配以后稷，天子之礼也。耳耳，同《载驱》篇之济济。耳、

　　① 聂石樵：《诗经新注》，齐鲁书社 2000 年版，第 648 页。
　　② 参刘源：《商周祭祖礼研究》，商务印书馆 2004 年版，第 169 页。
　　③ （宋）朱熹注，王华宝整理：《诗集传》，凤凰出版社 2007 年版，第 281 页。

浾一声之转。耳通作浾，犹弭通作弥也。"①这章明确说周公后人、庄公之子鲁僖公举行郊祭大典。

第四，全诗以"上帝是依"开篇，从周族发祥、周人开国、鲁国受封，一直写到僖公开疆拓土、虔诚祭祀，然后为鲁僖公祝祷，最后以修建宗庙作结。全诗贯穿着祭天敬祖的主线，写作程式与前引《召诰》中所述郊天祝嘏相似。

第五，诗的第三章后半部分说："皇皇后帝，皇祖后稷，享以骍牺。是飨是宜，降福既多。周公皇祖，亦其福女。""女"即"汝"，指鲁僖公。这明显是祭天时神尸向主祭者鲁僖公转达的祝嘏；第五、六章的后半部分"俾尔炽而昌"数句，以及第七章，也都是巫祝所宣的祝嘏之辞。其主旨在于宣扬"天命"眷顾鲁邦，祖先福佑鲁国。

总之，《閟宫》是鲁僖公时代郊天祭祖之作，作者在诗中引用了周初成王册封周公之子于鲁的命辞（第三章"王曰叔父……"），以及郊天祝辞（第五、六章），为鲁僖公祈福，并颂扬了鲁僖公的功业。

贾海生依据《诗》《书》《仪礼》《礼记》与铜器铭文所载，研究周代祭祀之礼指出其中以文辞饰礼的三种具体形式：

> 除了上述直接以文辞、祝嘏饰礼致情之外，还有两种间接以文辞饰礼的方法，即陈器观铭与奏乐歌颂。……如果将铭文与《诗经》中的颂歌合观，再与具体的仪式典礼联系起来，祝嘏、铭文、颂歌三者的功用不言自明，都是以文辞饰礼致情，只不过载体不同而已。因此行礼时既以祝嘏致孝敬之情，又陈器观铭、奏乐歌颂述先祖之盛美、扬己之成功，于此可见古人祭祀鬼神的虔诚。

> 从较为广泛的意义上说，祝嘏、铭文、颂歌都是构成祀典不可或缺的礼物，而礼义则正由此以显。②

这段话清楚地说明了在祭祀仪式中人、神沟通的具体话语方式和操作方

① 林义光：《诗经通解》，中西书局 2012 年版，第 425 页。
② 贾海生：《祝嘏、铭文与颂歌——以文辞饰礼的综合考察》，《文史》2007 年第二辑。

式，巫祝口宣祝嘏以完成主祭者与受祭者之间的沟通，而列鼎于仪式则使祖先的功业昭示于参加祭祀的人眼前，乐工通过演奏颂歌将祭者的虔敬之情与祭祀的庄严肃穆烘托出来……借助于这三种形式，"交于神明"的目的得以达成。从写作的角度看，祝嘏、铭文、颂歌都是构成祀典的"神圣写作"，虽然各自的内容、呈现方式和语言风格不同，但却有着共同的撰作背景。明乎此，也就可以理解，为什么祝嘏、铭文、颂歌三类文本之间会存在着"互文性"（内容和形式的相互引用）了。这种情形并非始于春秋时期的《閟宫》，而在西周中后期就已经出现了。

比如《大雅·江汉》，《毛序》说是"尹吉甫美宣王也。能兴衰拔乱，命召公平淮夷"。朱熹认为诗的文词与古器物铭文"语正相类"，方玉润认为此诗就是"召穆公平淮铭器"，郭沫若则说："《大雅·江汉》之篇，与世存《召伯虎簋铭》之一，所记乃同时事。《簋铭》云：'对扬朕宗君其休，用作列祖召公尝簋。'诗云：'作召公考，天子万寿。'文例正同。"[1]此诗中第四、五、六三章曰：

江汉之浒，王命召虎："式辟四方，彻我疆土。匪疚匪棘，王国来极。于疆于理，至于南海。"

王命召虎，来旬来宣："文武受命，召公维翰。无曰：予小子，召公是似。肇敏戎公，用锡尔祉。"

厘尔圭瓒，秬鬯一卣，告于文人。锡山土田，于周受命，自召祖命。虎拜稽首，天子万年。[2]

很明显，这三章与西周册命类铭文的写法格式如出一辙。第三、四两章都是引用了宣王册命召虎的"命辞"，第五章则是引用铭文中记录天子赏赐的部分。换句话说，这些诗章与册命类铭文具有相同的祭祀背景，是在参考了铭文后写成的。这些铭文，一般保存于召虎家族或王室，因而为写作者提供了便利。最后一章诗曰：

---

① 诸说见程俊英、蒋见元《诗经注析》该诗"题解"，中华书局 1991 年版，第 910 页。

② 程俊英、蒋见元：《诗经注析》，中华书局 2017 年版，第 970—971 页。

虎拜稽首，对扬王休。作召公考，天子万寿。明明天子，令闻不已；矢其文德，洽此四国。①

诗章中的"考"字，郭沫若认为"乃簋之假借字"②，其说甚是。这章是表明器主"虎"作"召公簋"的意图，即颂扬先祖召公，并及于周天子。由此可见，这首诗的作者应当是召虎本人，他受宣王之命率军讨伐淮夷，得胜而归，周宣王通过册命仪式对他进行封赏，他铸簋，把这件光荣的事记录下来。为此，他还祭祖以告此事，因此又写了这首诗。铭文、颂歌都是为祭祖而作，所以颂歌引用铭文。虽然未见嘏辞，但应当是有的。

无独有偶，这种情形，还见于《大雅·下武》一诗。美国学者夏含夷比较了《下武》一诗和《应侯见工编钟铭》《毛公鼎铭》《虞述盘铭》等铭文的格式后认为：

> （《下武》）前三章应该是全诗的前半部，后三章则是后半部，前半部与后半部可能有不同的主题。前半部的主题是颂扬周王，第一章都提到"王"（第一章谓"王配于京"，第二和三章都谓"成王之孚"），也说他是"下土之式"。后半部分却连一个"王"字也没有，反倒提及"应侯"，并说他有"顺德""孝思""嗣服"，说"四方来贺"似乎都暗示属国对王朝、诸侯对周王孝顺的态度。换句话说，诗的前半赞扬周王，后半乃纪念应侯。……
>
> 如果这样理解不误，我们还可以把这首诗和西周时代的其他铜器，诸如《史墙盘》和《虞述盘》铭文联系起来。《史墙盘》在1975年于陕西省扶风县庄白村出土，现在已经成为西周铜器中最有名之一。这件铜器是西周中期周王朝史官史墙所作，铭文明显地分成前后两部分，前半部分赞扬从文王到穆王到当时在位的天子（即共王）各代周王，后半部分乃继续称赞史墙自己的微氏家族之祖先，特别是他们对周王所提供的服务。……从

---

① 程俊英、蒋见元：《诗经注析》，中华书局2017年版，第972页。
② 郭沫若：《周代彝铭进化观——录自古代铭刻汇考》，《青铜时代》，人民出版社1954年版，第314—318页。

《史墙盘》和《虞逑盘》铭文看，在西周时代文学作品当中，应当有一种是颂扬周王与自己的祖先。我觉得《大雅·下武》这首诗很可能也是同类的诗歌。全诗是某一代应侯所作，前半部颂扬周成王，后半部赞美应国高祖，亦即成王的同母弟弟。这样读不但不需要语言上的曲解，并且与西周时代的历史背景一致。也许更重要，这样读也说明《诗经》里至少这首诗与西周铜器铭文都来自同一个文学环境。①

夏氏说明《下武》这首诗是在书写格式上借用了祭祖仪式所用的纪念性器铭，并说二者"来自同一个文学环境"，所论比较令人信服，而且也与上文所述贾海生提出的"祝嘏、铭文、颂歌都是构成祀典不可或缺的礼物"的看法暗合。

通过以上对周代祭祀中祝嘏、铭文、颂歌出自同一个文学环境的分析说，回过头来再看《閟宫》一诗既引用铭文命辞，又杂有祭天的祝嘏，才能对这种现象背后所隐含的祝史陈信、"文辞饰礼"、陈鼎观铭，以及颂扬时君的礼仪内涵，有一个深度的理解。郭沫若尝言："彼周秦诸子，广义而言，余谓均可称之为金石学家。墨子曾通读金石盘盂之书，其言已自明。儒家经典如《尚书》之周代诸篇，及《诗》之《雅》《颂》，余谓殆亦有琢镂于金石盘盂之文为孔子所辑录者。"②非谓先秦诸子如此，即《雅》《颂》之作者，因为常参与祭祀，对饰礼的器铭而言，也都是能如数家珍的"专家"。正因为有这样的礼仪背景，所以他们在创作诗篇时，才能对有关的器铭信手拈来，或直接引用其文，或暗用其表达方式，由此造成了诗与铭的互文性。

按照《閟宫》末章的"奚斯所作，也曼且硕，万民是若"，魏源《诗古微》、皮锡瑞《经学通论》认为这首诗的作者就是奚斯，也就是公子鱼。魏源说："奚斯当庄闵之末，僖公之初，故因立閟庙而致祈寿之词，故文公二年末已引《閟宫》之诗。"这位奚斯是鲁国大夫，三朝元老，他对周人的祭祀祝嘏、

① 〔美〕夏含夷：《由铜器铭文重新阅读〈诗·大雅·下武〉》，见《屈万里先生百岁诞辰国际学术研讨会论文集》，台湾大学出版中心2007年版，第65—69页。
② 郭沫若：《周代彝铭进化观——录自古代铭刻汇考》，《青铜时代》，人民出版社1954年版，第314—318页。

陈器观铭、奏乐歌诗这些仪节特别的熟悉，因此才能撰作出《閟宫》这样的颂诗来。

（二）春秋祭祀祝嘏的撰作与表达方式

祭礼祝嘏，既是饰礼的文辞，同时也是一种最直接的，旨在达成人、神沟通目的的文章撰作与表述活动。《礼记·祭统》云："祭有十伦。""诏、祝于室，而出于祊，此交神明之道也。""诏"，祝代主人祈祷也；"祝"，祝代神灵传福佑于主人也。但凡祭祖、郊祭及各类祭祀，其间均贯穿着巫祝交通神人的文章创作与宣叙活动。

祭祀中的祝嘏还有着明确的基于礼仪的写作要求。《礼记·礼运》言祭时祝官"作其祝号"，孙希旦《礼记集解》云："愚谓作其祝号，谓尸未入时，祝作牲、币之嘉号，告神而飨之也。《少牢礼》：'祝曰：孝孙某，敢用柔毛、刚鬣、嘉荐、普淖，用荐岁事于皇祖伯某，以某妃配某氏。尚飨！'"[1]《礼运》又言祭之中"祝以孝告，嘏以慈告。是谓大祥"。孙希旦《礼记集解》云："祝，谓享神之祝辞也。嘏，谓尸嘏主人之辞也。祭初享神，祝辞以主人之孝告于鬼神；至主人酳尸，而主人事尸之事毕，则祝传神意以嘏主人，言'承致多福无疆于女孝孙'，而致其慈爱之意也。"[2]由以上礼书的记载来看，祝嘏中对于每一种祭品，都有专门的用于祭祀礼仪的称谓；祝嘏的内容，则是以表现主祭者事神祭祖的虔敬之心与祖先神灵的慈爱之意为主。以上所述种种，都表明祝嘏辞在措辞和内容方面的规定性。

不仅如此，巫祝交神之辞还体现出制度化的特点。《礼记·礼运》："祝嘏莫敢易其常古，是谓大假。祝嘏辞说，藏于宗祝巫史，非礼也。"孙希旦《礼记集解》："有德之君，祭祀不祈，荐信不愧，故祝嘏之常法，祝史莫敢变易。如此，则虽不求福，而鬼神用享，大福自降之矣。人君无德，祝嘏之辞说，变易常礼，媚祷以求福，矫举而不实，必有不可闻于人者，故为宗祝巫史之所私

---

[1]（清）孙希旦撰，沈啸寰、王星贤点校：《礼记集解》，中华书局1989年版，第593页。
[2]（清）孙希旦撰，沈啸寰、王星贤点校：《礼记集解》，中华书局1989年版，第594页。

藏，若汉世祕祝之类是也。"① 这就是说，祭祀祝嘏之辞，必须要合乎"常古"，即以"信"为准则，否则视为非礼之辞。这是祝嘏的原则。

《左传·昭公二十年》载：齐景公久病不愈，梁丘据言于景公，欲诛祝固、史嚚以禳之。晏子谏景公曰："日宋之盟，屈建问范会之德于赵武。赵武曰：'夫子之家事治；言于晋国，竭情无私。其祝史祭祀，陈信不愧；其家事无猜，其祝、史不祈。'建以语康王。康王曰：'神、人无怨，宜夫子之光辅五君以为诸侯主也。'"景公曰："据与款谓寡人能事鬼神，故欲诛于祝、史，子称是语，何故？"晏子对曰："若有德之君，外内不废，上下无怨，动无违事，其祝、史荐信，无愧心矣。是以鬼神用飨，国受其福，祝、史与焉，其所以蕃祉老寿者，为信君使也，其言忠信于鬼神。其适遇淫君，外内颇邪，上下怨疾，动作辟违，从欲厌私，高台深池，撞钟舞女。斩刈民力，输掠其聚，以成其违，不恤后人。暴虐淫从，肆行非度，无所还忌，不思谤讟，不惮鬼神。神怒民痛，无悛于心。其祝、史荐信，是言罪也，其盖失数美，是矫诬也。进退无辞，则虚以求媚。是以鬼神不飨其国以祸之，祝、史与焉。所以夭昏孤疾者，为暴君使也，其言僭嫚于鬼神。"景公曰："然则若之何？"晏子对曰："不可为也：山林之木，衡鹿守之；泽之萑蒲，舟鲛守之；薮之薪蒸，虞候守之。海之盐、蜃，祈望守之。县鄙之人，入从其政；逼介之关，暴征其私；承嗣大夫，强易其贿。布常无艺，征敛无度；宫室日更，淫乐不违。内宠之妾，肆夺于市；外宠之臣，僭令于鄙。私欲养求，不给则应。民人苦病，夫妇皆诅。祝有益也，诅亦有损。聊、摄以东，姑、尤以西，其为人也多矣。虽其善祝，岂能胜亿兆人之诅？君若欲诛于祝、史，修德而后可。"②

这是春秋时期一个非常典型的讨论祝史祝嘏的例子，从中可以看出当时一些著名的人物如晏婴等对于祭祀祝嘏的观念。齐景公病重，梁丘据认为只要诛杀祝固和史嚚，举行祈禳仪式，他的病就会痊愈。然而晏婴则不以为然。他借楚国的屈建与楚康王谈论赵武竭情无私以辅晋国，所以不用祝史祈禳，其家族也福禄绵长。齐景公则认为自己祭祀鬼神从不马虎懈怠，有病祈禳一定会得

---

① （清）孙希旦撰，沈啸寰、王星贤点校：《礼记集解》，中华书局 1989 年版，第 599 页。
② 杨伯峻编著：《春秋左传注》，中华书局 2009 年版，第 1415—1418 页。

到鬼神的保佑。晏婴又说，有德之君祈禳则有效，无德之君骄奢淫佚，不恤民力，虽使祝史祈禳，也只是向神灵撒谎说假话，再加上百姓的报怨与诅咒，绝对不会得到神灵的护佑。这说明无论什么祭祀，祝史祝嘏不可轻易实施，必须为有德之君为之，且不可有私阿之心，否则视为无礼的、违背职业操守的行为。

祭祀祝嘏是祭祀仪程中最能体现宗教内涵的仪节，也是文章创作与宣叙的核心环节。祝史祝嘏的内容和形式受春秋祭祀制度的制约，体现着春秋时期宗教的本质。《礼记·曲礼》云天子"践阼，临祭祀，内事曰'孝王某'，外事曰'嗣王某'"。郑注："皆祝辞也。唯宗庙称孝，天地、社稷之郊内，而曰'嗣王'，不敢同外内。"①祭祀中的祝嘏，连祭者的称谓也随祭祀对象的不同而有如此严格的规定，足见祭祀中祝史文章写作的礼仪化、程式化。

春秋祭祀制度对祝颂之文的吁求充分体现在各类祭祀活动中祝宗卜史的通神文辞之中，祝嘏由专官职司。《周礼·春官》太祝下设"下大夫二人，上士四人；小祝，中士八人，下士十有六人，府二人，史四人，胥四人，徒四十人"。"丧祝，上士二人，中士四人，下士八人，府二人，史二人，胥四人，徒四十人。"太祝的职能是：

> 掌六祝之辞，以事鬼神示，祈福祥，求永贞。一曰顺祝，二曰年祝，三曰吉祝，四曰化祝，五曰瑞祝，六曰策祝。……辨六号，一曰神号，二曰鬼号，三曰示号，四曰牲号，五曰齍号，六曰币号。②

《周礼》虽成书于战国，但其主要内容当源自春秋甚至于西周，故此处所言太祝所掌之"六祝之辞"，即是春秋时期祭祀祝嘏的总称。据学者研究，其中包含着丰富的沟通神人的内容，在文章写作形式上则体现出职官化、制度化。③下文拟结合文献中的祝嘏实例，从几个不同侧面，揭示春秋祭祀制度与各类祝颂文体创制的关系。

---

① （清）孙希旦撰，沈啸寰、王星贤点校：《礼记集解》，中华书局 1989 年版，第 126 页。
② （清）孙诒让撰，王文锦、陈玉霞点校：《周礼正义》，中华书局 1987 年版，第 1985—1997 页。
③ 参席涵静：《周代祝官研究》，台湾励志出版社 1978 年版。

二、春秋时代的祈禳之礼与祝祷之辞

　　春秋时期的宗教祭祀呈现出"圣"、俗二分的格局，即西周以来的宗庙祭祀与岁时祭典仪式与民间的祭祀仪式两个层面。从总体上来看，因为此时理性精神的觉悟，一些思想上走在时代前列的人物已经认识到在实践活动中人事的重要性，所以神的地位有所动摇。这一变化使列国的宗教祀典成为为政者的制度化形式的点缀，仪式伦理演变而为德行伦理；而民间乡民社会的祭祀礼俗却一以贯之，与上层社会宗教观念中的人文萌芽状态不同，民间祭祀表现出周礼"大传统"对乡民风俗的影响力。

（一）祈禳之礼的起源及演变

　　祈禳之礼起源于巫术，最初是针对风雨雷电等自然灾害，后来才逐渐发展为专门的礼仪。如祷雨仪式屡见于甲骨卜辞，这种礼俗为周人所继承，一直到春秋战国而绵延不绝。[①]《周礼·春官》载："小祝掌小祭祀将事侯禳祷祠之祝号，以祈福祥，顺丰年，逆时雨，宁风旱，弥灾兵，远罪疾。"[②]可见禳灾之礼中的祈禳是由"小祝"来承担。春秋时期，祈禳制度也继续存在，祈祷之辞的撰作与传播也在继续。借助《国语》《墨子》《荀子》等载商汤祷雨之祭及其祝祷之辞，可以看到一篇商代的祷雨祝辞是如何随着祈禳制度的代代相承而逐渐被经典化的！

　　关于汤祷桑林之事，屡见于先秦典籍。其中《墨子》《尸子》[③]《吕氏春秋》等书的记载较为接近原貌。《荀子》所载大体相同，而祷雨祝辞形式不同。以下试梳理不同时代祷辞文本差异性形成的原因。《墨子·兼爱下》引"汤

---

　　① 参胡厚宣：《殷商史》，上海人民出版社 2003 年版，第 457—463 页；宋镇豪：《中国风俗通史》（夏商卷），上海文艺出版社 2001 年版，第 640 页。

　　② （清）孙诒让撰，王文锦、陈玉霞点校：《周礼正义》，中华书局 1987 年版，第 2032 页。

　　③ 《尸子》一书前人以为伪书，说见《古史辨》第四册。经唐兰等晚近学者的研究，认为前人之说应予以修正。《尸子》是先秦杂家的先驱，其成书当在《吕氏春秋》之前。虽然其中也许杂有后人补充掺入的东西，但绝不能视之为伪书而弃之不顾。

说"云：

> 惟予小子履，敢用玄牡，告于上天后曰："今天大旱，即当朕身。履未知，得罪于上下。有善不敢蔽，有罪不敢赦，简在帝心。万方有罪，即当朕躬。朕躬有罪，无及万方。"①

这应是典籍中记汤祷桑林之事最接近原貌的一条。《国语·周语》引"余一人有罪，无以万夫。万夫有罪，在余一人"。与上引祝辞略同，说明此祷辞在西周时代即已经为人们所熟知。然而引述者以其文属《汤誓》。韦昭《国语注》谓此《汤誓》即"《商书》伐桀之誓也"。按：今《汤誓》无此文。胡厚宣则从措辞和用语方面证实这是一篇经典的、古老的祷辞。②

又《白虎通》引《论语》说："故《论语》曰：'予小子履，敢告于皇天上帝。'此汤伐桀告天下。"说明在春秋时期，此祷辞也为人们所熟知，可随口称引。春秋时人称此祝辞曰"告"，美国汉学家艾兰据此认为文献所引的汤祷雨祝辞属于最初的《汤诰》，《伪古文尚书》有《汤诰》篇，《墨子》所言"汤说"可能是"汤诰"之误。③新近公布的清华大学藏战国楚简中有《尹至》《尹诰》等记录商汤与伊尹事迹的"书"类文献④，其所记商汤事迹多可与传世文献记载相印证，可以证明传世文献中有关记载自有其来源，并非凭空构拟。无论如何，这条求雨祷辞的真实性是不容置疑的。

一条商代祷雨这祝祷之辞，能历经西周、春秋而代代相传，主要是因为它体现了商汤爱民的思想。因为这种思想合乎古代明君圣贤实行仁政的理想，故

---

① （清）孙诒让撰，孙启治点校：《墨子间诂》，中华书局 2001 年版，第 122 页。

② 胡厚宣认为辞中用语合于商人习惯，如汤自称"余一人"于甲骨文中多见。此外文中提及的"上帝鬼神"，也与甲骨文"帝令雨"及求雨于地方山川神祇、祖先神等契合。说见胡厚宣：《重论"余一人"问题》，《古文字研究》第六辑，中华书局 1981 年版。

③ 〔美〕艾兰：《〈尚书〉一段散佚篇章中的旱灾、人祭和天命》，见《早期中国历史思想与文化》，杨民等译，辽宁教育出版社 1999 年版，第 137—168 页。

④ 清华大学出土文献研究与保护中心编，李学勤主编：《清华大学藏战国竹简（壹）》下册，中西书局 2012 年版，第 127—134 页。

尔代代引述，遂使其成为"经典"。这种情形还可以从其他典籍引述这条祷辞的例子中得到印证。如《尸子·绰子》载：

> 汤曰："朕身有罪，无及万方；万方有罪，朕身受之。"汤不私其身而私万方。[1]

此处是节引汤之祷雨之辞。又《尸子》逸文载：

> 汤之救旱也，乘素车白马，著布衣，身婴白茅，以身为牲，祷于桑林之野。当此时也，弦歌鼓舞者禁之。[2]

这里则是重点描述汤祷桑林的祈祷仪式而未及祷辞，因为作者的目的是为引证其事而说理，故记其事而略其祷辞，亦在情理之中。又《吕氏春秋》云：

> 昔者汤克夏而正天下。天大旱五年不收，汤乃以身祷于桑林曰："余一人有罪，无及万夫。万夫有罪，在余一人。无以一人之不敏，使上帝鬼神伤民之命。"于是剪其发，磨其手，以身为牺牲，用祈福于上帝。民乃甚说，雨乃大至！[3]

《吕氏春秋》所引与《墨子》所载汤以自身为牺牲、祷告天神以求雨大体相同。到战国后期的《荀子》，仍然引述其事作为说理的依据。所不同者，祷辞的文本已经与之前的散体文不尽相同，完全韵文化了。《荀子·大略篇》载：

> 政不节与？使民疾与？何以不雨至斯极也！

---

[1]　（周）尸佼撰，（清）汪继培辑：《尸子》，缩印浙江书局汇刻本《二十二子》，光绪三年据湖海楼本校刻，上海古籍出版社 1986 年版，第 371 页。
[2]　（周）尸佼撰，（清）汪继培辑：《尸子》，缩印浙江书局汇刻本《二十二子》，光绪三年据湖海楼本校刻，上海古籍出版社 1986 年版，第 376 页。
[3]　（汉）高诱注：《吕氏春秋》，《诸子集成》第六册，中华书局 1954 年版，第 86 页。

宫室荣与？妇谒盛与？何以不雨至斯极也！

苞苴行与？谗夫兴与？何以不雨至斯极也！①

　　明人冯惟讷将其收入《古诗纪·前集六》，视之为诗。今人逯钦立《先秦汉魏晋南北朝诗》亦目之为诗歌。经过"改写式"的著录，这篇经典的祝祷之辞形式上有三章构成，每章三句（每章第三句至"雨"为读则为每章四句，为四言句），有了灵巧的形式。闻一多《什么是九歌》一文认为这种一诗三章、每章三句的形式，就是上古时代流行的"九歌"的形式。②这类祷雨的仪式随着商汤事迹的传播而代代相传，春秋战国时代，商汤成为儒家系统中的"明君典范"，祷辞中因天下大旱而引发的对君民关系以及君主个人德行的自省反思也成为儒家所津津乐道的内容。因此之故，汉代以后，这篇祷辞仍然在承传之中。③只是祷辞原有的以"祷曰"或"祝曰"为标志的文体，也被改变了。

　　《墨子》《荀子》所载祷雨祝辞文本虽小有差别，但其核心信息大体相同。这表明：殷商时代的求雨之祭为周人所继承，商代的求雨祷辞在西周时代仍是"率由旧章"，也就是照搬前代。但是到了春秋战国时代，因为求雨之祭的日渐衰落，以及诸子以自己需要而重新改造圣贤的时代需要，这首经典的祷雨祝辞也被改造和美化成了一首诗。

（二）春秋时期的禳灾之祭与祈禳之辞

　　祈禳的巫术活动除针对旱灾外，还用于日食发生时的救日之祭。《春秋》记灾异，以日食为盛。《左传·昭公十七年》引《夏书》曰："辰不集于房，瞽

---

　　①　（清）王先谦撰，沈啸寰、王星贤点校：《荀子集解》，中华书局2013年版，第595页。

　　②　闻一多：《什么是九歌》，《闻一多全集·神话与诗》，生活·读书·新知三联书店1982年版，第263—278页。

　　③　刘向《说苑》载："汤之时，大旱七年，雒坼川竭，煎沙烂石，于是使人持三足鼎祝山川，教之祝曰：'政不节邪？使人疾邪？苞苴行邪？谗夫昌邪？宫室崇邪？女谒盛邪？何不雨之极也？'盖言未已，而天大雨。"这里是说，汤时大旱七年，他派人去祭山川，教之祝辞，"言未已，而天大雨"，并无汤自为牺牲以祷天之说。《说苑》所据，显系《荀子》。《荀子》说的是汤旱而祷，并没有说"使人持三足鼎祝山川"，这一节话，是刘向的加工。

奏鼓，啬夫驰，庶人走。"① "辰不集于房"，即是日食，而瞽奏鼓则是指瞽史击鼓而救日。《诗·小雅·十月之交》："彼月而食，则唯其常；此日而食，于何不臧。"《周礼·鼓人》："（鼓人）救日月，则诏王鼓。"②《大仆》："凡军旅田役，赞王鼓。救日月亦如之。"③ 胡新生概括说："每当日食发生，盲乐师一齐擂鼓，官吏驾车疾驰，庶人发疯似地狂奔，鼓声、马蹄声、脚步声与震天动地的嘶喊声汇成一片。这种救日方式是中国古代常见的鼓噪驱邪法的雏形，它试图用各种声音造成一种雄壮的气势，威逼天上恶魔把太阳吐还给人间。"④ 除了击鼓以外，周人禳除日食之灾当亦有祝辞。到汉代董仲舒，仍知救日祝辞。其中说：

> 炤炤大明，灭灭无光，奈何以阴侵阳，以卑侵尊。⑤

郑玄曰："攻说，则以辞责之。"这几句是郑氏所引董仲舒所传《救日蚀文》的片段，即使不是自太祝之旧传，当也渊源有自。在周代，禳灾祈祷之事由祝官专司。到了春秋时代，情况有所变化。

《左传·文公十五年》载鲁文公十五年"六月辛丑朔，日有食之。鼓、用牲于社，非礼也。日有食之，天子不举，伐鼓于社，诸侯用币于社，伐鼓于朝，以昭事神、训民、事君，示有等威，古之道也"⑥。古人以为日食为灾异，故在其发生时于社击鼓，并以牲祭社以禳除之，在这种仪式中，由祝宗撰作祷辞以祈求神灵解除日食，使之恢复常态。《周礼·春官·大宗伯》："（大祝）国有大故、天灾，弥祀社稷，祷祠。"⑦ "大故"，指战争等；祷祠，就是禳解之辞。此为天子之制，而鲁国用之。则当时所谓礼仪之邦的鲁国，亦不完全按传统等级制度行事。这表明所谓的"周礼"，已在崩溃之中。

---

① 杨伯峻编著：《春秋左传注》，中华书局 2009 年版，第 1385 页。
② （清）孙诒让撰，王文锦、陈玉霞点校：《周礼正义》，中华书局 1987 年版，第 908 页。
③ （清）孙诒让撰，王文锦、陈玉霞点校：《周礼正义》，中华书局 1987 年版，第 2504 页。
④ 胡新生：《中国古代巫术》，山东人民出版社 1998 年版，第 319 页。
⑤ （清）孙诒让撰，王文锦、陈玉霞点校：《周礼正义》，中华书局 1987 年版，第 1987 页。
⑥ 杨伯峻编著：《春秋左传注》，中华书局 2009 年版，第 612 页。
⑦ （清）孙诒让撰，王文锦、陈玉霞点校：《周礼正义》，中华书局 1987 年版，第 2026 页。

攻击性的祈禳又称诅，是举行仪式，杀牲以祭神，使神加祸于人的祭祀。诅常用以攻击敌人，春秋时常用于复仇性的惩戒或战争前的对敌。如《左传·隐公十一年》载，此年郑伯将伐许，于五月甲辰，授兵于大宫。公孙阏与颍考叔争车，颍考叔挟辀以走，子都拔棘以逐之。及大逵，弗及，子都怒。至七月，郑伐许，颍考叔取郑伯之旗蝥弧以先登，子都自下射之，颠。伐许之战结束后，郑庄公使卒出豭，行出犬、鸡，以诅射颍考叔者。[①]这是惩罚性"诅"的显例。在"诅"前，郑庄公让每百人以猪一头和每二十五人以狗、鸡各一为祭品献祭神灵，祈求神灵降祸给射颍考叔的人。另如《宣公二年》载晋"骊姬之乱，诅无畜群公子，自是晋无公族"[②]。这是说晋献公宠爱骊姬，后来骊姬为了立自己生的儿子为国君，发动宫廷政变，驱逐群公子；并且诅咒暗中收容公子的晋国大臣，所以弄得晋国的群公子逃的逃，死的死，从此"晋无公族"了。《左传·襄公十八年》载：晋平公伐齐，将济河。中行献子以朱丝系玉二瑴（这与日食以朱丝萦社同理），祷于河神曰：

齐环怙恃其险，负其众庶，弃好背盟，陵虐神主，曾臣彪将率诸侯以讨焉，其官臣偃实先后之，苟捷有功，无作神羞，官臣偃无敢复济。唯尔有神裁之。[③]

祈祷毕，沉玉于河。这是中行偃祈求河神保佑己方，而裁制齐国人。其祝辞历数齐人之罪，并许愿告捷取胜后祭神。在内容和形式上都与《金縢》所载祝辞非常相似。

另如《左传·哀公二年》载卫太子临战而祷，也属此类：

甲戌，将战，邮无恤御简子，卫大子为右。登铁上，望见郑师众，大子惧，自投于车下。子良授大子绥，而乘之，曰："妇人也。"简子巡列，曰："毕万，匹夫也，七战皆获，有马百乘，死于牖下。群子勉之，死不在寇。"繁羽御赵罗，宋勇为右。罗无勇，麋之。吏诘之，御对曰："疟作而伏。"卫大子祷曰："曾孙蒯聩敢昭告皇祖文王、烈祖康叔、文祖襄公：郑胜乱从，晋午在难，不能治乱，使鞅讨之。蒯聩不敢自佚，备持矛焉。敢告无绝筋，无折骨，无面伤，以集大事，无作三祖羞。大命不敢请，佩玉不敢爱。"[①]

铁之战，卫大子惧，所以祷告祖先神灵保佑自己，其祷辞虽主要是祈求保佑，但因其目的是祈求在战争中自己避免伤亡，其实也是带有攻击性的"诅"。

这种祝诅之辞在战国时代仍很盛行，《墨子·城守篇》中记载的却敌之"迎敌辞"，即是用以攻击性目的的祷辞。著名先秦史专家杨宽先生研究指出："当时宋秦等国流行在天神前咒诅敌国君主的巫术。他们雕刻或铸造敌国君主的人像，写上敌国君主的名字，一面在神前念着咒诅的言词，一面有人射击敌国君主的人像，如同过去彝族流行的风俗，在对敌战斗前，用草人写上敌人的名字，一面念咒语，一面射击草人。"[②]秦、楚相争，除争胜于战场之外，相互诅咒对方也是一种常见的斗争方式。著名的《诅楚文》即是秦人在战前用诅术攻击楚人的祝辞，关于其文体及功能，已有学者论及，[③]兹不赘述。

三、祭祀祝嘏与赋体源流

祭祀开始时，祝要铺陈祭品之丰盛，并高声呼唤神灵的名号，这样神灵才会降临受享。祝的这种言语活动称之为祝或号，进一步发展，就形成了赋体。

古籍中多辞、赋连称，二者关系密切。据上文所引《周礼》等典籍记载，"辞"是巫祝事神的工具，旨在沟通神人。由此可见，"辞"的起源与祭神仪式有关。考察赋的起源，也不能不考虑到它与"辞"的这一层关系。综合近年来对赋的文体特征的研究，可以看出构成文体的赋的基本要素有两个：一是铺陈

---

① 杨伯峻编著：《春秋左传注》，中华书局 2009 年版，第 1615—1617 页。

② 杨宽：《战国史》，上海人民出版社 1998 年版，第 542 页。

③ 杨宽：《秦〈诅楚文〉所表演的"诅"的巫术》，《文学遗产》1995 年第 5 期。

物类，二是不歌而诵。[①]前者主要涉及赋的手法和内容，后者主要针对赋的传播形式。探讨赋体的起源，也要从这两个方面入手。通过初步考察，上述两个要素源于上古祭祀仪式中的祝号，之后被"大夫"阶层运用于赋布政令及外交赋诗，最终在战国之士的手中演变为独立的文体。

（一）祭礼祝嘏中的铺陈物类及其文体学意义

赋体之"铺陈物类"的文体构成要素源于上古祭神仪式中巫祝铺陈祭品时的"祝""号"等言语活动。《礼记·礼运》曰："作其祝号，玄酒以祭。"郑玄注："号者，所以尊神显物也。"孙希旦《集解》："谓尸未入时，祝作牲、币之嘉号，告神而飨之也。"[②]据《周礼》，太祝掌"辨六号"，号指名号，或谓之嘉名。所谓六号，则指神号、鬼号、示号、牲号、粢号、牲号。[③]综合指鬼神的美称及祭品牺牲的名目，归根结底，祭祀中的"祝号"，只不过是一系列名物的铺陈。这和"赋"的本义密切相关。

"赋"字的本义是赋敛，也就是为神"格物"，是祭神仪式中铺陈祭品的言语活动的另一个称谓。《礼记·月令》载：

> 天子乃与公、卿、大夫共饬国典，论时令，以待来岁之宜。
> 乃命大史次诸侯之列，赋之牺牲，以共皇天、上帝、社稷之飨。
> 乃命同姓之邦共寝、庙之刍豢。
> 命宰历卿大夫至于庶民，土田之数，而赋牺牲，以共山林名川之祀。
> 凡在天下九州之民者，无不咸献其力，以共皇天、上帝、社稷、寝庙、山林、名山之祀。[④]

---

① 关于赋体本质特征的探讨，可参陶秋英《汉赋研究》（浙江古籍出版社 1986 年版）、冯俊杰《赋体四论之二 ——赋体的生命要素》（《山西师大学报》1986 年第 2 期）、马积高《略论赋与诗的关系》（《社会科学战线》1992 年第 1 期）、骆玉明《论"不歌而诵谓之赋"》（《文学遗产》1983 年第 2 期）等。

② （清）孙希旦撰，沈啸寰、王星贤点校：《礼记集解》，中华书局 1989 年版，第 592—593 页。

③ 傅亚庶：《中国上古祭祀文化》，东北师范大学出版社 1999 年版，第 357—358 页。

④ （清）孙希旦撰，沈啸寰、王星贤点校：《礼记集解》，中华书局 1989 年版，第 503—504 页。

这里太史及大夫等论依次"赋之牺牲"，就是为神格物。《说文解字》："赋，敛也。"段玉裁注："《周礼·太宰》：'以九赋敛财贿。'敛之曰赋，班之亦曰赋，经传中凡言以物班布与人曰赋。"

据文献记载，大禹的功绩如下："禹敷土""奠高山大川"，说禹"主名山川"，"巡九州，通九道，陂九泽，度九山，为神主"（《大戴礼记·五帝德》）。就是作山川之神的祭主，为山川定名，为万民定祀礼。也就是依土地及道路远近规定贡赋祀品的种类及数量，以有德者为神"格物"。① 这种活动具有神圣的意义：一是以此确定九州的文化秩序，规定了天地四方的生存空间；二是"定祀""置祭"，祀礼所视，定其差秩，通过罗列某地出产、物类，规定祀礼制度。"格物"又称"方物"，也是远古的一种认知方法，它既指"各方物产"，也指以"方"区分各方之物。"方物"的目的是为了"格物致知"，即通过博物的形式来达成对事物利害的认识。② 古有类物之官，以司其职。《山海经》一书，就是上古时代巫祝格物的具体记载。所以"赋"之"赋敛"一义，最早是指为祭神而"格物"，也指为神贡献之物品。"格物""方物"，最终是要侑神，所以巫祝祭神时要将祭品排列好，并向神说明，口中念念有词，以铺陈物类之美。这说明格物既是初民最主要的认知方式，也是在祭神仪式上的主要表达方式。

最初以祭神的名义征收的贡赋之物，主要用于祭祀和维持祭司们的生活，这几乎是一个世界性的现象。西周的贡赋表现为实物的"贡"和劳役形式的"助"两种形式。贡赋大部分用于祭祀、赏赐及王室生活等，还保留了上古时期的痕迹。③ 由此也可以看出，赋的铺陈物类与祭神有关。

---

① 韩高年：《先秦仪式展演与赋体的生成——对赋体形成过程的发生学考察》，《求是学刊》2005年第5期。

② 参叶舒宪：《〈山海经〉与禹、益神话》，《海南大学学报》1997年第3期；及《方物：〈山海经〉的分类编码》，《海南师范学院学报》2000年第1期。

③ 金鹗《求古录礼说》卷十一云："助、彻皆从八家同井起义，借其力以助耕公田，是谓之助，通八家之力以共治公田，是谓之彻。"他的《周彻法名义解》又说："谓之贡者取以下共上之义……即公田所纳亦谓之贡也。"吕振羽、岑仲勉等学者也认为"贡""赋"本相同，"别而为二，只是文字跟着社会发展而分化"。"在赋的方面，农民除去一小部分劳动时间，在自己的'分有地'即所谓'私田'上劳动之外，则以一部分劳动时间支付在领主的土地即所谓'公田'上去劳动。……其次便是农民要向领主提供无定额的贡纳物。……在西周，从《诗经》上所能考出者，为兽皮、猪肉、野味、蔬菜、羊肉等类。"见岑仲勉：《西周社会制度问题》，上海人民出版社1957年版，第61—62页。

　　从深层心理讲，向神铺陈物类之美源于远古的语言崇拜观念。"语言是神"，"万物由语言生成"，"生成的万物无不是由语言生成"。^①巫师借助语言可以通神。所以向所祭之神宣诵献祭之物的丰厚洁净，是祭神仪式中常见的程式，因为这样做可以示诚信于神灵，以获得神灵的福佑。这在《诗经》的雅、颂及《楚辞》描写祭祀的诗篇当中屡见不鲜。

　　汉赋仍然保留了与祭祀有关的内容。纪行和田猎是汉赋的常见题材，这恰恰来源于人间帝王祭祀山川之神的"巡狩"仪式。《周礼》载王官有职方氏及土训、诵训之职，在王巡狩时，告知所到之处的山川形势及物产种类并风俗美恶，以责其贡献之物。在古代，巡狩的目的一方面是为了显示武力（或为田猎，或为战争），另一方面是祭祀巡狩所到之处的山川之神。人间帝王的巡狩仪式，归根到底是上古时代神灵出游仪式的经典化和历史化。所不同的是，到了汉赋当中，古代巡狩祭神方物这类题材的宗教色彩减弱了，而着重强调了人世间统治者对物类的占有和对物质享受的铺陈。因为这时人的能力提高了，神灵的权威降低了，物类的铺陈是为了突出人对自然的胜利。人不再是伏在神灵脚下为神格物以乞福佑的弱者了。

　　对赋体经典作品的剖析表明，汉赋铺陈物类的方式，是对上古祭祀"格物"的继承和变异。司马相如的《子虚》《上林》二赋在铺陈物类时采用了所谓"四至"的方式，完全因袭了巫祝所记的方物之书《山海经》的类物之法。这就是赋之"铺陈物类"源于祭神仪式最好的说明。《子虚赋》以山为纲，按东南西北四面的顺序，依次铺陈其中的物类，每一方之中又以上下或内外为序，显得井井有条："其中有山焉，其山则……其土则……其石则……其东则有蕙圃，衡兰芷若……其南则有平原广泽……其高燥则生……其埤湿则生……其西则有涌泉清池……其北则有阴林，其树……其上则有……其下则有……"^②《上林赋》铺陈上林苑中的物类，则以山和水为纲，依次铺排。这种按方位次序来罗列所在地点的动物、植物及矿物等的方式，前人以为来自纵横家游说时侈陈形势的做法，但实际上它们都来自于远古时期巡狩仪式中的"方

　　①　语出《约恩传》，引自〔日〕北冈诚司：《巴赫金——对话与狂欢》，魏炫译，河北教育出版社2002年版，第5页。

　　②　（清）严可均校辑：《全上古三代秦汉三国六朝文·全汉文》，中华书局1958年版，第241页。

物"或"格物"。这种方式在《楚辞》的《招魂》《大招》两篇作品中还具有比较原始的面貌，以四方、六合为序来罗列其中的灵怪，还带有浓厚的宗教色彩。[1] 上溯至《山海经》，则更为典型。如《南山经》："青丘之山，其阳……其阴……英水出焉，南流注于即翼之泽，其中……"又如《西山经》："号山……盂山其阴多铁；其阳多铜；其兽多……其鸟多……"[2]《子虚》《上林》状物的模式，显然来自《山海经》一类的书。

不仅如此，楚汉赋中的名物，也大多来自《山海经》。介于此，有的学者认为，司马相如赋中的"上林苑"，与《离骚》中描写的昆仑悬圃一样，实际上就是《山海经》所述之天地之中、日月所入的昆仑的人间摹本。[3] 由此可见，赋中的状物方式来源于远古仪式这一点是可以肯定的。

（二）祭祀祝辞中的"不歌而诵"与赋的文体特点

《汉书·艺文志》说："不歌而诵，谓之赋。"[4] 赋的传播方式"不歌而诵"也是巫师在祭祀仪式上用以通神的主要手段之一。

祝管祭祀，宗主世系，卜司占卜，史掌记事，但均有"诵"的特长。《说文》云："祝，祭主赞词者。""祝"是会意字，表示人以言辞事神。《诗·小雅·楚茨》曰"工祝致告，徂赉孝孙"[5]，还保留着古义。

西周以来世卿大夫逐步替代了巫祝官守，因此他们亦长于"诵"。依《周礼》大夫以上均有宣诵王命的职能。如史官的职务主要为掌祭祀、掌典仪、掌册告、掌记事，而宗伯为之统，他们既是神职人员，又是国家的行政人员。史官的册命文告职能也兼人神两面，既代王宣读文告册命，又代王主持祭祀仪式，并行占卜、祝祷。据此可知，周代史官实兼有巫祝宗卜之事神职能与代王

---

① 参赵逵夫：《屈原与他的时代》，人民文学出版社 2002 年版，第 586—591 页。

② 袁珂：《山海经校译》，上海古籍出版社 1985 年版，第 1—24 页。

③ 参朱晓海：《某些早期赋作与先秦诸子学关系证释》，《汉赋史略新证》，陕西人民出版社 2004 年版，第 56—101 页。

④ 陈国庆编：《汉书艺文志注释汇编》，中华书局 1983 年版，第 183 页。

⑤ （汉）毛亨传，（汉）郑玄笺，（唐）孔颖达疏：《毛诗正义》，《十三经注疏》（标点本），北京大学出版社 1999 年版，第 818 页。

宣读文告册命之行政职能。由此可知"不歌而诵"是巫祝在祭神仪式展演中的主要技能。

随着神权观念的消退，巫祝渐次退出政治的中心，诵也逐步与祭神仪式分离，成为贵族"乐教"中"乐语"的一个重要内容。巫祝之官代王宣诵王命的言语技能，成为世卿大夫的必备素质，得到提倡和强化。《诗·大雅·烝民》云："天子是若，明命使赋。"又云："出纳王命，王之喉舌。赋政于外，四方爰发。"朱熹《诗集传》说《烝民》之作，是"宣王命樊侯仲山甫筑城于齐，而尹吉甫作诗以送之"①。从诗的末章也可以看出，这首诗是尹吉甫"作诵"，赞美仲山甫作为"王之喉舌"，"赋"政于外的才能。《传》曰："赋，布也。"《笺》："赋，使群臣施布之也。""以布政于畿外，天下诸侯于是莫不应发。"诗中的"赋"的意思是把王的政令口头传布到四面八方。

从另一个角度讲，在世袭社会里，文化的垄断从来都是世袭阶层的重要标志。②而在春秋时期，上述标志的外在显现，就是以有辞（出使专对）、赋诗（赋诗言志、登高能赋）、立言为内容和表现形式的行人大夫的语言和举止的艺术化。《管子·立政》载王命的传布制度，从中可以看出"赋"的政治功能，兹引述如下：

> 孟春之朝……季冬之夕……正月之朔，百吏在朝，君乃出令布宪于国，五乡之师，五属大夫，皆受宪于太史。大朝之日，五乡之师，五属大夫，皆习宪于君前。太史既布宪，入籍于太府。……首宪既布，然后可以布宪。③

引文中的"布"，即是"敷"，也就是"赋"。"布宪"也就是"赋政"。《诗·鄘风·定之方中》之《毛传》则说得更清楚些："故建邦能命龟，田

---

①　（宋）朱熹注，王华宝整理：《诗集传》，凤凰出版社 2007 年版，第 249 页。

②　何怀宏指出："世袭社会的文化主要呈现为贵族的文化。假如春秋贵族要面对后人为自己辩护，优雅的文化大概是他们最可以援引的一个理由。"他还从赋诗、观乐、有辞、有言四个方面概括了春秋世族对文化的垄断。说见其《世袭社会及其解体：中国历史上的春秋时代》，生活·读书·新知三联书店 1996 年版，第 140—154 页。

③　（清）戴望：《管子校正》，《诸子集成》本，中华书局 1954 年版，第 11 页。

能施命，作器能铭，使能造命，升高能赋，师旅能誓，山川能说，丧纪能诔，祭祀能语。君子有此九者，可谓有德音，可以为大夫。"[1]为大夫的标准是具有在任何场合都能铺陈讲说于民的表达能力。"命龟""施布""铭""造命""赋""誓""说""诔""语"九者，虽然说其场合和具体内容有所不同，但据其中的"语"属于《周礼》所说的"乐语"这一事实来看，所谓"君子九能"的实质，在形式上都是有节奏的陈述，在内容上则都与《诗》《礼》政教有关。而卿大夫这种能力的培养，又依赖于"大司乐"所掌的"《诗》教"和"《乐》教"，借助于诵《诗》和奏乐的活动。何怀宏在最近的研究中指出："在春秋时代，艺术受到政治家由衷的尊重，政治与艺术结合的趋势相当强劲。加之春秋时代文化典籍奇缺，各种艺术形式本身尚未分化，与政治也是难分难解；艺术家、学问家与政治家、外交家常常是集于一身。"[2]这就决定了赋与政治的密切关系。

"礼义之旨，须事以明之，故有赋焉，所以假象尽辞，赋陈其志"[3]（挚虞），这就是"登高能赋，可以为大夫"的内涵，这里说的"赋"虽然还不是纯粹的文学活动，然其必借助于诵《诗》的形式完成却是不争的事实。春秋时代的行人赋诗和乐教诵诗在促使"不歌而诵"的文学化方面具有不可低估的作用。

（三）巫祝之官演变为文士：赋的生成

　　战国时代随着世袭社会的解体，新兴的"士"阶层成为文化传承的主体。士志于道，并以道自任。为推行道，就连孟子这样的儒者，也不得不辩乎言谈，至于其他"仰禄之士"，则更是铺张扬厉，主文谲谏，甚至行"以顺为正"的"妾妇之道"（《孟子·滕文公》）了。在官学失守、道术分裂之际，卿大夫以赋诗、重辞、有言为内容的行为艺术，演变为道术的文饰。也就是说，春秋

---

　　① （汉）毛亨传，（汉）郑玄笺，（唐）孔颖达疏：《毛诗正义》，《十三经注疏》（标点本），北京大学出版社1999年版，第199页。
　　② 何怀宏：《世袭社会及其解体：中国历史上的春秋时代》，生活·读书·新知三联书店1996年版，第146页。
　　③ （晋）挚虞撰：《文章流别论》，郭绍虞主编：《中国历代文论选》（一），上海古籍出版社2001年版，第190页。

世卿大夫的"诵"，到战国之士，尤其是纵横之士的手中成为其言"道"的手段。这种做法具体表现为借助不歌而诵和铺排物类的文学化和娱乐性进行讽谕，后来，在他们精英人物的著述活动中就逐渐地萌芽出以口诵和铺排物类为特征的新的文体。

宋玉的《大言》《小言》《钓》《风》等赋是赋化的纵横家文的进一步发展。上述现象的发生可以从下面的材料中看出来。枚乘的《七发》写远游之乐的一段说登高远望，听"博辩之士""比物属事"，这一点非常引人瞩目。赋云：

> 既登景夷之台，南望荆山，北望汝海，左江右湖，其乐无有。于是使博辩之士，原本山川，极命草木；比物属事，离辞连类。[1]

这里说的登景夷之台而"比物属事，离辞连类"的活动，是春秋燕享仪式不歌而诵的进一步世俗化；其目的在于以此悟楚太子以道。这里的"博辩之士"，实即后世辞赋家。其"原本山川"的技能，则表明他们与上古为神格物的巫祝有着某种师承关系。由此可以看出，赋由诵陈政事，渐渐兼具了娱乐的功能，这是实质性的飞跃。

以口诵方式铺陈形势成为士阶层在话语特征和文化人格方面的鲜明标志。[2]因此他们的文章（包括诸子、史传及说理文、游戏文等）中普遍运用赋法。[3]纵横家说辞和《庄子》《韩非子》中的一些篇章是这方面的代表。这对赋体的产生是很关键的一个阶段。

战国之际文体逐步分化定型，出现了主要用赋法的"赋体的诗"。《周礼·春官·宗伯》说太师"教六诗：曰风，曰赋，曰比，曰兴，曰雅，曰颂"[4]。章太炎《六诗说》认为此"赋"是通篇以赋为表达方式的诗。这在赋体

---

① （清）严可均校辑：《全上古三代秦汉三国六朝文·全汉文》，中华书局1958年版，第238页。

② 春秋时孔子以"言语"教授弟子，使弟子"诵《诗三百》"以明"专对"之学，告诫弟子说"不学诗，无以言"，《左传》载行人的"赋诗言志"，《史记·屈原列传》说原"娴于辞令，博闻强识"等，都说明"赋"是卿大夫身份的重要标志。

③ 《论语》《庄子》《孟子》《荀子》《左传》《国语》等先秦文中多用赋法咏叹淫佚，加倍渲染，以富于文学性的手段述道。

④ （清）孙诒让撰，王文锦、陈玉霞点校：《周礼正义》，中华书局1987年版，第1842页。

的产生过程中是最为重要的一个环节。

除了《诗三百》中纯用赋法的一些诗外，战国时代用于讽谏和游戏的"隐"体也纯用赋法，所以荀况之隐以赋名篇。《文心雕龙·诠赋》篇肯定荀况之隐在赋的形成过程中的关键作用，是符合实际的。前人指出"赋源于隐"，"赋就是隐语的化身"，"描绘物体的形状和特征，正是隐谜的主要写作方式"。"在隐藏谜底的情况下，于是就'铺采摛文'了，'铺张扬厉'了。"① 这种观点部分地揭示了问题的真相，即运用了产生于祭神仪式的"赋"法的隐，是文体的赋的一个来源。

赋体的诗在单位篇章中只能描绘一种事物，虽然比起说辞和诸子文中片断的赋容量已经增加，但当事物更为复杂丰富，事情细节繁多时，仍然需要改造自身——吸收说辞及某些诸子文的铺张扬厉——于是篇幅拉长，语言进一步文雅化。最终在宋玉、荀况的手中赋体形成了。刘熙载《艺概·赋概》说："赋起于情事杂沓，诗不能驭，故为赋以铺陈之，斯于千态万状，层见迭出者，吐无不畅，畅无或竭。"② 这一方面道出了"赋体的诗"变为"赋体"的原因，同时也指出了这一转变中"赋"法的变化。

赋体的两个要素"铺陈物类"和"不歌而诵"都较前有了新的气象。前者在赋体的诗中只有针对单个事物的描绘，而且只重外貌形状的细部刻画，没有时空整体上的位移。而"赋体"则因篇幅拉长，可以描绘多种事物组成的纷繁复杂的场面，具有时间的连续性和空间的绵延性，体现出尚多尚博的倾向。刘熙载《艺概·赋概》云："诗为赋心，赋为诗体。诗言持，赋言铺，持约而赋博也。古诗人本合二义为一，至西汉以来，诗赋始各有专家。"③ 刘氏此说也已经触及"赋"由原始形态的"方物"演变成为以描写和叙述为主兼具议论的赋体。

从现代文体学的角度看，一种文体的构成要素中，表达方式占有重要的地位。以某一种表达方式为主对其他表达方式的综合运用，构成了文体的在表达方式方面区别于其他文体的特质。因此，考察文体语言形式和与之相适应的

---

① 朱光潜：《诗论》，生活·读书·新知三联书店 1998 年版，第 67 页。

② （清）刘熙载撰，袁津琥校注：《艺概注稿》，中华书局 2009 年版，第 411 页。

③ （清）刘熙载撰，袁津琥校注：《艺概注稿》，中华书局 2009 年版，第 411 页。

主要的表达方式，是揭示文体实质的一个重要途径。以口诵方式铺陈物类的赋法，源于上古祭神仪式上的序列物类，之后演变为行政仪式中的宣诵王命，再演变为外交燕享仪式中的赋诗言志，最终在战国之士的宣道活动中成为铺陈状物、恢廓声势的赋体。可以说，在"铺陈物类""不歌而诵"的赋法演变为一种文体的过程中，仪式展演中主体的兴替起到了重要的作用，也体现了先秦时期宗教、政教与文学的密切关系。

四、秦简"马禖祝辞"与《鲁颂·駉》

《周礼》载太祝于祭祀中掌"六祝之辞"及"六祈之事"。"祝"即颂扬祝祷神灵，"祈"即通过颂扬神灵的功德，祈祷神灵保佑赐福。这类言辞直接影响到"颂"这种文体的产生，《诗》中的"颂"体即是此类。[①] 这个问题学者们已经注意到了，这里只选取几个个案，揭示二者之间的关联。

在《睡虎地秦简·日书》中载录有一篇马禖祝辞，反映了自商周以来与马政有关的祭祀礼俗。这篇珍贵的文献与《诗经·鲁颂》中的《駉》篇在主题、用途、礼仪背景和文体方面十分相似。结合春秋时期政治和礼俗状况对二者进行比较研究，可以看出秦简马禖祝辞对《駉》篇的创作动机和文体来源有直接的影响，由此可知，《駉》为鲁僖公时代"祭马祖、颂马政"之诗。

（一）主题、功能的相似性

睡虎地秦简《日书》甲种所收的与马祭有关的文字，饶宗颐先生认为其中"令鼻、耳、头、脊、尾、腹、足等句，分言马体各部分，文字甚佳"，又说："此文为马祭祝辞，极可玩咏。"[②] 饶先生对此篇文献的文体类型与仪式背景的确

---

① 刘勰《文心雕龙·颂赞》云："四始之至，颂居其极。颂者，容也，所以美盛德而述形容也。""容告神明谓之颂"，"颂主告神，义必纯美"。据范文澜《文心雕龙注》（人民文学出版社1958年版）引。

② 饶宗颐、曾宪通：《云梦秦简日书研究·马禖祝辞》，香港中文大学出版社1982年版，第45页。

定，皆十分准确。吴小强在此基础上进一步研究指出："马禖章是一篇祭祀马神的祈祷祝辞，极其有价值。从祝辞内容、行文、结构诸方面考察，其产生的年代十分古老，不应限于战国时代。据《周礼》记载，西周设立专司马祭的調马（"裯马"）之职，负责在马祭仪式上朗诵马祭祝辞。'马禖'祝辞首句即称'先牧'，西周在夏季祭祀先牧神。'马禖'通篇结构严谨，用词考究，并运用比喻、排比等修辞手法来赞美马的完善，……文字优美流畅而押韵。这种祝辞决非战国时期中下层社会的一般日者所能草就，就当出自具有较高知识修养、文字功底深厚，并且对马的身体、习性特征非常熟悉的上层社会贵族手笔。因此，该篇很可能是早期日者将流传于民间的西周马禖祝辞窜入《日书》体系中，其纳入《日书》的年代应不晚于春秋晚期。"[①] 秦地在古雍州，久与戎狄杂处，民尚武，习骑射，善养马，亦出良马。秦之先非子为周孝王牧马，秦人在长期的牧马过程中形成了许多特定的宗教仪式，《日书》中的马禖祝辞就是秦地流行马禖祝祷礼俗的产物。

以此祝辞与《駉》篇比较，可以看出二者之主题有惊人的一致性。为考证的方便，兹录《秦简日书》马禖祝辞如下。辞曰：

> 祝曰：先牧日丙，马禖合神。东向南向各一马□□□□□中土，以为马禖，穿壁直中，中三腏，四厩行。大夫先敫兕席，今日良日，肥豚清酒美白粱，到主君所。主君笥屏诇马，驱其殃，去其不祥，令其□嗜□[②]，□嗜饮，律律弗御自行，弗驱自出，令其鼻能嗅乡（香），令耳聪目明，令头为身衡，脊为身刚（纲），脚为身□，尾善驱□[③]，腹为百草囊，四足善行。主君勉饮勉食，吾岁不敢忘。[④]

此章中的"马禖"，即马祭。《说文》："禖，祭也。"很明显，上引文字为祭马祖与先牧之神的祝辞。从开头到"到主君所"一段，着力铺排祭祀场面之

---

① 吴小强：《秦简日书集释》，岳麓书社2000年版，第177—178页。

② "□"代表的所缺之字疑为"刍"，"嗜刍"即喜欢吃草。

③ 依此祝辞之押韵规律，所缺一字当为"虻"。

④ 吴小强：《秦简日书集释》，岳麓书社2000年版，第175页。

盛大和祭品之清洁丰富，以示祭者之虔诚。

"主君苟屏诇马"意谓祈求主君拘执训练暴躁不驯的烈马。[1] 之后"驱其殃，去其不祥，令其□嗜□，□嗜饮，律律弗御自行，弗驱自出，令其鼻能嗅乡（香），令耳聪目明，令头为身衡，脊为身刚（纲），脚为身□，尾善驱□，腹为百草囊，四足善行"，则为祭祀中巫祝向神灵所祷，即为马禳除疾病、"求肥健"，祝颂马能多饮多食、健壮繁庶等。末尾"主君勉饮勉食，吾岁不敢忘"则是祭者向神表明虔诚之意，希望神享祭并如愿赐福。

除去将马祺祝辞开头对祭祀场面的铺陈变为对主祭者虔诚心理的强调（"思无邪""思马斯臧"）有所不同外，《駉》诗言"駉駉牡马"，"有骓有皇，有骊有黄"，四章复沓，复叠咏之。颂祷坰野牧马繁盛，骏马肥健，也是紧扣马来写，与上引祝辞有相似之处。

然而《诗序》囿于《鲁颂》颂僖公之成说，云："《駉》，颂僖公也。僖公能遵伯禽之法，俭以足用，宽以爱民，务农重谷，牧于坰野。鲁人尊之，于是季孙行父请命于周，而史克作是《颂》。"[2] 尽力为颂僖公说张目，几乎湮没了诗本文颂祷骏马肥健的本义，致使之后的大多数说诗者游移不定。姜炳璋《诗序广义》云："或以为祀鲁公之诗，或以为美马政之诗，或据《春秋》书新延厩以为祀庄公之诗。"[3] 朱公迁云："问国君之富，数马以对。故诗人以之颂美其君如此。"朱谋玮云："鲁政多矣，独举考牧一事，军国之所重也。"[4] 陈奂亦云："鲁僖、卫文皆系齐桓所存之国。卫文务材训农，季年有三百乘之多，故诗人美之云：騋牝三千。鲁僖亦能复千乘之制，备六闲之教，其事略相等。鲁僖中兴之君，鲁又为诸姬之宗，故圣人于《駉》尤致意焉。"[5] 以上诸家之说，都想立足于诗本文求马肥健繁庶之本义而对诗旨进行正确的阐发，但又皆因不能破《序》说之影响而失之附会，游移其辞。虽然如此，诸家指出《駉》与鲁国马政有关，则值得肯定。这是彻底解决问题的关键。

---

① 吴小强：《秦简日书集释》，岳麓书社 2000 年版，第 175—176 页。

② （汉）毛亨传，（汉）郑玄笺，（唐）孔颖达疏：《毛诗正义》，《十三经注疏》（标点本），北京大学出版社 1999 年版，第 1384 页。

③ 陈子展：《诗三百解题》引，复旦大学出版社 2001 年版，第 1223 页。

④ 陈子展：《诗三百解题》引，复旦大学出版社 2001 年版，第 1220 页。

⑤ （清）陈奂撰：《诗毛氏传疏》卷二十九，中国书店 1984 年版。

据上文分析，我们认为《駉》诗用于祭马祖仪式，其主题、功能与《秦简》"马禖祝辞"具有一致性。近人汪梧凤《诗学女为》云："此大阅而祭马祖之诗，非专颂牧马之盛。"[1] 大阅，就是检阅军队。举行此仪式前要祭祀马祖。其对此诗之旨意可谓独有会心。

（二）相同的礼俗背景

《秦简》"马禖祝辞"出自秦地，《鲁颂·駉》则为鲁诗，虽然产生的地域不同，但却都与先秦马祭、马政有关。也就是说，二者具有相同的礼俗文化背景。

殷商以来，马就广泛地用于祭祀、耕地、交通和战争，所以统治者十分重视马政。至迟到周代，就已经出现了专门的机构和人员，负责依马的不同用途分厩饲养、训练马匹。《周书·籴匡篇》有"三牧"之政，"三牧"孔颖达谓即《周礼·夏官·司马》"马质"所掌之"三物"之牧：一曰戎马，二曰田马，三曰驽马。[2] 马的种类还不止此。《周礼》"校人"又有"辨六马之属，种马一物，戎马一物，齐马一物，道马一物，田马一物，驽马一物"[3]。马的种类多说明其用途广，用途广则数量亦不菲。据《校人》载，国家马厩中的马匹总数在三千匹左右。但据春秋时所谓千乘之国的标准计算，仅用于军队的马匹即达四千匹之多，加上其他用途的马，国家实际所需马匹的数量当远不止三千的数量。如此大的数量，除非有周密之制度，不能备其事，故有马政。

《周礼·夏官·司马》对马政的具体实行有详细的规定：由牧师掌管牧马牧地的政令，按时节分配牧场。由圉师教圉人养马的技巧；春时马始出牧的时候，要清除马厩中所积存的蓐垫，并举行杀牲衅厩的仪式；夏天要把马系于凉爽的厩中，以避暑热；冬天，等到驹已经成长，要献马于王。[4] 如此繁重的

---

① 陈子展：《诗三百解题》引，复旦大学出版社 2001 年版，第 1223 页。

② （清）孙诒让撰，王文锦、陈玉霞点校：《周礼正义》，中华书局 1987 年版，第 2374 页。

③ （清）孙诒让撰，王文锦、陈玉霞点校：《周礼正义》，中华书局 1987 年版，第 2604 页。

④ 《左传·庄公二十九年》云："二十九年春，新作延厩，不时也。凡马，日中而出，日中而入。"日中者，春分、秋分也。日中而出者，春分百草始繁，牧于坰野也。日中而入者，秋分农事始藏，水寒草枯，则皆还厩也。《左传》所载与《周礼》相似而略，可证《周礼》之说不诬。

事务，必须要有众多之人分工协作、各司其职，方可完成。《周礼·夏官·司马》之属"廋人""掌十有二闲之政教，以阜马、佚特、教駣、攻驹，及祭马祖、祭闲之先牧，及执驹、散马耳、圉马。正校人员选"。①国家马厩中的官员人数依次有校人："中大夫二人，上士四人，下士十有六人；府四人，史八人，胥八人，徒八十人。"牧师："下士四人；胥四人，徒四十人。"圉师："乘一人，徒二人。"圉人："良马匹一人，驽马丽一人。"足见马政于国家之重要性。

既然养马是政之大事，为求马之众多且健壮，除了由牧师、圉人精心管理放牧和其他相关环节外，还必须依时祭祀主宰马匹繁殖及生长的相关神灵，以保佑马政成功。因此，先秦时期盛行马祭之礼俗。不仅中华先民如此，其他民族亦然。古印度吠陀诗歌歌颂马，印度史诗《摩诃婆罗多》有"马祭篇"，以为"马祭"是最重要的祭祀。马祭事关战争的胜负，程序复杂，必须由圣明渊博之祭司主持，由武士参与，以示祭主对马祭的重视。②这与先秦马祭有惊人的相似之处。先秦时期马祭礼俗计有春季祭祀马祖，夏季祭祀先牧，秋天祭祀马社，冬天祭祀马步等内容。《周礼·夏官·司马》云：

> （校人）掌王马之政。……春祭马祖，执驹；夏祭先牧，颁马攻特；秋祭马社，臧仆；冬祭马步，献马，讲驭夫。③

郑玄《注》云："先牧，始养马者。其人未闻。""马社，始乘马者。《世本·作篇》曰：'相土作乘马。'""马步，神为灾害马者。"④由此看，马祭所祭对象皆是与马政成败息息相关者。春、夏、秋三季所祭之神其目的在于祈福求佑，冬季祭祀"马步"之神，则带有明显的禳灾的色彩。此为与马政有关之常祭。除此之外，还有时祭，即田猎之前的马祭。《周礼·春官》曰："禂牲禂马，皆掌其祝号。"郑玄《注》引杜子春云："禂，祷也。为马祷无疾，为田祷

---

① （清）孙诒让撰，王文锦、陈玉霞点校：《周礼正义》，中华书局 1987 年版，第 2627—2629 页。

② 参〔印度〕拉贾戈帕拉查理改写：《摩诃婆罗多的故事》，唐季雍译，金克木校，中国青年出版社 1959 年版，第 349—359 页。

③ （清）孙诒让撰，王文锦、陈玉霞点校：《周礼正义》，中华书局 1987 年版，第 2603—2616 页。

④ （清）孙诒让撰，王文锦、陈玉霞点校：《周礼正义》，中华书局 1987 年版，第 2616 页。

多获禽牲。《诗》云：'既伯既祷。'《尔雅》曰：'既伯既祷，马祭也。'"又云："禂，为牲祭，求肥充；为马祭，求肥健。"孙诒让《疏》云："'禂牲禂马'者，黄以周云：'凡禂牲禂马，皆在田猎之先，《诗·吉日》文可证。'"①《秦简》"马禖祝辞"可能属于常祭。

《周礼·夏官》所载之巫马"掌养疾马而乘治之，相医而药攻马疾"②。郑玄《注》云："巫马，知马祖、先牧、马社、马步之神者。马疾，若有犯者焉，则知之，是以使与医同职。"③《周礼》之巫马，实即掌祭祀马祖、先牧、马社、马步之巫祝，校人为其首。祭马祖、先牧、马社的祝辞可能出于其手，并由其在祭祀仪式上诵读。

由《駉》篇的篇旨与《秦简》马禖祝辞的相似性，可以断定二者具有相同的仪式背景。马禖祝辞既然产生于马祭仪式，那么《駉》也应是鲁僖公时代重视马政，于祭先牧及马祖仪式上所用之乐歌。

（三）文体特征的相似性

《駉》之内容和形式均具有浓厚的祝祷意味和巫术色彩，与马禖祝辞十分相似。所不同者，马禖祝辞句式参差不齐，不分章，而《駉》则句式整饬，章法严谨。可以看出，《駉》的文体特征显然来源于马禖祝辞。大约是鲁史采春秋时祭祀马祖的祝祷之辞，而施以改造之功，而用于祭马祖及先牧的礼仪，并用以歌颂时君。这种情况，应当与屈原之改造战国楚地祭神仪式祝辞而创为《九歌》相类似。为比较研究的方便，兹录《駉》之原文如下：

驷驷牡马，在坰之野。薄言駉者，有驈有皇，有骊有黄，以车彭彭。思无疆，思马斯臧。

驷驷牡马，在坰之野。薄言駉者，有骓有駓，有骍有骐，以车伾伾。思无期，思马斯才。

---

① （清）孙诒让撰，王文锦、陈玉霞点校：《周礼正义》，中华书局1987年版，第2057页。
② （清）孙诒让撰，王文锦、陈玉霞点校：《周礼正义》，中华书局1987年版，第2625页。
③ （清）孙诒让撰，王文锦、陈玉霞点校：《周礼正义》，中华书局1987年版，第2272页。

骍骍牡马，在坰之野。薄言骍者，有驒有骆，有駵有雒，以车绎绎。
思无斁，思马斯作。

骍骍牡马，在坰之野。薄言骍者，有驒有骏，有骃有鱼，以车祛祛。
思无邪，思马斯徂。[①]

诗四章，每章依其意分三个单元。各章首二句重言"骍骍"，是极力形容
马之强健。《毛传》："骍骍，良马腹干肥张也。"此犹上引祝辞之"腹为百草
囊，四足善行"。"坰"，《传》云："远野也。"《笺》云："必牧于坰野者，辟民
居与良田也。《周礼》曰：以官田、牛田、赏田、牧田任远郊之地。"[②]表明诗所
咏为坰野之强健之马。

此诗每章次四句为另一单元："薄言骍者，有骄有皇，有骊有黄，以车彭
彭。""有雅有驳，有骍有骐""有驒有骆，有駵有雒""有骃有骏，有骃有鱼"
等语，《毛传》云："诸侯六闲，马四种，有良马，有戎马，有田马，有驽马。
彭彭，有力有容也。"孔颖达《正义》释此四句云："作者因马有四种，故每章
各言其一。首章言良马，朝祀所乘，故云'彭彭'，见其有力有容也。二章言
戎马，齐力尚强，故云'伾伾'，见其有力也。三章言其田马，田猎齐足尚疾，
故云'绎绎'，见其善走也。卒章言驽马，主给杂使，贵其肥壮，故云'祛
祛'，见其强健也。"[③]分别描述骏马毛色的不同、种类的丰富，以及训练有素、
各宜其用的特征。与上文引述《周礼》所载马政的情况相吻合。是对"骍骍"
的具体化。其次，此数句"薄言△△""有△有△"的句法，和罗列品物的手
段，具有浓厚的祈使意味，也是巫祝祝祷之辞的应有之义。[④]此四句为祝祷之
语，意在祈求马匹之多之好。《秦简日书》祝辞云："令其鼻能嗅乡（香），令

①　（汉）毛亨传，（汉）郑玄笺，（唐）孔颖达疏：《毛诗正义》，《十三经注疏》（标点本），北京大
学出版社 1999 年版，第 1385—1392 页。

②　（汉）毛亨传，（汉）郑玄笺，（唐）孔颖达疏：《毛诗正义》，《十三经注疏》（标点本），北京大
学出版社 1999 年版，第 1385 页。

③　（汉）毛亨传，（汉）郑玄笺，（唐）孔颖达疏：《毛诗正义》，《十三经注疏》（标点本），北京大
学出版社 1999 年版，第 1384—1385 页。

④　参叶舒宪：《〈山海经〉与禹、益神话》（《海南大学学报》1997 年第 3 期），及《方物：〈山海
经〉的分类编码》（《海南师范学院学报》2000 年第 1 期）。

耳聪目明，令头为身衡，脊为身刚（纲），脚为身□，尾善驱□。"与此数句用意相同。表明此诗在文体上与马禖祝辞具有某种内在的一致性。

每章末二句为第三个意义单元。"思无疆，思马斯臧"，尤能体现此诗用于祭先牧及马神的特点。理解此句的关键是对"思无邪"数句的训释。《郑笺》曰："僖公思遵伯禽之法，反复思之，无有竟已，乃至于思马斯善，多其所及广博。"虽有增字解经之嫌，但指出"思"与思马之善、多有关，则揭示出此诗之所为作，也对正确理解此句有所启发。姚际恒云："思无邪，本与上无疆、无期、无斁同为一例。语自圣人，心眼迥别。断章取义，以该全《诗》，千古遂不可磨灭。然与此诗之旨则无涉也。"旧注"思"字句颇多歧说，盖由此而起。故于"思无邪"数句的训释，应当就诗本文所言马祭的内容而求其义。

实际上，"思无疆""思无期""思无斁""思无邪"，"思马斯臧"是以主祭者的口吻表示事神之敬的。意谓只有主祭者"思无疆"，才能"思马斯臧"。此与马禖祝辞末尾"主君勉饮勉食，吾岁不敢忘"用意相似。《国语·楚语下》观射父论巫觋事神之必备条件说："民之精爽不携贰者，而又能齐肃衷正，其智能上下比义，其圣能光远宣朗，其明能光照之，其聪能听彻之，如是则明神降之，在男曰觋，在女曰巫。"[1]事神者有忠信，神是以能有明德。民敬神而不渎，故神降之嘉生，祸灾不至，求用不匮。在这样的事神观念的支配下，强调事神的态度之肃敬，即是表示对事功的重视。从这个意义上说，观射父所说的一段话，可以作为"思无斁"几句的注脚。

由此可见，全诗是围绕坰野之马的强健且数量众多立意，既是对牧场实际情况的描绘，也包含着对马祖和先牧之神的祈祷，希望通过这种仪式来保证马政顺利。

春秋时期，国之大事，在祀与戎。戎即强兵之事。僖公时鲁国"公车千乘""公徒三万"（《诗·閟宫》），合齐、宋而伐楚于召陵[2]，颇知兴国强兵之

---

① 徐元诰撰，王树民、沈长云点校：《国语集解》（修订本），中华书局2002年版，第512—513页。
② 《诗序》云："《閟宫》，颂僖公能复周公之宇也。"《笺》《疏》均从之。魏源《诗古微》云："僖四年经，书公会齐侯宋公等侵蔡，蔡溃，遂伐楚，次于召陵。此中夏攘楚第一举，故鲁僖荣襄归侈厥绩，各作颂诗荐之宗庙。若至僖公二十六使襄仲文仲如楚乞师以后，鲁方求救不遑，尚敢曰荆舒是惩，莫我敢承耶？"

道。鲁僖公在位 33 年，其间适逢齐桓称霸。季友辅之，平息内乱，稳固统治。外与齐桓结盟，政治、军事力量较之前大大恢复。史家以僖公"为鲁十二公之首，即求之春秋列国，如公之以德致颂者，亦绝无而仅有"，"若僖公者，洵无愧鲁之中兴之主矣"。[①]重视马政是强兵的重要环节，鲁又以礼为邦本。在齐桓公时代尊王秉礼的大背景下，鲁因不弃周礼而得立强国之间。[②]故僖公定期举行祭马祖、先牧的仪式，以示周礼在鲁之意及强兵兴国之志，必在情理之中。《駉》篇大约就是由史官在上述背景下创作的。其文体来源，就是巫马掌握的用以祈祷马祖先牧的祝辞。后世因僖公重视马政，能兴祖业，故《诗序》以为颂僖公。

---

① 韩席筹编：《左传分国集注》卷二，《僖公中兴》，江苏人民出版社 1963 年版，第 57—61 页。

② 《左传·闵公元年》载鲁遭庆父之难，齐仲孙湫省难，归而与齐桓公论鲁政，其文云："公曰：'鲁可取乎？'仲孙湫曰：'不可犹秉周礼。周礼，所以本也。……鲁不弃周礼，未可动也，君其务宁鲁难而亲之，亲有礼，因重固，间携贰，覆昏乱，霸王之器也。'"杨伯峻编著：《春秋左传注》，中华书局 2009 年版，第 257 页。

第四章　春秋卜筮制度与解说文的生成

　　解说文是指春秋时期出现的解释和说明异常社会现象、自然现象，以及说解《诗》《书》《礼》《易》等经典的以"解释"和"陈说"为特征的文体。《周礼·大祝》"六祈"之辞其六为"说"，旧说以为是"陈论其事"以告神之辞。春秋时期这类文章根源于现实生活和社会实践的需要而产生，对春秋以后的诸子之文与解经之文（如《易传》《诗传》等）在文体形式方面有直接的影响。

　　解说之文主要见于《左传》《国语》《周书》等文献①，其主要类型有两种：第一类是解说异常社会现象之文，第二类是解说卜兆《易》象之文。从载于上述典籍的若干例文来看，巫史或筮史撰制发表此类解说之辞时，在大体遵循一定言说范式的前提下容有一定范围的自由发挥余地。也就是说，它已经具备作为"文体"的通约性与个性特点。

　　本文主要讨论与龟卜、筮占有关的解兆之辞和说象之辞。这类言辞多因事而发，借象（龟兆或卦象）敷衍，发挥成文。其发表者（作者）多为操持龟卜和筮占的卜人和筮史，后来巫史之术传布于社会，当时以博学著称的国君或卿大夫亦参与此类言辞的撰制。归根结底，这类解说辞仍未超出应用性的礼仪写作范畴，故本章拟从春秋卜筮制度的操演入手，对其生成机制及其影响做一简要梳理。

---

　　① 《周礼·春官》"大卜"下属有"占人""筮人"，其职能之一是定期记录保存占筮的命辞和解说之辞及其验否，因此形成大量以事归类的占筮类文献。《国语》《左传》中的占筮"解说之辞"即是出自此类文献。

一、春秋龟卜制度与解“兆”之辞的生成

春秋时代的解“兆”之辞虽然也是在龟卜操演中产生的解说吉凶的言辞，但其行文格式已与殷商甲骨卜辞有很大不同。一条完整的甲骨卜辞包括叙辞、命辞、贞辞和验辞[1]，而春秋时代的解兆之辞则主要是针对龟卜所得的兆象进行解说，以推断吉凶；以解说兆象为主，时或引述卜辞中的命辞或验辞。这种文体上的变化源自于龟卜制度的变化。

（一）春秋占卜制度

春秋时代，周礼尚在，列国聘问犹尊周礼。故其时占卜制度大体仍沿袭西周而有所变化。兹据西周旧制并结合春秋时代占卜实例对其操演程式予以概述。早期占卜制度主要见于《尚书》的《洪范》，《诗经》的《灵台》《旱麓》《皇矣》《文王有声》《棫朴》等诗，以及《国语》和《左传》等。不过最为系统的还属《周礼》。学者们虽然怀疑《周礼》，但晚近以来的研究表明《周礼》所述制度多与西周及春秋制度吻合。[2] 陈梦家《殷虚卜辞综述》以为《周礼》“所记虽是理想的周制，但亦非一无所本。它说明了卜事的分工，卜事的程序”[3]。所言信而有征。故借《周礼》所载可以了解春秋时代之龟卜制度。据《春官·大卜》云：

（大卜）掌三兆之法，一曰“玉兆”，二曰“瓦兆”，三曰“原兆”。其经兆之体，皆百有二十，其颂皆千有二百。掌三易之法，一曰《连山》，二曰《归藏》，三曰《周易》。其经卦皆八，其别皆六十有四。掌三梦之

---

[1]　关于殷商卜辞的格式，学界有不同看法。陈梦家认为包括叙辞、命辞、占辞和验辞，姚孝遂认为包括前辞、贞辞、验辞，李学勤认为包括署辞、前辞、贞辞、兆辞、果辞、验辞。还有其他种种说法，详参王宇信：《甲骨学通论》，中国社会科学出版社1998年版。本文取陈梦家之说。

[2]　参张亚初、刘雨：《西周金文官制研究》，中华书局1986年版；沈长云、李晶：《春秋官制与〈周礼〉比较研究——〈周礼〉成书年代再探讨》，《历史研究》2004年第6期。

[3]　陈梦家：《殷虚卜辞综述》，科学出版社1956年版，第17页。

法，一曰《致梦》，二曰《觭梦》，三曰《咸陟》。其经运十，其别九十。以邦事作龟之八命，一曰征，二曰象，三曰与，四曰谋，五曰果，六曰至，七曰雨，八曰瘳。以八命者赞三兆、三易、三梦之占，以观国家之吉凶，以诏救政。凡国大贞，卜立君，卜大封，则眡高作龟。大祭祀，则眡高命龟。凡小事，莅卜。国大迁、大师，则贞龟。凡旅，陈龟。凡丧事命龟。①

《周礼》"大卜"总掌卜筮之事，其职下又有"卜师""龟人""菙氏""占人""占梦"等职，以协助太卜从事占卜。从其下属来看，其时是龟卜与筮法、梦占等并用，占问重大事宜时，总是先卜后筮，体现出"筮短龟长"（《左传·僖公十五年》）的观念。春秋时太卜掌握着"三兆"之法，即记载着解释各种龟兆的文字，亦即所谓"经兆之体"②。张秉权发现灼痕和卜兆都有以下五种可能性体例：自上而下，从内向外且自上而下，从外向内且自上而下，从下到上及不规则排列。③太卜所掌的这种对兆象的描述共有 120 种，种类划分更细致。占卜者对于卜兆的解释有一套特定的规定，因此太卜所掌还有解说相应龟卜兆象的解释性文章——1200 颂④。

因为卜筮并用，所以太卜也须通晓筮法，即"三易"之法，但龟卜是其专长和主要职司。太卜在立君立储、祭祀、迁都、出征等重要事件举行之前，奉命操龟占卜，并据所涉之事作命龟之辞。通过占卜得到相关兆象后，要对照所掌握的解说兆象吉凶的"颂"，对其予以说明和解释，以判断吉凶。这类文辞按照其内容一般有八类，即：征、象、与、谋、果、至、雨、瘳。贾公彦《疏》解释上述八类辞的内涵说："国之大事待蓍龟而决者有八。定作其辞，于将卜以命龟也。郑司农云：'征'谓征伐人也。'象'谓灾变云物，如众赤鸟之属有所象似。《易》曰天垂象见吉凶，《春秋传》曰天事恒象，皆是也。'与'

---

① （清）孙诒让撰，王文锦、陈玉霞点校：《周礼正义》，中华书局 1987 年版，第 1924—1945 页。

② 《周礼·占人》郑注云："体，兆象也。"李学勤以为"经兆之体"的"体"是指兆象，即兆的形状。说见其《〈周礼〉太卜诸官的研究》，《周易溯源》，巴蜀书社 2006 年版，第 35—55 页。

③ 张秉权：《卜龟腹甲的序数》，《"中央研究院"历史语言研究所集刊》第 28 本上册，1956 年版，第 231—236 页。

④ 因这类文字多为韵语，传之口吻，故称之为"颂"。

谓予人物也,'谋'谓谋议也,'果'谓事成与不(否)也,'至'谓至不(否)也,'雨'谓雨不也,'瘳'谓疾瘳不也。"郑玄的解释与郑众之说略有不同,他以为"'征'亦云行,巡守也。'象'谓有所造立也,《易》曰'以制器者尚其象'。'与'谓所与共事也。'果'谓以勇决为之,若吴伐楚,楚司马子鱼卜战,令龟曰:'鲋也以其属死之,楚师继之,尚大克之'吉,是也"①。郑玄对郑众之说予以纠正,并补充了一个春秋时楚司马子鱼卜战命辞的实例,对我们理解龟卜的操演程序以及其中的命辞制作颇富启发意义。

春秋时期是筮占流行的时期,龟卜的频率仍较高,这表明这种占卜方式在社会生活中仍有一定的地位,人们在为政及日常生活中仍对其有相当的依赖。仅就《左传》所载,以龟占卜的就有55例之多。其所涉之事依次数分布如下:征伐20次、郊祭8次、立储4次、营建4次、生育4次、疾病4次、婚姻3次、气象1次、梦境1次。②由以上分布情况,对照《大卜》所载,春秋龟卜所涉之事大体不出《大卜》所限"作龟之八命"的范围,主要集中在征伐、祭祀、营建、立储等方面。春秋时期,"国之大事,在祀与戎",而龟卜实例统计表明,当时是戎多于祀。另外,从总体来说,卜祭祀8次,其余占47次,关于人事活动的占卜次数远远高于贞问祭神等事。这个变化表明,春秋时期的占卜活动中,"人事的重要性已远远超过神事"③。因此在实际操作中,对于占卜所得"兆象"的解说,也有重人事轻天命的倾向。卜人在解说卜得的兆象时,很重视问卜者的身份、德行和事情形势等,有德则兆虽不佳而能逢凶化吉,无德则兆虽上好而无福有咎。

从《左传》《国语》等所载来看,春秋时不仅周天子有卜官专司占卜之事,各诸侯国亦有卜官。见诸史料者如晋之卜偃、史苏等即是,这表明占卜仍主要由卜官担任。但从占卜实例来看,楚司马子鱼、鲁敬仲之妻等贵族也常常灼龟而卜、因事命龟、据颂释象,这又说明春秋时期卜官的权威正在逐步地下降,占卜的神圣性不如殷商和西周时代。

---

① (清)孙诒让撰,王文锦、陈玉霞点校:《周礼正义》,中华书局1987年版,第1935页。

② 刘玉建:《中国古代龟卜文化》,广西师范大学出版社1992年版,第358—381页。

③ 陈来:《古代思想文化的世界 —— 春秋时代的宗教、伦理与社会思想》,生活·读书·新知三联书店2002年版,第17—21页。

（二）春秋龟卜制度的操演及其重"辞"的特点

由上文所述《周礼·大卜》之文，结合《左传》《国语》中的龟卜实例可知，春秋时代龟卜操演的程序大体是：1. 据事制辞以命龟；2. 灼龟得兆；3. 据颂解兆；4. 综合考虑卜兆之象与事理，撰辞以定吉凶；5. 卜后整理卜辞。纵观这一操演过程，第1个和第4、第5个程序都是以"撰辞"为核心；尤其是最后一个程序，要在事件结果出来后将龟卜应验与否补充入卜辞，可以说是卜辞得以完成的最关键程序。

第1个程序的命龟之辞的制作具有程式化的特征，即一依前代范文撰作。《史记·龟策列传》载卜人命龟祝辞曰：

> 假之玉灵夫子。夫子玉灵，荆灼而心，令而先知。而上行于天，下行于渊，诸灵数箣，莫如汝信。今日良日，行一良贞。某欲卜某，即得而喜，不得而悔。即得，发乡我身长大，首足收人皆上偶。不得，发乡我身挫折，中外不相应，首足灭去。[1]

《龟策列传》为褚少孙所补作，然明代杨慎以为"宋元王杀龟事，连类衍义三千言，皆用韵语，又不似褚先生笔。必先秦战国文所记，亦成一家，不可废也"。梁玉绳《史记志疑》、李慈铭《史记札记》然其说。[2]秦焚书不烧卜筮之书，褚先生自言访之太卜之官而终成此传，则其所采当为先秦旧籍可知。故篇中所录命龟述兆之辞当亦可信为先秦之旧篇。又清人胡煦《卜法详考》卷一载命龟祝辞云：

> 命龟曰：假尔太龟有常，假尔太龟有常，兹年月日卜者，某为某卜某事，敢告先卜之神，太龟之灵，吉凶臧否，罔不周知。得则告吉，失则告

---

[1] （汉）司马迁：《史记》，中华书局1982年版，第3240页。
[2] 诸家之说均见韩兆琦《史记笺证·龟策列传》之"集评"，江西人民出版社2004年版，第6262—6264页。

凶，唯神灵是从。①

　　其大意亦与《龟策列传》所载略同。其中"假尔太龟有常"句又见于《礼记·曲礼》。说明其渊源有自，不出自臆补。其次，上引两条祝辞所反映的命龟程式和甲骨卜辞反映的命龟十分吻合，应非向壁虚造。张秉权认为："在占卜祝祷的时候，卜者和卜龟已经有了一种口头上的约定。那就是说，在某种预约的情形之下，如果出现了某样的卜兆，便算是吉；如果出现了另一某样的卜兆，便算是凶。而这种预先口头上的约定，又往往因事而异，可能没有一定的法则，也可能有它一定的原则。"②张氏此论系归纳甲骨卜辞卜例所得，其观点可与上引《卜法详考》所载命龟祝辞互证。春秋时期的卜例中详于解兆，而少见命龟之祝祷辞。这大概是因为时人已经不像殷商西周时代那样崇信龟灵所致，或者是为了突出卜例中的解兆之辞而加以取舍所致。就所见卜例中偶有之命辞片断而言，也是侧重于叙述所占之事。

　　而在命龟之后，掌握了释兆之辞的前提下，最为重要的，也是最能体现卜官权威的就是第4个程序，即制辞以定吉凶。其目的是直截了当地向问卜者解释说明卜得的龟兆，并据事情的情势，判断并明示所卜之事的结果，以求应对的良方。这就是借命龟释象之辞以补救政事。西周时期，人们迷信天命，龟卜的操演大多为照颂释兆，问卜者对此也深信不疑。然而到了春秋时期，经过西周末年的大乱亡，天命逐步动摇，人的实践理性越来越显现出来。因此龟卜操演中照颂释兆的情形越来越少，甚至出现有的问卜者在问卜不吉时纯以己意决之的现象，如《左传·昭公十三年》载楚灵王占卜得天下的吉与不吉，龟兆显示凶，他竟"投龟诟天""自取之"。这表明春秋时期的龟卜操演中释兆者的能动性越来越大，龟卜的重点就越来越集中在制辞以定吉凶方面。

　　比较而言，卜官的占卜在程序上体现出很强的专业性，解兆之辞也一依古式。最为典型的例子是鲁僖公二十五年，晋文公欲纳周襄王，使郭偃卜之，得

————————

　　① （清）胡煦：《卜法详考》，李零主编：《中国方术概观（卜筮卷）》，人民中国出版社1993年版，第116页。

　　② 张秉权：《甲骨文与甲骨学》，台北"国立"编译馆1988年版，第59页。

黄帝战于阪泉之兆，并为晋文公解说兆象及卦辞。《左传·僖公二十五年》载：

> 秦伯师于河上，将纳王。狐偃言于晋侯曰："求诸侯，莫如勤王。诸侯信之，且大义也。继文之业，而信宣于诸侯，今为可矣。"
>
> 使卜偃卜之，曰："吉。遇黄帝战于阪泉之兆。"公曰："吾不堪也。"对曰："周礼未改，今之王，古之帝也。"公曰："筮之！"筮之，遇《大有》☰☰之《睽》☰☱，曰："吉。遇'公用享于天子'之卦。战克而王享，吉孰大焉？且是卦也，天为泽以当日，天子降心以逆公，不亦可乎？《大有》去《睽》而复，亦其所也。"
>
> 晋侯辞秦师而下。三月甲辰，次于阳樊，右师围温，左师逆王。夏四月丁巳，王入于王城。取大叔于温，杀之于隰城。[①]

上文详细记载了此次占卜的全过程以及所占之事的结果，《左传》记录的重点放在了释兆之辞上面，围绕卜得的"黄帝战于阪泉之兆"，晋文公重耳和卜偃在理解和解释上对于其所指有很大的分歧。杨伯峻《春秋左传注》云："晋文公自以为己当此兆，因谓黄帝指己，故云吾不堪。卜偃则答云，黄帝战阪泉之兆乃指襄王与子带之争。周德虽衰，其命未改，其典章制度亦未改，周称王犹古之称帝，固相当也。"[②] 由此可见重耳对此兆的理解，显然已将自己比作天子，违礼已甚，而卜偃所言则有维护礼制的倾向。这表现出卜官和一般非专业人士对卜兆解释上存在差异。前者是一依古式，后者则因时制宜。

（三）春秋龟卜操演中的解兆之辞及其文体特征

春秋时各国设有卜官，如晋之卜偃、史苏等即是，同时占卜活动也常常由卜官以外的人，主要是有机会掌握这些专门技术的贵族和卿大夫充任。但无论是专业卜官还是一般人，他们的占卜都有重辞的特点。春秋时期龟卜操演中的

---

① 杨伯峻编著：《春秋左传注》，中华书局 2009 年版，第 431—432 页。
② 杨伯峻编著：《春秋左传注》，中华书局 2009 年版，第 431 页。

解兆之辞多见于《左传》《国语》所载，借此可考其文体生成之机制。

比较典型的例子，如《左传·庄公二十二年》载：

> 二十二年春，陈人杀其大子御寇，陈公子完与颛孙奔齐。……
>
> 齐侯使敬仲为卿……
>
> 初，懿氏卜妻敬仲。其妻占之曰："吉。是谓'凤皇于飞，和鸣锵锵。有妫之后，将育于姜。五世其昌，并于正卿。八世之后，莫之与京'。"①

"初"之后"其妻占之"一段是解兆之辞。杨伯峻《春秋左传注》云："疑'凤凰于飞，和鸣锵锵'两句是卜书之辞，有妫之后以下数句，则为占者之辞。"②杨氏所言甚是，此例中占者引述的"卜书之辞"，当即太卜所掌"经兆"之"颂"，郑玄云："颂谓繇也。"贾公彦疏："颂谓繇者，繇之说兆，若《易》之《说卦》，故名占兆之书曰繇。"杨伯峻先生所言此例中的"占者之辞"，即是《大卜》所言"观国家之吉凶，以诏救政"之"解兆之辞"。郑玄谓其功能即"非徒占其事，吉则为，否则止，又佐明其繇之占，演其意，以视国家余事之吉凶，凶则告王救其政"③。也就是说卜者解兆之辞的功能在于解释说明占得繇辞与所占之事的内在联系，解兆之辞是在繇辞的基础上"演其意"而来。春秋时期的这类解兆之辞在体例上与殷商甲骨卜辞完全不同，只是叙述了卜问的事项后引用"卜兆之颂"并对其进行解说，甚至连"命辞"也不包含。《左传·僖公十九年》《文公十一年》《文公十三年》的几个卜例也都是如此。④

《庄公二十二年》卜例中对占卜的记述为事后的补记，这项工作由占卜者

---

① 杨伯峻编著：《春秋左传注》，中华书局 2009 年版，第 220—222 页。

② 杨伯峻编著：《春秋左传注》，中华书局 2009 年版，第 222 页。

③ （清）孙诒让撰，王文锦、陈玉霞点校：《周礼正义》，中华书局 1987 年版，第 1938 页。

④ 张玉金比较了殷商甲骨卜辞和春秋时代卜辞的实例，认为后者有的只包含叙辞（如上揭诸例），有的只包含命辞（如《左传·文公十八年》《昭公五年》《昭公十年》《昭公十七年》诸卜例）；从语气上来说，二者总体上以陈述为主，但殷商西周的卜辞的命辞多疑问语气，占辞多揣度语气，而春秋时代的卜例中的命辞则多祈使语气，占辞则较多肯定语气。说见其《甲骨卜辞语法研究》第一编，广东高等教育出版社 2002 年版。

完成。[1] 占者为"懿氏之妻"，当初陈大夫懿氏欲嫁女于陈完（公子敬仲），故使其妻卜，她对这次占卜所得的结果的解说推演完全是根据陈完平素谦敬老练的个性与稳重谨慎的行事风格所做的推断。卜兆只不过给她的推断提供了一个解说的神圣的凭借。杜预《春秋左传注·庄公二十二年》释其繇辞云："雄曰凤，雌曰凰。雄雌俱飞，相和而鸣锵锵然，犹敬仲夫妻相随适齐，有声誉。"[2]这正是据兆象所作的敷衍和解说。当陈国发生内乱，陈完逃亡至齐而齐桓公封他为卿，且礼遇有加。懿氏妻的占辞句句应验。表面上看，这似乎是宣扬超验的迷信，但实际上懿氏妻的占辞中又包含着一种必然性，完全合乎事理逻辑。

又如《左传·襄公十年》载：

> 卫侯救宋，师于襄牛。……郑皇耳帅师侵卫，楚令也。（卫）孙文子卜追之，献兆于定姜。姜氏问繇。曰："兆如山陵，有夫出征，而丧其雄。"姜氏曰："征者丧雄，御寇之利也。大夫图之！"卫人追之，孙蒯获郑皇耳于犬丘。

"姜氏曰"以下是释兆之辞。此例卜征伐吉凶，卜者为孙文子，而释兆者为定姜。孔颖达《春秋左传正义》云："是言灼龟得兆，其兆各有繇辞，即下三句是也。此传唯言兆有此辞，不知卜得何兆。但知旧有此辞，故卜者得据以答姜耳。其千有二百，皆此类也。此繇辞皆有韵。古人读'雄'与'陵'为韵。"孔氏以为孙文子所卜得之"兆如山陵"云云，即《周礼》太卜所掌之"千有二百"之"颂"，甚是。定姜的释兆之辞一依"颂"而推演其意，以"丧其雄"而推知"御寇之利"[3]，并指示孙文子可追击郑国军队，最终大获全胜而生擒郑国的皇耳。按这一年六月楚、郑联军伐宋，卫国在晋国的支持下发兵救

---

① 参陈梦家：《殷虚卜辞综述》，科学出版社 1956 年版。张光直也指出："进行任何一项卜问，卜问者要请占卜人进行占卜，占人必须接受占卜人与之传达过的祖先给予的回答。然后由档案保管员，即史，记录命辞、占辞及验辞。"说见其《商代文明》，北京工艺美术出版社 1999 年版，第 32 页。

② （周）左丘明传，（晋）杜预注，（唐）孔颖达正义：《春秋左传正义》，《十三经注疏》（标点本），北京大学出版社 1999 年版，第 269 页。

③ （周）左丘明传，（晋）杜预注，（唐）孔颖达正义：《春秋左传正义》，《十三经注疏》（标点本），北京大学出版社 1999 年版，第 887 页。

宋，是诸侯舆论所支持的正义行为。加之郑国侵卫也只不过是借以讨好楚国，并无非攻不可之理由。故定姜借释兆之辞指示以救宋之师追击之，获胜当在情理之中。唯定姜以一女子而明于当时形势，其智过于孙文子之流，令人敬佩。

沈立岩《龟卜与卜辞》指出殷周时代"正由于所占之事关系重大，一个合乎情理的推测就是，在命龟之辞的构拟上，占卜者是绝不可能草率从事的。所谓'定作其辞，于将卜而命龟'的说法，说明卜辞确非临事而口及者，而在事前即已拟定完毕，所以它应该经历了一番审慎的构思过程。不仅如此，卜辞在语言的形式上也颇有讲究，其用词、句法、语气和格式都有一定之规范"①。而从上文对春秋卜例的分析来看，卜者的解兆之辞虽也依据前代的"兆体"之"颂"，但主要还得依据相关经验和事理逻辑来进行推理，甚至在有的卜例中命龟之辞也有据事另撰的。从文章撰制的角度来说，卜者这种解说之辞既有依兆颂解说的程式化写作成分，同时也包含着卜者据事理逻辑和问卜者的身份、德行等所进行的自由发挥的成分。较之殷商西周时代，卜辞只关注吉凶利害而不问卜者德行的倾向已经有了较大的变化。

总之，春秋时期卜者的解释兆象之辞，在内容上已经脱离殷商以来卜辞解说中依据卜官卜书的固定套式，而是在释兆说象时能据时势及问卜者的实际情况灵活发挥。较之以前的占卜之辞，更具人文倾向和逻辑推理的色彩。从解兆说象之辞的文体形式上说，春秋解兆之辞则已呈现出韵散结合的特征，这与殷商卜辞"凡命龟必有文雅之辞"（孙诒让《周礼正义》）的质重典雅风格也很不相同。再从撰作者的方面说，春秋解兆之辞的撰作者除了有专职的卜官外，也有一般掌握相关知识的贵族卿大夫，这也与殷商时代殷王与贞人操持其事有所不同。

二、春秋筮占制度与说象之辞的生成

《左传》《国语》等文献中载录多条筮占之例，其中包含着一种特殊的文体，即解说卦象之辞。这类解象之辞虽然引述《易》卦爻辞，但主要以筮占者

---

① 沈立岩：《先秦语言活动之形态观念及其文学意义》，人民出版社 2005 年版，第 39 页。

的身、位、时、势及德行为依据来解说卦象、发挥辞义，体现出象、辞互参，因人因事制辞的特点，这与前代的筮辞不同。春秋时代这类说象之辞的生成，与当时的筮占制度密切相关。

（一）春秋筮占制度及其特点

筮占是指用蓍草经过复杂的运算而求得卦象，再根据卦象的寓意来解说吉凶的预测方式。筮占起源很早，但盛行于周代。在很长一段时间里，周人卜、筮并用。春秋时期，筮占制度已经相当成熟。但凡国之大事如征伐、祭祀、立储、迁都等，或个人的婚、丧、嫁、娶、入仕、出行等，均要进行筮占。《周礼·春官》"大卜"职下有"筮人"一职，专司其事："筮人掌三易以辨九筮之名，一曰《连山》，二曰《归藏》，三曰《周易》。九筮之名，一曰巫更，二曰巫咸，三曰巫式，四曰巫目，五曰巫易，六曰巫比，七曰巫祠，八曰巫参，九曰巫环。以辨吉凶。凡国之大事，先筮而后卜。上春，相筮。凡国事，共筮。"[①] 结合《左传》《国语》中的筮占实例来看，《周礼》所述基本上反映了春秋时期的筮占制度。

春秋筮占从周天子到诸侯均由专官司其事。一种是卜人兼掌筮占，《周礼·春官》"大卜"下有"占人"条，郑玄注云："占人亦占筮。"[②] 卜官亦兼司筮占，这一点也合乎《左传》《国语》所载之实例。如《左传·闵公二年》载卜楚丘父筮季友之将生，《僖公十五年》卜徒父筮伐晋，《僖公二十五年》卜偃筮纳周襄王等即是。即以晋国之卜偃而论，其为晋国掌卜大夫而通司卜、筮。杨伯峻《春秋左传注》云："以其职曰卜偃，以其姓氏则曰郭偃（《晋语》）。《吕氏春秋·当染篇》云'文公染于咎犯、郄偃'，'郄'为'郭'之形近误，《太平御览·治道部》引正作'郭'。《墨子·所染篇》作高偃，高乃郭旁转耳。参梁履绳《补释》。《商君书·更法篇》引有《郭偃之法》，《韩非子·南面篇》亦云：'管仲毋易齐，郭偃毋更晋，则桓、文不霸矣。'参以《墨子》《吕览》，

---

① （清）孙诒让撰，王文锦、陈玉霞点校：《周礼正义》，中华书局1987年版，第1964—1968页。
② （清）孙诒让撰，王文锦、陈玉霞点校：《周礼正义》，中华书局1987年版，第1959页。

则卜偃之于晋文公，实变法称霸之功臣。"^① 可见当时卜人兼掌筮占的情况较为普遍。

另一种情形是筮人专司筮占。《周礼》"大卜"下有"筮人"，即专司筮占者。春秋时期的筮占很多情况下由史官充任，故"筮人"又称为"筮史"。如《左传·僖公二十八年》载："晋侯有疾，曹伯之竖侯獳货筮史，使曰以曹为解：'齐桓公为会而封异姓，今君为会而灭同姓。曹叔振铎，文之昭也。先君唐叔，武之穆也。且合诸侯而灭兄弟，非礼也。与卫偕命，而不与偕复，非信也。同罪异伐，非刑也。礼以行义，信以守礼，刑以正邪，舍此三者，君将若之何？'公说，复曹伯。"^② 此年复曹的"筮史"因为事先受了曹国侯獳的贿赂，所以在晋侯面前为曹国开脱。《左传》虽没有记其姓名，但从他能直接进言于晋侯且为后者所采纳的情况来看，是侍奉于晋侯身边以备咨询之人，其地位不低；再从其谏语中引经据典、善于说理，也可以看出其具有熟知掌故、精于礼典的素养。《国语·晋语四》："公子亲筮之，筮史占之。"另外如《哀公十七年》载："（卫侯）亲筮之，胥弥赦占之。"杜预《注》："赦，卫筮史。"表明晋国和卫国均有专司筮占的"筮史"之官。在其他诸侯国，史官参与操演筮占的情况也特别普遍。《左传·庄公二十二年》载"周史"筮敬仲之生，《襄公九年》载"鲁史"筮穆姜之居东宫，《襄公二十五年》"齐史"筮崔武子娶棠姜，《昭公八年》宋国史官"史朝"筮立公子元，等等，均为史官操演筮占的例子。

这种情况的出现可能与春秋时期史官的独特地位有关。春秋以前，巫、祝、卜、史之官虽有职司方面的关联，但基本上是各司其职。春秋时期，随着神权的逐渐衰落，政治理性的逐渐加强，巫官、祝官、卜官的职司操演虽然还存在，但其实际政治效能则均为侍于君王之侧以备咨询，因而渐渐合而为一，但史官因为熟知历代兴亡，富于政治经验，且又长于文辞，因而更适合于筮占时解说卦象以断吉凶，从而得到统治者的青睐。因为巫、祝、卜、史之官的关联与互通性，使史官能方便地接触并阅读各类典籍，也能通于筮法，因此就出现了史官操演龟卜和筮占的情形。

---

① 杨伯峻编著：《春秋左传注》，中华书局 2009 年版，第 259 页。
② 杨伯峻编著：《春秋左传注》，中华书局 2009 年版，第 474 页。

（二）春秋筮占的操演程序及其与文章撰制的关系

从《左传》《国语》来看，春秋筮占的操演过程主要包括以下三个程序：
1. 事主（国君或卿大夫）就所涉之事贞问；2. 筮史或史官用蓍草求卦，具体揲
蓍成卦的方法是否同于《易传》所述[①]，不可知；3. 筮史或史官就求得特定之卦
后，据筮占之书记载的相应卦象、卦爻辞再结合所贞问的事项进行解释说明，
明示事情的吉凶悔吝，并对行事的方法予以指示。据《左传》《国语》筮占实
例分析，记载最详细的筮占环节就是筮史据卦象所示而进行的释卦说爻。这说
明这一环节难度最大，创造性最强，也是最为重要的；春秋筮占者所依据的卦
书既有《周易》，也有《连山》和《归藏》[②]，筮占者的释卦说爻之论除依傍卦书
之外，也遵循一定的事理逻辑，并且有大体相近的体制和格式。从本质上说，
筮占操演中的最后一个环节，其核心就是释卦说爻之辞的撰制与发表，这是一
种特殊的基于实用的言辞撰制与文章写作活动。

既然筮占者在发表和撰制释卦说爻之辞之时并非信口开河，那么他们所遵
循的原则又是什么呢？前代学者经过综合考察《左传》《国语》筮例中的筮占
之辞，提出了很好的意见。宋人赵汝楳《易雅·占筮》第九说：

> 夫儒者命占之要，本于圣人，其法有五：曰身，曰位，曰时，曰事，
> 曰占。求占之谓身，所居之谓位，所遇之谓时，命筮之谓事，兆吉凶之谓
> 占。故善占者，既得卦矣，必察其人之素履，与居位之当否，遭时之险
> 夷，又考所筮之邪正，以定占之吉凶。

---

① 《周易·系辞上》："大衍之数五十，其用四十有九。分而为二以象两，挂一以象三，揲之以四以
象四时，归奇于扐以象闰，五岁再闰，故再扐而后挂。天数五，地数五，五位相得而各有合，天数二十有
五，地数三十，凡天地之数五十有五，此所以成变化而行鬼神也。《乾》之策二百一十有六，《坤》之策
百四十有四，凡三百有六十，当期之日。二篇之策万有一千五百二十，当万物之数也。是故四营而成易，
十有八变而成卦。八卦而小成，引而申之，触类而长之，天下之能事毕矣。"此为成卦之法。

② 容肇祖先生统计《左传》《国语》筮占例，以《周易》卦爻辞例之，有合者，有不合者，说明春
秋筮占除《周易》外，尚有其他筮占之书。说见其《占卜的源流》，见《国立中央研究院历史语言研究所
集刊》第一本第一分册，1928年版。李学勤也指出："就《左传》《国语》所载卜筮例而言，也有三兆、
三易兼用的迹象。""这从《周礼》来看，当即《连山》《归藏》，应属可信。"说见其《周易溯源》，巴蜀
书社2006年版，第49、48页。

姑以卫孔成子所筮论之。孟絷与元皆嬖人婤姶之子，则身也。孟长，元次，则位也。襄公死，社稷无主，则时也。筮享卫国，则事也。筮元得《屯》，筮孟得《屯》之《比》，则占也。夫继体为君，将主社稷，临祭祀，奉民人，事鬼神，从会朝，而孟不良能行，成子虽不筮可也；疑而两筮之，皆得"元亨"，偘史朝以"元"为长，昧非人之义，而吉孟之占，是使跛躄为君，而著失其所以灵矣。

孔成子筮立孟，得《屯》之《比》，史朝以卦辞为占；毕万筮仕，亦得《屯》之《比》，辛廖兼本卦之卦两象为占：非卦同而占异也，立君与仕事之重轻已殊，孟絷毕万之身与位时又殊，虽使百人千人同得此卦，其占乌乎而可同？

南蒯将叛，筮得《坤》"黄裳元吉"，子服惠伯以为忠信之事则可，不然必败。晋文筮有晋国，得《屯》之《豫》。史以为不吉，司空季子以命筮之辞占之，曰："吉孰大焉！"是知吉凶无常，占由人事。固有卦吉占凶，卦凶占吉；亦有同卦异占，异卦同占。非参稽五物，无以得著之情而穷其神也。[①]

赵汝楳从春秋时期筮占实例中归纳出来的"身""位""时""事""占"五点，是当时的筮史和占者据所得之卦爻之象发表释卦说爻之辞时所普遍遵循的五个原则。其中"身"即是问筮者的身份，"位"即求占者的长幼、尊卑等所处情势，"时"即问筮者的时机、机遇，"事"即问筮者所问之事的性质，"占"指筮占所得卦象之吉凶。以上所说的五个原则中，前四项都是人事，最后一项是占卜。占卜的吉凶全在人事，正所谓"吉凶无常，占由人事"也。由此可知，春秋时期筮史据卦爻之象发表释卦说爻之辞主要是依据人事而进行逻辑推断，从而为问筮者指示吉凶。也可以说，春秋筮占的操演过程虽然是以筮占为名，但其内里却充满了人文色彩与实践理性精神。

---

① （宋）赵汝楳：《易雅》，《文渊阁四库全书》，上海古籍出版社 1987 年版，第 301—302 页。

（三）春秋筮占之辞的撰制及其文体特点

春秋时期筮占制度的特殊性决定了筮占之辞的撰制和文章文体具有不同于前代的特点。首先是筮占制度垄断性的打破导致筮占之辞的撰制由先前的筮官独占转变为筮史、史官、贵族共同承担；其次是由于史官参与撰制，使"尚文"的史官文风渗入筮占之辞的写作之中；最后因为贵族有识者的参与筮占，使得一依"三《易》"筮辞的照本宣科式的筮占辞制作方式转变为因事制宜。

如《左传·闵公元年》载晋国的卜偃解说毕万仕晋之事曰："毕万之后必大。万，盈数也；魏，大名也。以是始赏，天启之矣。天子曰兆民，诸侯曰万民。今名之大，以从盈数，其必有众。"① 这是以当初毕万筮仕于晋遇《屯》之《比》卦象为前提所作的解说。《屯》有厚固之象，《比》有入之象。均为吉象。毕万名"万"，故言其必得万民。这是依据其名字所作的解释说明，已超出《易》占的范畴。

再如《左传·僖公十五年》载：晋食言背秦，秦穆公将要伐晋。卜徒父筮之吉，其筮辞曰："涉河，侯车败。"秦穆公诘之，"卜徒父对曰：'乃大吉也，三败必获晋君。其卦遇《蛊》☰曰："千乘三去，三去之余，获其雄狐。"夫狐《蛊》，必其君也。《蛊》之贞，风也；其悔，山也。岁云秋矣，我落其实，而取其材，所以克也。实落材亡，不败何待？'三败及韩"②。"卜徒父对曰"后为说象之辞。秦穆公伐晋，卜徒父为秦伯筮之，其卦遇《易·蛊》，并为之解说。《国语·晋语三》《史记·晋世家》《秦本纪》所载略同。卜徒父，为秦之卜人而兼司筮占，名徒父。其所撰制之解象之辞依据《蛊》卦风落山之象立意，并结合其卦爻辞，以及晋惠公背信弃义之身、位、时、事，得出对秦伯有利的结论。解说之辞入韵，颇有民歌风味。

另如《左传·僖公十五年》载："初，晋献公筮嫁伯姬于秦，遇《归妹》☰之《睽》☰。史苏占之，曰：'不吉。其繇曰："士刲羊，亦无衁也。女承筐，亦无贶也。西邻责言，不可偿也。《归妹》之《睽》，犹无相也。"《震》之

---

① 杨伯峻编著：《春秋左传注》，中华书局 2009 年版，第 259 页。
② 杨伯峻编著：《春秋左传注》，中华书局 2009 年版，第 353—354 页。

《离》，亦《离》之《震》。"为雷为火，为赢败姬。车说其輹，火焚其旗，不利行师，败于宗丘。《归妹》《睽》孤，寇张之弧。姪其从姑，六年其逋，逃归其国，而弃其家，明年其死于高梁之虚。'"及惠公在秦，曰：'先君若从史苏之占，吾不及此夫。'"①此例中"史苏占曰"之下为解说卦象之辞。杨伯峻《春秋左传注》谓此"自非旧有之辞，而是后人附会追述者"②。言其辞"非旧有"则是，言其"附会追述"则非。依筮占制度，筮人在筮占之后有根据事件结果记录筮占之辞的程序，这个工作是把那些应验的筮例挑出来予以整理记录，颇似后世秘书工作中的归档。③《左传》《国语》中的筮辞当来自于筮史归档的文献。

春秋后期，随着卜筮之官的衰落，筮占不再是专门的官守技能，一些贵族阶层中的人物，也对筮占的程式和解说之法十分熟悉，因而筮占解说这种文体的创制也出现了向社会普遍化的趋势。如鲁襄公九年，鲁宣公夫人穆姜筮占并解说《周易·随》卦卦象及"元、亨、利、贞"之义，即是显例。

《左传·襄公九年》载：鲁宣公夫人穆姜欲弑鲁成公而立其奸夫叔孙侨如，事情败露后，叔孙侨如离开鲁国出奔到卫国，穆姜也被迫迁居于东宫思过。始往东宫而筮之，遇《艮》之八☶。史曰："是谓《艮》之《随》☶。《随》，其出也。君必速出（逃）！"穆姜曰："亡！是于《周易》曰：'《随》，元、亨、利、贞，无咎。'元，体之长也；亨，嘉之会也；利，义之和也；贞，事之干也。体仁足以长人，嘉会足以合礼，利物足以和义，贞固足以干事。然，故不可诬也，是以虽《随》无咎。今我妇人，而与于乱。固在下位，而有不仁，不可谓元。不靖国家，不可谓亨。作而害身，不可谓利。弃位而姣，不可谓贞。有四德者，《随》而无咎。我皆无之，岂《随》也哉？我则取恶，能无咎乎？必死于此，弗得出矣。"④

这段释卦之论是对自己筮占所得《随》卦卦象与卦辞的解说。大意仍据

① 杨伯峻编著：《春秋左传注》，中华书局 2009 年版，第 363—365 页。
② 杨伯峻编著：《春秋左传注》，中华书局 2009 年版，第 365 页。
③ 《周礼·占人》："凡卜筮既事，则系币以比其命，岁终则计其占之中否。"郑玄注："既卜筮，史必书其命龟之事及兆于策，系其礼神之币而合藏焉。"《尚书·金縢》记周公向先王祝祷，卜替武王死，其卜辞书于册而藏之金匮，册即是记录卜辞的简。详参孙诒让撰，王文锦、陈玉霞点校：《周礼正义》，中华书局 1987 年版，第 1963 页。
④ 杨伯峻编著：《春秋左传注》，中华书局 2009 年版，第 964—966 页。

《艮》卦贞固之象及筮者之身、位、时、事予以解说。意谓虽然筮占所得的卦是吉卦，但是她自己通奸弑君的行为有背于元、亨、利、贞之意，是处在"下位"而有不仁之举，所以断言自己必将自取其咎，必死无疑。穆姜的解说并不拘泥于卦辞本身，而能结合事理人情做灵活地变通，颇似后世以义理说《易》者。故其说为《文言传》所吸收。清人高建章《左史比事》云："穆姜洞明《易》理，清辨滔滔，为王辅嗣《易》学之祖。乃以淫乱之故，禁锢东宫，一时失身，万事瓦裂。后世文人，如扬雄能通《玄经》而为莽大夫，何晏能注《论语》而为曹爽用，皆穆姜类也，穆姜亦奚尤焉！"[1]高氏指出穆姜不仅洞明《易》理，而且长于文章，是很有见地的。

再如鲁宣公十二年，晋、楚开战，晋大夫荀首据《周易》中《师》之《临》爻辞及卦象，论晋师必败，也比较典型。《左传·宣公十二年》载：楚兵已退，晋中军佐先縠（彘子）孤军渡河从楚师。知庄子（荀首）曰："此师殆哉！《周易》有之，在《师》䷆之《临》䷒，曰：'师出以律，否臧，凶。'执事顺成为臧，逆为否。众散为弱，川壅为泽，有律以如己也，故曰律。否臧，且律竭也。盈而以竭，夭且不整，所以凶也。不行之谓《临》，有帅而不从，临孰甚焉？此之谓矣。果遇，必败，彘子尸之，虽免而归，必有大咎。"[2]在这一例中，"知庄子曰"以下为解说之辞。特殊的是其辞所据之卦象并非据筮占所得，而是以己意所择，以当时战场形势与《易》卦辞、象所示寓意牵合为说。荀首对卦象的引用和解说之辞已经突破了"筮占"的程序，成为主观性很强的言辞撰制与发表活动。这意味着筮占的衰落，但却是解说之文进一步发展的契机。

按：荀首即是知庄子，此年为下军大夫。孔颖达《春秋左传正义》评知庄子之辞曰："庄子见彘子逆命，必当有祸，乃论其事云：此师之行，甚危殆哉！《周易》之书，而有此事。师之初六变而为临。初六爻辞云，军师之出，当须以法。若不善，则致其凶。既引《易》文，以人从律，今者师出，乃以律从人，则有'不臧'之凶。"[3]指出其解说的依据主要也是所占之事的事理逻辑

---

[1]　（清）高建章、高麟超著，高涵注译：《左史比事注译》（下），上海古籍出版社 2009 年版，第 419 页。

[2]　杨伯峻编著：《春秋左传注》，中华书局 2009 年版，第 726—727 页。

[3]　（周）左丘明传，（晋）杜预注，（唐）孔颖达正义：《春秋左传正义》，《十三经注疏》（标点本），北京大学出版社 1999 年版，第 640 页。

与事主的德行。

总的说来，春秋时代的解说《易》象之文在内容上表现出以卦爻之象的寓意为依托，结合筮者的身、位、时、事等解说吉凶的人文倾向，从形式上来说则呈现出"叙卦爻之象＋分析身、位、时、事＋判断吉凶"的语体模式。因为这些事后由筮史记录的说解之辞为史官讲史时的叙事文本所频繁地引用，筮占的解说之辞遂具备了成为一种文体的条件。春秋筮占之辞大多都是用赋予卦象以特定象征义，再据筮占者的身、位、时、事来印证卦象，并最终推断吉凶，因此形成了对不同卦与象及象征义之间的固定联系。这些都对后来孔子解说《易》理，以及《易传》解说易理的模式产生了决定性的影响①。

据《论语·述而》记载："子曰：'加我数年，五十以学《易》，可以无大过矣。'"②此章所述学《易》之事历来争议较大。或以《鲁论语》"易"作"亦"而云孔子未曾言学《易》之事，此实不足据③。《史记·孔子世家》云："孔子晚而喜《易》，序《彖》《系》《象》《说卦》《文言》。读《易》，韦编三绝，曰：'假我数年，若是，我于《易》则彬彬矣。'"④邢昺《论语注疏》云："此章孔子言其学《易》年也。加我数年，方至五十，谓四十七时也。"⑤林春溥《开卷偶得》卷六曰："《正义》以为四十七时语，尝疑其无据，及读《史记》，孔子四十七岁以阳虎叛不仕，退修《诗》《书》《礼》《乐》，弟子弥众，乃知斯语之非妄。"⑥马王堆帛书《周易》的传文部分有一篇题为《要》⑦，记载孔子同子贡的问答，也说到"夫子老而好《易》"，"后世之士疑丘者，或以《易》乎？"金景芳、李学勤等学者据此认为，孔子晚年对《周易》十分爱好，读之手不释

---

①　参刘瑛：《〈左传〉〈国语〉方术研究》，人民文学出版社 2006 年版，第 102—109 页。

②　（魏）何晏注，（宋）邢昺疏：《论语注疏》，《十三经注疏》（标点本），北京大学出版社 1999 年版，第 91 页。

③　此前学者们据此疑孔子与《易》之关系，近来李学勤、金景芳、李眉衡、吕绍纲、廖名春等从多方面力驳怀疑说，其说可据。详参杨庆中《周易经传研究》（商务印书馆 2005 年版）第 8 章《孔子与易传》部分对此争论的概述及分析。

④　（汉）司马迁：《史记》，中华书局 1982 年版，第 1937 页。

⑤　（魏）何晏注，（宋）邢昺疏：《论语注疏》，《十三经注疏》（标点本），北京大学出版社 1999 年版，第 91 页。

⑥　林春溥：《开卷偶得》，道光二十九年（1849）竹柏山房家刻本，收入《竹柏山房十五种》。

⑦　帛书《二三子问》《易之要》《要》篇之释文见《道家文化研究》第三辑，上海古籍出版社 1993 年版。

卷，并且和弟子们讨论《易》理。帛书《要》篇中的记载可与《说苑·敬慎》《淮南子·人间》等关于孔子论《易》之言论相印证。后来孔子后学据师说撰成了《易传》。《易传》出自孔门是可以肯定的。对比《要》篇与上文所引春秋时期的释象解爻之文，可以看出孔子及其后学给《易》作"传"，无论从文体形式还是从内容方法上，均当继承了春秋时代的解《易》之文。

第五章　春秋预言制度与预言的撰制

先秦典籍中常见一种特殊的解说性话语模式，研究者通常称之为预言。前人对此虽有所注意，但均从经学、史学角度探讨其体例[1]，而罕见对其文化意义、文学价值与文体特点进行研究。根据《左传》《国语》等典籍所记载的预言的实例来看，预言虽然还只是一种口头言说的言辞方式，但它已经形成了一定的撰制和表述模式，并且也有数量在百篇以上的例文[2]，预言的发表者也往往是先秦时代社会中掌握专门知识的卜史之官或富有美德和学识的卿大夫。也就是说，预言已经具备了成为一种文体的基本要素，且在叙事方面具有独到的意义。

归纳先秦时期预言的例文，可以看出，预言具有特定的创作机制，那就是预言的发表者常常借助于解释占卜之辞、灾异现象、歌谣、梦境、个人在社交场合的礼仪是否得体等，对某个政治事件的结果或个人的命运加以评论和预见。大略言之，预言属于解说之文，但它又与一般的解说之文有所不同。大

---

① 朱熹说："《左传》是后来人做，为见陈氏有齐，所以言'八世之后，莫之与京'！见三家分晋，所以言'公侯子孙，必复其始'。"（《朱子语类》，中华书局1986年版）后顾炎武《日知录》、姜炳璋《读左补义》、姚鼐《左传补注·序》等均对预言有所论述，但关注焦点均在预言的应验与否。今人张高评《〈左传〉预言之基型与作用》（收入《春秋书法与左传学史》，上海古籍出版社2005年版）、王和《论〈左传〉预言》（《史学月刊》1984年第6期）对此也有讨论。

② 张高评《〈左传〉预言之基型与作用》统计说仅《左传》中的预言即有130多例。王和《论〈左传〉预言》（《史学月刊》1984年第6期）中论证了以下三个问题：其一，《左传》中的许多预言既不是出自左氏编造，也不是出自后人附益，而是由左氏取自各国史书。其二，《左传》中的预言来源不一，并非成于一时，有左氏取自史书，有左氏自造，也有后人窜入。因此，单纯依靠预言来判定《左传》的成书年代，并不可靠。其三，昔人皆以为《左传》预言有验有不验，但实际上，完全不验的预言《左传》中是没有的。《左传》预言绝大部分皆验，极个别预言是有时限的或在一定程度上的应验。如文公六年预言"秦之不复东征"，哀公九年预言"赵氏其世有乱"，若以《左传》成书时期的历史去考虑，这些所谓不验的预言其实也是有一定时限地应验了的。

多数解说之文侧重于对经典的"释义"（exegesis），即从历史及文学背景中确定此前形成的"经典"文本的意义，或者对经典进行符合当下需要的解释和说明；而预言则侧重于对事件进程和人物命运做合乎某种规则的推测性解说，它既是一种解说文体，又是一种借助于特殊的语言方式企图预知事件结果的原始思维方式，从中可以看出先秦时期原始思维及语言观的演进及其对后世的影响。

根据预言制作和发布所依据的思维原理及产生顺序的不同，可以将其分为灾异型、筮占型、星占型、谣占型、梦占型、相术型、察言观礼型、逻辑推理型八种类型。本文即依此逐类对每种预言生成的礼仪制度背景、文体特征演变，及其文学意义进行初步的梳理。

一、史掌祯祥与灾异型预言

春秋以前，夏、商、西周时代一些政治家往往借天象、自然灾害以预言政事，以起到施行劝谏、警告主政者的目的。这种目的，常借史官所掌之各类祯祥记录，并由史官来完成。

灾异型预言源自远古时期盛行的人与万物互渗交感的原始思维，即将天象物气候及事物的某种异常状态与人事的吉凶祝福联系起来，认为其中存在着某种神秘的内在因果关系。[①]《易·象·贲》云："观乎天文，以察时变；观乎人文，以化成天下。"[②] 即是对此种思维的最好概括。《山海经·南山经》载："东南四百五十里，曰长右之山，无草木，多水。有兽焉，其状如禺而四耳，其名

---

① 列维-布留尔认为："我们将拒绝把原始人的智力活动归结为我们的智力活动的较低级的形式。我们最好是按照这些关联本来的面目来考察它们，来看看它们是不是决定于那些常常被原始人的意识在存物和客体的关系中发觉的神秘关系所依据的一般定律、共同基础。这里，有一个因素是在这些关系中永远存在的。这些关系全都以不同形式和不同程度包含着那个作为集体表象之一部分的人和物之间'互渗'。所以，由于没有更好的术语，我把这个'原始'思维所特有的支配这些表象的关联和前关联的原则叫做'互渗律'。""我要说，在原始人的思维的集体表象中，客体、存在物、现象能够以我们不可思议的方式同时是它们自身，又是其他什么东西。它们也以差不多同样不可思议的方式发出和接受那些在它们之外被感觉的、继续留在它们里面的神秘的力量、能力、性质、作用。"说见其《原始思维》，丁由译，商务印书馆 1981 年版，第 69、70 页。

② 黄寿祺、张善文撰：《周易译注》，上海古籍出版社 1989 年版，第 188 页。

长右，其音如吟，见则郡县大水。又东三百四十里，曰尧光之山，其阳多玉，其阴多金。有兽焉，其状如人而彘鬣，穴居而冬蛰，其名曰猾褢，其音如斫木，见则县有大乱 [①]。"又《东次四经》："（剡山）有兽焉，其状如彘而人面，黄身而赤尾，其名曰合窳，其音如婴儿。是兽也，食人，亦食虫蛇，见则天下大水。" [②] 此处"长右""猾褢""合窳"都是怪兽精灵，都与特定的灾祸之间有一种神秘的联系：所以它们一出现，天下就会出现大水或大乱。这种原始思维是早期人们预知事件结果企图，同时也是灾异型预言产生的观念基础。商周时代的预言完全是以上述原始思维的神秘性为原则的。如《国语·周语上》记载周幽王（前781—前771）时代的史官伯阳父曾说过"昔伊洛竭而夏亡，河竭而商亡"的预言。《左传·成公五年》载："国主山川，故山崩川竭，君为之不举。" [③] 鲁僖公十四年："沙鹿崩，晋卜偃曰：'期年将有大咎，几亡国。'"杜预《注》云："国主山川。山崩川竭，亡国之征。"孔颖达《正义》云："卜偃明达灾异，以山崩为亡国之征，知其将有大咎，不言知之意，非末学者所得详也。" [④]《国语》还记载周惠王（前676—前653）时代内史过之言曰：

> 昔夏之兴也，融降于崇山，其亡也，回禄信于聆隧；商之兴也，梼杌次于丕山，其亡也，夷羊在牧；周之兴也，鸑鷟鸣于岐山，其衰也，杜伯射王于鄗。是皆《明神之志》者也。 [⑤]

内史过这番话，就是典型的"国之将兴，必有祯祥，国之将亡，必有妖

[①]　此句通行本《山海经》作"见则其县有大繇"，郭璞注："或曰其县是乱。"郝懿行注云："《藏经》本作其县是乱，无是字。"按此处"繇"字与"亂（乱）"形近，当为"乱"字之误写。（晋）郭璞撰，（清）毕沅校：《山海经》卷一，缩印浙江书局汇刻本《二十二子》，上海古籍出版社1986年版，第1339页。

[②]　（晋）郭璞撰，（清）毕沅校：《山海经》卷一，缩印浙江书局汇刻本《二十二子》，上海古籍出版社1986年版，第1356页。

[③]　（周）左丘明传，（晋）杜预注，（唐）孔颖达正义：《春秋左传正义》，《十三经注疏》（标点本），北京大学出版社1999年版，第720页。

[④]　（周）左丘明传，（晋）杜预注，（唐）孔颖达正义：《春秋左传正义》，《十三经注疏》（标点本），北京大学出版社1999年版，第370页。

[⑤]　徐元诰撰，王树民、沈长云点校：《国语集解》（修订本），中华书局2002年版，第29—30页。

孽"(《中庸》)的思维。"回禄"就是《山海经·大荒西经》所载之"奇左,是无右臂"的吴回,是祝融的弟弟。"夷羊"是凶神,"杜伯"是冤死鬼。这些凶神恶鬼一现世,夏、商、西周就灭亡了。这些记载似非史伯所杜撰,看来是出自他所掌握的专记此类预言的《明神之志》。"志"是载记之书,可见在先秦时期此类预言是很盛行的。再如《国语·周语上》载"幽王二年,西周三川皆震"[1],周太史伯阳父指出地震是天地之气失序的表现,据此预言不过一纪西周将要灭亡,而结果也是果不出其预料。

由上面的例证可以看出,西周以前利用灾异的预言只是将灾异与国家的兴亡相联系,其中并无道德评价的倾向。延至春秋时代,这类预言仍很盛行,但其形式和内容都有所变化和发展。《春秋》一书强调微言大义的"笔法",其中记载灾异多为暗示人间政治之变,其中日食36次,地震5次,水灾9次,暴雨雪及冰雹6次,山崩2次,火灾10次,虫灾14次。[2]其中贯穿着借灾异以批评当政者的思想。当时预言家对其中的一些大的灾异的预言,还借助史乘被保留了下来。如《左传·僖公十四年》载,鲁僖公十四年八月辛卯,晋国出现了灾异,境内的沙鹿山崩裂。依据前代"国主山川,故山崩川竭,君为之不举"的原理,晋国著名的史官卜偃[3]预言:期年将有大咎,几乎要亡国。分析此例中卜偃的预言,其依据只是沙鹿山崩,而并未涉及晋君失德的内容,似乎在晋国仍保留了春秋前预言的特点。又《左传·僖公十六年》载:

> 十六年春,陨石于宋五,陨星也。六鹢退飞,过宋都,风也。周内史叔兴聘于宋,宋襄公问焉,曰:"是何祥也?吉凶焉在?"对曰:"今兹鲁多大丧,明年齐有乱,君将得诸侯而不终。"退而告人曰:"君失问。是阴阳之事,非吉凶所生也。吉凶由人,吾不敢逆君故也。"[4]

---

[1]　徐元诰撰,王树民、沈长云点校:《国语集解》(修订本),中华书局2002年版,第26页。

[2]　据王贵民、杨志清编著《春秋会要》卷三十六"灾异与救治"统计,中华书局2009年版,第730—747页;又参钟肇鹏:《谶纬论略》,辽宁教育出版社1991年版,第148页。

[3]　卜偃,晋国史官,偃盖为其名,然世系不详,其事迹屡见于《左传》《国语》,是春秋时期著名预言家。

[4]　杨伯峻编著:《春秋左传注》,中华书局2009年版,第369页。

与之前相比，此例中周内史叔兴父虽然仍是借助于对陨石和"六鹢退飞"的灾异的解释和说明，来预言宋国有灾，但末尾的评价宋君"失问"，已经在灾异原因之外，渗入了对宋君德行的评价。这是一个重要的变化。又如《襄公二十八年》载：

> 二十八年春，无冰。梓慎曰："今兹宋、郑其饥乎！岁在星纪，而淫于玄枵，以有时灾（苗），阴不堪阳。蛇乘龙，龙，宋、郑之星也。宋、郑必饥。玄枵，虚中也。枵，秏名也。土虚而民耗，不饥何为？"①

"无冰"看来是不常见的"异象"，故《春秋》于此年载其事。《左传》则以梓慎之预言释此异象，并记载此年秋八月，果然发生了旱灾，郑国举行大雩之礼以禳之之事以验其预言。梓慎是春秋时期郑国著名的天文学家，他根据此年春天"无冰"的现象，预言宋国和郑国有饥荒，并且进一步从岁星的位置来解释"阴不堪阳"而导致饥荒的原理。末了说"土虚而民耗，不饥何为？"已经流露出对郑、宋两国为政者损耗民力的不满。这种批评的倾向体现了理性精神的觉醒对原始思维的冲击。《荀子·劝学》言："物类之起，必有所始。荣辱之来，必象其德。"梁启雄注曰："象，借为像；《易·系辞》：'象也者，像此者也。'"②是对春秋预言家观念的进一步发挥。

总之，灾异型预言是预言中最早出现的类型，它以原始思维的互渗律为观念基础，经夏商时代的发展形成了特定灾异事象与某种人间灾祸之间的固定类比关系，形成了独特的灾异事象象征系统。③如《逸周书·时训》即是依时叙述一年四季十二个月的自然界事象与宜忌关系的系统。虽然到了春秋时代人们不再完全信从灾异与事件结果之间的非理性关系，但却形成了特殊文化语境中的、类似于原型的固定象征与隐喻。如山崩地裂象征预示着天子国君之亡，季

---

① 杨伯峻编著：《春秋左传注》，中华书局 2009 年版，第 1140—1141 页。

② 梁启雄：《荀子简释》，中华书局 1983 年版，第 3 页。

③ 黄怀信概括《时训》篇的主旨言："时，时令。训，训教。时训，关于时令的训教。此篇记一年二十四节气七十二候的时令物候，及其反常所预兆的灾难与祸事。"可见这是一篇有关时令物候的预言的汇编。说见其《逸周书校补注译》，三秦出版社 2006 年版，第 253 页。

节物候的失序隐喻政治秩序的混乱等。《吕氏春秋》十二纪首，体现了上述观念对上层社会政治秩序的影响。[1]而《墨子·贵义》载日者预言墨翟北上齐国必不至的预言[2]，以及近年出土的流传于秦、楚的多种《日书》则是上述隐喻观念在民众日常生活层面的具体运用的体现。[3]这种传统一方面为后世的叙事文学如史传、志怪小说等积累了大量的素材；另一方面，从文体上说，春秋时代的灾异型预言，也开创了战国秦汉时代的谶纬之文的先河。

二、卜官制度与筮占型预言

龟卜和筮占一样，都是借助想象中存在于龟甲和筮草中的神秘力量预知重要事件和人的命运的神圣技术，其思维的基础仍是原始思维中的互渗律。在龟卜和筮占的操演中，卜辞和卦爻辞的撰制是最为重要的程序，但甲骨卜辞和卦爻辞还不能等同于先秦时期利用筮法和龟卜的预言。二者的不同是：卜筮属于技术操作层面，而预言则是更侧重于观念的活动；筮法和龟卜只对眼下负责，而预言则更侧重关注较为长远的或者终极的结果。就先秦时的筮占型的预言来说，它只是利用经典卜筮成例中已经定型的、人人皆知的因果关系原则对眼前的某个事件的进程、结果的预见性论证与说明。

夏商时代占卜盛行，但都是随事而卜，尚未形成具有通约性的经典占例，

---

　　① 《吕氏春秋》十二纪首的叙事模式显然是受到此类预言的影响。如《孟春纪》末尾云："是月也不可以称兵，称兵必有天殃。兵戎不起，不可以从我始。无变天之道，无绝地之理，无乱人之纪。孟春行夏令，则风雨不时，草木早槁，国乃有恐；行秋令，则民大疫，疾风暴雨数至，藜莠蓬蒿并兴；行冬令，则水潦为败，霜雪大挚，首种不入。"

　　② 《墨子·贵义》载："子墨子北之齐，遇日者。日者曰：'帝以今日杀黑龙于北方，而先生之色黑，不可以北。'子墨子不听，遂北，至淄水，不遂而反焉。日者曰：'我谓先生不可以北。'子墨子曰：'南之人不得北，北之人不得南，其色有黑者，有白者，何皆不遂也且帝以甲乙杀青龙于东方，以丙丁杀赤龙于南方，以庚辛杀白龙于西方，以壬癸杀黑龙于北方，若用子之言，则是禁天下之行者也。是围心而虚天下也，子之言不可用也。'"（清）孙诒让撰，孙启治点校：《墨子间诂》，中华书局2001年版，第447—448页。

　　③ 参晏昌贵：《简帛〈日书〉与古代社会生活研究》，《光明日报》2006年7月10日第11版；〔日〕工藤元男：《睡虎地秦简所见秦代国家与社会》第九章《〈日书〉所反映的秦、楚的目光》，〔日〕广濑薰雄、曹峰译，上海古籍出版社2010年版，第293—322页。

所以似乎还没有筮占型预言。西周时期,《周易》所代表的筮法逐步代替商代盛行的龟卜成为占卜的主导形式,同时也积累了许多经典的筮占成例,并形成了某些筮占之象与特定类型的事件之间的隐喻关系。《周易·系辞》言"天垂象,见吉凶,圣人像之",又言"八卦成列,象在其中矣"。孔颖达《正义》云:"言八卦各成列位,万物之象,在其八卦之中也。"[①] 王弼言其取象之则曰:"象之所生,生于义也。有斯义,然后明之以其物,故以龙叙乾,以马明坤,随其事义而取象焉。是故初九、九二龙德皆应其义,故可论龙以明之也。至于九三,乾乾夕惕,非龙德也,明以君子当其象矣。统而举之,乾体皆龙;别而叙之,各随其义。"[②] 因此《周易》中存在着一个庞大的象的系统,汉唐以来,许多学者对此进行过梳理。晚近一些学者在此基础上将《易》象分为天象、地象、人象、物象四大系统,并对其含义予以探索[③],很有启发意义。夏含夷认为《周易》中的"象"和《诗经》中的"兴"一样,在西周的宇宙论中起着同样的知识作用,"而这个作用与占卜也有密切的关系。正如乌龟是一个神物,能够传达神仙的意志 —— 能够替神仙'说话',同样地鸿雁、雎鸠以及大自然的许许多多其他现象也都会说话。问题是,这些话不是每一个人都能够'听懂'。苏格拉底说神会利用诗人、占卜家和预言家作代言人有一定道理,但是从另外一方面也可以说诗人、占卜家和预言家会把'话'放在神(至少神物)的嘴巴里"[④]。"象"和"兴"都可以成为预言家传递神谕的手段。象与事件结果之间的这些特定的隐喻关系随着《周易》卦爻辞文本的编辑成书而被固定下来,经《易》辞的不断被征引而成为一种普遍观念。[⑤] 这就为此类预言的产生奠定了基础。到了春秋时期,虽然龟卜和筮占并行,但在具体的做法上却又有了新的变化。在占卜活动中,筮占者表面上对前代传下来的卜筮制度遵行不悖,然而在

① (魏)王弼注,(唐)孔颖达疏:《周易正义》,《十三经注疏》(标点本),北京大学出版社1999年版,第290—294页。

② (魏)王弼注,楼宇烈校释:《王弼集校释·周易注·乾文言注》,中华书局1980年版,第215—216页。

③ 参侯敏:《易象论》,北京大学出版社2006年版,第26—30页。

④ 〔美〕夏含夷:《兴与象 —— 简论占卜和诗歌的关系及其对〈诗经〉和〈周易〉形成之影响》,见其《兴与象:中国古代文化史论集》,上海古籍出版社2012年版,第1—19页。

⑤ 李学勤在前人研究的基础上论证指出:"《周易》经文所见人物及其事迹,确实都是很古老的。经文的形成很可能在周初,不会晚于西周中叶。"《周易溯源》,巴蜀书社2006年版,第18页。

对所问之事的吉凶予以判断时，则抛弃了率由旧章式的"照本宣科"，更多地以当时公认的"德""礼"等社会伦常规范为标准，对筮占所得之"象"予以灵活地解释。与之前的重在揭示龟灵的神秘意旨不同，春秋时期利用筮占对事件结果的预言体现出对于道德理性的重视。[①]这体现了春秋文化本身的变化，同时也促成了经典性筮占成例成为一种社会知识阶层所公认的"法则"或公理；春秋时期的筮占型预言，正是以夏商西周以来的经典性筮占成例为逻辑起点而展开的。正是这一点变化，推动了筮占型预言这种新的话语方式的产生和发展。

下面通过最典型的例子来说明上述观点。如《左传·宣公六年》载："冬，郑公子曼满与王子伯廖语，欲为卿。伯廖告人曰：'无德而贪，其在《周易》，《丰》☲之《离》☲，弗过之矣。'间一岁，郑人杀之。"[②]伯廖显然是看到了郑公子曼满谈话中所流露出的无德与贪婪，才预言其必不能善终的。而他在预言中，又引证《周易》中的《丰》之《离》这一经典卦例，预言其必败的时间，过了一年，预言果然应验了。

一般的卜筮程序是先求卦爻，然后释卦爻、定吉凶。而此例中则是据事理并引证经典筮例预言其贪而无德、必致其死的结果。伯廖这次预言显然不同于卜筮。杜预《春秋左传注》云："《丰·上六》曰：'丰其屋，蔀其家，窥其户，其无人，三岁不见，凶。'义取无德而大其屋，不过三岁，必灭亡。"[③]盖时人占得此卦恒验，故王子伯廖的预言直接《周易》爻辞而根据占筮者的"德"来对其事进行判断。

又如《左传·宣公十二年》载：晋楚对峙，楚兵已退，晋中军佐先谷（彘子）孤军渡河从楚师。知庄子（荀首）曰："此师殆哉。《周易》有之，在《师》☷之《临》☷，曰：'师出以律，否臧，凶。'执事顺成为臧，逆为否。众散为弱，川壅为泽，有律以如己也，故曰律。否臧，且律竭也。盈而以竭，夭且不整，所以凶也。不行之谓《临》，有帅而不从，临孰甚焉？此之谓矣。果遇，必败，彘子尸之，虽免而归，必有大咎。"荀首的这次预言也不同于一

---

①　参韩高年：《春秋卜、筮制度与解说文的生成》，《文学遗产》2013 年第 6 期。
②　杨伯峻编著：《春秋左传注》，中华书局 2009 年版，第 689—690 页。
③　（周）左丘明传，（晋）杜预注，（唐）孔颖达正义：《春秋左传正义》，《十三经注疏》（标点本），北京大学出版社 1999 年版，第 614 页。

般的筮占，也是径引其言以断事，程序与上例相同。孔颖达《周易正义》评知庄子之预言曰："庄子见虒子逆命，必当有祸，乃论其事云：此师之行，甚危殆哉！《周易》之书，而有此事。《师》之初六变而为《临》。初六爻辞云：'军师之出，当须以法。若不善，则致其凶。'既引《易》文，以人从律，今者师出，乃以律从人，则有'不臧'之凶。"荀首的预言在结构上也是"叙事＋引《易》＋预言＋验辞"。孔氏所言，甚得此类预言文本特征之实质。

此类例证甚多，如《左传·昭公五年》载卜楚丘为鲁大夫昭叔预言其子穆子"是将行……卒以馁死"，其依据是《周易》中《明夷》之《谦》的经典筮例；再如《僖公二十五年》卜偃以黄帝战于阪泉之兆预言晋师必胜，《襄公十年》定姜以"兆如山陵"预言卫师必胜等，均是此类。

这类预言的文学意义除了增强叙事的趣味性之外，还在于以下几点：首先，它初具文体的雏形，形成了一定的话语模式；其次，形成了叙议结合的初步的语体形式；再次，体现了预言的制作者由乞灵于卜筮转而求证于卜筮经典的思维转变。

三、保章氏、冯相氏职掌与占星型预言

《易·象·贲》中说："观乎天文，以察时变。"中华文明以农耕为主要生产方式，因此古人很早就对那些与季节、农耕有关的星象开始了细致的观察。在上古时代，星象的异常，常常会引起人们的不安，利用占星术的预言在上古时代就产生了。[1]周代已有专门负责观察记录天象的保章氏和冯相氏[2]，据典籍所载，在周初即有史官根据占星对诸如战争等重大事件的结果进行预测。如《国语·周语下》所载周景王时代乐官伶州鸠曾引述周初的预言：

---

① 《汉书·艺文志·数术略》之小序言："天文者，序二十八宿，步五星日月，以纪吉凶之象，圣王所以参政也。"《数术略》著录星占之书，其序所言，表明占星术起源很早。

② 《周礼·春官》："（保章氏）掌天星，以志星辰日月之变动，以观天下之迁，辨其吉凶。以星土辨九州之地，所封封域，皆有分星，以观妖祥。""（冯相氏）掌十有二岁，十有二月，十有二辰，十日，二十有八星之位，辨其叙事，以会天位。冬夏致日，春秋致月，以辨四时之叙。"

　　昔武王伐殷，岁在鹑火，月在天驷，日在析木之津，辰在斗柄，星在天鼋。星与日辰之位，皆在北维。颛顼之所建也，帝喾受之。我姬氏出自天鼋，及析木者，有建星及牵牛焉，则我皇妣大姜之侄，伯陵之后，逢公之所凭神也。岁之所在，则我有周之分野也。月之所在，辰马，农祥也，我太祖后稷之所经纬也。王欲合是五位三所而用之。自鹑及驷，七列也，南北之揆七同也。凡人神，以数合之，以声昭之；数合声和，然后可同也。故以七同其数，而以律和其声，于是乎有七律。

　　王以二月癸亥夜陈，未毕而雨，以夷则之上宫毕，当辰。辰在戌上，故长夷则之上宫，名之曰羽，所以藩屏民则也。王以黄钟之下宫，布戎于牧之野，故谓之厉，所以厉六师也。以太簇之下宫，布令于商，昭显文德，底纣之多罪，故谓之宣，所以宣三王之德也。反及嬴内，以无射之上宫，布宪施舍于百姓，故谓之嬴乱，所以优柔容民也。①

　　伶州鸠所引述的实际上是一个周武王时代根据"五星聚于房"的特殊星象所制作的关于武王克商的古老预言。这则著名的预言又见于《利簋铭文》《竹书纪年》《吕氏春秋》《淮南子》和《帝王世纪》等典籍。其预言的依据是木星、水星、大火星及日、月相会之地正值周人之分野，同时日月之外的三星均与周之值掌、历法等密切相关，故可断言牧野一战的胜利。② 所以说，这是一次典型的利用占星术原理的预言。在此之后，"五星出东方利中国"的预言成为人们普遍认可的观念。战国时代的石申云："五星分天之中，积于东方，中国大利；积于西方，负海之国，用兵者利。"③《史记·天官书》《汉书·天文志》均有类似记载。"五星会聚"的预言作为一种带有原型意义的叙事手段，频见

<hr>

　　① 徐元诰撰，王树民、沈长云点校：《国语集解》（修订本），中华书局 2002 年版，第 123—128 页。

　　② 详参〔美〕班大为（David W. Pandenier）：《从天象上推断商周建立之年》（1982），《中国上古史实揭秘：天文考古学研究》，徐凤先译，上海古籍出版社 2008 年版，第 5—73 页；董立章：《国语译注辨析》，暨南大学出版社 1993 年版，第 142—144 页。大多数中国学者认为"五星"指在夜空中用肉眼可以看到的金星（太白、长庚）、木星（岁星）、水星（辰星、小白）、火星（荧惑）和土星（填星、镇星）。如徐振韬、蒋窈窕《五星聚合与夏商周年代研究》（世界图书出版公司北京公司 2006 年版）即是代表。

　　③ 石申之说已佚，瞿昙悉达所编《大唐开元占经》卷十八引其说，见李零主编：《中国方术概观（占星卷）》，人民中国出版社 1993 年版，第 330 页。

于后世史传。如《汉书·高帝纪》载："元年冬十月，五星聚于东井，沛公至霸上。秦王子婴素车白马，系颈以组，封皇帝玺符节，降枳道旁。"①应劭注曰："东井，秦之分野。五星所在，其下当有圣人，以义取天下。"②这是借五星聚于东井宣扬刘邦取天下乃得天命。另《汉书·赵充国传》亦载，赵充国征西羌，进军缓慢，汉宣帝责令曰："将军不念中国之费，欲以岁数而胜微，将军谁不乐此者！……今五星出东方，中国大利，蛮夷大败；太白出高，用兵深入，敢战者吉，弗敢战者凶。将军急装，因天时诛不义，万下必全，勿复有疑。"③赵从帝命，后果大胜。再如《魏书·崔浩传》载崔浩以"五星并出东方，利以西伐"谏北魏太武帝拓拔焘西征赫连昌，最终全胜而归。亦借此预言以神其说。最为有趣者，当数1995年在新疆民丰县尼雅遗址东汉末至魏晋墓中出土的绣有"五星出东方利中国"的图文织锦④，更是表明这一预言所蕴含的观念还影响到其他艺术门类。

东周以降，诸侯力政，卜史之官常据星占预言战争及政事兴衰者。⑤《左传·文公十四年》记载：鲁文公十四年"秋七月乙卯夜，齐商人弑舍，而让元。元曰：'尔求之久矣。我能事尔，尔不可使多蓄憾，将免我乎？尔为之！'有星孛入于北斗。周内史叔服曰：'不出七年，宋、齐、晋之君皆将死乱。'"按：内史叔服，始见于《左传·文公元年》。杜预《注》云："后三年宋弑昭公，五年齐弑懿公，七年晋弑灵公。"⑥可见内史叔服之预言后来完全应验。

春秋时人也常借言天象以预言一国之政的兴衰。如《左传·昭公十年》载：十年春，王正月，有星出于婺女。郑国星占家裨灶言于子产曰："七月戊

① （汉）班固：《汉书》，中华书局1962年版，第22页。
② （汉）班固：《汉书》，中华书局1962年版，第23页。
③ （汉）班固：《汉书》，中华书局1962年版，第2981页。
④ 参于志勇：《新疆尼雅出土"五星出东方利中国"彩锦织文初析》，《西域研究》1996年第3期；孙遇安：《尼雅"五星锦"小识》，《文物天地》1997年第2期。
⑤ 《史记·天官书》："太史公推古天变，未有可考于今者。盖略以春秋二百四十二年之间，日蚀三十六，彗星三见，宋襄公时星陨如雨。天子微，诸侯力政，五伯代兴，更为主命。自是之后，众暴寡，大并小。秦、楚、吴、越，夷狄也，为强伯。田氏篡齐，三家分晋，并为战国。争于攻取，兵革更起，城邑数屠，因以饥馑疾疫焦苦，臣主共忧患，其祥候星气尤急。近世十二诸侯亡国相王，言从衡者继踵，而皋、唐、甘、石因时务论其书传，故其占验凌杂米盐。"
⑥ 杨伯峻编著：《春秋左传注》，中华书局2009年版，第604页。

子，晋君将死。今兹岁在颛顼之虚，姜氏、任氏实守其地，居其维首，而有妖星焉，告邑姜也。邑姜，晋之姒也，天以七纪，戊子逢公以登（死），星斯于是乎出，吾是以讥（卟）之。"①此年天象出现异动，女宿出现新星，预言晋君将死，似乎毫不相干，乃由二十八宿而十二次（玄枵之次跨女、虚、危三宿），由十二次而颛顼（《尔雅·释天》："玄枵，虚也，颛顼之墟也。"），由颛顼而姜氏、任氏，由姜氏而邑姜，由邑姜而晋之先姒，最终及于晋君。②此种论证方式，以今天我们所掌握之科学知识视之，虚妄之甚；然而这却为春秋时之大部分人所接受，并不以为虚妄。

梓灶是春秋时郑国有名的史官，也是当时著名星占家和预言家。其事迹除此年外，尚有《左传·襄公二十八年》预言周王、楚王之死，《襄公三十年》预言郑国伯有氏之亡，《昭公九年》预言陈将复封，《昭公十七年》《昭公十八年》预言郑国将有火灾等。以上各事，都属典型的星占型预言。梓灶其人特别熟悉木星运动规律，有关上列前四件事的预言皆据此立论。其预言之文辞模式，则均为"时间＋事件＋星象异动＋分析星象与事件之关系＋对事件结果之预言"。

再如《左传·昭公十七年》载：冬，彗星现于大火星之侧，其光向西及河汉，鲁史官申须占曰："彗所以除旧布新也，天事恒象，今除于火，火出必布焉，诸侯其有火灾乎？"梓慎预言曰："往年吾见之，是其征也。火出而见，今兹火出而章，必火入而伏，其居火也久矣，其与不然乎？火出，于夏为三月，于商为四月，于周为五月。夏数得天，若火作，其四国当之，在宋、卫、陈、郑乎！宋，大辰之虚也；陈，大皞之虚也；郑，祝融之虚也；皆火房也。星孛及汉，汉，水祥也。卫，颛顼之虚也，故为帝丘，其星为大水，水，火之牡也。其以丙子若壬午作乎！水火所以合也。若火入而伏，必以壬午，不过其见之月。"③

申须、梓慎，均为鲁国史官，看来皆精通以占星术为主的预言之术。司马迁云："文史星历，近乎卜祝之间。"④（《报任安书》）二人盖以史官而掌星

① 杨伯峻编著：《春秋左传注》，中华书局 2009 年版，第 1314—1315 页。
② 参江晓原：《天学真原》，辽宁教育出版社 1991 年版，第 77 页；陈来：《古代思想文化的世界——春秋时代的宗教、伦理与社会思想》，生活·读书·新知三联书店 2002 年版，第 38—55 页。
③ 杨伯峻编著：《春秋左传注》，中华书局 2009 年版，第 1390—1391 页。
④ （清）吴楚材、吴调侯编：《古文观止》，浙江古籍出版社 2010 年版，第 142 页。

占之事。此年梓慎占星之理论依据为分野之说。《周礼·春官·宗伯》载保章氏"掌天星以志星辰日月之变动，以观天下之迁，辨其吉凶。以星土辨九州之地，所封封域，皆有分星，以观妖祥。以十有二岁之相观天下之妖祥"①。此段记载已涉及分野理论之要点，即将天球分为若干区域，使之与地上之某区域相对应；如某一天区出现某种天象，所主吉凶即为针对地上对应郡国而示兆者。②鲁史申须、梓慎即以此占星术预言宋、卫、陈、郑将有火灾。

又如《左传·昭公三十二年》载：夏，吴伐越，始用师于越。史墨曰："不及四十年，越其有吴乎。越得岁而吴伐之，必受其凶。"按：岁，即木星。杨伯峻注言："史墨何以言'不及四十年'，据杜预《注》，古人以为预测一国之存亡，不能超过木星周行三遍，即三十六年，史墨稍加宽限，乃言'不及四十年'。其实哀二十二年越灭吴，自此年算起，历三十八年。《左传》预言皆后加，故'不及四十年'，并未言其根据，亦未见有根据。"③这是根据分野理论进行的预言，史墨认为木星在越，故越吉，吴攻之则凶。据《周礼·春官·保章氏》郑玄注分星（分野）云："今其存可言者，十二次之分也。星纪，吴、越也……"顾炎武《日知录》云："吴越虽同星纪，而所入星度不同，故岁独在越。"岁独在越，则越吉。钱绮《左传札记》亦云："星纪之次，起斗十二度初，终女七度末。斗宿凡二十六度，余去十一度，尚余十五度；牛八度并女七度，亦十五度。是岁前半年岁星在斗宿，后半年在牛、女二宿。《传》文云'夏，吴伐越'，则其时岁星尚在斗宿。斗为越分野，故史墨言越得岁。《越绝书》《淮南子》与史墨之言合。"④钱氏所言史墨预言之原理更为详尽，其并引《越绝书》《淮南子》越灭吴之事以证史墨预言之应验，尤其可知此预言流传之广。⑤《左传》编者采此预言，其主要目的有二：一是借此增加叙事的趣味性，

---

①　（汉）郑玄注，（唐）贾公彦疏：《周礼注疏》，《十三经注疏》（标点本），北京大学出版社1999年版，第704—705页。

②　参江晓原：《星占学与传统文化》，上海古籍出版社1992年版，第68—74页。

③　杨伯峻编著：《春秋左传注》，中华书局2009年版，第1516页。

④　（清）钱绮：《左传札记》，《续修四库全书》第128册，上海古籍出版社2002年版，第312页。

⑤　关于越灭吴国的预言，又见于《越绝书》卷十"越绝外传记吴王占梦"。所不同者，此篇所载，为借助占梦的预言。吴王梦觉，太宰嚭占梦吉，而公孙圣则预言吴王将国破身死，后果应验。三书所载，细节虽小异，但其原理相同，具有"互文性"。说明此预言在当时流传较广，为人所熟知。

二则寄寓一种警戒之意。这一做法为后世的史传所继承，成为一种重要的叙事
手段。

四、"辨妖祥于谣"之制与谣占型预言

《国语·晋语》载范宣子在赵武加冠拜见时对后者说："风听胪言于市，辨
妖祥于谣。"董增龄《国语正义》曰："风，采也。胪，传也。采听商旅所传善
恶之言。辨，别也。妖，恶也。祥，善也。行歌曰谣。'丙之辰'，'檿弧箕服'
之类是也。"[1] 先秦时期，人们认为出自里巷的童谣及民谣也是一种神秘的异兆，
预示着与此相关的人物的命运和事件的结果。因此为政者特别重视，由专人搜
集呈上，以为预判休咎之资。西周末年，周厉王使卫巫监谤者；春秋中期，晋
文公于战前闻舆人之诵。凡此种种，皆表明有专人搜集这些风谣的制度。这种
原始思维一直延续很久，在社会活动和个人生活中，巫史或卿大夫往往借助于
对歌谣的解释和说明，预知事件的结果和人物的命运。这类预言可称之为谣占
型预言。

谣占型预言的例子，西周即有。《周易》卦爻辞中即载有数量众多的谣占
实例，但最为有名的，当属关于西周亡国的谣占型预言。《国语·郑语》载周
史伯之言曰：

> 宣王之时有《童谣》曰："檿弧箕服，实亡周国。"于是宣王闻之，有
> 夫妇鬻是器者，王使执而戮之。府之小妾生女而非王子也，惧而弃之。此
> 人也。收以奔褒。天之命此久矣，其又何可为乎？《训语》有之曰："夏
> 之衰也，褒人之神化为二龙，以同于王庭，而言曰：余，褒之二君也。夏
> 后卜杀之与安之与止之，莫吉。卜请其漦而藏之，吉。乃布币，焉而策告
> 之。龙亡而漦在，椟而藏之，传郊之。"及历殷、周，莫之发也。及厉王
> 之末，发而观之，漦流于庭，不可除也。王使妇人不帏而噪之，化为玄

---

[1] （清）董增龄撰：《国语正义》，巴蜀书社 1985 年版，第 876—877 页。

鼋，以入于王府。府之童妾未既龀而遭之，既笄而孕，当宣王时而生。不夫而育，故惧而弃之。为弧服者方戮在路，夫妇哀其夜号也，而取之以逸，逃于褒。褒人褒姁有狱，而以为入于王，王遂置之，而嬖是女也，使至于为后，而生伯服。天之生此久矣，其为毒也大矣，将俟淫德而加之焉。毒之酋腊者，其杀也滋速。申、缯、西戎方强，王室方骚，将以纵欲，不亦难乎？王欲杀大子以成伯服，愁必求之申，申人弗畀，必伐之。若伐申而缯与西戎会以伐周，周不守矣！缯于西戎方将德申，申、吕方强，其隩爱大子，亦必可知也，王师若在，其救之亦必然矣。王心怒矣，虢公从矣，凡周存亡，不三稔矣！①

　　这是一个著名的预言，其依据即是童谣。《汉书·五行志》言："怨谤之气发于歌谣，故有诗妖。"②意谓歌谣亦含神秘之意旨。谣占型预言，其例甚多。如《左传·昭公二十五年》载：有鸜鹆来巢，鲁大夫师己占曰："异哉！吾闻文、成之世，童谣有之，曰：'鸜之鹆之，公出辱之。鸜鹆之羽，公在外野，往馈之马。鸜鹆跦跦，公在乾侯，征褰与襦。鸜鹆之巢，远哉遥遥。稠父丧劳，宋父以骄。鸜鹆鸜鹆，往歌来哭。'童谣有是，今鸜鹆来巢，其将及乎！"③师己引童谣，是因为"鸜鹆"之兆有特定的神秘预示，这种预示已屡见于此前。如今"鸜鹆"又见，故对其进行合乎当下事件的解释，借此预言三桓将逐鲁昭公。此事又见《史记·鲁世家》。师己，杜预《注》云："鲁大夫。""稠父，昭公。死外，故丧劳。宋父，定公。代立，故以骄。"《史通·杂说》云："夫论成败者，固当以人事为主。必推命而言，则其理悖矣。晋之获也，由夷吾之愎谏；秦之灭也，由胡亥之无道；周之季也，由幽王之惑褒姒；鲁之逐也，由稠父之违子家。皇久铭其说。檿弧箕服，章于宣厉之年；征褰与襦，显自文成之世。恶名早著，天孽难逃。"④此年师己引童谣，处处暗指三桓逐鲁昭公之事，此种形式古代称为谶谣，这是一种韵文形式的政治预言，把谶

①　徐元诰撰，王树民、沈长云点校：《国语集解》（修订本），中华书局2002年版，第473—475页。
②　（汉）班固：《汉书》，中华书局1962年版，第1377页。
③　杨伯峻编著：《春秋左传注》，中华书局2009年版，第1459—1460页。
④　（唐）刘知幾著，（清）浦起龙通释：《史通通释》，上海古籍出版社2009年版，第433页。

的神秘性、预言性与谣的通俗性流行性相结合，以歌谣的通俗形式预言人事的祸福与政治的成败。①

此例预言中所征引之童谣，以鸲、辱为韵，古音同在屋部；羽、野、马为韵，古音同在模部；趹、侯、襦为韵，古音同在侯部；巢、遥、劳、骄为韵，古音同在豪部；鸲、哭为韵，古音同在屋部。这种韵、散结合的形式，也使得谣占型预言比之其他类型的预言在文体上更具文采。

此外，《左传·僖公五年》载，晋侯将伐虢，于八月甲午围其都城上阳。问于卜偃曰："吾其济乎？"对曰："克之。"公曰："何时？"对曰："童谣云：'丙之晨，龙尾伏辰；均服振振，取虢之旂。鹑之贲贲，天策焞焞，火中成军，虢公其奔。'其九月、十月之交乎！丙子旦，日在尾，月在策，鹑火中，必是时也。"② 卜偃据童谣所示的天象，预言出师必胜，并预言破城之日当在九、十月之交。在古人心目当中，童谣出自儿童之口，非有意为之，实等同于神谕。《左传》此处用此预言，使晋灭虢之事充满了深秘的色彩，同时也在告诫人们天命的莫测。作为一种叙事的技法，谣占型预言常常为诸子、史传及后世叙事作品所采用。如《论语·微子》以及《庄子·人间世》中载楚狂接舆以"歌"预言孔子周游列国必无功而返③，还有《史记·项羽本纪》载楚南公以"楚虽三户，亡秦必楚"，预言陈涉建张楚而亡秦之事。④ 最为典型的还属《三国演义》中以童谣预言董卓被杀。此类例证尚多，不繁举。从中可以看出谣占型预言对后世文学的影响。

---

① 参谢贵安：《中国谶谣文化研究》，海南出版社 1998 年版，第 5 页。

② 杨伯峻编著：《春秋左传注》，中华书局 2009 年版，第 310—311 页。

③ 《论语·微子》："楚狂接舆歌而过孔子曰：'凤兮凤兮，何德之衰？往者不可谏，来者犹可追。已而，已而！今之从政者殆而！'孔子下，欲与之言，趋而辟之，不得与之言。"这个预言在《庄子》中看得更为清楚些。《人间世》载：孔子适楚，楚狂接舆游其门曰："凤兮！凤兮！何如德之衰也！来世不可待，往世不可追也。天下有道，圣人成焉；天下无道，圣人生焉。方今之时，仅免刑焉。福轻乎羽，莫之知载；祸重乎地，莫之知避。已乎！已乎！临人以德！殆乎！殆乎！画地而趋！迷阳！迷阳！无伤吾行！吾行郤曲，无伤吾足！"山木自寇也，膏火自煎也。桂可食，故伐之；漆可用，故割之。人皆知有用之用，而莫知无用之用也。

④ 参田余庆：《说张楚 —— 关于"亡秦必楚"问题的探讨》，《历史研究》1989 年第 2 期，第 134 页。

五、占梦之制与梦占型预言

殷周都有专司占梦的卜官与占梦之官。殷代的情况多见于甲骨卜辞，周代的见于礼书。《周礼·春官·太卜》："以八命者赞《三兆》、《三易》、《三梦》之占，以观国家之吉凶，以诏救政。"贾公彦疏："圣人有大事必梦，故又参之以梦。"[①] 又同书《占梦》载："（占梦）掌其岁时，观天地之会，辨阴阳之气，以日、月、星辰占六梦之吉凶。"[②] 可见以梦境预言吉凶是太卜、占梦之职掌。

在人类文明的早期，人的梦境被认为是由某种神秘的超自然的力量引起的，对梦的解释被认为具有预知未来的功能。这种关于梦的观念在古埃及、古印度和古希腊时期都十分普遍。[③] 当然，在中国上古时期也不例外。先秦时期人们认为梦境预示着做梦人的命运中的某些异动[④]，因此人们常借助于对梦境的解释而对事件和人物命运进行预测，这类预言称之为梦占型预言。殷商甲骨文中已经大量借助于占梦的预言，《诗经·小雅·无羊》："牧人乃梦，众维鱼矣，旐维旟矣。大人占之：'众维鱼矣，实维丰年；旐维旟矣，室家溱溱。'"[⑤] 纯以梦占型预言为诗。春秋时期，梦占型预言颇多。张高评言："《左传》记梦，多有预

---

① （汉）郑玄注，（唐）贾公彦疏：《周礼注疏》，《十三经注疏》（标点本），北京大学出版社 1999 年版，第 640、641 页。

② （汉）郑玄注，（唐）贾公彦疏：《周礼注疏》，《十三经注疏》（标点本），北京大学出版社 1999 年版，第 652 页。

③ 产生于公元前 3000 年的古巴比伦史诗《吉尔伽美什》记载国王吉尔伽美什被噩梦困扰，其母宁逊据梦预言国王将会遇到来自对手恩齐多的挑战，并最终在挑战中重生。在著名的产生于公元前 1350 年的上埃及的"切斯特·贝蒂纸草书"中记载了 200 多个梦，以及对梦的预言的解说。在古印度，梦的分类和对各种梦的预兆性解说见于各种《吠陀经》中。古希腊的赫拉克利特（前 450—前 375）则特别关注梦的预言，并且用梦的预言来诊断疾病。亚里士多德则在《梦论》《睡眠的预言》中探讨了梦中的景象对醒来后人的行为影响等问题。详参美国学者安东尼·史蒂文斯：《人类梦史》，杨晋等译，海南出版社 2002 年版。

④ 刘瑛认为："《左传》《国语》中最常见的梦象有上帝、鬼神、祖先，这是现实世界人们敬畏鬼神，礼敬祖先的写照。梦见祖先鬼神，按照当时的礼节，应当举行祭祀来安慰他们。……因为在古人看来，在梦境中与祖先神明相遇，是他们要对自己有所启示和帮助，或是因后人对他们不恭而招致不满，因此梦见祖先鬼神，应该祭祀，用来献媚取悦于他们，否则会带来不良后果。""鬼梦，常常是梦者先前行事不妥，心有愧疚，日有恐惧，夜则梦为鬼神缠身。这是因为人们相信鬼神有知，善恶必报，假梦兆以警示，其事必验。"见其《左传国语术数研究》，人民文学出版社 2006 年版，第 112—114 页。

⑤ （汉）毛亨传，（汉）郑玄笺，（唐）孔颖达疏：《毛诗正义》，《十三经注疏》（标点本），北京大学出版社 1999 年版，第 694 页。

报几兆之用：晋文之梦、魏颗之梦、吕锜之梦、中行献子之梦，指示战争之成败；晋平之梦、孔成子之梦、曹人之梦、宋得之梦，多见爵位之予夺；郑人之梦、卫侯之梦、赵宣子之梦、赵简子之梦，则兆国家之灾祥；燕姞之梦、武王邑姜之梦，叔孙穆子之梦，卫成公之梦，赵婴之梦，验征氏族之兴亡；若夫晋景公之梦、小臣之梦、韩厥之梦、子玉之梦、泉丘女之梦，则关系个人之祸福矣。或正象为征，或反象为征，梦之预示将来，可同于龟策之卜筮，梦见于几先，事落于兆后，类搜神志怪，近荒唐无稽，然又不失'预言'之作用，此其所以引人入胜也。"①所言极精要。最为典型的例子是《左传·成公十年》载：

> 晋侯梦大厉，被发及地，搏膺而踊，曰："杀余孙，不义。余得请于帝矣！"坏大门及寝门而入。公惧，入于室，又坏户。公觉，召桑田巫，巫言如梦。公曰："何如？"曰："不食新矣。"公疾病，求医于秦。秦伯使医缓为之。未至，公梦疾为二竖子，曰："彼，良医也，惧伤我，焉逃之？"其一曰："居肓之上，膏之下。若我何？"医至，曰："疾不可为也，在肓之上，膏之下，攻之不可，达之不及，药不至焉。不可为也。"公曰："良医也。"厚为之礼而归之。六月丙午，晋侯欲麦，使甸人献麦，馈人为之。召桑田巫，示而杀之。将食，张，如厕，陷而卒。小臣有晨梦负公以登天，及日中，负晋侯出诸厕。遂以为殉。②

此例中预言者为桑田巫，他据晋景公梦见"大厉"入室追着索命的梦象，预言前此已经病得很重的晋景公六月将至大限。后请秦国医缓治病，晋景公与医缓做了同样的梦。后景公厚赠秦医而杀桑田巫，最后还是未能逃脱桑田巫的预言。这个预言出现了两次梦境，梦中有梦，意味深长。桑田巫善借人之梦而预言人之生死，而蔽于无法预言自己的生死；晋景公厚赠治不了自己重病的医缓，而偏执地杀死了善于预言的桑田巫。一个设置精巧的预言，逼真地刻画出

---

① 张高评：《左传之文韬》，台湾丽文文化事业股份有限公司1994年版，第48—49页。
② 杨伯峻编著：《春秋左传注》，中华书局2009年版，第849—850页。

人物的个性，也尽显《左传》作者叙事技巧。

再如《左传·昭公三十一年》载："十二月辛亥朔，日有食之。是夜也，赵简子（赵鞅）梦童子赢而转以歌。且占诸史墨，曰：'吾梦如是，今而日食，何也？'对曰：'六年及此月也，吴其入郢乎。终亦弗克。入郢，必以庚辰。日月在辰尾。庚午之日，日始有谪（灾）。火胜金，故弗克①。'"②沈钦韩《左传补注》释曰："转者，舞之节以应歌也。《淮南子·齐俗训》'古者，歌乐而无转'，又《修务训》'动容转曲'。"③赵鞅梦见童子裸体，且歌且舞，恰巧与日食会，谓咎在己，故问之。史墨知梦境并非日食之应，故释日食之咎，而不释其梦（杜预《注》）。贾公彦《疏》则不取杜预之说，认为史墨是晋国的太史，深通占梦之道。他奉命行事，为赵鞅占梦，预言六年后吴将败楚。他所依据的理由，也是赵鞅的梦境。

这类预言还有《左传·成公十七年》鲁大夫声伯梦见琼瑰盈怀，被预言三年后将死，后果应验；《襄公十八年》巫皋预言晋国中行献子将死；《国语·晋语二》载史嚚据虢公梦神人而预言其国将亡等；其例甚多，不繁举。王符《潜夫论·梦列》言："凡梦，有直，有象，有精，有想，有人，有感，有时，有反，有病，有性。"④这是说梦象有与人事有直接对应，有吉凶相反等不同情况。今人李冬生将占梦术的逻辑分为"直解""转释""反说"三种。"直解"就是梦象和所预言的人事在内容形式上属于同一关系，有什么样的梦象，就有什么样的预言；"转释"有象征法、连类法、类比法及符号转化法；"反说"是从反面解释梦象，以预言人事的结果与梦象恰好相反。⑤这三种方式在先秦时期的梦占型预言中都有应用，构成了三种预言构撰的结构方式。

梦占型预言在《左传》的有关叙事中起着推动情节向前发展的重要的作

---

① 史墨以干支配五行释天象。杜预《注》谓："午，南方，楚之位也。午，火；庚，金也。日以庚午有变，故灾在楚。楚之仇敌惟吴，故知入郢必吴。火胜金者，金为火妃（配），食在辛亥，亥，水也。水数六，故六年也。"
② 杨伯峻编著：《春秋左传注》，中华书局 2009 年版，第 1513—1514 页。
③ （清）焦循、沈钦韩撰，郭晓东等点校：《春秋左传补疏　春秋左氏传补注》，上海古籍出版社 2016 年版，第 358 页。
④ （汉）王符：《潜夫论》，中华书局 2002 年版，第 132 页。
⑤ 李冬生：《中国古代神秘文化》，人民出版社 2011 年版，第 366—367 页。

用，对此论者评曰："寥寥短章而微言隽永，奇情妙想固卓有可传，文浮于质之表现手法，亦有近于'浮夸'者也。《庄子》《列子》多夸言预兆先几之迷信，等梦于龟卜蓍筮，其有《左氏》记梦之流风乎！"① 其指出梦占型预言对《庄子》《列子》叙事论理方式之影响，诚为卓识。

六、相术与相术型预言

相术是方术的一种，起源很早。《吕氏春秋·观表》云："人亦有征，事与国皆有征。圣人上知千岁，下知千岁，非意之也，盖有自云也。"② 先秦时期的预言，于关涉军国大事、政治得失之外，也对个体命运之休咎予以特别关注。在当时人们的观念之中，人禀天地之气而生，其形相外貌及出生时之时、地环境各不相同，因而会造成人之命运各不相同。这就是相术或形法学产生的思想根源。根据相术或形法学对个体的命运加以预测的预言，即为相术型预言。

相术至迟在西周以前就产生了，《左传·昭公元年》载子产言曰："当武王邑姜方震大叔，梦帝谓己：'余命而子曰虞，将予之唐，属诸参，而蕃育其子孙。'及生，有文在其手曰虞，遂以命之。"③ 这是以手纹预言唐叔虞必封于唐，后果然应验。这是周代有名的预言，其目的在于借以解释说明分封制出于天命的合理性，故司马迁《史记·晋世家》径袭其事。

到春秋时代，随着人文思想的加强，人更关注自身及其命运，相人之风也因此而走向成熟④。操持相术者除史官（如周内史叔兴父）外，还有各国的卿大夫（如周王孙说、楚令尹子上、晋韩宣子等），甚至一些妇女如叔向之母也能相人。介于此，相术型预言也更盛行。如《左传·文公元年》载楚令尹子上预

---

① 张高评：《左传之文韬》，台湾丽文文化公司1994年版，第49页。
② （汉）高诱注：《吕氏春秋》，《诸子集成》第六册，中华书局1954年版，第274页。
③ 杨伯峻编著：《春秋左传注》，中华书局2009年版，第1218页。
④ 王晶波指出："分析文献记载中那些有限的相例，也可以看出，早期相术所相的主要是人的身体状况，其次才进于性情，进于命运，直到最后才关涉人的贵贱吉凶，而这一关键的转变，或许就在春秋战国时期。正是这一转变，决定了相术在中国文化中的基本性质和地位，从后世的、成熟的意义上说，相术确实可以说产生于春秋战国时期。"见其《敦煌写本相书研究》，民族出版社2010年版，第226页。

言楚成王时太子商臣将为乱：

初，楚子将以商臣为大子，访诸令尹子上。子上曰："君之齿未也，而又多爱，黜乃乱也。楚国之举，恒在少者。且是人也，蜂目而豺声，忍人也，不可立也。"弗听。既又欲立王子职，而黜大子商臣。商臣闻之而未察，告其师潘崇曰："若之何而察之？"潘崇曰："享江芈而勿敬也。"从之。江芈怒曰："呼！役夫！宜君王之欲杀女而立职也。"告潘崇曰："信矣。"潘崇曰："能事诸乎？"曰："不能。""能行乎？"曰："不能。""能行大事乎？"曰："能。"

冬十月，以宫甲围成王。王请食熊蹯而死。弗听。丁未，王缢。谥之曰"灵"，不瞑，曰"成"，乃瞑。

穆王立，以其为大子之室与潘崇，使为大师，且掌环列之尹。①

商臣杀楚成王之事又见《韩非子·内储说下》。子上对楚成王发表此一预言的依据是商臣的相貌特征："蜂目而豺声。"蜂有毒针螫人，豺似狼，性亦贪暴，故以此推断人目如蜂、声如豺者必性情狠毒。从商臣其人以东宫甲士围困其父，其父请求食熊蹯而不允等细节来看，子上所言当是时人共识。又《左传·宣公四年》载楚国子文预言越椒必亡若敖氏：

初，楚司马子良②生子越椒。子文曰："必杀之！是子也，熊虎之状而豺狼之声。弗杀，必灭若敖氏矣。谚曰：'狼子野心。'是乃狼也，其可畜乎？"子良不可。子文以为大慼。及将死，聚其族，曰："椒也知政，乃速行矣，无及于难。"且泣曰："鬼犹求食，若敖氏之鬼不其馁而！"

及令尹子文卒，斗般为令尹，子越为司马。蒍贾为工正，谮子扬而杀之，子越为令尹，己为司马。子越又恶之，乃以若敖氏之族，圉伯嬴（蒍贾）于轑阳而杀之，遂处烝野，将攻王。王以三王之子为质焉，弗受。师

___
① 杨伯峻编著：《春秋左传注》，中华书局 2009 年版，第 513—515 页。
② 司马子良，即斗伯比之子，令尹子文之弟，司马为其官。

于漳澨。秋七月戊戌，楚子与若敖氏战于皋浒。伯棼射王，汰辀，及鼓跗，著于丁宁。又射，汰辀，以贯笠毂。师惧，退。王使巡师曰："吾先君文王克息，获三矢焉，伯棼窃其二，尽于是矣。"鼓而进之，遂灭若敖氏。[①]

子文预言的依据与上一例同，也是斗越椒的相貌特征："熊虎之状而豺狼之声。"他的预言引用"狼子野心"的"谚"[②]，更表明春秋时社会上已经流传有关于相术的口传文献。又《左传·昭公二十八年》载叔向之母预言伯石必亡羊舌氏：

夏六月，晋杀祁盈及杨食我。食我，祁盈之党也，而助乱，故杀之。遂灭祁氏、羊舌氏。

初，叔向欲娶于申公巫臣氏，其母欲娶其党。叔向曰："吾母多而庶鲜，吾憎舅氏矣。"其母曰："子灵之妻杀三夫，一君，一子，而亡一国、两卿矣，可无惩乎？吾闻之：'甚美必有甚恶。'是郑穆少妃姚子之子，子貉之妹也。子貉早死，无后，而天钟美于是，将必以是大有败也。昔有仍氏生女，黰黑，而甚美，光可以鉴，名曰玄妻。乐正后夔取之，生伯封，实有豕心，贪惏无餍，忿颣无期，谓之封豕。有穷后羿灭之，夔是以不祀。且三代之亡、共子之废，皆是物也，女何以为哉？夫有尤物，足以移人。苟非德义，则必有祸。"叔向惧，不敢取。平公强使取之，生伯石。伯石始生，子容之母[③]走谒诸姑，曰："长叔姒生男。"姑视之，及堂，闻其声而还，曰："是豺狼之声也。狼子野心，非是，莫丧羊舌氏矣。"遂弗视。[④]

---

① 杨伯峻编著：《春秋左传注》，中华书局 2009 年版，第 679—682 页。

② 杨伯峻注云："《楚语下》述叶公子高之言曰：'人有言曰：狼子野心。'昭公二十八年《传》亦云：'及堂，闻其声而还，曰：是豺狼之声也。狼子野心。'则楚与晋皆传此谚。"（《春秋左传注》，中华书局 2009 年版，第 679 页）《汉书·艺文志·数术略》"形法"有《相人》二十四卷，学者们认为"此书是讲相人，属于小序所说'形人骨法之度数'"（李零：《兰台万卷：读〈汉书·艺文志〉》，生活·读书·新知三联书店 2011 年版，第 197 页）。盖为《左传》中相人诸例所引之"谚曰"之类。

③ 子容之母，指叔向嫂嫂。

④ 杨伯峻编著：《春秋左传注》，中华书局 2009 年版，第 1492—1493 页。

此预言又见于《国语·晋语八》："叔鱼生，其母视之，曰：'是虎目而豕喙，鸢肩而牛腹，谿壑可盈，是不可厌也，必以贿死。'遂不视。杨食我生，叔向之母闻之，往，及堂，闻其号也，乃还，曰：'其声，豺狼之声，终灭羊舌氏之宗者，必是子也。'"《晋语》所载细节与《左传》稍异，包含了对叔鱼与伯石的两个预言，且文字更简洁一些。① 叔向之母预言羊舌氏必败的依据有两个：一个是叔向娶申公巫臣与夏姬所生之女；二是叔向之子伯石始生时啼哭之声似"豺狼之声"，应了当时"狼子野心"的预言。上述这三个预言所依据的都是所谓相术，看来在当时人们的观念中，从一个人初生时的相貌和发出的啼哭声可以预知其人乃至他所在家族的命运。楚商臣初生时"蜂目"，越椒则有"熊虎之状"，蜂、熊、虎皆为毒辣凶狠之属，而商臣等三人都发出像狼一样的啼哭声，故预言其人必为残暴贪忍之辈。此类预言还有《左传·文公元年》载周内史叔服以相术预言公孙敖二子"谷也食子，难也收子。谷也丰下，必有后于鲁国"，《国语·周语》载王孙说为周简王预言鲁国大夫叔孙侨如"方上而锐下，宜触冒人"，还有《左传·昭公二年》载韩宣子到齐国，以相术预言子旗、子尾命运，等等，不繁举。

值得注意的是，这类预言在形式上与其他类型有所不同，多以"初"字领起，采取倒叙的方式，更增加了叙事的传奇色彩，使事件和人物的命运得以展示的同时，具有一种强烈的警诫意味。同时，这类预言多为口头形式传播，且不似前述几类预言掺杂有春秋时人们言论中常有的"德"论。有的学者认为，相术型预言属"直觉的、经验的预言"，且"这种直觉经验的预言带有明显的口语特色，主要就人物的外貌、语言、行为及事件过程而下的断语，随口而出，有较大的随意性。虽缺乏科学性但又不是信口雌黄"。②

荀况《非相》曾批评相术的虚枉说："相人，古之无有也，学者不道也。古者有姑布子卿，今之世梁有唐举，相人之形状颜色而知其吉凶妖祥，世俗称

① 比较起来，《晋语》一段材料似更原始，《左传》则经过了剪裁与取舍。这是因为此年《春秋》言"夏六月，晋杀祁盈及杨食我"，只提到杨食我（伯石），而未提及叔鱼，故《左传》只取叔向之母预言伯石之事。

② 潘万木：《左传叙述模式论》，华中师范大学出版社2004年版，第195页。

之。古之人无有也，学者不道也。"① 杨倞概括此篇大旨云："相，视也，视其骨状以知吉凶贵贱也。妄诞者多以此惑世，时人或矜其状貌而忽于务实，故荀卿作此篇以非之。"② 相术固然不可信，然而作为一种叙事写人的手法，相术型预言在后世却产生了很大的影响。史传、小说，甚至叙事性诗歌中，都有运用。屈原的《离骚》开首即言"皇览揆余初度兮，肇锡余以嘉名。名余曰正则兮，字余曰灵均"③，意谓皇考观察屈子初生时之形相法度，以己有此"内美"之相貌而肇赐以佳名。此即春秋时之婴儿出生即观其相以预知其命运之习俗在诗歌中之表现。史传如《史记》叙述三皇五帝、诸侯，《汉书》叙述天子王侯及将相，莫不运用相术型预言以神其事。再延及后世小说，相术型预言遂成为小说家刻画人物形象、设置情节线索，甚至谋篇布局的重要手段。④ 学者们对此已有论述，兹不赘言。

七、春秋议礼观人之风与察言观礼型预言

春秋时期，上层社会特别重视人的"威仪"⑤。由此形成了一种对威仪的评

---

① （清）王先谦撰，沈啸寰、王星贤点校：《荀子集解》，中华书局 2013 年版，第 85 页。
② （清）王先谦撰，沈啸寰、王星贤点校：《荀子集解》，中华书局 2013 年版，第 85 页。
③ （宋）洪兴祖撰，白化文等点校：《楚辞补注》，中华书局 1983 年版，第 4 页。
④ 万晴川：《明清小说中的人物形貌描绘与相人术》，《西北师大学报》（社会科学版）2001 年第 5 期。
⑤ 《左传·襄公三十一年》载：卫侯在楚，北宫文子见令尹围之威仪，言于卫侯曰："令尹似君矣，将有他志，虽获其志，不能终也。《诗》云：'靡不有初，鲜克有终。'终之实难，令尹其将不免。"公曰："子何以知之？"对曰："《诗》云：'敬慎威仪，惟民之则。'令尹无威仪，民无则焉。民所不则，以在民上，不可以终。"公曰："善哉，何谓威仪？"对曰："有威而可畏谓之威，有仪而可象谓之仪。君有君之威仪，其臣畏而爱之，则而象之，故能有其国家，令闻长世。臣有臣之威仪，其下畏而爱之，故能守其官职，保族宜家。顺是以下皆如是，是以上下能相固也。《卫诗》曰：'威仪棣棣，不可选也。'言君臣、上下、父子、兄弟、内外、大小皆有威仪也。《周诗》曰：'朋友攸摄，摄以威仪。'言朋友之道，必相教训以威仪也。《周书》数文王之德，曰：'大国畏其力，小国怀其德。'言畏而爱之也。《诗》云：'不（接上页）识不知，顺帝之则。'言则而象之也。纣囚文王七年，诸侯皆从之囚，纣于是乎惧而归之，可谓爱之，文王伐崇，再驾而降为臣，蛮夷帅服，可谓畏；文王之功，天下诵而歌舞之，可谓则；文王之行，至今为法，可谓象。有威仪也。故君子在位可畏，施舍可爱，进退可度，周旋可则，容止可观，作事可法，德行可象，声气可乐，动作有文，言语有章，以临其下，谓之有威仪也。"这段话最能说明什么是威仪。见杨伯峻编著：《春秋左传注》，中华书局 2009 年版，第 1193—1195 页。

议之风，或者可以称之为议礼观人之风。所谓议礼观人，就是在外交场合或其他行礼的场合，普遍存在一种对参加活动的主要人物在礼仪中的威仪的评论风气。在上述礼仪语境下，常由一些有影响力的卿大夫和有威望的有识者通过对一个人在行礼时的"言""行"的观察，判断其德行修养，并由此评判他是否具备任职任事的基本素养，并借以预言其命运前途。如其言行合乎德、礼，则其人前途吉祥光明，如其言行败德无礼，则此人必败。这类预言体现了春秋时期社会规范由先前的"仪式伦理"向"德行伦理"转化的趋势，[①] 这也是卿大夫阶层对"礼"的生活化和现实化的阐明。如《左传·文公九年》载：此年冬，楚国的子越椒访问鲁国，在行礼执币时态度傲慢。鲁国的叔仲惠伯预言曰："是必灭若敖氏之宗。傲其先君，神弗福也。"[②] 杜预《春秋左传注》云："子越椒，令尹子文从子。"[③] 叔仲惠伯的预言显然是由子越椒在聘礼时失礼之举而推断其德行，并由此得出其必亡其宗族的预言的。这个预言与前文所述子文"狼子野心"的预言相呼应，而又小有差别，叔仲惠伯的因果判断中包含着由礼仪禁忌向个人德行的转换。

又如《左传·文公十七年》载："（鲁大夫）襄仲如齐，拜穀之盟。复曰：'臣闻齐人将食鲁之麦。以臣观之，将不能。齐君之语偷。臧文仲有言曰："民主偷，必死。"'"[④] "民主"，指齐懿公。"语偷"，即言辞中透露出苟且、无远虑的思想。本来国君在外交场合发言应当辞气和顺悦美[⑤]，然而齐懿公却语露苟且，犯了礼仪之忌。故鲁国的使臣回复君命时才由此加以引申，预言齐君必死。

再如《左传·成公六年》载："六年春，郑伯如晋拜成，子游相，授玉于东楹之东。士贞伯曰：'郑伯其死乎！自弃也已，视流而行速，不安其位，宜

---

① 陈来：《古代思想文化的世界：春秋时代的宗教、伦理与社会思想》，生活·读书·新知三联书店 2002 年版，第 285 页。
② 杨伯峻编著：《春秋左传注》，中华书局 2009 年版，第 573—574 页。
③ 若敖生斗伯比，斗伯比生令尹子文及司马子良，椒则子良之子。子越椒，即斗椒，字子越，亦字伯棼，连字与名言之，故曰子越椒。说参（清）钱绮：《左传札记》。
④ 杨伯峻编著：《春秋左传注》，中华书局 2009 年版，第 627 页。
⑤ 《诗·大雅·板》："辞之辑矣，民之洽矣；辞之怿矣，民之莫矣。"孔颖达《正义》："国之安危。在于出令，王者若出教令，其辞气之和顺矣，则下民之心相与合聚矣。其辞气之悦怿矣，则下民之心皆得安定矣。言民合定在于王教。"见《毛诗正义》，《十三经注疏》（标点本），北京大学出版社 1999 年版，第 1145—1146 页。

不能久。'"①子游即郑大夫公子偃。按，古代行礼在堂，堂上有东西两大柱，曰东楹、西楹。两楹之间曰中堂。行礼时如宾主身份相当，授受玉应在两楹之间。如宾身份低于主人，则在中堂与东楹之间，即在东楹之西。晋景公与郑悼公皆国君，依常礼，应授玉于中堂。郑悼公因以晋景公为霸主，不敢行平等之礼，亦当在中堂与东楹之间。今晋景公安详缓步，而郑悼公则快步又过谦，竟至东楹之东授玉，尤见自卑。故士贞伯以其缺乏自信，有将死之兆。这也是据礼仪失度而推断其行事无果，并预言其不能久有其国。

再如《左传·成公十三年》："十三年春，晋侯使郤锜来乞师，将事不敬。孟献子曰：'郤氏其亡乎！礼，身之干也；敬，身之基也。郤子无基。且先君之嗣卿也，受命以求师，将社稷是卫，而惰，弃君命也，不亡何为？'"②晋侯使郤锜适鲁乞师，不敬，孟献子论礼与敬，预言郤氏必亡。按：孟献子，即仲孙蔑。郤锜，郤克之子。郤克为晋景公上卿，郤锜为晋厉公之卿。临事不敬，后三年，即鲁成公十七年，晋杀郤锜。表明这年预言应验。

孟献子预言引述当时的礼论，其中的逻辑仍是由违礼失度而推断其必不善终。孔颖达《春秋左传正义》评此年孟献子之语云："干以树木为喻，基以墙屋为喻。"③指出孟献子之论"礼""敬"也，可谓善喻。其预言不仅果然应验，而且其表述也文采斐然。其实仔细分析，预言中表达的善恶有报的倾向性要大于因果关系，预言者寄予其中的主观色彩特别浓重。显然，在这里，预言已不完全是一种事实的陈述了，而更多地体现了预言者的主观意愿和叙事者对预言这种文学手法的熟练运用。

另如《左传·襄公七年》载：卫大夫孙文子聘鲁，且答拜季武子致谦之言，而续其父孙桓子与鲁君之盟约。行礼之际，鲁襄公登阶，孙文子亦登阶，不让于鲁君，其行为违礼。叔孙穆子为侯相，趋进而责之曰："诸侯之会，寡君未尝后卫君，今吾子不后寡君，寡君未知所过，吾子其少安。"孙子无辞以对，亦无悔改之容。叔孙穆子于是预言曰："孙子必亡。为臣而君，过而不悛

---

① 杨伯峻编著：《春秋左传注》，中华书局2009年版，第825—826页。
② 杨伯峻编著：《春秋左传注》，中华书局2009年版，第860页。
③ （周）左丘明传，（晋）杜预注，（唐）孔颖达正义：《春秋左传正义》，《十三经注疏》（标点本），北京大学出版社1999年版，第754页。

（悔改），亡之本也，《诗》曰：'退食自公，委蛇委蛇。'谓从者也。衡（专横）而委蛇，必折。"①

穆叔即叔孙豹，他在预言中既引证了当时通行的礼论（为臣而君，过而不悛［悔改］，亡之本也），又引《诗》为证。所引诗句，出自《诗·召南·羔羊》，意谓轻慢专横，无礼而不知悔改，必然招致祸患。《诗》《礼》互为表里，《诗·鄘风·相鼠》："人而无礼，胡不速死。"亦即此意。按：此预言之事又见《韩非子·难四》所载。这里穆叔引《诗》句为预言，极似谣谶。所不同者，此年预言人物言行与其结局之间的确具备内在的逻辑关系。

这类察言观礼型的预言，在语体方面有一些共同的特点：首先，均是以当时人们公认的礼仪德行之论为大前提；其次，均是以预言者对被预言者言、行的观察判断为小前提；再次，对礼论成说及《诗》《书》、故志及谣谚的征引造成"镶嵌式"的文体效果。除此之外，这类预言还催生出《逸周书·官人》②《大戴礼记·文王官人》一类的识人鉴才方面的文献，限于本文篇幅，将另文论述。

八、崇理尚德之风与逻辑推理型预言

春秋时期，随着历史经验的积累，人们对天命鬼神等神秘力量的权威性产生了质疑。在上层社会的一部分卿大夫和有识君子中，出现了崇理尚德的观念。这在当时引起了比较大的反响。在这种思想观念的影响下，出现了一种逻辑推理型的预言。

所谓逻辑推理型预言，是指春秋时期出现的以道德标准、事理逻辑为依据，来预言和判断人物命运与事件结果的预言。这类预言大体已经摆脱了此前预言

①　杨伯峻编著：《春秋左传注》，中华书局 2009 年版，第 952—953 页。
②　由内容及语言形式看，此篇当为春秋时代之文献。刘师培云："案此篇之文符于《大戴礼记·文王官人篇》。又《治要》所引《六韬》，内言八徵、六守，并与此篇多近，疑均上有所本。……刘劭《人物志》亦本之。"（黄怀信、张懋镕、田旭东撰《逸周书汇校集注》［修订本］所引，上海古籍出版社 2007 年版，第 757 页）刘师培言"疑上有所本"，即本乎春秋时之察言观礼型预言。又言刘劭《人物志》亦此之类，表明察言观礼型预言影响之大。

家认为筮占、星象、梦境、谣谚等与事件结果之间存在神秘联系的思维模式，具备了理性思维的一些特点。从时间顺序上来说，这种类型的预言产生最晚。考察逻辑推理型预言的实例，尽管预言的依据符合事理逻辑，但其预言结果的应验有时往往不存在精确的因果联系，显然也是史传的作者为增加叙事情节的生动性而进行的文学化的加工。也就是说，这类预言的叙事者在预言撰制和发表时，有两个明显的动机：一是借预言宣扬德行至上的政治观念，二是运用预言的叙事手段制造神秘奇特而又生动有趣的叙事效果。如《国语·晋语二》载：

> 宰孔谓其御曰："晋侯将死矣！景霍以为城，而汾、河、涑、浍以为渠，戎、狄之民实环之。汪是土也，苟违其违，谁能惧之？今晋侯不量齐德之丰否，不度诸侯之势，释其闭修，而轻于行道，失其心矣。君子失心，鲜不夭昏。"是岁也，献公卒。八年，为淮之会。九年桓公在殡，宋人伐之。①

宰孔对他的御者所讲的这个预言，是根据晋献公无德而"失心"之举。所谓"君子失心，鲜不夭昏"，虽是当时人们认同的"公理"，但其与"晋献公死于当年"的结果之间并无精确的内在因果关系。显然，这是《晋语》的编著者为追求叙事的戏剧性而有意的"创作"。

再如《左传·宣公九年》载：为厉之役故，楚庄王伐郑。晋郤缺救郑，郑伯败楚师于柳棼。国人皆喜，唯大夫子良忧，预言曰："是国之灾也，吾死无日矣。"按：子良，郑大夫，即公子去疾，郑穆公庶子。杜预《春秋左传注》云："自是晋、楚交兵伐郑，十二年，卒有楚子入郑之祸。"② 依据当时的形势来看，郑国弱小，楚国强大，楚国、晋国两大国争霸，郑国处于其间，无险可守。虽此年以弱胜强，但以小国而凌大国，楚虽小败，后必报之。故郑国的子良预言郑有祸，其依据的是对当时列国政治形势的正确评判和推理，由此可见其有政治远见。

---

① 徐元诰撰，王树民、沈长云点校：《国语集解》（修订本），中华书局 2002 年版，第 288 页。
② （周）左丘明传，（晋）杜预注，（唐）孔颖达正义：《春秋左传正义》，《十三经注疏》（标点本），北京大学出版社 1999 年版，第 623 页。

又如《左传·哀公元年》载："吴师在陈，楚大夫皆惧，曰：'阖庐惟能用其民，以败我于柏举，今闻其嗣又甚焉，将若之何？'子西曰：'二三子恤不相睦，无患吴矣。昔阖庐食不二味，居不重席，室不崇坛，器不彤镂，宫室不观，舟车不饰；衣服财用，择不取费。在国，天有灾疠，亲巡孤寡而共其乏困。在军，熟食者分而后敢食。其所尝者，卒乘与焉。勤恤其民，而与之劳逸，是以民不罢劳，死知不旷。吾先大夫子常易之，所以败我也。今闻夫差，次有台榭陂池焉，宿有妃嫱、嫔御焉；一日之行，所欲必成，玩好必从；珍异是聚，观乐是务；视民如仇，而用之日新。夫先自败也已，安能败我？'"①楚国的子西根据吴国的政治状况进行推理，认为夫差无德，背弃了其父阖闾爱民勤政的美德，转而贪图享受，视民如仇，其国虽大，而必先自败；从而预言吴王夫差的军队虽然侵略与楚临近的陈国，但必不能有损于楚国。战争有其偶然性，子西的预言显然已经脱离了占卜型预言与梦占型、谣占型预言的神秘性因果关系，主要是依据逻辑推理，虽然这种推理实际与战争结果并无精确的、内在的因果关系，但这毕竟是一种巨大的进步。当然，对叙事者而言，这个预言也是作者为突出子西其人的智慧而"创作"的，也是一种叙事的手法。

此外，在《国语·周语中》还记载："（周）定王使单襄公聘于宋。遂假道于陈以聘于楚。火朝觌矣，道茀不可行，候不在疆，司空不视途，泽不陂，川不梁，野有庾积，场功未毕，道无列树，垦田若蓺，膳宰不致饩，司里不授馆，国无寄寓，县无施舍，民将筑台于夏氏。及陈，陈灵公与孔宁、仪行父南冠以如夏氏，留宾不见。单子归，告王曰：'陈侯不有大咎，国必亡。'"王曰："何故？"单襄公对曰：

　　夫辰，角见而雨毕，天根见而水涸，本见而草木节解，驷见而陨霜，火见而清风戒寒。故先王之教曰："雨毕而除道，水涸而成梁，草木节解而备藏，陨霜而冬裘具，清风至而修城郭。"故《夏令》曰："九月除道，十月成梁。"其《时儆》曰："收而场功，偫而畚梮，营室之中，土功其

① 杨伯峻编著：《春秋左传注》，中华书局2009年版，第1608—1609页。按：《国语·楚语》为此言者乃蓝尹亹，与《左传》不同，表明此故事在当时流传很广，有不同的传本。

始。火之初见，期于司里。"此先王所以不用财贿而广施德于天下者也。今陈国，火朝觌矣，而道路若塞，野场若弃，泽不陂障，川无舟梁，是废先王之教也。周制有之曰："列树以表道，立鄙食以守路。国有郊牧，疆有寓望，薮有圃草，囿有林池，所以御灾也。其余无非谷土。民无悬耜，野无奥草。不夺民时，不蔑民功，有优无匮，有逸无罢。国有班事，县有序民。"今陈国，道路不可知，田在草间，功成而不收，民罢于逸乐，是弃先王之法制也。周之《秩官》有之曰："敌国宾至，关尹以告，行理以节逆之，候人为导，卿出郊劳，门尹除门，宗祝执礼，司里授馆，司徒具徒，司空视途，司寇诘奸，虞人入材，甸人积薪，火师监燎，水师监濯，膳宰致饔，廪人献饩，司马陈刍，工人展车，百官以物至，宾入如归，是故小大莫不怀爱。其贵国之宾至，则以班加一等，益虔。至于王吏，则皆官正莅事，上卿监之。若王巡守，则君亲监之。"今虽朝也不才，有分族于周，承王命以为过宾于陈，而司事莫至，是蔑先王之官也。先王之令有之，曰："天道赏善而罚淫，故凡我造国，无从非彝，无即慆淫，各守尔典，以承天休。"今陈侯不念胤续之常，弃其伉俪妃嫔，而帅其卿佐以淫于夏氏，不亦渎姓矣乎？陈，我大姬之后也。弃衮冕而南冠以出，不亦简彝乎？是又犯先王之令也。昔先王之教，懋帅其德也，犹恐殒越。若废其教而弃其制，蔑其官而犯其令，将何以守国？居大国之间，而无此四者，其能久乎？[1]

　　按，《国语·周语中》云："六年，单子如楚。八年，陈侯杀于夏氏。九年，楚子入陈。"[2]据此，则单襄公归论陈政于定王当在周定王七年，当鲁宣公九年。单襄公所说的"夫辰，角见而雨毕，天根见而水涸，本见而草木节解，驷见而陨霜，火见而清风戒寒"，当是当时流传的星占书文辞，意谓"辰角""天根""本""驷""火"五种星象的出现，预示着五种特殊的时候节气，国君应据此做相应的政事、农事的安排；这是单襄公预言的大前提。如果遵从

---

①　徐元诰撰，王树民、沈长云点校：《国语集解》（修订本），中华书局 2002 年版，第 63—69 页。
②　徐元诰撰，王树民、沈长云点校：《国语集解》（修订本），中华书局 2002 年版，第 69 页。

"先王之教"，则国之将兴；否则，国之将乱；这是单襄公预言的小前提。然而，陈国在"火朝觌矣，而道路若塞，野场若弃，泽不陂障，川无舟梁，是废先王之教也"，如果废除先王之教，则只能导致误国主农。再加上陈国国民贪图安逸、不思进取，国君陈灵公又不礼遇路过陈国的周天子之臣，并且抛弃周礼，淫于夏姬。所以最终必定会导致亡国。

单襄公的预言，其大前提及小前提虽然是依据占星术，但其实其推论陈灵公亡国的主要因素还是因为陈国君臣上下改弃周礼、悖乱无德。从春秋初年到春秋末叶，虽然预言这种话语方式的语体形式大体未变，然而从其内在逻辑而言，已经由主要依据占卜、筮法、星占、梦占等结果解说休咎吉凶，演变成为从事主的德行出发来进行预言。换句话说，预言的逻辑推理及人文色彩越来越浓，而前兆迷信的色彩越来越淡。

小　结

综上所述，先秦时期的预言最初起源于人们根据长期积累的有关天文、地理、自然现象、人事等的直观经验，试图预测重大政治、生产和生活事件走势及结果的现实需要。因为最初积累的对外部世界和人自身的经验带有巫术思维的特征，所以早期的预言也带有直觉的、非理性的神秘色彩。

到了夏、商、西周时代，随着宗教的体系化，卜筮、占星、占梦、谣占等成为人们预知神意的神圣技术，预言也获得了上述种种神圣技术的支撑，成为一种宗教性和政治性的话语方式，其表现形式也随之更加丰富多样。

时至春秋时代，随着取鉴于历史兴亡成为现实政治的重要智力手段被普遍重视，历史理性与人文精神萌芽并逐渐成长。受这种思潮的影响，预言更加关注军国大事和个人的命运，而其话语的撰制也逐渐脱离卜筮、占星、占梦、谣占等具体的操作程式而成为对经典操演实例的"引征"，预言所针对的事例的征兆只要与那些长期积累下来的，且被普遍认定与某种结果相对应的经典操演实例相吻合，则可以据此进行相应的推断。除此之外，预言者及被预言者的德行也成为预言结果的重要理论依据。全面考察先秦时期各个阶段上的预言，有以下几点启示：

第一，一些预言中的征兆因为总预示着特定的结果，因而被预言家反复使用，成为一种带有原型意义的"经典性预言"，如"五星会聚利中国""荧惑守心""狼子野心""地角丰隆，中年荣贵"等等。作为一种特殊的政治话语，这些"经典性预言"所形成的特定的象征和隐喻系统不仅深刻地影响了中国的政治、文化，同时也成为后世史传、小说、戏剧等重要的叙事手段。

第二，《左传》《国语》等史传中所见春秋时的预言，其文本具有双重性，即从操作层面来看，是此前政治话语的道德化的表述；而从叙事作品的角度看，预言又是一种重要的、富于表现力的叙事手段。这种双重性导致了预言在之后发展的两条完全不同的路径：从操作层面开启了秦汉以后中国古代术数文化的洋洋大观，从文学层面则导致了中国古代史传、小说等叙事文学在谋篇布局、人物刻画、情节设置、创作素材等多方面的种种模型和套式。

第三，作为一种综合性的文化事象，不能简单化地用前兆迷信或科学推理等标准来对先秦预言予以价值判断。上文所述八类预言中的前六类产生时代较早，最后两类预言产生较晚。尽管其依据因果关系未必符合客观实际，但还是保留了人们在认知客观世界、确认人与世界关系方面积累的经验，体现了人们的探索精神。战国秦汉以后的天文学、农学、算学、地理学、物候学、医学、博物学等，都是其结出的硕果。

第四，先秦预言的文本最初以口传方式存在，到西周以降逐渐被书面化，春秋时代的预言被载录的数量更多。口传也好，书写也罢，一种文本如果被现实需要所吁求，就具备了特定的撰作模式，也就已经具备文体的雏形。对先秦预言而言，"叙述（预言之事或征兆）＋引证＋推断之辞＋验辞"是其一般的行文格式，奇异神秘、典雅厚重是其常见的语体风格。预言的撰制与发表者最初是巫史之流，到春秋时期，则卿大夫和其他有识见者亦常撰制和发表预言。

第五，先秦预言文本对先秦政治、宗教、文化及日常生活的包容性和延展性，以及文本功能的多重性、话语方式的原型潜质，雄辩地证明了先秦文学混沌未分、元气淋漓的丰富内涵与独特本质。

第六章　春秋聘礼与辞令文章创作

聘礼既是周人创立的一种羁縻诸侯的礼制，也是春秋时期诸侯国之间邦交关系的一种新形式。东周以降，周室贫弱，诸侯之间，诸侯与王室之间原有的关系被打破，诸侯争霸的新形势要求重新建立邦交秩序的形式，春秋朝聘制度由此应运而生。朝聘制度古已有之，春秋朝聘会盟制度是借其形式而赋予其新的内容。刘勰尝言："先王圣化，布在方册；夫子风采，溢于格言。是以远称唐世，则焕乎为盛；近褒周代，则郁哉可从，此政化贵文之征也。"[1]（《文心雕龙·征圣》）意思是说孔子称赞周代"郁郁乎文哉"，体现了周代的政治教化都表现为"文"，借"文"而行（"政化贵文"）。这种精神体现于聘礼，就是聘文中精彩巧妙的行人专对和温文尔雅的外交辞令。本章拟从聘问的实例的归纳出发，揭示春秋时代各国行人及卿大夫的辞令文章创作。

一、春秋聘礼仪程述略

春秋时代的聘礼是诸侯之间的外交礼仪，又称觐、朝或问。郑玄《三礼目录》云："觐，见也，诸侯秋见天子之礼，春见曰朝，夏见曰宗，秋见曰觐，冬见曰遇。……三时礼亡，唯此存尔。"[2]《五经异义·公羊说》：诸侯四时见天子，及相聘皆曰朝，以朝时行礼卒，而相逢于路曰遇。觐礼为古礼中诸侯朝见

---

[1]　（南朝梁）刘勰著，范文澜注：《文心雕龙注》，人民文学出版社1958年版，第15页。

[2]　（汉）郑玄注，（唐）贾公彦疏：《仪礼注疏》，《十三经注疏》（标点本），北京大学出版社1999年版，第506页。

天子之礼。春秋周室衰，觐礼不行于天子，而于小国朝大国有之。大适小，小国"怀服如归"①，不能不如此。春秋时代朝聘礼的变化，从一个实例即可看出。《周礼·秋官·大行人》郑注曰："享，设盛礼以饮宾也。"此礼通行于周代，屡见于器铭。《师遽方彝铭》云："佳正月既生霸丁酉，王才康寴鄉醴，师遽蔑曆友。王乎宰利'赐师遽珊、圭一，王袁、章四'。师遽拜稽首敢对扬天子不显休，用乍文且它公宝隩彝，用匃万年无疆，百世孙子永宝。"此铭为周共王时器铭，铭记王命作器者宥，嘉其勤勉，故命宰利锡之以玉器五品，共为四种。②据《左传·庄公十八年》记载，公元前676年（周惠王元年）春，虢公丑、晋献侯朝于周惠王。王享之，赐币，玉五穀，马三匹。鲁史以为非礼。依器铭所载西周礼制，王享诸侯，仅赐玉五品，而无马。是名位不同，礼亦异数，不以礼假人。《左传》所载之例中，王之赐无等次，知已非其旧制，故鲁史有"非礼"之讥。可证春秋时代的"朝"，已非周人旧制，名虽无别，实质已改。

　　春秋时的朝聘，成为大国在政治、经济等方面威服小国的一种制度。通过朝聘，大国的目的在于巩固和扩大其势力，小国的目的则在于保全其国。春秋朝聘，大致可分为两类，一是诸侯新即位的朝聘，《左传·文公元年》载："凡君即位，卿出并聘，践修旧好，要结外援，好事邻国，以卫社稷。"③又《左传·襄公二年》载："凡诸侯即位，小国朝之，大国聘焉，以继好、结信、谋事、补阙，礼之大者也。"④二是因突发事件而进行的朝聘，这类突发事件主要有战争、政治纷争（如内乱、国与国之间的争端等）、天灾、喜庆等等。《春秋》所记朝聘近数百次，多数都是第二类朝聘。

　　聘礼具有两个内容：一是礼仪，二是礼币。礼仪是指登降揖让、歌诗赋诗、陈辞说事等繁文缛节。这是体现行礼双方的身份、等级，并在外交场合交流思想情感，达成政治目的的手段。据《仪礼·聘礼》及典籍所载，其仪节如下：

　　1.命使，命介。大聘命卿，小聘使大夫。总的原则是使者据所使之国而

---

①　（清）陈寿祺撰，曹建墩校点：《五经异义疏证》，上海古籍出版社2013年版，第112页。
②　器铭释文及断代据陈梦家《西周铜器断代》，中华书局2004年版，第159页。
③　杨伯峻编著：《春秋左传注》，中华书局2009年版，第515—516页。
④　杨伯峻编著：《春秋左传注》，中华书局2009年版，第918页。

定，介则据使者的爵位而定。

2. 授币。即预备出使所用的礼物，其多少据所出使之国而定，礼物一一书写于礼单。出使前"使者受书，授上介"。礼币是指玉、帛、皮、马等宝货财物。① 据《仪礼·聘礼》，出聘国所备礼币除献圭璧玉器之外，还有帛二百匹，兽皮数十张，马三四十匹。依周礼受聘国亦应回赠礼币，以示重礼轻币之意。但春秋朝聘礼币则重币轻礼，成为大国在经济上剥削小国的手段。

3. 将行释币，告祢与行。这是使者告于祢庙，祭祀行道之神，祈祷出使平安。

4. 使者率上介及众介受命于朝，遂行，舍于郊。

5. 过邦借道。出使路过其他诸侯国时，要通过外交方式"假道"，所过国依礼"饩之以其礼"。

6. 将入所聘国之国境，预先演习礼仪，以免失礼。

7. 效劳、致馆、设飧。至所聘国国都之郊，主国之君派卿用束帛慰劳，使者用皮及束帛酬谢卿。主国之夫人派大夫劳宾，并引宾至馆舍，致君命。宰夫设飧。

8. 行聘礼于所聘国的宗庙中。主国下大夫奉命迎宾于馆，宾着皮弁服，至君外朝。宾使介陈币。主国卿为上摈，大夫为承摈，士为绍摈。主国之君着皮弁，迎宾于中庭。宾立于西塾。宾、主至堂上，三让，公升至阼阶，宾升至西阶。宾东向授圭，公西向受之。宾出。

9. 主国行享献礼慰劳使者。奉束帛加璧，陈皮于庭。揖让升，宾致命。公再拜受币。宾出。

10. 私觌。即宾以君币慰问卿，又以私币面卿。上介、众介皆面见卿。上介以君币问下大夫尝使至者，以私币面下大夫。主君夫人赠送礼物给宾及上介。

11. 主君使卿大夫赠饔饩于使者及众介。这是送给宾、介及随从在聘期的膳食之用。

12. 请观。请宾、介观览宗庙宫室。

13. 主国君臣食飧宾与介。君为宾、介行飧、食、燕之礼。宾飧礼二次，

---

① 参钱玄：《三礼通论》，南京师范大学出版社 1996 年版，第 657—662 页。

食礼一次，燕礼不定数。上介一飨、一食。飨、食均用大牢。主国之卿亦为宾行一飨一食，为上介或飨或食一次。

14. 宾、介问卿大夫。皆有币。

15. 君使卿着礼服，还玉于馆，还璋，贿用束纺。"礼玉、束帛、乘皮，皆如还玉礼。"此玉即行聘礼时宾致君之圭，及致夫人之璋。

16. 贿、礼。君以束帛赠来聘国之国君，称之为贿。以玉、束帛、乘马、皮报答所享之礼品，谓之礼。

17. 送宾、君臣赠送。

18. 返国复命。陈币，冢宰受圭、璋，君劳使者，赐介。

19. 使者国家释币于门（祭门神），告祢，酬劳随从。上介亦如此。

以上就是聘礼的基本程序。[①] 各家所述虽小有差异，但从礼书和《左传》《国语》所载实例来看，朝聘礼的各个环节中都贯穿着乐舞、歌诗的表演与评论，以及文章辞令的写作发布，充分体现了礼乐文化"郁郁乎文哉"的特点。我们考察朝聘中的文学活动，主要注意朝聘仪程中的礼仪性文学展演与辞令文章的创作发布。

二、聘问燕享中的歌诗奏乐与文章写作

周人实行乐教，所有的礼仪活动都有奏乐的内容，朝聘也不例外。据《周礼》所载，周代有专门的音乐机构，大司乐为其首，所属从事音乐行政、音乐教育、乐舞表演的人员约有 1463 人之多。这个机构所掌五种乐舞（包括：1. 六代乐舞，2. 小舞，3. 散乐，4. 四夷之乐，5. 宗教乐舞）和燕礼所用的特定音乐节目[②]，这是重要的艺术和文学传统，时至春秋，在朝聘中展演上述节目，

---

① 杨志刚：《中国礼仪制度研究》，华东师范大学出版社 2001 年版，第 389—391 页；陈戍国《中国礼制史》（先秦卷），湖南教育出版社 2011 年版，第 310—311 页。

② 据《仪礼·燕礼》和《乡饮酒礼》，这些特定节目包括如下周人的诗作：1. 工歌《鹿鸣》《四牡》《皇皇者华》；2. 笙奏《南陔》《白华》《华黍》；3. 间歌《鱼丽》，笙《由庚》；歌《南有嘉鱼》，笙《崇丘》；歌《南山有台》，笙《由仪》；4. 乡乐：《周南》：《关雎》《葛覃》《卷耳》；《召南》：《鹊巢》《采蘩》《采蘋》。

是当时文学活动的重要内容。

朝聘必有燕享，而燕享必奏乐。《礼记·王制》称诗、书、礼、乐为"四术"，又称"四教"。是四者相互配合，以显示主人的风雅；娱宾助兴，也表示和衷共济、不相侵陵的政治意图。燕享歌诗奏乐既是前代乐歌传播的重要途径，也是观乐听歌者进行评价的场所。

朝聘燕享中的歌诗奏乐娱乐性较强，大多数情况下是表演前代乐舞，尤其是上古圣王之乐，即上文言"六代乐"。如《国语·周语上》载："（周惠王）二年，边伯、石速、蒍国出王而立子颓。王处于郑。三年，王子颓饮三大夫酒，子国为客，乐及徧儛。"①《左传·庄公二十年》云："冬，王子颓享五大夫，乐及徧舞。"《注》云："黄帝之《云门》《大卷》，尧之《大咸》，舜之《大韶》，禹之《大夏》，汤之《大濩》，周武王之《大武》也。"②《周礼·春官·大司乐》云："以乐舞教国子，舞《云门》《大卷》《大咸》《大磬》《大夏》《大濩》《大武》。"③

王子颓享边伯等五大夫，为之演奏六代之乐《云门》《大卷》《大咸》《大韶》《大夏》《大濩》《大武》等。这是燕享中歌诗奏乐的典型事例。《左传》和《国语》并未记载宾主对六代乐舞表演艺术的评论，但却详细记载了当时舆论对王子颓等人在祸患临头时仍然歌舞不倦的行为的评价。郑伯闻之，对虢叔曰："寡人闻之：哀乐失时，殃咎必至。今王子颓歌舞不倦，乐祸也。夫司寇行戮，君为之不举，而况敢乐祸乎？奸王之位，祸孰大焉？临祸忘忧，忧必及之。"④郑厉公所说"哀乐失时，殃咎必至"，当为引述前人之说，体现出春秋时人对于乐与礼关系的认识，这种认识进一步发展，就产生强调音乐和歌诗社会功能的思想。

非常有趣的是，郑厉公虽明此理，但他本人也因得意忘形而犯了同样的错误。他的错误由原伯（原庄公）指出。《左传·庄公二十一年》云："郑伯享王

---

① 徐元诰撰，王树民、沈长云点校：《国语集解》（修订本），中华书局 2002 年版，第 27—28 页。

② 杨伯峻编著：《春秋左传注》，中华书局 2009 年版，第 214 页。

③ （汉）郑玄注，（唐）贾公彦疏：《周礼注疏》，《十三经注疏》（标点本），北京大学出版社 1999 年版，第 575 页。

④ 此文字见杨伯峻编著：《春秋左传注》，中华书局 2009 年版，第 215 页。

于阙西辟，乐备。"郑厉公享周王，席间为之奏六代之乐。原庄公曰："郑伯效尤，其亦将有咎。"杜预《春秋左传注》："备六代之乐也。"杨伯峻《春秋左传注》云："郑伯效尤指乐备而言。郑伯既以王子颓乐及徧舞为非，而己又于享王时备六代之乐，是所谓'尤人而效之'也。"① 这个事件在叙事上与螳螂捕蝉、黄雀在后的故事有异曲同工之妙，饶有趣味地说明了奏乐遵礼，乐必有时的音乐观念。

再如《左传·成公十二年》载，是年秋，晋国大夫郤至聘于楚国参加盟会，楚王享之，为地室以悬钟磬，违礼作金奏，郤至引《诗·周南·兔罝》，论政以礼成，民是以息。按：金奏，金指钟镈，奏九夏，先击钟镈，后击鼓磬，谓之金奏。说详孙诒让《周礼·春官·钟师》之《正义》。此金奏，应是奏《九夏》之《肆夏》。据《左传·襄公四年》，《肆夏》本是天子享元侯乐曲，春秋时诸侯相见亦用之。此年楚王享郤至用此乐，违礼，故郤至曰"不敢"，范文子言楚人"无礼"。

《左传·襄公十年》载：宋平公享晋侯于楚丘，席间请求为之表演《桑林》之舞。晋大夫荀罃谦辞。荀偃、士匄曰："诸侯宋、鲁，于是观礼。鲁有禘乐，宾祭用之。宋以《桑林》享君，不亦可乎？"② 遂舞《桑林》，舞师举饰以雉羽之旌夏之旗率舞队以入，晋侯猝然见之，惧而退入于房。去旌，卒享而还。及著雍，疾。占卜结果为桑林之神作祟。荀偃、士匄欲奔回宋之桑林请祷焉。荀罃不可，曰："我辞礼矣，彼则以之，犹有鬼神，于彼加之。"于是不祷而晋侯之疾愈。

《桑林》之舞，为殷商所传旧乐，宋人因之。《庄子·养生主》："合于桑林之舞。"注云："桑林，殷汤乐名也。"③《吕氏春秋》《荀子》《尸子》等载汤时大旱七年，汤以身祷于桑林。《桑林》之舞盖由此得名。说详孔颖达《春秋左传正义》。

朝聘燕享除了展演前代乐舞，也涉及《诗》中为仪礼而创作的诗篇，借助这类歌诗的展演及评论，可以形象地理解相关诗歌的主题、用途等。如《左

---

① 杨伯峻编著：《春秋左传注》，中华书局 2009 年版，第 217 页。
② 杨伯峻编著：《春秋左传注》，中华书局 2009 年版，第 977 页。
③ （清）郭庆藩撰，王孝鱼点校：《庄子集释》，中华书局 2004 年版，第 118 页。

传·襄公四年》载：

> 穆叔如晋，报知武子之聘也。晋侯享之，金奏《肆夏》之三，不拜。工歌《文王》之三，又不拜。歌《鹿鸣》之三，三拜。
>
> 韩献子使行人子员问之，曰："子以君命辱于敝邑，先君之礼，藉之以乐，以辱吾子。吾子舍其大，而重拜其细。敢问何礼也？"对曰："《三夏》，天子所以享元侯也，使臣弗敢与闻。《文王》，两君相见之乐也，使臣不敢及。《鹿鸣》，君所以嘉寡君也，敢不拜嘉？《四牡》，君所以劳使臣也，敢不重拜？《皇皇者华》，君教使臣曰：'必咨于周。'臣闻之：'访问于善为咨，咨亲为询，咨礼为度，咨事为诹，咨难为谋。'臣获五善，敢不重拜？"[①]

春秋贵族社会的风雅风范体现在《诗》乐的好尚，但归根到底，仍在一个"礼"字上。歌诗奏乐是其外在形式，尊礼重信则是其内在的本质。

从渊源上说，春秋后期季札、孔丘的音乐思想、文学思想与上述音乐歌舞展演的盛行，以及在此过程中孕育的对歌、乐、舞的思想、审美认知有着直接的联系。可以说，没有上述风气，以及相关思想认识，就没有儒家的乐论、诗论，上古时代和《诗三百》中的歌诗也无从保留和流传下来。

三、聘问赋《诗》言志中的诠释性文类创作

朝聘会盟中的赋诗活动不仅是对《诗》篇的展演、歌诵与引用，更为重要的是在"歌诗必类""赋诗合礼""断章取义"等原则下对诗篇内涵的再诠释，以及这种基于礼仪要求的再诠释所内含的当时人们对诗歌功能、文本的认识方面的潜在的一致性倾向。英国著名社会学家安东尼·吉登斯在《社会的构成》中说：

---

① 杨伯峻编著：《春秋左传注》，中华书局 2009 年版，第 932—934 页。《国语·鲁语下》所载略同。

　　社会活动的具体情境有一个特点，就是人类行动者的反思能力始终贯穿于日常行为流中。但这种反思性只是在一定程度上体现于话语层次。行动者对自己的所作所为及其缘由的了解，即他们作为行动者所具有的认知能力，大抵止于实践意识（practical consciousness）。所谓实践意识，指的是行动者在社会生活的具体情境中，无须明言就知道"进行"的那些意识。对于这些意识，行动者并不能给出直接的话语表达。贯穿本书的一个主题便是实践意识的重要意涵，必须把它与意识［话语意识（discursive consciousness）］和无意识区分开来。我承认，认知和动机激发过程中的无意识特征的确具有重要意义，但我并不认为我们可以满足于这些相沿已久的既定观点。我之所以采纳经过改造的自我心理学（ego psychology），只是力图把它与例行化概念（rutinization）直接联系起来。①

　　吉登斯关于"实践意识"的这一表述，与春秋文学活动中潜在的倾向性颇具一致性，为我们深入研究春秋赋诗、歌诗活动中的内在原则、文学观念等问题提供了理论支撑点。春秋时期的这些观念形态的倾向性虽然并没有清楚明确的系统理论表述，但却是当时士君子赋诗、诵诗、歌诗活动中约定俗成的规范，紧密约束着相关的文学实践活动。同时它也对后世文学具有重要的影响，所以有必要加以归纳，使之明确化、系统化。

　　赋诗言志中内含着双方认可并遵循的诗学诠释、接受原则。赋诗言志活动中双方必须遵循在一定范围内具有通约性的诠释、接受原则，方可以达到以微言相接、各言其志的目的，对春秋赋诗活动中通行的一些原则，如赋诗多取首章，"断章取义，予取所求"等等，以往的研究者已有讨论，兹不赘述，这里着重就赋诗言志中临时规定诗文本诠释原则、范围的现象进行观察和理论探索。这方面最为典型的例子是著名的"垂陇之会"。

　　《左传·襄公二十七年》载，郑简公享赵孟于垂陇，子展、伯有、子西、子产、子大叔、二子石从：

---

　　①　〔英〕安东尼·吉登斯：《社会的构成》，李康、李猛译，生活·读书·新知三联书店1998年版，第42—43页。

赵孟曰："七子从君，以宠武也。请皆赋，以卒君贶，武亦以观七子之志。"子展赋《草虫》。赵孟曰："善哉，民之主也！抑武也，不足以当之。"伯有赋《鹑之贲贲》。赵孟曰："床笫之言不逾阈，况在野乎？非使人之所得闻也。"子西赋《黍苗》之四章。赵孟曰："寡君在，武何能焉？"子产赋《隰桑》。赵孟曰："武请受其卒章。"子大叔赋《野有蔓草》。赵孟曰："吾子之惠也。"印段赋《蟋蟀》。赵孟曰："善哉，保家之主也！吾有望矣。"公孙段赋《桑扈》。赵孟曰："'匪交匪敖'，福将焉往？若保是言也，欲辞福禄，得乎？"卒享。文子告叔向曰："伯有将为戮矣。诗以言志，志诬其上而公怨之，以为宾荣，其能久乎？幸而后亡。"叔向曰："然，已侈，所谓不及五稔者，夫子之谓矣。"文子曰："其余皆数世之主也。子展其后亡者也，在上不忘降。印氏其次也，乐而不荒。乐以安民，不淫以使之，后亡，不亦可乎！"①

七子与赵孟之间赋诗是此次活动的第一阶段。众卿所赋，分别出自《召南》《鄘风》《小雅》《小雅》《郑风》《唐风》《小雅》。除去子西所赋《黍苗》外，均为赋全诗，与大多数情况下赋其首章不同。此外，赵武一一评其所赋，多数情况下表示对赋诗者借诗文本所言之志的认可，并据双方身份及礼节表示自己的主观态度；有时也表示不能认同或部分认同。在这个过程中有两点值得注意：一是双方于《诗三百》如数家珍，并对《诗》文本的阐释有共同的标准，故运用于赋诗言志，可谓得心应手。于此可见春秋士大夫之文学修养与《诗》运用之广。二是双方根据当时的场合，通过类比使《诗》文本与当下的意义传递发生关联，对诗文本进行二次诠释。在这一诗文本临时性意义的生成过程中，礼仪的、政治的和主观性原则共同决定着对诗文本进行诠释的临时性原则。

劳孝舆《春秋诗话》卷一评曰："垂陇一享，七子赋诗，春秋一大风雅场也。惟七子中有伯有，正如竹林中有王戎，殊败人意，厥后被发之厉，卒如赵孟所料。仓卒一赋，遂定终身。此中机括，微哉微哉。非深得于诗者，未易语

①　杨伯峻编著：《春秋左传注》，中华书局 2009 年版，第 1134—1135 页。

此也。建安七子，大历七子，若明之前后七子，皆以七名。风流胜事相仿如此，或曰：子谓作者七人，亦有所指云，岂其然欤？"①列国外交，赋诗唱和，体现了春秋时代贵族阶层之温文尔雅，形成了文采风流，以诗赠答，互通款曲的独特文化景观。

赵武与叔向对此次赋诗活动本身及参与者的评论，是此次活动的第二阶段，也是对七子所赋《诗》文本的第三次诠释。这次是依据前两次诠释的意义系统对赋诗者的当下思想道德状况进行逆推。这一过程颇类预言，但实际上昭示了赋诗者言行中的必然性——其思想行为合乎"礼"则"有其后"，反之则无后。

从以上对垂陇之会中《诗》文本的三次诠释活动的分析可以看出，虽然赋诗进程中意义生成离诗的文本义越来越远，看似主观随意，但实则其中始终贯穿着"礼"这一根红线。也就是说，在赋诗活动中，文本义—诠释义—引申义三者之间的转换是靠"礼"，借助于类比思维完成的。

另一个典型的例子于此更具说服力。《左传·文公四年》载：

> 卫宁武子来聘，公与之宴，为赋《湛露》及《彤弓》。不辞，又不答赋。使行人私焉。对曰："臣以为肄业及之也。昔诸侯朝正于王，王宴乐之。于是乎赋《湛露》，则天子当阳，诸侯用命也。诸侯敌王所忾，而献其功，王于是乎赐之彤弓一、彤矢百、玈弓矢千，以觉报宴。今陪臣来继旧好，君辱贶之，其敢干大礼以自取戾？"②

按：《湛露》《彤弓》，均在今《诗·小雅》中。《湛露》毛诗及三家诗均以为是西周盛时天子夜宴诸侯同姓之诗；《彤弓》则是天子以彤弓赏赐有功诸侯而作，通用为天子赐有功诸侯之乐章。今宁武子聘而鲁侯为赋二诗，明为僭礼之举。故宁武子佯装不知，不辞，亦不答赋。《论语·公冶长》云："子曰：'宁武子邦有道则知；邦无道则愚。其知可及也，其愚不可及也。'"正指此事

---

① （清）劳孝舆撰：《春秋诗话》，中华书局1985年版，第6页。
② 杨伯峻编著：《春秋左传注》，中华书局2009年版，第535—536页。

而言。宁武子解此二诗，据诗意发挥之，谓诸侯于正月朝天子，天子宴之，奏乐，歌《湛露》，表示天子对着太阳，诸侯效劳听命，诸侯以天子之敌为敌，且献己功。天子因此赐诸侯以彤弓等物以表彰其功。其诠释和接受都紧扣住此二诗所体现的"礼"意。孔子所云"诗可以兴，可以观，可以群，可以怨"（《论语·阳货》），又说"兴于诗，立于礼，成于乐"（《论语·泰伯》），正是对春秋时风雅实践的理论概括。

四、聘问观《诗》言政中的评论体创作

《诗》施于礼仪，故与乐、舞相辅而行，故《诗》可以观。朝聘观诗，实即对《诗》文本及乐、舞综合艺术的欣赏活动。在此种礼仪性展演中，评论性文体创作是其核心内容。评论性文体虽也是针对前代的经典而发，但它不同于"解释性"解经文体的强调客观准确，评论性文体更注重对观诗活动中主体的主观感受的表达；当然，这种主观感受也不是漫无目的和随意性很大的感悟，它的创作标准是合乎当时的道德、政治对文艺的要求。这种形式上极其灵活而自由的评论性文体，直接影响了后世诗文评等文学批评文体的生成。

周室东迁后，礼崩乐坏，时人有周礼周乐尽在鲁国之叹。《春秋》记载的朝聘观《诗》为数不多，都与鲁国有关，显示了鲁人的文化优越感。观《诗》实际上就是观周乐、周礼。在这种文化与文学的展演活动中，往往伴随着观《诗》言政式的评论活动，而其中所贯穿的，则是观《诗》者依据地域历史文化传统和现实政治特点的宏观的诗学诠释思想。以下我们通过一些典型的例证来考察在观诗观乐活动中评论性文体的生成机制和文体特点。

《左传·襄公二十九年》载吴公子札来聘，见叔孙穆子，说之……请观于周乐：

> 　　使工为之歌《周南》《召南》，曰："美哉！始基之矣，犹未也，然勤而不怨矣。"为之歌《邶》《鄘》《卫》，曰："美哉渊乎！忧而不困者也。吾闻卫康叔、武公之德如是，是其《卫风》乎！"为之歌《王》，曰："美

哉。思而不惧，其周之东乎！"为之歌《郑》，曰："美哉！其细已甚，民弗堪也，是其先亡乎！"为之歌《齐》，曰："美哉！泱泱乎，大风也哉，表东海者，其大公乎。国未可量也。"为之歌《豳》，曰："美哉！荡乎。乐而不淫，其周公之东乎！"为之歌《秦》，曰："此之谓夏声。夫能夏则大，大之至也，其周之旧乎。"为之歌《魏》，曰："美哉！沨沨乎，大而婉，险而易行，以德辅此，则明主也。"为之歌《唐》，曰："思深哉！其有陶唐氏之遗民乎！不然，何其忧之远也？非令德之后，谁能若是？"为之歌《陈》，曰："国无主，其能久乎！"自《郐》以下无讥焉。为之歌《小雅》，曰："美哉，思而不贰，怨而不言，其周德之衰乎？犹有先王之遗民焉。"为之歌《大雅》，曰："广哉，熙熙乎！曲而有直体，其文王之德乎？"为之歌《颂》，曰："至矣哉！直而不倨，曲而不屈，迩而不逼，远而不携，迁而不淫，复而不厌，哀而不愁，乐而不荒，用而不匮，广而不宣，施而不费，取而不贪，处而不底，行而不流。五声和，八风平。节有度，守有序，盛德之所同也。"①

按：季札观乐的评论，是流传至今的孔子诗论之前最完整的文艺批评，不仅展现了文学批评类文体的生成过程，而且还涉及文学批评的观念②。

从批评文体的形式上来观察上引一段话，可以发现其语体均呈现出点评式的特点。在评论中，运用的"美""渊""深""广""直""曲""怨""哀""乐"等语汇，已经体现出术语化倾向。评论术语如果要能让观诗的参与者都能理解，必须以双方对这类术语都具有事先的认知为前提。这也折射出当时文学批评文体的专业化倾向。

上述批评文体的专业化倾向还可从后世典籍类似的总结性评述中窥其端倪。如《吕氏春秋·适音》云："凡音乐，通乎政而移风平俗者也。俗定而

---

①　杨伯峻编著：《春秋左传注》，中华书局 2009 年版，第 1161—1165 页。
②　这段评论至少涉及以下四个方面的文学观念：其一，由此年"观诗"可知周对"诗乐"做过系统的整理工作，为诗歌批评奠定了基础；其二，可知当时诗、乐、舞是一体的，相互为用；其三，季札指出不同地域诗歌的优缺点，反映当时对乐调与诗歌风格多样化的欣赏；其四，季札借诗论政，是对"观志"批评方法的继承与发展。

音乐化之矣。故有道之世，观其音而知其俗矣，观其政而知其主也矣。"①《礼记·乐记》亦云："声音之道，与政通矣。""审乐以知政，而治道备矣。"②两者都提到"治世"之音、"乱世"之音及其特点，还有与政治之关系。这都显然受到季札之说的影响；其次，季札赞美《邶》《鄘》《卫》风"忧而不困"，《王风》"思而不惧"，《豳风》"乐而不淫"，又用"直而不倨，曲而不屈"等相反相成的范畴赞美《颂》，创造了一种"×而不×"的文学批评的语体范式。前人以为这是对《唐风·蟋蟀》"好乐无荒"和赵孟所谓"乐而不荒，乐以安民，不淫以使之"（《左传·襄公二十七年》）批评语体的继承和发展，这是季札的一个贡献。而《尚书·尧典》中的"直而温，宽而栗，刚而无虐，简而无傲"等表述方式和观念，与季札的评诗论乐之辞有内在的相通之处③，还有孔子赞美"《关雎》乐而不淫，哀而不伤"所使用的同类的语体也是受到季札的影响。以上几方面都表明，当时对于诗歌品评鉴赏的方式，就其所操持的语体和文体来说，已经专业化了，甚至也可以说是相当成熟了。

上文所引述并讨论的这次发生在鲁襄公二十九年的观诗评论的表述虽是以口宣的方式，但从季札所操持的术语和表达的语体来说，已经有专门化与职业化的意味。归根结底，这是由于春秋时代诗歌由"作诗"（创作）的阶段，全面进入"用诗"的阶段所导致的。

五、吊灾告籴礼仪与吊辞告辞的撰作

《周礼·春官·大宗伯》云：（大宗伯）"以凶礼哀邦国之忧，以丧礼哀死亡，以吊礼哀祸灾。"郑玄注云："祸灾谓遭水震火。宋大水，鲁庄公使人吊焉，曰……厩焚，孔子拜乡人，为火来者拜之，士一，大夫再，亦相吊之

---

① （汉）高诱注：《吕氏春秋》，《诸子集成》第六册，中华书局1954年版，第50页。
② （清）孙希旦撰，沈啸寰、王星贤点校：《礼记集解》，中华书局1989年版，第978、982页。
③ 笔者认为，《尚书·尧典》为孔子为突出尧的事迹功业而编成的。对于这个问题，笔者另有专文讨论，此不赘述。

道。"① 具体的实例，除郑玄所举之外，还有《左传·文公十五年》云"贺善吊灾"，《襄公二十八年》云"贺其福而吊其凶"，《左传·昭公十八年》："宋、卫、陈、郑皆火。……使行人告于诸侯。宋、卫皆如是。陈不救火，许不吊灾，君子是以知陈、许之先亡也。"② 均可证春秋有吊灾于邻国之礼。又《周礼·秋官·司寇》"小行人"曰："若国有祸灾，则令哀吊之。"③ 据郑玄注，小行人主要是亲临有灾之国，致送财物以赈灾。据此推理可知，小行人代表国家至受灾国，必奉辞以往，至其国而致吊辞，当亦由小行人司之。

由此可见，春秋时期，列国在竞争中也还持守着道义，分封制度下古老的"礼"还在一定范围内发挥着整合各封国关系的社会功能。顾炎武曾说"春秋时犹尊礼重信"（《日知录》），的确如此。具体来说，诸侯国之间的聘问，除了需要切事关情的辞令来相互争锋，以实现邦交的目的之外，也体现出守助相望的"礼""仁"的内涵。针对水、火等天灾的聘问中，以吊灾之辞表示慰问，就体现了这种精神。

吊灾制度的精神最终要通过吊辞才能体现出来，吊辞在此过程中也起着"文饰"礼仪的作用。最为典型的例子如《左传·庄公十一年》载这一年的秋天，宋国发大水成灾，鲁桓公派遣大夫臧文仲聘于宋国④，专程吊其灾祸。臧文仲到宋国后，宣布鲁国的吊辞曰：

> 天作淫雨，害于粢盛，若之何不吊？⑤

---

① （汉）郑玄注，（唐）贾公彦疏：《周礼注疏》，《十三经注疏》（标点本），北京大学出版社 1999 年版，第 462—463 页。

② 杨伯峻编著：《春秋左传注》，中华书局 2009 年版，第 611、1145、1395—1397 页。

③ （汉）郑玄注，（唐）贾公彦疏：《周礼注疏》，《十三经注疏》（标点本），北京大学出版社 1999 年版，第 1015 页。

④ 《史记·十二诸侯年表》云："庄公十一年，臧文仲吊宋水。"又云："宋湣公九年，宋大水，公自罪。鲁使臧文仲来吊。"《宋世家》亦云："湣公九年，宋水，鲁使臧文仲往吊水。"是太史公以吊宋者臧文仲。据《世本》臧文仲为哀伯达之孙，以庄公二十八年始见于经，以文公十年卒。鲁庄公二十八年至鲁文公十年凡五十年，上距庄公十一年凡六十八年，若文仲卒年九十，则此时约二十二岁左右。当从惠栋之说。然刘文淇《春秋左氏传旧注疏证》以为《史记》之说有误，其原因在于误解《左传》下文臧文仲之言而误。

⑤ 杨伯峻编著：《春秋左传注》，中华书局 2009 年版，第 187 页。

意谓上天降雨成灾，使百谷不登，鲁国为何不亲来慰问呢？据杨伯峻《春秋左传注》，"若之何不吊"是春秋时代吊灾之辞的套语。宋国国君也使行人依礼向鲁国使者致答辞曰：

> 孤实不敬，天降之灾，又以为君忧，拜命之辱。①

从其中称"孤"可以看出，答辞是以国君的名义宣示的。意谓我宋闵公不能敬事鬼神，不修仁政，所以上天降下水灾，而且还使得鲁国国君担忧，辱没鲁国派遣使者来慰问。"拜命之辱"是吊灾辞中答辞的常用语。双方一来一往，表达了宾、主之间吊灾慰问与感恩戴德的意思。

在双方各致其辞之后，《左传》又载："臧文仲曰：'宋其兴乎！禹、汤罪己，其兴也悖焉，桀、纣罪人，其亡也忽焉。且列国有凶，称孤，礼也。言惧而名礼，其庶乎！'既而闻之曰：'公子御说之辞也。'臧孙达曰：'是宜为君，有恤民之心。'"② 因为当时人们还很重视礼，所以臧文仲对守礼的宋国给予很高的评价，并对依礼制吊辞的"公子御"也给予好评，预言他宜为宋国国君。

按：此吊辞为吊灾问丧之礼专用辞令。《左传·襄公十四年》载厚成叔吊卫侯之辞曰："闻君不抚社稷，而越在他境，若之何不吊？"措辞格式与此相类。晋挚虞《文章流别论》及刘勰《文心雕龙·哀吊》等论"吊"体文的起源云：

> 吊者，至也。《诗》云："神之吊矣"，言神至也。君子令终定谥，事极理哀，故宾之慰主，亦以至到为言也。压溺乖道，所以不吊矣。又宋水郑火，行人奉辞，国灾民亡，故同吊也，及晋祝虒台，齐袭燕城，史赵、苏秦，翻贺为吊，虐民构敌，亦亡之道。凡斯之例，吊之所设也。或骄贵而殒身，或狷介而乖道，或有志而无时，或美才而兼累，追而慰之，并名为吊。③

---

① 杨伯峻编著：《春秋左传注》，中华书局 2009 年版，第 187 页。
② 杨伯峻编著：《春秋左传注》，中华书局 2009 年版，第 188—189 页。
③ 引文据郭晋稀：《白话文心雕龙》，岳麓书社 1997 年版，第 123 页。

刘氏指出,"吊"之本义指祭神时神灵降临,后指宾至慰主之意。如追溯"吊"类文章的源头,则当在春秋时代行人奉辞吊灾之礼,行人所奉吊灾之辞即是典型的"吊"。有时也包括了吊丧之文、祭文等。战国之后,吊文在内容上逐渐扩大,但凡人有可吊之事如殒身乖道、怀才不遇等等,皆追而慰之,皆可称之为吊辞。

春秋时代,有行人奉辞以告籴之礼。有时诸侯国五谷不登,国中饥荒,如果出于各种原因,邻国无主动的吊灾赈济之举,受灾之国也可以派遣使者向邻国(一般是盟国)借粮救急,对方如无特别理由,不能拒绝。这种制度称之为"告籴之礼"。如《春秋·庄公二十八年》载:"冬,……大无麦、禾,臧孙辰告籴于齐。"① 《左传·庄公二十八年》经云:"冬,饥。臧孙辰告籴于齐,礼也。"② 告籴之礼也有礼辞以表其礼意。《国语·鲁语》亦载上述鲁告籴于齐之事,并载录了臧文仲所撰礼辞:

> 鲁饥,臧文仲言于庄公。曰:"夫为四邻之援,结诸侯之信,重之以婚姻,申之以盟誓,固国之艰急是为。铸名器,藏宝财,固民之殄病是待。今国病矣,君盍以名器请籴于齐?"公曰:"谁使?"对曰:"国有饥馑,卿出告籴,古之制也。辰也备卿,辰请如齐。"公使往。从者曰:"君不命吾子,吾子请之,其为选事乎?"文仲曰:"贤者急病而让夷,居官者当事不避难,在位者恤民之患,是以国家无违。今我不如齐,非急病也。在上不恤下,居官而惰,非事君也。"
>
> 文仲以鬯圭与玉磬如齐告籴,曰:"天灾流行,戾于敝邑,饥馑荐降,民羸几卒,大惧殄周公、太公之命祀,职贡业事之不共而获戾。不腆先君之敝器,敢告滞积,以纾执事,以救敝邑,使能共职,岂唯寡君与二三臣实受君赐,其周公、大公及百辟神祇实永飨而赖之!"
>
> 齐人归其玉而予之籴。③

---

① 杨伯峻编著:《春秋左传注》,中华书局 2009 年版,第 238 页。
② 杨伯峻编著:《春秋左传注》,中华书局 2009 年版,第 242 页。
③ 徐元诰撰,王树民、沈长云点校:《国语集解》(修订本),中华书局 2002 年版,第 147—150 页。

按：鲁庄公在大荒之年"一年罢民三时，虞山林泽薮之利"，仍不顾百姓死活而筑台享乐，并与民争山林泽薮之利。《穀梁传》讥之曰"国之不国"①，故臧文仲谏之，上引《鲁语》所载亦寓微讽之意。臧文仲从者欲使其不往齐告籴，臧文仲则以古礼之故，请命赴齐。《周书·籴匡》："大荒，卿参告籴。"其引礼辞盖出于《籴匡》。又《孟子·告子下》载齐桓公于葵丘盟诸侯之辞有"无遏籴"的约定，即同盟国之间不能拒绝遇到饥荒的盟国的告籴之请。由此可见，国大荒而告籴于邻国为古礼，春秋时代仍在实行。

上文所引《鲁语》中所载臧文仲的"告籴之辞"，虽是用以饰礼的礼辞，但在措辞上极为典雅考究。鲁国本是因为人祸（庄公不恤民力，不备灾荒）而导致饥荒，告籴于齐，实属无奈之举。但臧文仲所言"天灾流行"二句，先述鲁国饥荒之由，已引人同情；继以惧废先王祭礼之由请求齐人，并许以鲁国宗庙重器为贿，换取齐国积压之陈粟。这篇告籴之辞语气恳切委婉，不亢不卑，既曲达其意，又不失国体，可谓辞令中的上乘之作。

由以上来看，春秋时代由吊灾、告籴等突发事件引发的聘问多有古制旧礼可依，为此而进行的辞令创作也有规范可循。虽然说这类辞令仍基本属于礼仪性的程式化写作，但与此前类似应用文的写作多陈套而少个性相比，春秋时代的"吊"辞与告籴之辞往往措辞典雅，文约意丰。既切合礼仪的要求，又曲达其情意。由杰出人物撰制的辞令，达到了礼仪的实用性与文章的审美性高度统一的程度，因此成为后世作者模仿的对象。

六、责让制度与"让"体文

宋人陈骙《文则》曾说："春秋之时，王道虽微，文风未殄，森罗辞翰，备括规摹。考诸《左氏》，摘其英华，别为八体，各系本文：……六曰让辩而正……"又曰："让，责也。"②其不仅指出春秋时盛行的"让"体文的文体功能

---

① 参廖平撰，郜积意点校：《穀梁古义疏》，中华书局 2012 年版，第 194—196 页。
② （宋）陈骙：《文则》，《丛书集成初编》，中华书局 1985 年版，第 27—28 页。

是"责",而且通过实例概括了"让"的风格是"辩而正"。这是探讨"让"体的说法中最为洽切的。

在春秋时期,列国间或卿大夫之间常会因为各种原因出现一些突发性事件,如外交纠纷、失礼行为等。当这类突发事件发生时,利益受损害的一方则会通过本国的行人,以外交手段表示谴责,指明原因,并敦促对方改正或弥补。如果协调未果,则加之以师以伐之。这种外交方式或称之为责让制度,行人在实施这一制度时所使用的辞令,常以"××使××(行人)让(责)之曰"领起,古人称之为"让"或责让之文。一般来说,违礼或引发事件的一方还要让本国行人就对方的"责问"致"答辞",以表明己方的立场和态度。如《左传·僖公二十六年》载:"夔子不祀祝融与鬻熊,楚人让之。对曰:'我先王熊挚有疾,鬼神弗赦,而自窜于夔。吾是以失楚,又何祀焉?'秋,楚成得臣斗宜申帅师灭夔,以夔子归。"①因为夔国国君不祭祀祖先祝融与鬻熊,所以楚人先责让之,而后出兵讨伐。又《僖公二十七年》载:"二十七年春,杞桓公来朝。用夷礼,故曰子。公卑杞,杞不共也。……秋,入杞,责无礼也。"②杞以夷礼朝鲁,鲁僖公轻视杞国,故杞国不恭敬。秋天,鲁国军队入杞,责让其无礼之举。杨伯峻注曰:"入而不有其地。"可知鲁国是派遣行人随军入杞而责之。可见责让以辞,不从,加之以师旅,是春秋时代普遍实行的一种特殊的邦交制度。

责让制度主要通过辞令来实现,其辞令称为"责言"。如《左传·僖公十五年》载:

> 初,晋献公筮嫁伯姬于秦,遇《归妹》☰之《睽》☰。史苏占之曰:"不吉。其繇曰:'士刲羊,亦无衁也。女承筐,亦无贶也。西邻责言,不可偿也。《归妹》之《睽》,犹无相也。'《震》之《离》,亦《离》之《震》。'为雷为火,为嬴败姬,车说其輹,火焚其旗,不利行师,败于宗丘。《归妹》《睽》孤,寇张之弧。侄其从姑,六年其逋;逃归其国,而弃

---

① 杨伯峻编著:《春秋左传注》,中华书局 2009 年版,第 440—441 页。
② 杨伯峻编著:《春秋左传注》,中华书局 2009 年版,第 443—444 页。

其家，明年其死于高梁之虚。'"①

据杜预《注》："西邻责言，不可偿也。"意谓秦国如来责让，晋国无法回答也。这里所说的"责言"，即责让之辞。虽说"责言"大多数情况下是以口头方式宣读于受众，但因为是依附于礼仪的写作，具备特定的内容与形式特点。

"责言"是后世檄文的源头，但檄文主要用于军事，春秋时代的"责言"或"让"也针对各种失礼的行为，可以用来调节内部关系，适用的范围更广一些。我们试举几例来分析其文体特征。《左传·僖公二十四年》载晋文公返国：

> 寺人披请见，公使让之，且辞焉，曰："蒲城之役，君命一宿，女即至，其后余从狄君以田渭滨，女为惠公来求杀余，命女三宿，女中宿至，虽有君命，何其速也？夫祛犹在。女其行乎！"
>
> 对曰："臣谓君之入也，其知之矣。若犹未也，又将及难。君命无二，古之制也。除君之恶，唯力是视。蒲人、狄人，余何有焉？今君即位，其无蒲、狄乎！齐桓公置射钩，而使管仲相。君若易之，何辱命焉？行者甚众，岂唯刑臣？"②

上引前一段是晋文公责让寺人披之辞，第二段是寺人披的答辞。晋文公的责让之辞，主要叙述寺人披在蒲城之役中助纣为虐的行为，以及之后奉晋惠公之命刺杀重耳的事，他在表达愤怒的同时，也谴责寺人披过去的敌对立场。末两句对他见风使舵的行为予以斥责，劝寺人披不要来见自己。辞虽不长，但叙事中融有议论，因事而发，有强烈的情感色彩和明显的思想倾向。寺人披的答辞则表达了自己作为臣子，只能唯君之命是从的苦衷，当时惠公当国，情势所迫，辩明自己也是不得已而为之。末了又以齐桓公弃前嫌而用管仲的事劝谏晋文公，最后终于说服晋君，接见自己。

再如《左传·成公十三年》载此年夏四月戊午，晋侯使吕相绝秦，历数

①　杨伯峻编著：《春秋左传注》，中华书局 2009 年版，第 363—365 页。
②　杨伯峻编著：《春秋左传注》，中华书局 2009 年版，第 414—415 页。

其过曰：

　　昔逮我献公及穆公相好，戮力同心，申之以盟誓，重之以昏姻。天祸晋国，文公如齐，惠公如秦。无禄，献公即世。穆公不忘旧德，俾我惠公用能奉祀于晋。又不能成大勋，而为韩之师。亦悔于厥心，用集我文公，是穆之成也。文公躬擐甲胄，跋履山川，逾越险阻，征东之诸侯，虞、夏、商、周之胤而朝诸秦，则亦既报旧德矣。郑人怒君之疆埸，我文公帅诸侯及秦围郑。秦大夫不询于我寡君，擅及郑盟。诸侯疾之，将致命于秦。文公恐惧，绥静诸侯，秦师克还无害，则是我有大造于西也。无禄，文公即世，穆为不吊，蔑死我君，寡我襄公，迭我殽地，奸绝我好，伐我保城，殄灭我费滑，散离我兄弟，挠乱我同盟，倾覆我国家。我襄公未忘君之旧勋，而惧社稷之陨。是以有殽之师。犹愿赦罪于穆公，穆公弗听，而即楚谋我。天诱其衷，成王殒命，穆公是以不克逞志于我。穆、襄即世，康、灵即位。康公，我之自出，又欲阙翦我公室，倾覆我社稷，帅我蝥贼，以来荡摇我边疆，我是以有令狐之役。康犹不悛，入我河曲，伐我涑川，俘我王官，翦我羁马，我是以有河曲之战。东道之不通，则是康公绝我好也。

　　及君之嗣也，我君景公引领西望曰："庶抚我乎。"君亦不惠称盟，利吾有狄难，入我河县，焚我箕、郜，芟夷我农功，虔刘我边陲，我是以有辅氏之聚。君亦悔祸之延，而欲徼福于先君献、穆。使伯车来，命我景公曰："吾与女同好弃恶，复修旧德，以追念前勋。"言誓未就，景公即世，我寡君是以有令狐之会。君又不祥，背弃盟誓。白狄及君同州，君之仇雠，而我之昏姻也。君来赐命曰："吾与女伐狄。"寡君不敢顾昏姻，畏君之威，而受命于吏。君有二心于狄，曰："晋将伐女。"狄应且憎，是用告我。楚人恶君之二三其德也，亦来告我曰："秦背令狐之盟，而来求盟于我，昭告昊天上帝、秦三公、楚三王曰：余虽与晋出入，余唯利是视。"不榖恶其无成德，是用宣之，以惩不壹。诸侯备闻此言，斯是用痛心疾首，暱就寡人。寡人帅以听命，唯好是求。君若惠顾诸侯，矜哀寡人，而赐之盟，则寡人之愿也。其承宁诸侯以退，岂敢徼乱？君若不施大惠，寡人不佞，其不能以诸侯退矣。敢尽布之执事，俾执事实图利之。①

　　秦桓公既与晋厉公为令狐之盟，而又召狄与楚，欲道以伐晋。故晋厉公使吕相作此"责言"，责让秦国之罪而绝之。此篇辞令历数自晋文公、秦穆公以来，秦晋外交中秦人背盟弃信之举，数秦之过，责让对方的意图很明确。因此是一篇比较典型的"责言"，刘勰《文心雕龙·檄移》说："管仲吕相，奉辞先路，详其意义，即今之檄文。"②即指吕相绝秦之辞而言。吴楚材、吴调侯《古文观止》，汪基《古文喈凤》等古文选本均录此"责言"，后者题作"晋使吕相绝秦"，且评之曰："说秦则好中见恶，自叙虽恶亦好。开合顿挫，笔笔匠心。"③清人余诚《古文释义》评此篇曰：

　　　　只为背盟起见，因备溯先世之事，竟把秦晋之世好写成世仇。好则归之己，恶则归之人，即有道人之好处，亦略而不详；有道己之恶处，皆因人而起，故言词极婉曲中都含极愤怨意。及叙至背盟"伐狄""与楚"作两确证，直使秦桓无可置喙。说到绝秦处，牵定诸侯，两意双铃，听秦自寻一条路走。观此可以想见麻隧誓师之词，是奋三军之勇，固宜其克败秦师也。至行文之妙，一波未平，一波随起，前后相生，机神鼓荡，有顿挫处，有跌宕处；有关锁处，有收束处；有重复处，有变换处。长短错综，纵横排纂，无美不备，应是左氏得意之作。④

　　余诚高度称赞此篇"责言""无美不备"，并详细分析其内容、措辞、笔法文脉，所言大体中肯，但他不明《左传》成书中吸收了春秋时的单篇之"文"这一事实，以为这是"左氏得意之作"倒未必。杨伯峻《春秋左传注》云上引之"责言"为"绝秦书，或由吕相执笔，或由吕相传递。其后秦作《诅楚文》，仿效此书"。⑤庶几得其真实。吕相，晋大夫，魏锜之子，是晋国大夫中能文者。

---

①　杨伯峻编著：《春秋左传注》，中华书局 2009 年版，第 861—865 页。
②　（南朝梁）刘勰著，范文澜注：《文心雕龙注》，人民文学出版社 1958 年版，第 377 页。
③　（清）汪基：《古文喈凤》卷三，上海广益书局 1915 年石印本。
④　（清）余诚撰，叶桂彬、刘果点校：《古文释义》，岳麓书社 2003 年版，第 52 页。
⑤　杨伯峻编著：《春秋左传注》，中华书局 2009 年版，第 861 页。

从历代古文选本的载录及评论，亦可见这篇"责言"影响之大。

再如《左传·襄公三十一年》载郑国执政子产相郑伯以朝晋君，晋侯因鲁襄公丧事之故未及见（郊迎），轻慢郑国君臣，有失盟主之礼。子产使人尽坏其馆驿之墙垣而纳车马焉。晋人使士文伯让之，曰：

> 敝邑以政刑之不修，寇盗充斥，无若诸侯之属辱在寡君者何，是以令吏人完客所馆，高其门闳，厚其墙垣，以无忧客使。今吾子坏之，虽从者能戒，其若异客何？以敝干邑之为盟主，缮完葺墙，以待宾客。若皆毁之，其何以共命？寡君使匄请命。

子产对曰：

> 以敝邑褊小，介于大国。诛求无时，是以不敢宁居，悉索敝赋，以来会时事。逢执事之不间，而未得见，又不获闻命，未知见时。不敢输币，亦不敢暴露。其输之，则君之府实也，非荐陈之，不敢输也。其暴露之，则恐燥湿之不时而朽蠹，以重敝邑之罪。侨闻文公之为盟主也，宫室卑庳，无观台榭，以崇大诸侯之馆，馆如公寝；库厩缮修，司空以时平易道路，圬人以时塓馆宫室。诸侯宾至，甸设庭燎；仆人巡宫，车马有所，宾从有代，巾车脂辖，隶人、牧、圉，各瞻其事，百官之属各展其物；公不留宾，而亦无废事。忧乐同之，事则巡之；教其不知，而恤其不足。宾至如归，无宁灾患？不畏寇盗，而亦不患燥湿。今铜鞮之宫数里，而诸侯舍于隶人，门不容车，而不可逾越；盗贼公行，而天厉不戒。宾见无时，命不可知。若又勿坏，是无所藏币以重罪也。敢请执事，将何所命之？虽君之有鲁丧，亦敝邑之忧也。若获荐币，修垣而行，君之惠也，敢惮勤劳！①

这本是一次作为盟国的郑国朝见盟主晋国的常规性邦交活动，但晋君因鲁襄公之丧事未行郊迎之礼，郑国君臣受了慢待轻侮之辱，十分气愤。因为事

---

① 杨伯峻编著：《春秋左传注》，中华书局 2009 年版，第 1186—1188 页。

关国体，故子产命人破墙而入晋国用以招待国宾的馆驿，使晋亦蒙羞，致使矛盾激化。晋国使士文伯责让郑国君臣，谴责他们毁坏宾馆的无礼行为。郑人闻"责言"后，使子产陈辞以对晋人。答辞反客为主，也是一篇"责言"，其中历数晋国的失礼之举，使晋国君臣明白霸主应有霸主之责，而勿轻小国。辞令交接之间，晋郑国势、双方行人声气尽现无余。

陈骙指出"让"（责言）的文体特点是"辩而正"，所谓"辩"，就是辩明是非，所谓"正"就是正气凛然。子产的答辞，实际是一篇典型的"让"，其辞历数晋之不德，凛然不可侵犯！故《左传》载晋人士文伯复命后，执政的赵文子曰："信，我实不德，而以隶人之垣以赢诸侯，是吾罪也。"于是使士文伯谢不敏焉。晋侯见郑伯，有加礼，厚其宴、好而归之。乃筑诸侯之馆。叔向亦评论曰："辞之不可以已也如是夫。子产有辞，诸侯赖之，若之何其释辞也？《诗》曰：'辞之辑矣，民之协矣；辞之绎矣，民之莫矣。'其知之矣。"① 一场危机，就此化解。全由子产一番"辩而正"的"让"辞。清人劳孝舆赞扬子产说："辞字是郑国安身立命处，亦是子产一生学问经济处，引诗一证，分明见辞之所系甚巨，正非徒为辅颊舌之咸。"（《春秋诗话》卷三）。所言极是。

再如《左传·昭公九年》所载《周詹桓伯责晋率阴戎伐颍》②：

辞曰："我自夏以后稷，魏、骀、芮、岐、毕，吾西土也，及武王克商，蒲姑、商奄，吾东土也；巴、濮、楚、邓，吾南土也；肃慎、燕、亳，吾北土也，吾何迩封之有？文、武、成、康之建母弟，以蕃屏周，亦其废队（坠）是为，岂如弁髦，而因敝之。先王居梼杌于四裔，以御魑魅，故允姓之奸居于瓜州。伯父惠公归自秦，而诱以来，使偪我诸姬，入我郊甸，则戎焉取之。戎有中国，谁之咎也？后稷封殖天下，今戎制之，不亦难乎？伯父图之！我在伯父，犹衣服之有冠冕，木水之有本原，民人之有谋主也。伯父若裂冠毁冕，拔本塞原，专弃谋主，虽戎狄，其何有余一人。"③

①　杨伯峻编著：《春秋左传注》，中华书局 2009 年版，第 1188—1189 页。
②　陈骙《文则》举此篇"责言"，以为"让"体之代表，并题为《周詹桓伯责晋率阴戎伐颍》，中华书局 1998 年版，第 40 页。
③　杨伯峻编著：《春秋左传注》，中华书局 2009 年版，第 1307—1309 页。

这件事情的起因是"周甘人与晋阎嘉争阎田。晋梁丙、张趯率阴戎伐颍",并囚禁了颍人。于是周天子派詹桓伯让晋人。晋人闻听上引之"责言"后,叔向对范宣子说:"文之伯也,岂能改物?翼戴天子,而加之以共。自文以来,世有衰德而暴蔑宗周,以宣示其侈;诸侯之贰,不亦宜乎!且王辞直,子其图之。"[1]叔向认为周天子的使者詹桓伯传达的"责言"有理有据,自晋文公称霸,盟诸侯而共同拥戴周天子,而后来之晋君多背盟约而给其他诸侯国树立了不敬周天子的坏榜样,所以诸侯背盟,原因在晋国。叔向认为其"辞直",主要指"我在伯父,犹衣服之有冠冕,木水之有本原"数句的责问,这也就是陈骙所说的"正",也就是"责言"义正辞严。他建议范宣子释放被囚的颍人,范宣子听从其说,一场危机就此化解。

除此之外,还有《左传·僖公四年》所载"管仲责楚"等,刘勰也以为是"让"体,此处不繁举。由以上例证来看,在责让制度实施的过程中,"责言"或是由专人负责撰写、宣布,或是要求奉命出使的行人针对事件以辞令将解决问题的原则、方式加以说明或陈述,这种情形体现着行人制度"受命不受辞"的特点。"责言"的表达方式多是夹叙夹议,语带情感,带有强烈的谴责语气。总之,责让之文的撰作虽仍属"礼文"的范畴,但因大多是随事而发,无所依傍,所以在语体方面颇多行人的个性色彩。

七、燕享投壶礼与礼辞的创作

投壶本是一种游戏,也常在上层贵族的宴会上举行,以活跃气氛,增进宾主间的交流。投壶有一整套仪式规则,这些规则中蕴含的礼义,要通过参与者的威仪与特定的礼辞才能充分地显现出来。因此,燕享投壶礼中也伴随着礼辞的撰作与宣诵。

投壶礼的仪节及礼辞的宣诵情况,尚可考见。据《礼记·投壶》载:

投壶之礼,主人奉矢,司射奉中,使人执壶。主人请曰:"某有枉矢

---

① 杨伯峻编著:《春秋左传注》,中华书局2009年版,第1309—1310页。

哨壶，请以乐宾。"宾曰："子有旨酒、嘉肴，某既赐矣，又重以乐，敢辞。"主人曰："枉矢哨壶，不足辞也，敢以请。"宾曰："某既赐矣，又重以乐，敢固辞。"主人曰："枉矢哨壶不足辞也，敢固以请。"宾曰："某固辞不得命，敢不敬从。"

宾再拜受，主人般还，曰："辟。"主人阼阶上拜送，宾盘还，曰："辟。"已拜，受矢，进即两楹间，退反位，揖宾就筵。

司射进度壶，间以二矢半，反位，设中，东面，执八算兴。

请宾曰："顺投为入，比投不释，胜饮不胜者，正爵既行，请为胜者立马，一马从二马，三马既立，请庆多马。"请主人亦如之。

命弦者曰："请奏《狸首》，间若一。"大师曰："诺。"

左右告矢具，请拾投。有入者，则司射坐而释一算焉。宾党于右，主党于左。

卒投，司射执算曰："左右卒投，请数。"二算为纯，一纯以取，一算为奇。遂以奇算告曰："某贤于某若干纯。"奇则曰"奇"，均则曰"左右钧"。

命酌曰："请行觞。"酌者曰："诺。"当饮者皆跪，奉觞曰："赐灌。"胜者跪曰："敬养。"

正爵既行，请立马。马各直其算。一马从二马，以庆。庆礼曰："三马既备，请庆多马。"宾主皆曰："诺。"正爵既行，请彻马。

算多少视其坐。筹，室中五扶，堂上七扶，庭中九扶。算，长尺二寸。壶颈修七寸，腹修五寸，口径二寸半；容斗五升。壶中实小豆焉，为其矢之跃而出也。壶去席二矢半。矢，以柘若棘，毋去其皮。

鲁令弟子辞曰："毋怃，毋敖，毋偝立，毋逾言。偝立、逾言，有常爵。"薛令弟子辞曰："毋怃，毋敖，毋偝立，毋逾言。若是者浮。"

据孔颖达《礼记正义》疏解[1]，以上所引第 1 段述主人请宾之仪，主人请宾之辞、宾谦辞之辞均以"某"代，说明这是对经常举行的礼仪的程式化概括；第 2—7 段述投壶的仪程，宾、主双方在司射的主持下进行投壶竞赛，双方各

---

① （汉）郑玄注，（唐）孔颖达疏：《礼记正义》，《十三经注疏》（标点本），北京大学出版社 1999 年版，第 1565—1575 页。

展身手之后，由司射计算胜负。司射有请宾之辞，有命乐工奏乐之辞，有宣布比赛结果之辞，均是程式化语言。第 8、9 两段叙述投壶结束后胜者罚负者饮酒的仪程，即行觯正爵之仪。中间也有命辞。第 10 段类似于"记"，叙述投壶礼过程中所用的壶、矢、筭、筹等礼器的尺寸和规格。第 11、12 段分别记录了鲁国和薛国在举行投壶礼时告诫参与观礼的年轻人的"命辞"，类似于《仪礼》正经之后"记"一类的文字。

按：《投壶》篇又见《大戴礼记》，文字略同。《大戴礼记》《礼记》二书最后成书虽在汉初，但其中所收篇章多有出自春秋时代者，《投壶》一篇即是如此。从上文所引来看，《投壶》详述投壶礼之仪节，与《仪礼》之文相似，当是礼经，而非论礼经之"记"。当代学者洪煨莲在他的《仪礼引得序》中指出："《奔丧》《投壶》皆逸礼也。"① 所言正是指此而言，甚是。

投壶礼是燕享的组成部分，其礼义也与燕享相通。《左传·成公十二年》："晋郤至曰：世之治也，诸侯间于天子之事，则相朝也，于是乎有享、宴之礼。享以训共俭，宴以示慈惠，共俭以行礼，而慈惠以布政。政以礼成，民是以息。"② 郤至是春秋时晋国大夫，据其所述，春秋时代的朝聘礼中贯穿着燕享礼，燕享礼并不是简单的吃饭饮酒，而是一种布政治国的特殊方式。因此，燕享礼中的投壶，也超出了游戏本身，处处体现着燕以和好的精神。据《诗经》《左传》《国语》及《仪礼》等所载，春秋时代的朝聘，行人出发前，本国国君要举行燕享礼为之饯行；行人至出使国，出使国国君或卿大夫要举行燕享礼宴宾；行人完成使命归国，国君还要以燕享礼慰劳。从宾主方面来分，计有"天子享诸侯及卿大夫""诸侯享王""两君燕享""国君享邻国卿大夫""国君享臣""臣享国君""卿大夫相燕饮"③ 等几种情况。无论是哪种情况，在燕享投壶礼中，都贯穿着辞令的创作与传播。宾主双方必要通过辞令来沟通思想，交流感情。

---

① 王文锦：《大戴礼记解诂》"点校前言"，见（清）王聘珍撰，王文锦点校：《大戴礼记解诂》，中华书局 1983 年版，第 5 页。

② 杨伯峻编著：《春秋左传注》，中华书局 2009 年版，第 857—858 页。

③ 王贵民、杨志清编著：《春秋会要》，中华书局 2009 年版，第 361—378 页。

春秋时期的投壶礼一般也在各种燕享中举行，其仪程与《礼记·投壶》所载无二。举例来说，如《左传·昭公十二年》载晋昭公新立，因为晋国是霸主，所以齐、郑、卫等诸侯国皆前往朝见，晋昭公会见诸侯之后，举行燕礼享齐侯，席间行投壶礼：

> 晋侯以（与）齐侯宴，中行穆子（荀吴）相。投壶，晋侯先。穆子曰："有酒如淮，有肉如坻，寡君中此，为诸侯师。"中之。
>
> 齐侯举矢，曰："有酒如渑，有肉如陵，寡人中此，与君代兴。"亦中之。
>
> 伯瑕（士文伯）谓穆子曰："子失辞，吾固师诸侯矣，壶何为焉？其以中儁也？齐君弱吾君，归弗来矣。"穆子曰："吾军帅强御，卒乘竞劝，今犹古也，齐将何事？"（齐）公孙傁趋进曰："日旰（晚）君勤（劳），可以出矣！"以齐侯出。①

上引双方的"投壶辞"，前两句都是赞美燕饮肴馔之丰盛，这是客套话。后面数句，才是表露心迹。"为诸侯师"，"师"，长也。晋为诸侯之长，故中行穆子如此说，多少流露出臣国君臣上下的久为盟主的傲慢态度。而"寡人中此，与君代兴"则一语双关，既是说双方轮流投壶，也是暗示霸主轮替代兴，不主一国；委婉地表达了齐国君臣不甘做晋国附庸、欲与之争雄的政治意图。因为在投壶礼致辞中双方有些针锋相对，所以晋国的伯瑕（士文伯）批评荀吴在致辞中轻慢齐君，有"失辞"之嫌，并认为齐国国君将会因为新即位的晋昭公年幼缺乏政治经验而不再朝聘晋国。荀吴则认为晋国国力强大，兵强马壮，不用担心齐国。由此来看，春秋时代燕享投壶礼中的礼辞，是由能文的臣子代为构拟，在大体遵从礼仪要求的前提下，有即兴发挥的成分。

虽然只是一种宴会上调节气氛的游戏，但从双方臣子代君所做的"投壶辞"中，可以看出晋国和齐国在政治上的交锋。按：冯惟讷《古诗纪·前集

---

① 杨伯峻编著：《春秋左传注》，中华书局 2009 年版，第 1332—1333 页。

七》录此年穆子所作之辞，唯题作《投壶辞》。① 投壶，据《礼记》《大戴礼记》
之《投壶篇》，即先秦时期主客燕饮时娱乐之投壶礼。郑玄《礼记目录》云：
"名曰投壶者，以其记主人与燕饮，客讲论才艺之礼。"② 据杨宽考证，此礼盖
由射礼演变而来，春秋以前饮酒礼亦有射礼，大约后因一般贵族举行燕礼席间
空间狭小，无法行射礼，故尔改为投壶。投壶时设壶，以矢投其中，多中者为
胜，胜者酌饮负者。③ 据《大戴礼记》王注引《考工记》曰，投壶礼之前要祭侯，
祭侯之礼以酒脯醢。其辞曰：

> "惟若宁侯，毋或若女不宁侯，不属于王所，故亢而射女，强食，诒
> 尔曾孙，诸侯百福。"

投壶中须由乐师间歌《貍首》之诗，并击鼓以为节（鲁、薛两国举行投壶
礼之鼓谱尚见载于《礼记·投壶》）。旧以《貍首》为逸诗，据王聘珍《大戴礼
记解诂》以为其诗实即见载于《大戴礼记·投壶》。其诗云：

> 今日泰射，四正具举。大夫君子，凡以庶士。小大莫处，御于君所。
> 以燕以射，则燕则誉。质参既设，执旌既载。大侯既亢，中获既置。
> 弓既平张，四侯且良。决拾有常，既顺乃让。乃揖乃让，乃陟其堂。
> 乃节其行，既志乃张。射夫命射，射者之声。获者之旌，既获卒莫。

王聘珍于"今日泰射"一章后云："并曾孙之诗，诸侯之射节也。孔氏
《射义》疏以为《貍首》之诗是也。"于第二章下又云："此节亦是《貍首》之
诗，当在'中获既置'之下，错简在此。"④ 投壶礼由射礼演变而来，故其间歌
之诗亦为射礼所歌之诗。又投壶及射礼皆与燕享关联，故《大戴礼记·投壶

---

① （明）冯惟讷：《古诗纪》卷六"辞"类，《文渊阁四库全书》，上海古籍出版社 1987 年版。
② （汉）郑玄注，（唐）孔颖达疏：《礼记正义》，《十三经注疏》（标点本），北京大学出版社 1999
年版，第 1565 页。
③ 详参杨宽：《射礼新探》，《古史新探》，上海人民出版社 2016 年版，第 315—342 页。
④ （清）王聘珍撰，王文锦点校：《大戴礼记解诂》，中华书局 1983 年版，第 239—245 页。

篇》云投壶歌《鹿鸣》《貍首》《鹊巢》《采蘩》《采蘋》《伐檀》《白驹》《驺虞》等二十六首雅诗。《左传·昭公十二年》所载之投壶礼，仪节大体与大、小二戴《记》所载相同，可证二《投壶》所载之礼，确实在春秋时操演于诸侯燕享之时，其真实性毋庸置疑。

第七章 春秋盟会制度与盟誓、书告之文

盟，即盟誓；会，即会同。盟会制度起源于原始社会，盛行于夏、商、西周三代，至春秋时期也成为列国政治与邦交的主要形式。盟会制度借助于各类书告之体与盟誓之辞而实现。因此盟、书、告、誓之文的创制，就是盟会制度实施的重要手段。西周至春秋初年，盟、书、告、誓之文的创制者由专官主司。书告之文一般由执事的卿大夫负责起草，而盟誓之文则由祝官专司。《周礼·春官》："（诅祝）掌盟、诅、类、造、攻、说、禬、禜之祝号。作盟诅之载辞，以叙国之信用，以质邦国之剂信。"[1] 春秋中后期，随着会盟实施频率的骤增，以及列国交往中政治理性的高扬，盟、书、告、誓之文的创制由官守出现私人化倾向，也出现了个体之间的盟誓。

一、春秋盟会制度及其特点述略

春秋时代，周室衰落，诸侯力政，五霸迭兴，礼乐征伐自诸侯出。盟会制度成为天子与诸侯之间、诸侯与诸侯之间、诸侯与卿大夫之间达成政治上联结关系的主要手段。据《左传》所载统计，春秋三百多年间，仅诸侯间的盟会就达 133 次[2]，次数远高于西周和战国时代。

---

① （汉）郑玄注，（唐）贾公彦疏：《周礼注疏》，《十三经注疏》（标点本），北京大学出版社 1999 年版，第 686—687 页。

② 参王贵民、杨志清编著：《春秋会要》之"列国历次盟会"，中华书局 2009 年版，第 412—429 页。

（一）春秋盟会制度的主要程序

春秋时代诸侯国之间举行盟誓的程序已经相对固定和程式化，从《左传》《国语》等文献所载春秋时代盟会的实例来看，盟会的具体程序如下：

第一，准备阶段，包括"通告""除地""筑坛""张幕""立木表""凿地""掘坎"仪程，主盟国要事先通知与盟者盟会时间、地点，之后就要提前准备修筑盟会的场地。一般要选择处在国界的人迹罕至、荒远偏僻而多河流山丘的地方[①]，先除地而后筑坛，并在周围搭建帐篷。筑坛后还要设立木表，以确定会盟时与盟者的位置。

第二，核心阶段，盟誓祭仪包括"杀牲""割牛耳""歃血"和"宣读载书"。到了盟誓的日子，先要杀牛牲取血献祭神灵，然后割取牛耳，在这个仪节中，要推举一人执牛耳。之后与盟者共同歃血，就是将牲血涂在嘴唇上的仪式。[②]"宣读载书"就是"宣誓"，当事人在祭坛上通过口头语言向神灵陈述结盟的意愿和信守盟誓的决心，并宣布不遵守盟约当受何种惩罚。当众宣读事先拟好的盟书，这是盟誓的核心仪程。

第三，盟后阶段，包括处置盟书，燕享宾客环节等。口头宣誓后，书面形式盟书一般一式两份，一份埋入土坎或深入水中，象征着誓言已经送达神灵；另一份副本则由主盟者带回收藏。盟会结束以后，主盟者还要尽地主之谊，举行宴会招待远道而来的与盟者；对一些无法短时间内返国的与盟者，主盟者还要赠送牛、羊、豕、黍、粱、稷、禾等食物。至此，盟会的仪程才算全部结束。

（二）春秋盟会制度的特点

下面拟以一个春秋时代的盟会实例的分析，来归纳春秋时代盟会制度的特

---

① 据《左传》载盟例看，屡次举行会盟之地如葵丘、中邱、曲池、桃邱、夹谷、邢邱、鲁济、洙、柯陵等地，均是靠近边境的地方。

② 也有学者认为"歃血"是饮血，《说文解字》释"歃"为"歠"。段玉裁《说文解字注》第八篇下言"歠"为饮。

点。《左传·昭公四年》载，楚国召集蔡、陈、郑、许、徐、滕、顿、沈、邾、宋等国盟会于申地：

　　夏，诸侯如楚，鲁、卫、曹、邾不会。曹、邾辞以难，公辞以时祭，卫侯辞以疾。郑伯先待于申。六月丙午，楚子合诸侯于申。椒举言于楚子曰："臣闻诸侯无归，礼以为归。今君始得诸侯，其慎礼矣。霸之济否，在此会也。夏启有钧台之享，商汤有景亳之命，周武有孟津之誓，成有岐阳之蒐，康有酆宫之朝，穆有涂山之会，齐桓有召陵之师，晋文有践土之盟。君其何用？宋向戌、郑公孙侨在，诸侯之良也，君其选焉。"王曰："吾用齐桓。"王使问礼于左师与子产。左师曰："小国习之，大国用之，敢不荐闻？"献公合诸侯之礼六。子产曰："小国共职，敢不荐守？"献伯子男会公之礼六。君子谓合左师善守先代，子产善相小国。

　　王使椒举侍于后以规过，卒事不规。王问其故，对曰："礼，吾所未见者有六焉，又何以规？"

　　宋大子佐后至，王田于武城，久而弗见。椒举请辞焉。王使往，曰："属有宗祧之事于武城，寡君将堕币焉，敢谢后见。"徐子，吴出也，以为贰焉，故执诸申。

　　楚子示诸侯侈。椒举曰："夫六王、二公之事，皆所以示诸侯礼也，诸侯所由用命也。夏桀为仍之会，有缗叛之。商纣为黎之蒐，东夷叛之，周幽为大室之盟，戎狄叛之。皆所以示诸侯汰也，诸侯所由弃命也。今君以汰，无乃不济乎！"王弗听。

　　子产见左师曰："吾不患楚矣。汰而愎谏，不过十年。"左师曰："然。不十年侈，其恶不远。远恶而后弃。善亦如之，德远而后兴。"①

　　上引这一大段文字，记录了楚国君臣及郑国执政子产、宋国左师向戌围绕着楚国在申地盟会诸侯的仪程的种种评论，从这些评论中，可以推断春秋时代

———————
①　杨伯峻编著：《春秋左传注》，中华书局2009年版，第1250—1252页。

的盟会制度有如下特点。

第一，春秋时代的盟会制度似是由齐桓公开创的[①]，其程序大体稳定，但并不固定，盟会仪程有旧式和新式之别。由上面所引材料中楚灵王手下的椒举劝灵王盟会要"慎礼"，楚灵王自己选择了"齐桓公会诸侯于葵丘"的礼；椒举建议灵王问盟会之礼于子产、向戌二人，二人皆进献公盟会诸侯的礼六种，这六种礼连博学的椒举也未见过。这类盟会礼仪大约是古制。

第二，盟会应当严格遵守礼制，盟会前约期须有王命，以示召集盟会的正当性，但楚灵王会于申并非如此。对于因故未来盟会的诸侯，也应当礼遇之，但楚灵王则是以武力对待未来会盟者。

第三，盟会应当节俭守礼，但楚灵王却示诸侯以奢侈。所以子产和向戌都认为楚国的强大是暂时的，不会长久。

第四，背盟之事屡有发生，盟辞载书的神圣性和约束力不断下降，所谓"口血未干，即背盟约"的事很常见。《左传·哀公十二年》："公会吴于橐皋，吴子使太宰嚭请寻盟。公不欲，使子贡对曰：'盟所以周信也，故心以制之，玉帛以奉之，言以结之，明神以要之。寡君以为苟有盟焉，弗可改也已。若犹可改，日盟何益？今吾子曰必寻盟，若可寻也，亦可寒也。'乃不寻盟。"[②]《左传》所记寻盟、征会很多，说明参与盟会者并非自愿，多被挟持。既然如此，背盟是必然的。

总而言之，春秋时代的盟会已经由此前的宗教活动完全演化成一种以"神道设教"的宣示权威的政治手段，盟辞载书逐渐失去其神圣性和约束力，由原来的礼仪之文变成一种达成特定政治目的的托辞。

---

① 吕静研究指出：最初的"盟誓是一种典型的宗教性行为"。"经过'东迁'的混乱，曾经在诸侯联合政体中占据顶点地位的周王室势力渐渐衰弱，已经无法用优势武力控制政治局面。但是，整个社会的基本结构没有发生质的变化。持续了数百年的政治权威并没有在一次政治事件后立即消失，以周王为中心的诸侯联合集团也没有完全崩溃。因此，有实力的诸侯如齐桓公、晋文公，在诸侯聚集的祭祀场，演示昔日商、周王祭祖的'盟'仪和'载'祀。求得自己作为周王政治上、宗教上权威继承者的认同，强调其统领诸侯的正当性。同样，在盟誓祭仪仪式中，像周王那样地使用、操纵文字，把盟约用文字记录下来，不仅仅强调盟辞的神圣性、不可更改性，还说明其拥有优越政治和宗教权威的特殊意义。"说见氏著《春秋时期盟誓研究：神灵崇拜下的社会秩序再构建》，上海古籍出版社2007年版，第185、200页。

② 杨伯峻编著：《春秋左传注》，中华书局2009年版，第1671页。

二、盟会制度的实施与春秋盟辞的生成

盟会制度的实施是春秋时代盟辞生成的内在动因。《文心雕龙·祝盟》曰："盟者，明也。驿毛白马，珠盘玉敦，陈辞乎方明之下，祝告于神明者也。在昔三王，诅盟不及，时有要誓，结言而退，周衰屡盟，以及要契。"[①]《释名·释言语》则曰："盟，明也。告其事于神明也。"[②] 盟会就是示人以诚，示神以诚。盟必有载辞以示诚信，周衰寡信，诸侯屡盟。盟辞多押韵，为先秦及后世重要文体之一。

（一）盟辞的创作动机

任何礼仪之文的写作都具有明确的写作动机，盟辞属于礼文，也不例外。从典籍所载的实例归纳起来看，盟辞的创作动机有如下几个方面。

第一，在协商的基础上，就某一重大事项达成共识。不论是春秋时期的诸侯之盟，还是家族与家族、个体与个体之间的盟约，其基本的动机就是借助盟辞，将事先约定共同遵从的事项形之于文字，固定下来，起到达成一致的作用。

第二，约束与盟者遵守盟约。盟辞要通过"宣誓"的方式告知神灵，其创作动机之一是借助神灵的力量使人信守盟约；同时，盟辞要书之典册，藏于盟府，其创作动机还有约束与盟者，起着契约的作用。春秋时代的盟辞事神的动机已经越来越微弱，而约束人的动机则在逐渐加强。如《左传·昭公六年》载：是年六月，楚公子弃疾与郑三卿盟誓。"楚公子弃疾如晋，报韩子也。过郑，郑罕虎（子皮）、公孙侨（子产）、游吉（子大叔）从郑伯以劳诸相。辞不敢见。固请，见之。见如见王，以其乘马八匹私面。见子皮如上卿，以马六匹；见子产以马四匹；见子大叔以马二匹。禁刍牧采樵，不入田，不樵树，不采蓻，不抽屋，不强匄。誓曰：'有犯命者，君子废，小人降！'舍不为暴，

---

① （南朝梁）刘勰著，范文澜注：《文心雕龙注》，人民文学出版社 1958 年版，第 177 页。
② （汉）刘熙撰，（清）毕沅疏证，（清）王先谦补：《释名疏证补》，中华书局 2008 年版，第 132 页。

主不恩宾。往来如是。郑三卿皆知其将为王也。"① 从这一年楚公子弃疾与郑三卿之盟来看，写作盟辞的动机是进行政治结盟。于楚公子弃疾而言，是为自己登上王位做好外交上的铺垫。于郑国三卿而言，则是不希望与楚为敌，又不想得罪晋国，体现了郑人的弹性外交策略。所以，这一年的盟誓，虽是私盟，但却处处体现着楚、郑两国外交方面的意图。

（二）盟辞写作过程

盟辞的写作是盟会制度的一个重要环节，不仅事先有专人负责其事，而且在正式"宣誓"前还要征求与盟者的意见，达成一致后方可公之于众。这个过程好比是共同完成一篇文章的写作，由一人事先按要求的程式起草文稿，然后大家一起来润色加工。如《左传·僖公九年》载："秋，齐侯盟诸侯于葵丘，曰：'凡我同盟之人，即盟之后，言归于好。'"② 记录了齐桓公在葵丘盟会诸侯时宣誓的情形，其盟辞写作的细节则见于其他文献所载。《孟子·告子下》："五霸，桓公为盛，葵丘之会，诸侯束牲载书而不歃血。初命曰：'诛不孝无易树子，无以妾为妻。'再命曰：'尊贤育才，以彰有德。'三命曰：'敬老慈幼，无忘宾旅。'四命曰：'士无世官，官事无摄，取士必得，无专杀大夫。'五命曰：'无曲防，无遏籴，无有封而不告。'曰：'凡我同盟之人，既盟之后，言归于好。'"③ 焦循《正义》："《孟子》'五命'乃葵丘之会所命次第如此。"④ 齐桓公会诸侯，盟辞事先由专官拟好，到了宣誓的时候，大家都不敢先"歃血"。桓公命史官先后五次宣读盟书，内容涉及治国的方方面面，目的是征求与盟诸侯的意见，大家没有意见，才宣誓。《左传》中摘录的只是盟辞之中关于宣誓的数句，《孟子》则转录了盟辞的具体内容。这件事还见于《管子·小匡》，文字略有出入。可以看出，齐桓公之能称霸于诸侯，既与齐国国力有关，同时也

① 杨伯峻编著：《春秋左传注》，中华书局 2009 年版，第 1278—1279 页。
② 杨伯峻编著：《春秋左传注》，中华书局 2009 年版，第 327 页。
③ （清）焦循撰，沈文倬点校：《孟子正义》，中华书局 1987 年版，第 843 页。
④ （清）焦循撰，沈文倬点校：《孟子正义》，中华书局 1987 年版，第 845 页。

和桓公与管仲注意到他国利益，并协调社会矛盾，在政治上达成同盟，适应了当时社会发展的普遍要求有关。这是他能利用盟辞之礼树立权威，取得人心的一个重要方面。

再如鲁季武子立臧为主掌臧氏家族之政，并与之结盟，然而盟辞无正当理由可书，季武子召外史之官，讨论盟辞的写法。《左传·襄公二十三年》载：

> 乃立臧为。臧纥致防而奔齐。其人曰："其盟我乎？"臧孙曰："无辞。"将盟臧氏，季孙召外史掌恶臣而问盟首焉。对曰："盟东门氏也，曰：'毋或如东门遂不听公命，杀嫡立庶。'盟叔孙氏也，曰：'毋或如叔孙侨如欲废国常，荡覆公室。'"季孙曰："臧孙之罪，皆不及此。"孟椒曰："盍以其犯门斩关？"季孙用之乃盟臧氏曰："毋或如臧孙纥干国之纪，犯门斩关。"臧孙闻之，曰："国有人焉，谁居？其孟椒乎！"①

鲁国孟孙氏立臧为为臧氏继承人，原定继任者臧纥奔齐。臧纥所从之人以臧纥罪不当被逐。季武子将与臧为结盟，盟辞不好写，于是召掌管恶臣事迹的外史问盟辞的写法。外史回答说："过去与东门氏结盟，盟辞说：'不要像东门遂那样不听君命，杀嫡立庶。'与叔孙氏结盟，盟辞说：'不要像叔孙侨如那样废除国家常道，荡覆公室。'"季武子说："臧孙纥之罪，皆不及此。"孟椒说："何不说他攻门斩关的罪过？"季武子采用了，于是与臧氏盟，盟辞说："不要像臧孙纥那样凌国家之纪，犯门斩关。"臧孙纥在齐听说此事，说："鲁国有人才啊，是谁？恐怕是孟椒吧。"由这个例子可看出，盟辞由专人（一般是史官）根据结盟涉及的具体的人、事来撰写，盟辞写好后还要征得与盟者的认可方能生效；甚至与盟者是出奔于外的"政治流亡者"，盟辞中如数其罪行或过错，也要讲求真实，以公告天下与神明。

再如《左传·襄公二十五年》载此年五月乙亥，齐国大臣崔杼弑齐庄公而立景公，欲与晏婴结盟，以掩盖弑君之罪。晏子临盟而机智地改写盟辞，临死地而不易其义，从中也可以看出盟辞的写作情况。其文曰：

---

① 杨伯峻编著：《春秋左传注》，中华书局 2009 年版，第 1083—1084 页。

婴，生景公。丁丑，崔杼立而相之，庆封为左相，盟国人于大官，誓曰："所不与崔、庆者……"晏子仰天叹曰："婴所不唯忠于君、利社稷者是与，有如上帝。"乃歃。①

这段文字是对盟誓仪式的描写，生动细致。齐庄公与崔杼之妻私通，崔杼愤而杀齐庄公，并且杀死了许多庄公的亲信，齐国因此大乱。为了控制政局，崔杼拥立景公，自己做了相，又拉拢庆封为左相。崔杼知道晏婴对自己不满，担心他鼓动其他贵族起来反对，就强行与他们举行盟会，想借盟会来消除后患。如果晏婴参与盟会且对盟辞无异义，就意味着名义上晏婴也参与了弑君改立的事，成为合谋者。紧要关头，晏婴改盟辞，显示了自己的是非观念和拥立公室的政治立场。《淮南子·精神训》评价说："晏子与崔杼盟，临死地而不易其义……故晏子可迫以仁，不可劫以兵。"②由此可见，在盟辞的写作过程中，达成一致或修改，都体现了十分鲜明的政治倾向。表面上是言辞的写作与修改润色，而实质上则是政治利益的角逐与博弈。类似的例子甚多，此不繁举。

（三）盟辞的文体特征

盟辞既然是礼仪之文，具有特定的写作动机，其写作过程又贯穿着与盟者的政治倾向性，盟辞写成后还要宣誓，使人神共知。在盟誓仪式结束后，盟辞文本要藏之盟府，有时副本刻于石上，埋藏于地，以示接受神灵的监督。由此来看，盟辞已经是一种成熟的礼仪文体，具有特定的文体特征。除前文引述的盟辞实例外，春秋时代的盟辞还有很多，如鲁僖公二十八年五月，周室王子虎盟诸侯于践土之王庭，有盟辞。同年六月，晋人复卫侯，宁武子与卫人盟于宛濮，也有盟辞。这两条盟辞见于《左传》，都相对比较完整，还有出土的侯马盟书若干篇，将这些文献综合起来，予以考察，可以归纳出盟辞的文体特征。

---

①　杨伯峻编著：《春秋左传注》，中华书局 2009 年版，第 1099 页。
②　马庆洲：《淮南子今注》，凤凰出版社 2013 年版，第 132 页。

首先，大多数盟辞都是以"要言曰"或"盟曰"等专门表示盟誓的词语领起。来看传世文献中所载录的几个实例。《左传·僖公二十八年》载："癸亥，王子虎盟诸侯于王庭，要言曰：'皆奖王室，无相害也。有渝此盟，明神殛之。俾队（坠）其师，无克祚国，及而玄孙，无有老幼。'君子谓是盟也信，谓晋于是役也，能以德攻。"杜预《注》："要，平声，约也。"[1] 意谓盟辞中所述内容是与盟者共商相约而达成共识，带有强调盟辞权威性的意思。另如，《左传·成公十二年》载公元前 579 年（周简王七年、鲁成公十二年）夏，晋、楚盟于宋西门之外，依礼制作誓辞以申盟誓。宋华元合晋、楚之盟。夏五月，晋士燮会楚公子罢、许偃。癸亥，盟于宋西门之外，誓曰："凡晋、楚无相加戎，好恶同之，同恤菑危，备救凶患。若有害楚，则晋伐之，在晋，楚亦如之。交贽往来，道路无壅。谋其不协，而讨不庭。有渝此盟，明神殛之，俾队其师，无克祚国。"[2] 这篇盟辞以"誓曰"领起，则是强调盟誓仪式上口头宣誓的仪节，其用意与"要言曰"相同。

也有的盟辞径直以"曰"字领起，如《左传·僖公二十八年》："六月，晋人复卫侯。宁武子与卫人盟于宛濮，曰：'天祸卫国，君臣不协，以及此忧也。今天诱其衷，使皆降心以相从也。不有居者，谁守社稷？不有行者，谁扞牧圉？不协之故，用昭乞盟于尔大神以诱天衷。自今日以往，既盟之后，行者无保其力，居者无惧其罪。有渝此盟，以相及也。明神先君，是纠是殛。'国人闻此盟也，而后不贰。"[3] 宁武子，名俞，卫国大夫。《论语·公冶长》载孔子尝称道其人大智若愚[4] 其人不仅忠贞而有气节，由上述盟会之事看来，他还是

---

① 杨伯峻编著：《春秋左传注》，中华书局 2009 年版，第 466—467 页。

② 杨伯峻编著：《春秋左传注》，中华书局 2009 年版，第 856 页。

③ 杨伯峻编著：《春秋左传注》，中华书局 2009 年版，第 469—470 页。

④ 蔡仁厚曾说："宁武子，姓宁名俞，谥武子。孔子说：'宁武子，邦有道则知（智），邦无道则愚；其知可及也，其愚不可及也。'卫成公初立，二三年间，两度失国，流离颠坠，君臣相讼，这便是'邦无道'之时。二次复国后，宁武子辅政，次年又迁都于帝丘，奠定了三百年之国祚。成公在位三十余年，屡合诸侯之好，罕被大国之兵，国家安定，民亦小康，此即所谓'邦有道'之时（朱注以卫文公之世为有道，卫成公时为无道，并不对；因为武子并没事文公，事文公的是他父亲宁庄子）。宁武子为政十余年，事君交邻，国人和协，此其'智'，人尚可及；而当危难之时，其艰贞委屈，沈晦隐忍，潜运其智，调酌机宜，终使祸乱消，社稷安，其用智至深而人莫之知，所谓大智'若愚'，此则非人所能及矣。"说见其《论语人物论》，台湾商务印书馆 1996 年版，第 23—24 页。

一位深于礼义，长于文章之君子。

其次，盟辞一般由"告人之辞"与"告神之辞"两部分组成，前者主要叙述与盟者约定共同遵守的事项内容，后者则向神明告知与盟者背盟后应受的惩罚。如《左传·襄公十一年》载，四月、六月间，诸侯伐郑，围郑而困之，观兵于南门。郑人惧，乃行成。秋七月，同盟于亳。范宣子曰："不慎，必失诸侯。诸侯道敝而无成，能无贰乎？"乃盟，作载书曰："凡我同盟，毋蕴年，毋壅利，毋保奸，毋留慝，救灾患，恤祸乱，同好恶，奖王室。或间兹命，司慎、司盟，名山、名川，群神、群祀，先王、先公，七姓、十二国之祖，明神殛之，俾失其民，队命亡氏，蹅其国家。"① 这例载书中，"凡我同盟"至"奖王室"，是告人之辞；从"或间兹命"至末尾，是告神之辞。当然，如果严格说来，这两部分均既是告人之辞，又是告神之辞，只不过前者主要体现与盟者达成"约定"，后者则侧重于借神灵保证此前约誓的权威性和神圣性。

再次，从出土的盟书实例来看，有的盟书还在开头叙述盟誓的具体时间，大部分盟书没有。吕静将其称之为盟书的"序章"。② 如山西侯马出土的编号第六七的盟书曰：

> 十五年十二月乙未朔，辛酉，自今台（以）往，鄙朔敢不歂歂焉中心事其主，而与贼为徒者，丕显晋公大冢，帝亟视女，麻夷非是。③

这篇盟书用朱笔书写在圭形玉石片之上，与其他四千余件盟书一起出土于河南温县武德镇西张计村西北沁河边之州城遗址一处春秋晚期的盟誓"坎牲"之中。从出土载书所记时间大多相同这一点推测，所谓"序章"可能只是一批盟书埋藏之时整理盟书者所记，并非盟辞本身的组成部分。这种情形与甲骨卜辞的埋藏很相似，也颇似后世整理档案材料时的"归档"。

最初的盟誓可能都是口头的约定，到了后来，才将其书写成文。就现有的

---

① 杨伯峻编著：《春秋左传注》，中华书局 2009 年版，第 988—990 页。
② 吕静：《春秋时期盟誓研究：神灵崇拜下的社会秩序再构建》，上海古籍出版社 2007 年版，第 213 页。
③ 释文据郝本性、赵世纲：《河南温县东周盟誓遗址一号坎发掘简报》，《文物》1983 年第 3 期。

材料来看，春秋时期"盟辞""载书"等并称，可以推断盟誓的"文本化"大约是在春秋时代发生的。吕静认为："齐桓公、晋文公等盟主（霸者），为了有效地维持中原圈诸侯间的政治秩序，巧妙地将被商、周王所独家占有的汉字引入盟誓的祭祀场。历来的口头宣誓被文字化，做成载书。从此，载书被运用于诸侯间的盟誓仪式中，甚至扩展到国内举行的盟誓之中。"①考虑到传世文献中所记载的盟誓材料，有一些盟誓并非严格按程序进行，往往是临事而盟，所以口头的盟辞仍在一定范围内与书面化的载书并行。也就是说，当口头的盟誓书面化成为载书之后，前者并未完全消失。

不过，从文体学的角度来看，盟辞的书面化具有重要的意义，一方面使盟辞的体式固定下来；另一方面还形成了一些经典的盟辞文本，成为后来者争相征引和模仿的"范本"。如《左传·定公元年》载薛宰曰："晋文公为践土之盟曰：'凡我同盟，各复旧职。'"②可见此皆摘引盟辞中的部分文句，作为叙事说理的依据。由此可以看出，春秋早期的一些盟辞已经随着结盟事件的巨大影响力而广泛传播，并在传播中因不断被引用而经典化。

三、盟会制度与春秋侯国书告之文

春秋时代，诸侯国之间的交往除了互派使者聘问外，还可以通过互通书告的方式完成。这种制度的实施，主要是靠互通文书来完成，因此这种制度也促成了春秋时代书告之文的生成。这些就某一具体政治行为或事件而撰制的书告之文，除了承担着告知、商讨的功能外，也具有盟约的意味。春秋侯国书告之文中比较典型的如：郑大夫子家致赵宣子书（《左传·文公十七年》）、楚申公巫臣自晋遗子重、子反二子书（《左传·成公七年》）、晋吕相绝秦书（《左传·成公十三年》）、晋魏绛上晋侯书（《左传·襄公三年》）、郑子产致范宣子书（《左传·襄公二十四年》）、周王子朝告诸侯书（《左传·昭公二十六年》）

---

　　① 吕静：《春秋时期盟誓研究：神灵崇拜下的社会秩序再构建》，上海古籍出版社 2007 年版，第200 页。

　　② 杨伯峻编著：《春秋左传注》，中华书局 2009 年版，第 1523 页。

等等。

首先来看郑大夫子家致赵宣子书，据《左传·文公十七年》载：晋灵公不见郑伯，以为贰于楚也。郑大夫子家使执讯之官如晋而与之书，以告赵宣子。其书曰：

> 寡君即位三年，召蔡侯而与之事君。九月，蔡侯入于敝邑以行。敝邑以侯宣多之难，寡君是以不得与蔡侯偕。十一月，克减侯宣多，而随蔡侯以朝于执事。十二年六月，归生佐寡君之嫡夷，以请陈侯于楚，而朝诸君。十四年七月，寡君又朝以蒇陈事。十五年五月，陈侯自敝邑往朝于君。往年正月，烛之武往，朝夷也。八月，寡君又往朝。以陈、蔡之密迩于楚，而不敢贰焉，则敝邑之故也。虽敝邑之事君，何以不免？在位之中，一朝于襄，而再见于君。夷与孤之二三臣相及于绛，虽我小国，则蔑以过之矣。今大国曰："尔未逞吾志。"敝邑有亡，无以加焉。
>
> 古人有言曰："畏首畏尾，身其余几。"又曰："鹿死不择音。"小国之事大国也，德，则其人也；不德，则其鹿也，铤而走险，急何能择？命之罔极，亦知亡矣，将悉敝赋以待于鯈，唯执事命之。
>
> 文公二年六月壬申，朝于齐。四年二月壬戌，为齐侵蔡，亦获成于楚。居大国之间，而从于强令，岂其罪也。大国若弗图，无所逃命。[1]

按：晋怒郑贰于楚，郑大夫子家与赵盾书，以告其故。子家之书，陈述郑国之所以服于楚，实出于晋不能救而不得已。言辞恳切，有理有节，于楚、晋争霸，晋因政衰而不能救诸侯，郑居大国之间之无奈情状，和盘托出。故晋人见其书，遂使大夫巩朔赴郑国修好，并使赵穿、公婿池为人质。

又《左传·成公七年》：楚围宋之役，师还，子重请取于申、吕以为赏田，王许之。申公巫臣曰："不可。此申、吕所以邑也，是以为赋，以御北方，若取之，是无申、吕也，晋、郑必至于汉。"楚王乃止。子重是以怨巫臣。子反欲取夏姬，巫臣止之，遂取以行，子反亦怨。及共王即位，子重、子反杀巫

---

① 杨伯峻编著：《春秋左传注》，中华书局 2009 年版，第 625—627 页。

臣之族子阎、子荡及清尹弗忌及襄老之子黑要，而分其室。子重取子阎之室，使沈尹与王子罢分子荡之室，子反取黑要与清尹之室。巫臣自晋遗二子书曰："尔以谗慝贪惏事君，而多杀不辜。余必使尔罢于奔命以死。"①

《左传·成公十三年》载：秦背盟召狄欲攻晋，夏四月戊午，晋侯使吕相作书以绝秦。按：吕相，晋大夫，魏锜之子。秦桓公既与晋厉公为令狐之盟，而又召狄与楚，欲道以伐晋。故晋厉公使吕相作此书宣己命数秦罪而绝之。杨伯峻《春秋左传注》云上引之文为"绝秦书，或由吕相执笔，或由吕相传递。其后秦作《诅楚文》，仿效此书"②，亦可见此文影响之大。汪基《古文喈凤》录此书，题作《晋使吕相绝秦》，且评之曰："说秦则好中见恶，自叙虽恶亦好。开合顿挫，笔笔匠心。"③

《左传·襄公三年》载：鸡泽之会，晋悼公之弟扬干乱行于曲梁，魏绛戮其仆。晋悼公闻之，怒，谓羊舌赤曰："合诸侯，以为荣也，扬干为戮，何辱如之？必杀魏绛，无失也！"羊舌赤对曰："绛无贰志，事君不辟难，有罪不逃刑，其将来辞，何辱命焉？"言终，魏绛至，授仆人书，将伏剑。士鲂、张老止之。晋悼公读魏绛之书，其书曰：

> 日君乏使，使臣斯司马。臣闻师众以顺为武，军事有死无犯为敬，君合诸侯，臣敢不敬？君师不武，执事不敬，罪莫大焉。臣惧其死，以及扬干，无所逃罪。不能致训，至于用钺。臣之罪重，敢有不从，以怒君心？请归死于司寇。

晋悼公读其书毕，跣而出，曰："寡人之言，亲爱也；吾子之讨，军礼也。寡人有弟，弗能教训，使干大命，寡人之过也。子无重寡人之过也，敢以为请。"④晋侯以魏绛为能以刑佐民，厚与之礼物，且使佐新军。

按：《国语·晋语七》亦载魏绛之书，稍有不同。严可均《全上古三代文》

---

① 杨伯峻编著：《春秋左传注》，中华书局 2009 年版，第 833—834 页。
② 杨伯峻编著：《春秋左传注》，中华书局 2009 年版，第 861 页。
③ 汪基：《古文喈凤》卷三，上海广益书局 1915 年石印本。
④ 杨伯峻编著：《春秋左传注》，中华书局 2009 年版，第 929—930 页。

收录此书，题作《授仆人书》。魏绛，魏其姓，陈厚耀《春秋世族谱》①曰，魏氏出周文王之子毕公高之后。毕万仕晋，封于魏，以邑为氏。魏绛为毕万曾孙，魏绛之父犨曾追随晋文公出亡，僖公二十八年城濮之战时为车右，位不在六卿之列。至魏绛，事晋悼公为列大夫，进中军司马，佐新军。谥曰庄子，一云昭子。魏绛是魏氏中兴之关键人物，他才智过人，对晋国赤胆忠心，又能言直谏，因此受晋悼公重用。其言论除此年上书外，较有代表性的如襄公四年力陈以德待诸侯，论人君不可失人及荒于田猎；襄公十一年，晋侯以金石之乐赐魏绛，绛谏君以德、义、礼、信、仁守邦国。这些言论，都有辞气肯切，有礼有节，入情入理，感人至深之特点。

再如郑子产致书信于范宣子以谏轻币，亦是比较典型的为盟会而制作的文体。《左传·襄公二十四年》，范宣子为政，诸侯之币重，郑人病之。二月，子西相郑伯如晋，子产寓书于子西，以告宣子，其书曰：

子为晋国，四邻诸侯不闻令德，而闻重币，侨也惑之，侨闻君子长国家者，非无贿之患，而无令名之难，夫诸侯之贿聚于公室，则诸侯贰。若吾子赖之，则晋国贰。诸侯贰，则晋国坏；晋国贰，则子之家坏。何没没（昧昧）也。将焉用贿？

夫令名，德之舆也；德，国家之基也。有基无坏，无亦是务乎！有德则乐，乐则能久。《诗》云"乐只君子，邦家之基"（《小雅·南山有台》），有令德也夫！"上帝临女，无贰尔心"（《大雅·大明》），有令名也夫！恕思以明德，则令名载而行之，是以远至迩安。毋宁使人谓子，"子实生我"，而谓"子浚我以生"乎？象有齿以焚（僨）其身，贿也。②

按：子产此书，由令德、令名说起，按下郑轻币之请不表，却分析重币于晋之弊，言晋重币则诸侯贰，诸侯贰则晋国坏，晋国坏则执政之卿亦不能免，中引诗为证，末以象为喻。读之可谓在情在理，感人至深，故宣子以为是，乃许轻币。

① 陈厚耀：《春秋世族谱》卷上，《文渊阁四库全书》，上海古籍出版社1987年版。
② 杨伯峻编著：《春秋左传注》，中华书局2009年版，第1089—1090页。

四、春秋出奔制度与通告之文的生成

春秋时代的许多盟会，是就诸侯国中卿大夫出奔他国而进行的。当国中一些重要的人物或家族因政治原因出奔他国，主政者要和其他在朝的贵族盟誓，宣布出奔者的罪责，并相约阻止其归国，以示惩诫。从出奔者的一方来说，也可以在出奔后向其他诸侯国发布消息，陈述出奔的理由，为自己辩护，同时带有对本国当政者的声讨意味。这类文辞，与盟书不同，也与前文所说的外交性的国书不同，颇似后世的檄文，故姑且称之为"通告之文"。

《春秋左传正义》孔颖达疏引杜预《春秋释例》言："奔者，迫窘而去，逃死四邻，不以礼出也。"① 本质上说，出奔就是国君、卿大夫等因为特殊原因不得不离开母国而投奔他国，这种非常规的行为必然会引起两国关系的变化，因此在处理类似事件的过程中，也逐渐形成了一些惯例，我们称之为出奔制度。出奔或称"奔""来奔""出居""孙"等。据学者统计，《春秋》和《左传》中所记载的出奔事件有 201 例。徐杰令将出奔分为主动性出奔与被动性出奔两类，前者有三种类型：第一，为官者因国君无道，进谏不听，而弃官出奔；第二，为君者主动放弃君位而出奔，或继位者不愿即位而出奔；第三，行为举止违背社会道德规范，为逃避舆论谴责和惩罚而主动出奔。被动出奔的则有五种类型：第一，被驱逐出境；第二，因战争或亡国而被迫出奔；第三，贵族作乱失败，为避免遭惩罚而出奔；第四，因争夺君位失败而出奔；第五，其他原因。② 依前所引杜预之说，出奔制度是违礼或者由违背礼仪的行为所导致的，说到底是春秋时代周礼崩坏的结果。归纳众多的出奔现象，出奔引发的国与国之间的邦交呈现出下面一些规则或惯例。

第一，按《周礼》，对于出奔者所在国，要向周王室和各诸侯国行告知之礼。无文不成礼，通告之文是承担这种告知功能的文体。《左传·宣公十年》载："夏，齐惠公卒。崔杼有宠于惠公，高、国畏其逼也。公卒而逐之，奔卫。

---

① （周）左丘明传，（晋）杜预注，（唐）孔颖达正义：《春秋左传正义》，《十三经注疏》（标点本），北京大学出版社 1999 年版，第 586 页。

② 徐杰令：《春秋邦交研究》，中国社会科学出版社 2004 年版，第 171—185 页。

书曰'崔氏'，非其罪也，且告以族，不以名。凡诸侯之大夫违，告于诸侯曰：'某氏之守臣某，失守宗庙，敢告。'所有玉帛之使者则告，不然则否。"杜注："违，奔放也。"杨伯峻注曰："杜意以为奔者之身尝有玉帛之使于彼国，已经相接，则告之。若奔者未尝往聘，恩好不接，则不告。唯告奔者尝聘之国，余不告也。刘炫以为玉帛之使谓国家有交好之国皆告，非指奔者之一身。若以崔杼论，未见其使于鲁，而亦来告，则刘炫之义较杜为长。"[①] 意谓春秋卿大夫因故出奔他国，当依出奔制度，需作书启之文以告谕与母国有正式外交关系的诸侯国。

不仅卿大夫如此，周天子及诸侯出奔他国，也要向诸侯国行告知之礼。再如《左传·僖公二十四年》载王子带之乱后，周襄王迫于压力，出奔于郑国，"王使来告难曰：'不谷不德，得罪于母弟之宠子带，鄙在郑地汜，敢告叔父。'……王使简师父告于晋，使左鄢父告于秦"[②]。再如《左传》载鲁昭公二十六年冬，王子朝奉周之典籍奔楚，引"先王之命"作书以告诸侯，就是十分典型的例证。

如《左传·昭公二十六年》载，此年王子朝叛周，十一月辛酉，晋师助召伯盈逐王子朝。王子朝奉周之典籍以奔楚。十二月癸未，王子朝使人告于诸侯，其通告之辞曰：

> 昔武王克殷，成王靖四方，康王息民，并建母弟，以蕃屏周。亦曰："吾无专享文、武之功，且为后人之迷败倾覆而溺入于难，则振救之。"至于夷王，王愆于厥身。诸侯莫不并走其望，以祈王身。至于厉王，王心戾虐，万民弗忍，居王于彘。诸侯释位，以间王政。宣王有志，而后效（授）官。至于幽王，天不吊周，王昏不若，用愆厥位。携王奸命，诸侯替之，而建王嗣，用迁郏鄏。则是兄弟之能用力于王室也。至于惠王，天不靖周，生颓祸心，施于叔带，惠、襄辟难，越去王都。则有晋、郑，咸黜不端，以绥定王家。则是兄弟之能率先王之命也。在定王六年，秦人降

---

① 杨伯峻编著：《春秋左传注》，中华书局 2009 年版，第 706—707 页。
② 杨伯峻编著：《春秋左传注》，中华书局 2009 年版，第 427—428 页。

妖，曰："周其有鼺王，亦克能修其职，诸侯服享，二世共职，王室其有间王位，诸侯不图，而受其乱灾。"至于灵王，生而有鼺。王甚神圣，无恶于诸侯。灵王、景王，克终其世。

今王室乱，单旗、刘狄，剥乱天下，壹行不若，谓先王何常之有？唯余心所命，其谁敢讨之？帅群不吊之人，以行乱于王室。侵欲无厌，规求无度，贯渎鬼神，慢弃刑法，倍奸齐盟，傲很威仪，矫诬先王。晋为不道，是摄是赞，思肆其罔极。兹不谷震荡播越，窜在荆蛮，未有攸厎。若我一二兄弟甥舅，奖顺天法，无助狡猾，以从先王之命。毋速天罚，赦图不谷，则所愿也。敢尽布其腹心，及先王之经，而诸侯实深图之。

昔先王之命曰："王后无嫡则择立长。年钧以德，德钧以卜。"王不立爱，公卿无私，古之制也。穆后及大子寿早夭即世，单、刘赞私立少，以间先王，亦唯伯仲叔季图之！①

按：王子朝的这篇通告之辞，有为自己辩解，以赢得舆论支持的意味。他的通告之辞引先王之命，申明诸侯以"王后无嫡则择立长"之礼，以为依礼自己应当嗣天子之位。而今无位，只能选择出奔。鲁大夫闵马父闻子朝之辞，评之曰："文辞以行礼也，子朝干景之命，远晋之大，以专其志，无礼甚矣。文辞何为？"②阐明文辞必须合乎礼，反映礼的内容，否则无论其形式如何华美，亦为无益。

第二，通告之文的撰制与发布常常是针对母国主政者的惩诫性盟誓而发。对于有罪出奔，或因违礼败德获罪的放逐出奔者，母国君臣及国人要当众公布其罪状，并举行盟誓，约定永远禁止其归国。这既是一种严厉的惩罚，也是一种特殊的盟誓和约定，一旦形成书面的文书，就意味着背盟者被永远驱逐，所以这类盟辞带有公告和盟辞的双重性质。据《左传》所载，春秋时代被母国盟誓宣布不得归国的代表人物有鲁国的叔孙侨如、臧纥、东门氏，郑国的游吉、良霄，宋国的大尹等。关于这一制度的实施以及盟辞的写作，如《左传·襄公

---

① 杨伯峻编著：《春秋左传注》，中华书局 2009 年版，第 1475—1479 页。
② 杨伯峻编著：《春秋左传注》，中华书局 2009 年版，第 1479 页。

二十三年》载：

> 冬十月，孟氏将辟，藉除于臧氏。臧孙使正夫助之，除于东门，甲从己而视之，孟氏又告季孙。季孙怒，命攻臧氏。乙亥，臧纥斩鹿门之关以出，奔邾。……
>
> 臧纥致防而奔齐。其人曰："其盟我乎？"臧孙曰："无辞。"将盟臧氏，季孙召外史掌恶臣而问盟首焉。对曰："盟东门氏也，曰：'毋或如东门遂不听公命，杀嫡立庶。'盟叔孙氏也，曰：'毋或如叔孙侨如欲废国常，荡覆公室。'"季孙曰："臧孙之罪，皆不及此。"孟椒曰："盍以其犯门斩关？"季孙用之，乃盟臧氏曰："毋或如臧孙纥干国之纪，犯门斩关！"臧孙闻之，曰："国有人焉，谁居？其孟椒乎！"①

这一年冬十月，鲁国的臧纥因为家族内部争夺继承权而出奔邾国，继而又出奔齐国。臧纥的随从担心鲁国将要通过盟誓来禁止他们归国，但臧纥认为自己罪不至此，所以说"无辞"，也就是没有理由这样做。鲁国国内的贵族将要盟臧纥的时候，季孙氏召专门掌管奔亡盟誓的外史问盟臧纥该用哪一种盟誓的首章。史官回答说："盟东门氏的时候就写：'不要照东门遂那样，不听鲁公的命令，杀嫡立庶。'盟叔孙侨如的时候，就写：'不要像叔孙侨如那样，想废除鲁国常法，而颠覆国家。'"季孙氏认为臧纥的罪过还不至于如上面两个人，所以没有采纳史官的意见。孟椒建议写臧纥侵犯国法，犯门斩关。臧纥在齐国听说这件事，也心服口服，感叹孟椒有长于辞令的才能。

由这个实例来看，出奔者的母国盟誓出奔者，主要任务是撰写公告性的盟辞载书，而这个工作由专门掌管出奔盟辞的"外史"充任。外史和主事者要根据出奔者所犯的罪行，讨论斟酌盟辞如何书写，主要是如何确定出奔者的罪状。盟辞中所宣布的罪状一定要真实，如果罪状与事实不符，则不可以盟誓。由于外史所提的建议对臧纥罪状确定不够适当，所以最后主事的季孙还是听从了孟椒（子服惠伯）的建议，用了"毋或如臧孙纥干国之纪，犯门斩关"。这

---

① 杨伯峻编著：《春秋左传注》，中华书局 2009 年版，第 1081—1084 页。

样的描述完全与事实相符，所以连出奔者本人听说了也无话可说。可惜的是这类盟誓之辞大多只是描述出奔者罪状的部分，并非完篇，其后当有共同盟誓禁止出奔者回归母国的内容。不过仅就现存的部分实例来看，出奔盟辞的写作明显属于礼仪性写作。其文体特点是：1. 常以"无或如""毋或如"开头，领起全篇；2. 具有公告和文告的性质，目的在于让一定范围内的人周知其事；3. 带有法律性文书的约束力和强制性特点。

第三，罪过较轻或因故出奔他国，被赦免或条件允许得以归国者，也要通过发布书告的形式向周王室及诸侯国行告知之礼。如《左传·哀公十六年》载卫太子蒯聩归国为卫侯的情形曰：

> 卫侯使鄢武子告于周，曰："蒯聩得罪于君父、君母，逋窜于晋。晋以王室之故，不弃兄弟，置诸河上。天诱其衷，获嗣守封焉，使下臣衎敢告执事。"王使单平公对曰："衎以嘉命来告余一人，往谓叔父，余嘉乃成世，复尔禄次。敬之哉！方天之休，弗敬弗休，悔其可追。"[①]

卫太子蒯聩因卫国内乱而出奔于晋国，后卫国内乱平息，蒯聩归国，故派遣鄢武子先告知周天子。从其告天子之辞来看，是以蒯聩的语气说出，先简要叙述出奔的原因，以及接受自己的晋国的恩惠，再讲归国的原因。天子也使单平公接待使者，并有辞以对，其辞虽然简明扼要，但祝贺中有诫勉，含义甚为深刻。总之，诸侯出奔后归国告天子之辞仍属礼仪写作，其用语字斟句酌，凝练考究，典重文雅。

五、春秋规诲之制与誓的变体

春秋时期，盟誓制度除用于诸侯国之间，也可以用于调节内部关系。特别是当国君因为自身的失误而导致严重的后果时，常常以诲过、宣誓的方式约信

---

① 杨伯峻编著：《春秋左传注》，中华书局 2009 年版，第 1697—1698 页。

于臣下或民众，以获得臣民的信任与支持。这种通过宣誓的方式实行的制度，可称之为规诲之制；而宣誓之辞，则与后世的"罪己诏"颇为相似。规诲制度的实行，促成了春秋时期"誓"体文的生成。这一类誓体文与《尚书》中的"誓"虽然都有口头宣告的性质，但在文体功能方面主要突出"诲过"的意图，与《尚书》所载商、周诸"誓"稍有不同。

如秦穆公不听蹇叔之言，以致大败于崤，亦曾诲过于众。由此可见，春秋规诲之制，实为政治理性觉醒之产物。规诲之制往往以"誓"体文公布于众，从而实施之。这类文辞的代表是《尚书·秦誓》。《书序》云："秦穆公伐郑，晋襄公帅师败诸崤，还归，作《秦誓》。"① 为论述方便，兹引全文如下：

公曰："嗟！我士，听无哗。予誓告汝群言之首。古人有言曰：'民讫自若，是多盘。'责人斯无难，惟受责俾如流，是惟艰哉！我心之忧，日月逾迈，若弗云来。惟古之谋人，则曰未就予忌。惟今之谋人，姑将以为亲。虽则云然，尚猷询兹黄发，则罔所愆。"

番番良士，旅力既愆，我尚有之；仡仡勇夫，射御不违，我尚不欲。惟截截善谝言，俾君子易辞，我皇多有之！

昧昧我思之，如有一介臣，断断猗，无他伎，其心休休焉，其如有容。人之有技，若己有之。人之彦圣，其心好之，不啻若自其口出。是能容之，以保我子孙黎民，亦职有利哉！人之有技，冒疾以恶之。人之彦圣，而违之，俾不达。是不能容，以不能保我子孙黎民，亦曰殆哉！

邦之杌陧，曰由一人；邦之荣怀，亦尚一人之庆。②

鲁僖公三十三年四月辛巳，晋败秦于殽。秦穆公素服郊次，作《秦誓》以诲过。《左传·僖公三十三年》："秦伯素服郊次，乡师而哭，曰：'孤违蹇叔，以辱二三子，孤之罪也。'不替孟明，曰：'孤之过也。大夫何罪？且吾不以一

① （汉）孔安国传，（唐）孔颖达疏：《尚书正义》，《十三经注疏》（标点本），北京大学出版社1999年版，第567—568页。
② （汉）孔安国传，（唐）孔颖达疏：《尚书正义》，《十三经注疏》（标点本），北京大学出版社1999年版，第569—572页。

眚掩大德。'"①《左传》所载正与《书序》合。故孔颖达《尚书正义》曰："秦穆公使孟明视、西乞术、白乙丙三帅帅师伐郑，未至郑而还。晋襄公帅师败之于崤山，囚其三帅。后晋舍三帅，得还归于秦。秦穆公自悔己过，誓戒群臣。史录其誓辞，作《秦誓》。"②

《史记·秦本纪》云："三十六年，缪公复益厚孟明等，使将兵伐晋，渡河焚船，大败晋人，取王官及鄗以报殽之役。晋人皆城守不敢出。于是缪公乃自茅津渡河，封殽中尸，为发丧，哭之三日，乃誓于军，曰：'嗟士卒！听无哗，余誓告汝。古之谋黄发番番，则无所过。'以申思不用蹇叔、百里奚之谋，故作此誓，令后世以记余过。"③按：《史记》之说不确，今从《书序》之说。

此外，《国语·越语下》载越王勾践誓民之辞，及与范蠡的对答之辞，亦带有诲过之意，当为规诲之誓辞。经文种周旋，与吴国议和以后，勾践"说"于国人曰：

> 寡人不知其力之不足也，而又与大国执雠，以暴露百姓之骨于中原，此则寡人之罪也，寡人请更。④

《越语》用一"说"字领起勾践誓国人之辞，很有现场感，当是史官参考了越国的史料。之后，勾践又召集父母昆弟，与他们当众约誓，曰：

> 寡人闻，古之贤君，四方之民归之，若水之归下也。今寡人不能，将帅二三子夫妇以蕃。⑤

先说古之贤君如何如何，然后向父母昆弟诲过，并约定一起努力，使越国的人口增加。后来勾践也果真如其所约的那样，经过数年的经营，越国终于缓

---

① 杨伯峻编著：《春秋左传注》，中华书局 2009 年版，第 500—501 页。
② （汉）孔安国传，（唐）孔颖达疏：《尚书正义》，《十三经注疏》（标点本），北京大学出版社 1999 年版，第 568 页。
③ （汉）司马迁：《史记》，中华书局 1982 年版，第 193—194 页。
④ 徐元诰撰，王树民、沈长云点校：《国语集解》（修订本），中华书局 2002 年版，第 569—570 页。
⑤ 徐元诰撰，王树民、沈长云点校：《国语集解》（修订本），中华书局 2002 年版，第 570 页。

过劲来，度过了危机，国力也开始恢复了。当臣民们请求向吴国复仇时，勾践又当众推辞说：

> 昔者之战也，非二三子之罪也，寡人之罪也。如寡人者，安与知耻？请姑无庸战。①

这仍然带有诲过的意味。当父兄又反复请战时，勾践许之，然后召集民众，与之誓云：

> 寡人闻古之贤君，不患其众之不足也，而患其志行之少耻也。今夫差衣水犀之甲者亿有三千，不患其志行之少耻也，而患其众之不足也。今寡人将助天灭之。吾不欲匹夫之勇也，欲其旅进旅退。进则思赏，退则思刑，如此则有常赏。进不用命，退则无耻，如此则有常刑。②

这篇誓辞是一篇战争誓辞，没有诲过的意思，只有约誓战必听命，倒是与《商书》中的《牧誓》相类似。《越语》中还记载勾践曾对范蠡说：

> 先人就世，不谷即位。吾年既少，未有恒常，出则禽荒，入则酒荒。吾百姓之不图，唯舟与车。上天降祸于越，委制于吴。吴人之那不谷，亦又甚焉。吾欲与子谋之，其可乎？③

这段话虽是征求范蠡的意见，但和上文所引的规诲之辞大体相似，不同的只是私人间的谈话，而不是当众宣誓。从上引规诲之辞来看，与《秦誓》一样，均以誓为题，其形式则散韵结合，显然具有仪式化的色彩。可见在春秋时代，文辞的内容、主题虽然相似，文风也差不多，但发布的形式、针对的对象不同，也会形成不同的文体。

① 徐元诰撰，王树民、沈长云点校：《国语集解》（修订本），中华书局2002年版，第571页。
② 徐元诰撰，王树民、沈长云点校：《国语集解》（修订本），中华书局2002年版，第571—572页。
③ 徐元诰撰，王树民、沈长云点校：《国语集解》（修订本），中华书局2002年版，第580页。

第八章　春秋咨询制度与问对之文

　　春秋时期是中国古代文化的轴心期，也是民族精神和文学传统的形成期。春秋文学上承三代"文章官守"传统，完成了言辞发布及文章创作由宗教化向人文性的转变，同时下启战国"私人撰著""文体大备"的局面；不仅文章数量众多、文类丰富、文体成熟，且已出现丰富的文体理论。郭沫若称之为古代文学史上的"五四"时期。[①]春秋初叶，各体文章源于"世官之守"的礼乐制度，其写作具有程式化、实用性和集体创作的形态特征，春秋中、末叶，随着世官制度的衰落和私学的兴起，言辞发表、文章撰作在文体方面转向"私人化"或"个体化"。学术界对春秋文章的研究仅限于祭祀礼文、会盟中的盟誓、朝聘中的辞令等方面，对其整体创作实绩及文体演变迄无系统归纳与断代研究，尤其缺乏对足以代表春秋文辞撰制特点的问对文、讽谏文、政论德论文等曹丕称之为"经国之大业"的"经国之文"[②]的研究。

　　刘师培《论古今学风变迁与政俗之关系》一文说："三代以前，无学风之可言，而学风之成，则始于春秋之世。夫春秋之世，公卿大夫均娴于旧典，优于文学，明于国事，达于善政交邻之义。由是趋时之士，争以多闻博辨相高，然词皆征实，不尚空言。"[③]刘氏所言"学风"实际上包含了"文风"，在他看

---

　　①　郭沫若：《古代的"五四运动"——论古代文学》，《豕蹄内外》，浙江人民出版社1998年版，第3—8页。

　　②　曹丕《典论·论文》云："盖文章，经国之大业，不朽之盛事。"徐公持认为："揆其原意，当指文中所说及'奏议''书论''铭诔''诗赋'诸文体的政治实用功能。如奏议本为实用性文体，施于朝廷；而汉魏'书论'，如贾谊《新书》、扬雄《法言》、桓谭《新论》、徐幹《中论》，包括曹丕本人的《典论》在内，皆以敷述政教伦理为基本内容。"说见其《魏晋文学史》，人民文学出版社1999年版，第65页。

　　③　原载《政艺通报》1907年第13、14、15号，收入《左盦外集》卷九，又收入朱维铮编：《刘师培辛亥前文选》，生活·读书·新知三联书店1998年版，第449—456页。

来，春秋"学风""文风"与当时的政治制度有着密切的关系。由此看来，探讨春秋时期文体的生成，还当从当时的政治制度入手。礼乐制度的"尚文"特质所导致的言辞发布、文章撰制样态及其演变是探讨春秋文章与文体演变的关键。

　　春秋时期的政治制度总体上呈现为"礼治"，阎步克认为，"礼治"是介于"乡俗"与"法治"之间的政治文化秩序。春秋的"礼"由继承西周礼乐制度而来，但更强调其修身及调节社会政治的功能，"礼"既是统治手段、国制政典，同时又是礼乐文物、文化教养。而"礼治"的承担者，是熟知周礼传统且兼具"尊者""贤者"和"亲者"三种身份的"君子"。① 君子从政所必需的主要社会因素，是所谓的"九能"，即："建邦能命龟，田能施命，作器能铭，使能造命，升高能赋，师旅能誓，山川能说，丧纪能诔，祭祀能语，君子能此九者，可谓九德，可以为大夫。"（《诗·鄘风·定之方中》毛传）"九能"基本都是以撰制和发表遵循古制的言辞为功。"礼治"的维护者既不是原始部落族群时期的习俗惯性，也不是战国以后的"法治"体制下的暴力机关，而是西周以来形成的"礼乐传统"。由此看来，春秋"礼治"具有"修古"与"尚文"② 的特点，具体来说，就是以纳言听谏为主的咨询制度、讽谏制度与议政制度。这些制度的核心是通过言辞的发表、撰制与传递达到治国修身的目的，因此也可以说是一种文章文体生成制度。《管子·桓公问》载："黄帝立明台之议者，上观于贤也；尧有衢室之问者，下听于人也；舜有告善之旌，而主不蔽也；禹立谏鼓于朝，而备讯唉；汤有总街之庭，以观人诽也；武王有灵台之复，而贤者进也。"③ 通过对传世文献的梳理，可以发现，从传说中尧、舜、禹的时代至夏、商、周三代，社会政治形态经历了从原始民主制（禅让）向家天下和分封制为特征的集权制的转变。禅让时期社会政治事务的决断需要部落首领共同参与，主要通过作为最高首领的"共主"咨询于各方"部族"来实现。这就是咨

---

① 参阅阎步克：《士大夫政治演生史稿》，北京大学出版社 1996 年版，第 73—124 页。
② 春秋"礼治""尚文"，古今学者均有说。如《文心雕龙·征圣》云："先王圣化，布在方册；夫子风采，溢于格言。是以远称唐世，则焕乎为盛；近褒周代，则郁哉可从。此政化贵文之征也。郑伯入陈，以文辞为功；宋置折俎，以多文举礼。此事蹟贵文之征也。褒美子产，则云'言以足志，文以足言'，泛论君子，则云'情欲信，辞欲巧'。此修身贵文之征也。然则志足而言文，情信而辞巧，乃含章之玉牒，秉文之金科矣。"
③ （清）戴望：《管子校正》，《诸子集成》第五册，中华书局 1954 年版，第 302 页。

询制度和谏议制度。夏、商、周时代，随着天下"共主"的权力越来越集中，在咨询制度被进一步强化的基础上，诸侯或臣子通过讽谏参与政治并制衡"共主"的行为被制度化，各代都有所谓"言官"。到春秋时期，一方面是传统礼制（主要是礼仪）等级性的崩坏，一方面是古制中合理成分的发扬。再加上国人、"舆人""士"等阶层政治影响力的提升，咨询制度与讽谏制度在政治理性和历史理性被张扬的社会背景下有进一步加强的趋势，同时，广开言路、重视舆论并取智于众的议政制度也成为诸侯国的明君们治国的必需。在这样的背景下，一大批问对之文、讽谏之辞和议政论德之辞应运而生。不仅形成了春秋时期文章撰制的高潮，也从文体的方面为诸子之文及战国秦汉问对、章表、奏议等文章文类的产生打好了基础。

一、咨询制度与问对之体的起源

吴讷《文章辨体序说》云："问对体者，载昔人一时问答之辞，或设客难以著其意者也。《文选》所录宋玉之于楚王，相如之于蜀父老，是所谓问对之辞。"[1] 指出了问对之文在文体上的基本特征，但未详论其起源及演变。徐师曾《文体明辨序说》对问对之体的起源提出了自己的看法，徐氏说："按问对者，文人假设之词也。其名既殊，其实复异。故名实皆问者，屈平《天问》、江淹《邃古篇》之类是也；名问而实对者，柳宗元《晋问》之类是也。其他曰难，曰谕，曰答，曰应，又有不同，皆问对之类也。古者君臣朋友口相问对，其词详见于《左传》《史》《汉》诸书。后人仿列之，乃设词以见志，于是有问对之文；而反覆纵横，真可以舒愤郁而通意虑，盖文之不可缺者也，故采数首列之。若其词虽有问对，而名入别体者，则各从其类，不复列于此云。"[2] 徐师曾在归纳了各种类型的问对之文后指出：究其根源，见于《左传》等典籍的"君臣朋友口相问对"是后世问对之文的源头。这是极其有见地的意见，是我们进一步研究的基础。

---

① （明）吴讷著，于北山校点：《文章辨体序说》，人民文学出版社 1998 年版，第 49 页。
② （明）徐师曾著，罗根泽校点：《文体明辨序说》，人民文学出版社 1998 年版，第 134—135 页。

从中国古代文体产生的内在机制来看，任何一种文体的产生都源自社会文化的呼求。上文所引徐师曾关于问对之文源于春秋的观点，为我们考察这种文体的生成机制指明了方向。结合春秋时期问对之文的生成实例来看，问对之文在春秋之前即已产生，它源自先秦时期的咨询制度。

咨询制度起源于上古，经夏、商、西周，至春秋时期，仍为各国诸侯所实行。史学家吕思勉曾对此做过详细考察，他指出：

> 民主政体，于古有征乎？曰：有。《坊记》引诗曰："先民有言，询于刍荛。"郑注曰："先民，谓上古之君也。言古之人君，将有政教，必谋之于庶民乃施之。"案《繁露》有六十四民，为上古无名号之君。《书·甫刑》："苗民弗用灵。"郑注亦以为"有苗之君"。则此先民释为人君，义自可通。此最古之世，人民之得以参与政事者也。然仅言其事，未详其制也。详其制者，莫如《周官》。《周官·小司寇》之职："掌外朝之政，以致万民而询焉。一曰询国危，二曰询国迁，三曰询立君。其位：王南向，三公及州长百姓北面。群臣，西面。群吏，东面。小司寇摈以叙进而问焉。以众辅志而弊谋。"《周官》虽虚拟之书，亦必有所依据。试征之他书：《左氏·定公八年》，"卫侯欲叛晋，朝国人，使王孙贾问焉。"《哀公元年》："吴之入楚也，使召陈怀公，怀公朝国人而问焉。"则《周官》所谓询国危者也。《书·盘庚上》："王命众悉造于庭。"《孟子》谓太王之迁岐也，"属其耆老而告之"。则《周官》所谓询国迁者也。《书·尧典》："师锡帝曰：有鳏在下曰虞舜。"《左·僖十五年》："晋侯使郤缺告瑕吕饴甥，且召之。子金教之言曰：朝国人，而以君命赏，且告之曰：孤虽归，辱社稷矣。其卜贰圉也。"《昭二十四年》："晋侯使士景伯莅问周故，士伯立于乾祭，而问于介众。"《哀二十六年》："越人纳卫侯，文子致众而问焉。"则《周官》所谓询立君者也。知古确有是事矣。乡大夫之职，"大询于众庶，则各帅其乡之众寡而致于朝。"注："郑司农云：大询于众庶，《洪范》所谓谋及庶民。"则斯制由来甚远。[①]

---

① 吕思勉：《中国制度史》，上海教育出版社 1985 年版，第 466—467 页。

在部落时期，遇有重大公共事务无法决断，部落首领须通过咨询各方面意见以完成决策。因此，咨询制度是一种古老的实现重大政治事件决策的行政制度。《尚书·尧典》载帝尧曾就治水之事咨询四岳及众人，年老时还曾就继任者"咨四岳"，这就是典型的咨询制度。进入夏代以后，虽然王权初步确立，但咨询制度仍是一种为明君所采用的重要的政治制度。商代统治者虽然自称"余一人"，但有德之明君仍注重征询贵族和民众的意见。《尚书·盘庚》载盘庚迁殷前对贵族们说"重我民"，又说："暨予一人猷同心。"意思是说要重视民意，我的谋划与你们同心。维克多·特纳指出："在部落社会里，语言同样不仅仅是沟通的方式，它所蕴含的是力量和智慧。在神圣的阈限之中所赋予的智慧不仅仅是词汇和句子的聚合，它有着本体论的价值，它为初次受礼者进行全身心的重新装备。"[1] 这种蕴含着智慧的有着本体论价值的神圣的语言，就是圣者之言，就是有特定的言说方式和内容的文体。仪式化的语言本身就是权威的化身，具有箴言和象征的意味。《吕氏春秋·达郁》篇说："万乘之主，人之阿之亦甚矣，而无所镜其残，亡无日矣。孰当可而镜，其唯士乎！人皆知说镜之明己也，而恶士之明己也。镜之明己也功细，士之明己也功大。"[2] 这就是说，咨询于士，取其言而借其智，其理如同照镜而知己，其功甚大。

那么，由咨询制度催生出来的问对之文见于何处呢？这还要从《尚书》《周书》《左传》《国语》中求之。

《国语·周语上》载周宣王时名臣仲山甫曾说："赋事行刑，必问于遗训而咨于故实。不干所问，不犯所咨。……然则能训治其民矣。"[3] 是说布政施命，必须要咨询于老成之人，以求"先王之教"及前朝故事之于行政有启发者。周初立之时，武王曾就治国之事多次咨询于周公旦，周公也是根据"遗训"及"故实"以对武王。其问对之文见于《周书》，其中最为典型的是《大开武》《小开武》两篇。《大开武》云：

---

① 〔英〕维克多·特纳：《仪式过程》，黄剑波、柳博赟译，中国人民大学出版社 2006 年版，第 104 页。

② （汉）高诱注：《吕氏春秋》，《诸子集成》第六册，中华书局 1954 年版，第 266 页。

③ 徐元诰撰，王树民、沈长云点校：《国语集解》（修订本），中华书局 2002 年版，第 23 页。

维王一祀二月，王在酆，密命。访于周公旦曰："呜呼！余夙夜维商，密不显，谁和？告岁之有秋，今余不获，其落若何？"

周公曰："兹在德敬。在周其维天命。王其敬命。远戚无十和，无再失。维明德无佚，佚不可还。维文考恪勤战战，何敬何好何恶？时不敬，殆哉！"

王拜曰："允哉！余闻国有四戚、五和、七失、九因、十淫，非不敬，不知。今而言维格，余非废善以自塞，维明戒是祇。"

周公拜曰："兹顺天。天降瘼于程，程降因于商。商今生葛，葛右有周。维王其明用《开和》之言言，孰敢不格？"

四戚：一，内同外；二，外婚姻；三，官同师；四，哀同劳。

五和：一，有天维国；二，有地维义；三，同好维乐；四，同恶维哀；五，远方不争。

七失：一，立在废；二，废在祇；三，比在门；四，谄在内；五，私在外；六，私在公；七，公不违。

九因：一，神有不飨；二，德有所守；三，才有不官；四，事有不均；五，两有必争；六，富有别；七，贪有匮；八，好有遂；九，敌有胜。

十淫：一，淫政破国。动不时，民不保。二，淫好破义。言不协，民乃不和。三，淫乐破德。德不纯，民乃失常。四，淫动破丑。丑不足，民乃不让。五，淫中破礼。礼不同，民乃不协。六，淫采破服。服不度，民乃不顺。七，淫文破典。典不式教，民乃不类。八，淫权破故。故不法官，民乃无法。九，淫贷破职。百官令不承。十，淫巧破用。用不足，百意不成。

呜呼！十淫不违，危哉！今商维兹，其唯第兹命不承，殆哉！若人之有政令，废令无赦，乃废天之命？讫文考之功绪，忍民之苦，不祥。若农之服田，务耕而不耨，维草其宅之，既秋而不获，维禽其飨之，人而获饥，去谁哀之？

王拜曰："格乃言！呜呼！夙夜战战，何畏非道，何恶非？是不敬，殆哉！"①

---

①　转引自黄怀信、张懋镕、田旭东撰：《逸周书汇校集注》（修订本），上海古籍出版社 2007 年版，第 258—270 页。

前人以为《大开武》为周初文献，陈逢衡云："是时纣忌周愈甚，武王难之，故有其落若何之问。十淫，指商俗。武周兢兢为念，则牧野之事已不待甲子而决矣。故心战在乎自修，庙胜在乎能戒。"[1]按此篇开首"访于周公旦"一段为交待行文背景之语，相当于《书序》，应是后之整理者所加。全篇的主要内容均是就周武王咨询于周公而发，周公的对问之辞围绕着"敬德""求和""顺天"三个方面展开，后半部分述"四戚""五和""七失""九因""十淫"的内容似是引述所谓《开和》之言。今人黄怀信认为此篇与下篇《小开武》"均记周公旦启发开导武王之事及言"[2]，就其内容而言，黄说是。然而从文体方面来看，这是典型的问对之文。《大开武》等同类文献不一定百分百为当时实录，最初可能是口碑相传，后经史官写定。然而从其文本来看，仍保留了较多的口头问答的痕迹。此篇问对文的文体至少具有以下几个特征：第一，设为问答（问答为体），以答为主。第二，采取引经据典（即前文所言"遗训"及"故实"）以解危去惑的说理方式。所引皆为口碑形式的为政之道。第三，经典语是大前提，所咨询之事是小前提，如何处置所咨询之事是结论。行文的逻辑结构十分清楚。《小开武》也有类似的文体特点。

西周以降，虽王权进一步加强，然咨询制度仍见用于重视礼治之王者。为政之中，或咨询于在列之臣，甚或咨询于在野之贤者，每每有之，此在典籍尚有记录。《诗经·小雅·皇皇者华》写一位周天子的大臣，代周天子出使四方，咨询臣下。诗中写道：

> 我马维驹，六辔如濡。载驰载驱，周爰咨诹。
> 我马维骐，六辔如丝。载驰载驱，周爰咨谋。
> 我马维骆，六辔沃若。载驰载驱，周爰咨度。
> 我马维骃，六辔既均。载驰载驱，周爰咨询。[3]

---

① 黄怀信、张懋镕、田旭东撰：《逸周书汇校集注》（修订本），上海古籍出版社 2007 年版，第 257 页。

② 黄怀信：《逸周书校补注译》，三秦出版社 2006 年版，第 123 页。

③ （汉）毛亨传，（汉）郑玄笺，（唐）孔颖达疏：《毛诗正义》，《十三经注疏》（标点本），北京大学出版社 1999 年版，第 566 页。

诗中的"我"即周王臣子，他奉使外出咨询访问于邦国之诸侯及贤者，旨在安民务德。《毛传》："忠信为周。访问于善为咨。咨事为诹。"郑玄《笺》云："爰，於也。大夫出使，驰驱而行，见忠信之贤人，则于之访问，求善道也。"① 咨，本亦作"谘"。诹，《尔雅》云："谋也。"《说文》云："聚谋也。"孔颖达《正义》释此咨询制度曰：

> 三章《传》云："咨事之难易为谋。"四章《传》曰："咨礼义所宜为度。"卒章《传》曰："亲戚之谋为询。"此皆出于《外传》也。《左传》曰："访问于善为咨。"杜预曰："问善道也。""咨亲为询"，杜预曰："问亲戚之义也。""咨礼为度"，杜预曰："问礼宜也。""咨事为诹"，杜预曰："问政事也。""咨难为谋"，杜预曰："问患难也。"唯"难"一事，杜为"患难"，毛为"难易"，不同。然患难之事，亦须访其难易，理亦不异。余皆与《传》同。毛据彼《传》，因以义增而明之。其"忠信为周"一句，《鲁语》文也。《鲁语》无"访问于善"一句。又云"咨才为诹，咨事为谋"，与《左传》异。韦昭以为字误，改从《左传》，曰："才当为事。"又曰："事当为难。"是也。余与《左传》同。此四者，诹、谋、度、询俱访于周，而必为此次者，以咨是访名，所访者事，故先咨诹。事有难易，故次咨谋。既有难易，当访礼法所宜，故次咨度。所宜之内，当有亲疏，故次咨询。因此附会其文为先后耳。②

孔颖达是硕学大儒，他根据《左传》《国语》等关于天子咨询制度材料与《皇皇者华》所述的关联，证实了《毛传》所述咨询制度的正确性。由上引这段材料可以看出，这位为天子出使咨询的大臣咨询的内容包括具体的危机性事件（难事）、宗族之事、礼法所宜等方面。《皇皇者华》被《诗序》以来的解诗者认为是产生于西周末期宣王时代的作品，从其常被用于天子慰劳使臣的燕饮

---

① （汉）毛亨传，（汉）郑玄笺，（唐）孔颖达疏：《毛诗正义》，《十三经注疏》（标点本），北京大学出版社1999年版，第566页。

② （汉）毛亨传，（汉）郑玄笺，（唐）孔颖达疏：《毛诗正义》，《十三经注疏》（标点本），北京大学出版社1999年版，第566页。

礼来推测，这首诗所述的天子咨询制度大概是当时的常制。既然咨询是就某些重要的政治问题向在列之臣或诸侯、贤者请教以借其智，那么按理当有被咨询者的对问之辞。然而，可惜的是《诗》篇或主于仪式主题，或主于抒发感受，而对这些问对之文不可能载录。

二、春秋咨询制度与问对之文的演变

春秋时期，周天子的政治控制力下降，形成礼崩乐坏、诸侯力政的局面。加之国人阶层在各国政局中的影响力大大增加[①]，以及在社会上有田产且专门从事某项徭役的平民群体——舆人阶层的兴起[②]，国君为政必须取得他们的支持，听从他们的意见。出于政治上的需要，诸侯国的国君大多广开言路，通过咨询于在朝在野的智者、贤者及社会各阶层以弥补自身在政治识见、治国之道及谋略等方面的不足，并及时解决现实中遇到的政治危机。这是对此前咨询制度的进一步弘扬和强化，这一风气在使传统社会中政治经验书面化和经典化的同时，也催生出全新的问对之文。

春秋问对文较之前最大的变化有两个：一是问对双方的身份发生了变化。此前多天子与贵族重臣间的问对，春秋时代则下移至诸侯与巫史之官及卿大夫之有识者。第二，问对中虽引经据典而又不拘泥于经典之言，能因事设辞，发挥经典之微言大义。如《左传·鲁庄公十四年》载鲁申𦈡以"妖由人兴"对鲁桓公之问：

---

① 晁福林指出，国人在西周前期尚未登上历史舞台，随着土地制度和社会结构的变化，国人在西周后期才显示出作为社会阶层的影响和力量，厉、宣时代的"国人暴动"就是一个明证。进入春秋时期以后，国人阶层扩大，影响趋于增强。其主要作用表现在以下几个方面：首先，国人是各诸侯国军事力量的基础。其次，在各国政治生活中，有些军国大事，须得国人拥护才可以通畅地实行。再次，有些国家君主的废立，往往与国人有关。复次，春秋时期各诸侯国贵族间的斗争，常以国人的意志为转移，符合国人愿望者获胜的机会大增。说见氏著《春秋战国的社会变迁》，商务印书馆 2011 年版，第 653—656 页。

② 童书业认为"舆人"即"国人"中之从征从役者，他们拥有自己的车辆。据《左传·僖公二十八年》载，城濮之战，晋文公重耳临战闻"舆人之诵"而疑之，《左传·襄公三十年》载郑子产变法，舆人诵之；《左传·昭公十二年》载周的原伯绞因为暴虐而遭舆人痛恨，遂绞而立公子跪寻。从这些记载中可以看出舆人在政治生活中发挥着重要的作用。说见其《春秋左传研究》（校订本），中华书局 2006 年版，第 131—132 页。

初，内蛇与外蛇斗于郑南门中，内蛇死。六年而厉公入。公闻之，问于申𦈡曰："犹有妖乎？"对曰："人之所忌，其气馅（炎）以取之。妖由人兴也。人无衅焉，妖不自作。人弃常，则妖兴，故有妖。"①

这是鲁桓公君臣围绕郑国发生的政变而发的问对，盖据当时流传之旧典，列国之人均以"内蛇与外蛇斗"为流亡在他国的郑厉公即将要回郑国复位之预言。申𦈡之对则因事而言"妖由人兴"，这是灵活变通的解释，而非简单化地引据惯常预言的规则。这正是春秋时代大夫阶层政治理性觉醒的体现，可谓见识高明。《左传》于此年还记载郑大夫原繁临死对郑厉公之问，也是典型的问对之文。其文曰：

厉公入，遂杀傅瑕。使谓原繁曰："傅瑕贰，周有常刑，既伏其罪矣。纳我而无二心者，吾皆许之上大夫之事，吾愿与伯父图之。且寡人出，伯父无里言。入，又不念寡人，寡人憾焉。"

对曰："先君桓公命我先人典司宗祏。社稷有主，而外其心，其何贰如之？苟主社稷，国内之民，其谁不为臣？臣无二心，天之制也。子仪在位，十四年矣；而谋召君者，庸非贰乎？庄公之子犹有八人，若皆以官爵行赂劝贰而可以济事，君其若之何？臣闻命矣。"乃缢而死。②

原繁其人，梁玉绳考证曰："原繁始见《左传·隐公五年》，郑武公之子。"（《春秋分记》）亦曰原伯。他典司郑国宗庙之事，为郑国知礼解文之士。从上引之辞中看，其对郑厉公之辞引证"先君之命"而发之，有义有节，声辞俱厉，抱必死之心而发为言辞，令人可敬可佩。文体上则与西周初之《大开武》等篇相似。

再如《左传·僖公四年》所载楚国大夫屈完对齐桓公之问：

① 杨伯峻编著：《春秋左传注》，中华书局 2009 年版，第 196—197 页。
② 杨伯峻编著：《春秋左传注》，中华书局 2009 年版，第 197—198 页。

楚子使与师言曰："君处北海，寡人处南海，唯是风马牛不相及也，不虞君之涉吾地也，何故？"管仲对曰："昔召康公命我先君大公曰：'五侯九伯，女实征之，以夹辅周室！'赐我先君履，东至于海，西至于河，南至于穆陵，北至于无棣。尔贡包茅不入，王祭不供，无以缩酒，寡人是征。昭王南征而不复，寡人是问。"对曰："贡之不入，寡君之罪也，敢不供给？昭王之不复，君其问诸水滨！"师进，次于陉。

夏，楚子使屈完如师。师退，次于召陵。齐侯陈诸侯之师，与屈完乘而观之。齐侯曰："岂不谷是为，先君之好是继。与不谷同好，如何？"对曰："君惠徼福于敝邑之社稷，辱收寡君，寡君之愿也。"齐侯曰："以此众战，谁能御之？以此攻城，何城不克？"对曰："君若以德绥诸侯，谁敢不服？君若以力，楚国方城以为城，汉水以为池，虽众，无所用之。"屈完及诸侯盟。①

屈完此篇对问之辞，从对方发问生发开去，既有朝堂咨询之问对文因事而发的特点，又具有外交辞令的典雅与犀利。后《楚世家》《齐世家》及清人所编《古文观止》俱载此文，尤其是清人古文选本选录此篇，以之为文之典范，广为传播，转相摹习，遂使其成为问对之文中的经典。屈完为楚国大夫，长于辞令，出师问，不辱使命，为屈原先祖。刘文淇《春秋左氏传旧注疏证》云："服虔取《公羊》说，屈完者何？楚大夫也。何以不称使？尊屈完也。曷为尊屈完？以当桓公也。"② 其他还有《左传·僖公六年》载楚大夫逢伯对楚王之问，《僖公七年》载管仲以礼、信、德对齐桓公之问，《僖公九年》载秦大夫公孙枝对秦穆公问晋乱，《鲁僖公二十三年》载晋狐突以忠信之道对晋怀公，《成公三年》载臧宣叔以古制对鲁成公之问，等等，都是典型的问对之文。

《国语》中也收录了为数不少的问对之文，比较典型的如《楚语上》载申叔时以傅太子之道对楚庄王：

庄王使士亹傅太子葴，辞曰："臣不才，无能益焉。"……问于申叔时，

① 杨伯峻编著：《春秋左传注》，中华书局 2009 年版，第 289—293 页。
② （清）刘文淇撰：《春秋左氏传旧注疏证》，科学出版社 1959 年版，第 253 页。

叔时曰：

教之《春秋》，而为之耸善而抑恶焉，以戒劝其心；教之《世》，而为之昭明德而废幽昏焉，以休惧其动；教之《诗》，而为之导广显德，以耀明其志；教之礼，使知上下之则；教之乐，以疏其秽而镇其浮；教之《令》，使访物官；教之《语》，使明其德，而知先王之务用明德于民也；教之《故志》，使知废兴者而戒惧焉；教之《训典》，使知族类，行比义焉。

若是而不从，动而不悛，则文咏物以行之，求贤良以翼之。悛而不摄，则身勤之，多训典刑以纳之，务慎惇笃以固之。摄而不彻，则明施舍以导之忠，明久长以导之信，明度量以导之义，明等级以导之礼，明恭俭以导之孝，明敬戒以导之事，明慈爱以导之仁，明昭利以导之文，明除害以导之武，明精意以导之罚，明正德以导之赏，明齐肃以耀之临。若是而不济，不可为也。

且夫诵诗以辅相之，威仪以先后之，体貌以左右之，明行以宣翼之，制节义以动行之，恭敬以临监之，勤勉以劝之，孝顺以纳之，忠信以发之，德音以扬之，教备而不从者，非人也。其可兴乎！夫子践位则退，自退则敬，否则赧。[1]

《楚语上》载录申叔时之问对，又见于《左传》《史记·楚世家》。申叔时之对，在文体上也是以问答领起，在文中述评结合。从其所论傅太子之制的次第井然看，当非临事杜撰之辞，而应当也是引述古制。这些特点都和前引问对文十分相似。申叔时问对之例还有《左传·宣公十一年》载录的引时谚对楚庄王。据《左传》宣公十一年冬，楚庄王借平陈之乱，伐陈，杀夏征舒，因灭陈以为县。申叔时出使于齐，反楚，复命而退，不告庆。楚庄王使人责之，曰："夏征舒为不道，弑其君，寡人以诸侯讨而戮之，诸侯、县公皆庆寡人，女独不庆寡人，何故？"申叔时对曰："夏征舒弑其君，其罪大矣；讨而戮之，君之义也。抑人亦有言曰：'牵牛以蹊人之田，而夺之牛。'牵牛以蹊者，信有罪

---

[1] 徐元诰撰，王树民、沈长云点校：《国语集解》（修订本），中华书局 2002 年版，第 483—487 页。

矣；而夺之牛，罚已重矣。诸侯之从也，曰讨有罪也。今县陈，贪其富也。以讨召诸侯，而以贪归之，无乃不可乎？"楚庄王曰："善哉！吾未之闻也。反之，可乎？"对曰："吾侪小人所谓'取诸其怀而与之'也。"乃复封陈。[①]这也是典型的问对之体。

申叔时，为楚国宗族，顾栋高《春秋大事表》以为申氏，陈厚耀《春秋世族谱》则别列为"申叔氏"一族。由相关记载观之，申叔时深明大义，既知治国为政之道，又知先朝训典、前代掌故，善于教育，且长于辞令，既能言善谏，且善为问对之文，是楚国大夫阶层中的文章辞令高手。

此外见于《国语·鲁语》中的"展禽对臧文仲之问"等，也都是典型的问对之文。除此之外，还有载于《新序》和《说苑》的"祁奚对晋悼公荐贤""师旷对晋悼公问卫人逐其君"等，也比较典型。值得注意的是，上述问对文又见于《左传》《国语》等先秦典籍。这些问对文大体相同而细节有异，不大像是后出者因袭时代在前者，而更像是同一个文本的不同传本。这表明到春秋末期，一些论理深刻、引证丰富且富于文采的问对文已经独立于史传而传播于士大夫君子之间，有经典化的趋势。

三、春秋问对之文对诸子问对文的影响

春秋时代的问对之文经由史官著录而由口传状态被写定成为书面的文本，从而也完成了其文体的"定型"。随着史传在当时社会各阶层的传播，一些较为著名的问对之文被有识者多次地阅读接受与引用，出现了"经典化"的趋势。这些经典化的问对文，不仅其言治论政的内容成为诸子百家取资的重要思想资源，其形式特点也对诸子之文产生了很大影响。公元前 609 年，鲁国的史克受季文子之命作书以对莒国太子仆，引佚《周礼》《誓命》及《虞书》，论莒太子无德。其辞思想性与艺术性兼具，十分典型。《左传·文公十八年》载，莒纪公生太子仆，又生季佗，爱季佗而黜仆，且多行无礼于国。仆因国人以弑

---

① 杨伯峻编著：《春秋左传注》，中华书局 2009 年版，第 713—715 页。

纪公，携其宝玉奔鲁，纳宝于鲁宣公。鲁宣公命与之邑，曰："今日必授。"季文子使司寇驱莒太子出境，曰："今日必达。"鲁宣公问其故。季文子使太史克对曰：

> 先大夫臧文仲教行父事君之礼，行父奉以周旋，弗敢失队。曰："见有礼于其君者，事之，如孝子之养父母也，见无礼于其君者，诛之，如鹰鹯之逐鸟雀也。"先君周公制《周礼》曰："则以观德，德以处事，事以度功，功以食民。"作《誓命》曰："毁则为贼，掩贼为藏，窃贿为盗，盗器为奸。主藏之名，赖奸之用，为大凶德，有常，无赦。在《九刑》不忘。"行父还观莒仆，莫可则也。孝敬、忠信为吉德，盗贼、藏奸为凶德。夫莒仆，则其孝敬，则弑君父矣；则其忠信，则窃宝玉矣。其人，则盗贼也，其器，则奸兆也。保而利之，则主藏也。以训则昏，民无则焉。不度于善，而皆在于凶德，是以去之。
>
> 昔高阳氏有才子八人：苍舒、隤敱、梼戭、大临、龙降、庭坚、仲容、叔达，齐、圣、广、渊、明、允、笃、诚，天下之民谓之"八恺"。高辛氏有才子八人：伯奋、仲堪、叔献、季仲、伯虎、仲熊、叔豹、季狸，忠、肃、共、懿、宣、慈、惠、和，天下之民谓之"八元"。此十六族也，世济其美，不陨其名。以至于尧，尧不能举。舜臣尧，举八恺，使主后土，以揆百事，莫不时序，地平天成，举八元，使布五教于四方，父义、母慈、兄友、弟共、子孝，内平外成。
>
> 昔帝鸿氏有不才子，掩义隐贼，好行凶德，丑类恶物，顽嚚不友，是与比周，天下之民谓之"浑敦"。少皞氏有不才子，毁信废忠，崇饰恶言，靖谮庸回，服谗蒐慝，以诬盛德，天下之民谓之"穷奇"。颛顼氏有不才子，不可教训，不知话言。告之则顽，舍之则嚚，傲很明德，以乱天常。天下之民谓之"梼杌"。此三族也，世济其凶，增其恶名，以至于尧，尧不能去。缙云氏有不才子，贪于饮食，冒于货贿，侵欲崇侈，不可盈厌，聚敛积实，不知纪极，不分孤寡，不恤穷匮，天下之民以比三凶，谓之"饕餮"。舜臣尧，宾于四门，流四凶族，浑敦、穷奇、梼杌、饕餮，投诸四裔，以御螭魅。是以尧崩而天下如一，同心戴舜，以为天子，以其举

十六相，去四凶也。故《虞书》数舜之功曰"慎徽五典，五典克从"，无违教也，曰"纳于百揆，百揆时序"，无废事也，曰"宾于四门，四门穆穆"，无凶人也。

舜有大功二十而为天子。今行父虽未获一吉人，去一凶矣，于舜之功，二十之一也，庶几免于戾乎！①

按：此事亦见《国语·鲁语上》。所述至简略，而明确为里革（史克）之辞，则是里革受季文子之命而作也。文中云："先大夫臧文仲教行父事君之礼，行父奉以周旋，弗敢失队（坠）。"又云："今行父虽未获一吉人。"是以季文子语气言之。文中所述"八元""八恺"之十六种德行范畴：齐、圣、广、渊、明、允、笃、诚，忠、肃、共、懿、宣、慈、惠、和，后来大部分为儒家学派所继承与提倡。至于所谓父义、母慈、兄友、弟共、子孝之教，则更为儒家伦理思想之渊薮。

史克，《国语·鲁语》作"里革"。韦昭《国语注》云："鲁太史尅也。"②《诗·鲁颂·駉》序云："季孙行父请命于周而史克作是《颂》。"③则史克是春秋时代一位重要思想家和作家。

章学诚尝言："周末文胜，官礼失其职守，而百家之学多争托于三皇五帝之书矣。"④章氏言诸子托为上古之人发为言论，然而其文章辞令之形式，则多顺承春秋之问对文。因诸子皆欲以其学术为当时之社会求改造，为当时之诸侯备咨询。其发为言辞，皆因时事政事而发；其著为文章，恒拟朝廷庙堂问对。这种风气在诸子中相当普遍。墨家之文，多取问对之体。如《耕柱》《贵义》《公孟》《鲁问》《备城门》《备高临》等篇，均是时君、时人或弟子发问，而墨子对答，是典型的问对之文。俞樾《〈墨子间诂〉序》中说："墨子则达于天人之理，熟于事物之情。又深察春秋战国百余年间时势之变，欲补弊扶偏，以复之于古。郑重其意，反复其言，以冀世主之一听。"⑤正因为如此，墨子之文很

---

① 杨伯峻编著：《春秋左传注》，中华书局 2009 年版，第 633—642 页。
② （清）徐元诰撰，王树民、沈长云点校：《国语集解》（修订本），中华书局 2002 年版，第 167 页。
③ （清）王先谦撰，吴格点校：《诗三家义集疏》，中华书局 1987 年版，第 1062 页。
④ （清）章学诚撰，叶瑛校注：《文史通义校注》，中华书局 2014 年版，第 37 页。
⑤ （清）孙诒让撰，孙启治点校：《墨子间诂》，中华书局 2001 年版，第 1 页。

重视"辩说"，发言及为文强调"知类""明故"[①]，即通过对相同本质的事物中存在的共同性的运用，由此及彼，类而推之，以获得对未知事物本质的认识。这和春秋时代之问对文注重征引古制常理以解决现实问题的论证方式有着深度的契合。

孟子虽反对墨学，但其发言为文却多采墨家之法，故《孟子》亦多见问对之体。如孟子对齐宣王、梁惠王等篇，直是朝堂问对之实录，与春秋问对之文尤其相似。儒家之文，再如郭店楚简中被学者们考为子思或其弟子所记的《鲁穆公问子思》等篇，也有上述特点。

道家之文，《庄子》《列子》最喜用问对之体。最为典型者如《庄子·天运》，以发问开篇："天其运乎？地其处乎？……"一连提出十五个问题，之后又以"巫咸袑曰：来，吾语女……"一段作为对答。

稷下学派之文，亦多取问对之体。如《管子》"管子轻重"中除《国蓄》《轻重己》之外，几乎都是假托齐桓公与管子的问答构成的篇章。

问对之文至战国以下，多演为"虚设问答"，完全不同于《左传》《国语》中针对具体的社会问题所构拟的情况。刘知幾《史通·杂说下》言：

> 自战国以下，词人属文，皆伪立主客，假相酬答。至于屈原《离骚》辞，称遇渔父于江渚；宋玉《高唐赋》，云梦神女于阳台。夫言并文章，句结音韵。以兹叙事，足验凭虚。而司马迁、习凿齿之徒，皆采为逸事，编诸史籍，疑误后学，不其甚邪！[②]

上引刘氏一段话，概括了战国以下问对之文"假相酬答"的特点。其中最为典型的是宋玉的《对楚王问》，其文见《新序·杂事》，后为《文选》所录，以为问对之文的典范。此篇还见于《襄阳耆旧传》（《太平御览》卷五十二引），虽文字略有不同，但大体相同。由历代著录以之为范文来看，此文已经具有被经典化的趋势。

---

① 参秦彦士：《〈墨子〉与诸子议论散文的历史演进》，《墨子考论》，巴蜀书社 2002 年版，第267—281 页。

② （唐）刘知幾著，（清）浦起龙通释：《史通通释》，上海古籍出版社 2009 年版，第 486 页。

第九章　春秋讽谏制度与讽谏之文

春秋时期各诸侯国普遍提倡和推行讽谏制度。《礼记·王制》记载："大史典礼，执简记，奉讳恶。天子齐（斋）戒受谏。"[①] 此虽言天子，而实及于诸侯。讽谏制度的核心是臣子进谏，君王纳言。由此风气的盛行而促使春秋时期讽谏之文的大量产生。本章拟从讽谏制度的实施入手，结合典籍所载春秋时代的讽谏活动实例，揭示讽谏文的生成机制及文体特征，以及此类文体对后世文章创作的影响。

一、春秋讽谏制度与讽谏语的繁荣

讽谏制度是三代行政之常制，此于文献有征。《尚书·夏书·胤征》即载："圣有谟训，明征定保。先王克谨天戒，臣人克有常宪；百官修辅，厥后惟明明。每岁孟春，道人以木铎徇于路，官师相规，工执艺事以谏。其或不恭，邦有常刑。"孔颖达《正义》："言君当谨慎以畏天，臣当守职以辅君也。先王恐其不然，大开谏争之路。每岁孟春，道人之官以木铎徇于道路，以号令臣下，使在官之众更相规阙；百工虽贱，令执其艺能之事以谏上之失常。其有违谏不恭谨者，国家则有常刑。……百工之贱，犹令进谏，则百工以上，不得不谏矣。"[②]《尚书大传》说："古者天子，必有四邻：前曰疑，后曰丞，左曰辅，右

---

① （汉）郑玄注，（唐）孔颖达疏：《礼记正义》，《十三经注疏》（标点本），北京大学出版社1999年版，第418页。

② （汉）孔安国传，（唐）孔颖达疏：《尚书正义》，《十三经注疏》（标点本），北京大学出版社1999年版，第181—183页。

曰弼。"①《大戴礼记·保傅》:"匡过而谏邪者,谓之弼。弼者,拂天子之过者也。"②可见"天子四辅"之一的"弼"就是专司进谏的官员。《周礼·地官·司徒》下设"保氏",专门"掌谏王恶"。《诗经·大雅·民劳》说:"王!欲玉女,是用大谏。"《郑笺》:"王乎!我欲令女(汝)如玉然,故作是诗,用大谏正女(汝)。"③此即进谏弼王之例。

春秋时期,因为治国者对治乱兴亡的关注,讽谏制度受到特别的重视。《礼记·王制》载:"大史典礼,执简记,奉讳恶。天子齐戒受谏。"《说苑·正谏篇》曰:楚庄王筑层台,延石千里,延壤百里,大臣谏者七十二,皆死矣。有诸御己者,违楚百里而耕。谓其耦曰:吾将入见王。委其耕而入见庄王,遂解层台而罢民。楚人歌之曰:"薪乎菜乎,无诸御己,讫无子乎!菜乎薪乎,无诸御己,讫无人乎!"④按:此歌又见《太平御览》卷四百五十五及《诗纪·前集二》,题作《楚人歌》。逯钦立《先秦汉魏晋南北朝诗》亦录之。《史记·楚世家》载庄王即位,三年自静,以讲得失之说,《说苑·正谏》纳诸御己之谏当在此期间。

讽谏语于西周时代即已经出现,到春秋时期成为一种使用频率很高的文体,它是春秋时期论说体文类中的一种,是适应当时社会政治生活的实际需要而产生的。具体来说,讽谏语是春秋时期政治制度日趋完善和为政活动中政治理性高扬的产物。

著名学者张光直在对考古资料与传世文献进行精研深思的基础上,概括总结中国上古时期国家权力的运作方式,认为其时的政治有三种手段:道德权威(胡萝卜)、强制力量(大棒)以及通过对神灵世界交往的垄断来占有知识(宗教和仪式)。⑤不过到了春秋时代,随着神权的式微,上述政治手段中的第三种逐渐不能适应当时社会政治状况而有所转变,而前两种手段则有所加强。这一政治手段重心的变化是通过宗教仪式伦理向德行伦理、制度伦理的转化而实现

---

① (汉)伏胜撰:《尚书大传》,中华书局1985年版,第33页。

② (清)王聘珍撰,王文锦点校:《大戴礼记解诂》,中华书局1983年版,第54页。

③ (汉)毛亨传,(汉)郑玄笺,(唐)孔颖达疏:《毛诗正义》,《十三经注疏》(标点本),北京大学出版社1999年版,第1143页。

④ (汉)刘向撰,向宗鲁校证:《说苑校证》,中华书局1987年版,第217—218页。

⑤ 〔美〕张光直:《青铜挥麈》,上海文艺出版社2000年版,第300—301页。

的。当然，这一变化实际上从西周末年就已经开始了。《国语·周语》当中所记载的召穆公谏周厉王弭谤的史事说明，虽然当时在野的"国人"议论朝政的"谤"政言论被最高统治者的周天子严厉禁止，但在当时这种参与政治的风气似乎已经无法遏制。一些善于观察、思想进步的政治家已经敏锐地意识到正确对待和处置这种行为对现实政治的重大意义。召伯虎即是这样的政治家，他对周厉王的讽谏语中提出了"防民之口，甚于防川"的著名政治观点，并且追溯了三代君王行政中讽谏制度的根源及实际效能。由此可知，周人在开国之初即已懂得通过广开言路而纳谏，以便集思广益，避免君王行政中的过失。而做臣子的也必须具备即事讽谏的品质和能力，方能称职。到周厉王的时代，这种制度伦理，即臣子有讽谏之责，君王有纳谏之德，遭到独裁者的废除，因而有中断的危险。改变这种政治现状已经成为一种艰难但必然的选择。

到了春秋时代，前代讽谏制度下孕育出来的政治精英的讽谏意识和从谏思想，得到大部分诸侯国统治者和卿大夫阶层的认可。陈来指出："就中国的春秋时代而言，'神灵信仰'的没落和'实践理性'的成长，才更准确地揭示了它的发展线索。在这里，人类社会的秩序被当作自足自为的概念来思考，摆脱祝史的神话思维成为时代精神的趋向，而礼越来越成为一种内在于世界、外在于宗教的组织法则。世俗人文主义强调理智的教导，指引实际事务的实用主义成分，唤起了对政治和道德问题的更深思考。"[1] 这一风气和巫史之官地位的下降及官学下移导致的社会文化资源的重新分配形成的合力，促使春秋时期讽谏语的大量产生。

讽谏语的生成受现实政治事件的促进，其发布或撰作过程一般表现为卿大夫阶层的精英分子对他们认为不合乎政治伦理和政治理性的特定政治事件的干预和导引。当然，这种干预和后世文人士大夫的清议有着截然不同的政治效力。尽管有时正面的劝谏可能未被接纳，但这种行为中所内涵的实践理性总能得到社会舆论的支持和同情，这样，负载这一内涵的讽谏语文体也就有可能成为类似经典的文章。

---

① 陈来：《古代思想文化的世界——春秋时代的宗教、伦理与社会思想》，生活·读书·新知三联书店 2002 年版，第 12—13 页。

经笔者在以往学者研究的基础上进行的统计，《国语》242 篇短文中，文体特征分明的有 190 余篇，其中讽谏语有 170 多篇。《左传》在编年体的框架内，仍有相对比较独立的短文 1210 篇。其中文体特征比较明确的 561 篇，讽谏语 465 篇。① 这个统计数据为我们研究春秋时期讽谏语的生成撰作过程、主要内容和文体特征提供了一个相当好的素材基础。

二、春秋时期讽谏语的类型及其特点

就其内容来说，春秋时的讽谏语主要是对违背政治原则的事件和人物所进行的叙述、分析和评论，其目的是对当事人进行必要的劝诫和谏阻。就其针对的对象、内容和主题而言，主要有以下两大类：

第一类，针对国君的讽谏语。春秋初期和中期，虽然宗法制有所动摇，但诸侯国公室的实力尚强，国君的政治权威尚在，故"礼乐征伐自诸侯出"。故这一时期的讽谏语主要是针对国君而发。这一类讽谏语中又可以分为两个小类，一是针对国君个人的失德行为而发的讽谏语；二是针对国君在为政中的失礼违制举措而发的讽谏语。针对国君个人的失德之举而发的讽谏语比较典型的例子很多，最典型的如《左传·隐公五年》载"臧僖伯谏鲁隐公赴棠观鱼"：

> 春，公将如棠观鱼者。臧僖伯谏曰："凡物不足以讲大事，其材不足以备器用，则君不举焉。君，将纳民于轨物者也。故讲事以度轨量谓之轨，取材以章物采谓之物，不轨不物谓之乱政。乱政亟行，所以败也。故春蒐、夏苗、秋狝、冬狩，皆于农隙以讲事也。三年而治兵，入而振旅，

_____

① 参张岩：《春秋战国文体源流考略》，《新原道》第二辑。笔者对其文类划分有调整和归并，以上统计数据也与其统计略有出入。尽管有的学者对将《左传》《国语》中的讽谏语、辞令等作为单篇的文章持有不同的看法，但考虑到《左传》的成书过程中，史官大量采用了春秋时代书面的与口传的史料，以及大量的家族史的事实，笔者认为不能将《左传》中有独立文体特征的"文章"视为《左传》编者个人的"创作"。其情形不能等同于《红楼梦》中出自小说作者之手的诗、词、歌、赋。

归而饮至，以数军实。昭文章，明贵贱，辨等列，顺少长，习威仪也。鸟兽之肉，不登于俎，皮革、齿牙、骨角、毛羽不登于器，则公不射，古之制也。若夫山林川泽之实，器用之资，皂隶之事，官司之守，非君所及也。"公曰："吾将略地焉"。遂往，陈鱼而观之。僖伯称疾，不从。①

这件事虽然与政事无关，看似国君的个人行动，但所谓"观鱼"，实际上是到齐、鲁交界的"棠"地"会男女"，游春踏青。② 这种行为在当时号称礼仪之邦的鲁国引起轩然大波，所以鲁史官载"公矢鱼于棠"。《左传》的编者可能是照录了鲁史官的实录。

臧僖伯为鲁公族臧孙氏之先，鲁孝公之子，又称公子彄。孔颖达《春秋左传正义》卷三曰："僖伯者，孝公之子，惠公之弟。惠公立四十六年而薨。则子臧此时年非幼少，呼曰叔父者，是隐公之亲叔父也。"③ 又云："僖伯名彄，字子臧。《世本》云孝公之子，即此冬书'公子彄卒'是也。谥法：'小心畏忌曰僖。'是僖为谥也。诸侯之子称公子，公子之子称公孙。公孙之子不得祖诸侯，乃以王父之字为氏。计僖伯之孙始得以臧为氏，今于僖伯之上已加臧者，盖以僖伯是臧氏之祖，传家追言之也。"④ 据顾栋高《春秋列国卿大夫世系表》，鲁国臧孙氏一族贤能辈出，皆为人正直，知书达礼，文辞斐然，堪称典范。见于

---

① 杨伯峻编著：《春秋左传注》，中华书局 2009 年版，第 41—44 页。

② 首先，棠为春秋时期鲁、宋交界之地，济水所经，为男女游观之地。其次，先秦典籍如《诗经·国风》等，男女皆以鱼来比喻对方，或者用食鱼、捕鱼、观鱼之事为男女相会之隐语。再次，《春秋》之"矢鱼"，《公羊传》《穀梁传》皆作"观鱼"。"观"就是游观。复次，"观鱼"时在春季，亦与春秋时期"仲春令会男女"的习俗相合。（以上四证通过对鲁隐公"矢鱼于棠"一事本身所透露的信息来证明此事与春秋时期仲春游观风俗之间的内在联系。）此外，还有其他相关事实可以作为此说之旁证。《春秋·庄公二十三年》："春，公至自齐……公如齐观社。"《左传》以为"非礼也"。沈钦韩《左传补注》以为齐社如宋之桑林，所以聚男女而相游观者也。《穀梁传》云："观，无事之辞也。以为尸女也。"钟文烝《春秋穀梁经传补注》云："尸女云者，盛其车服，炫耀妇人，要其从己也。"郭沫若《释祖妣》一文则据《说文》"尸，陈也，象卧之形"的训释，以为尸女即是通淫。仲春游观、会男女、社祭尸女及祭高媒之神为同一习俗之不同组成部分。正如《国风》之郑、卫、陈等诗所咏。鲁庄公与孟任如齐观社，私定终身，事见《左传·庄公三十二年》，亦与其行事相类。鲁隐公"矢鱼于棠"，释"矢"为陈，即尸女也；释其为"观"，则游观、所属而观也。均与春秋各国间广为存在之游观会男女习俗有关。

③ （周）左丘明传，（晋）杜预注，（唐）孔颖达正义：《春秋左传正义》，《十三经注疏》（标点本），北京大学出版社 1999 年版，第 100 页。

④ （周）左丘明传，（晋）杜预注，（唐）孔颖达正义：《春秋左传正义》，《十三经注疏》（标点本），北京大学出版社 1999 年版，第 92 页。

《春秋》者计有臧文仲、臧宣叔（许）、臧武仲等，皆有言辞传世。[①]

后者比较典型的如《左传·桓公二年》所载臧僖伯之子臧哀伯谏鲁桓公之辞。此年夏四月，鲁桓公受宋人之贿，取宋郜大鼎[②]，并将其纳于鲁国太庙。臧哀伯谏曰：

> 君人者，将昭德塞违以临照百官，犹惧或失之，故昭令德以示子孙。是以清庙茅屋，大路越席，大羹不致，粢食不凿，昭其俭也。衮、冕、黻、珽，带、裳、幅、舄，衡、紞、纮、綖，昭其度也。藻、率、鞞、鞛，鞶、厉、游、缨，昭其数也。火、龙、黼、黻，昭其文也。五色比象，昭其物也。钖、鸾、和、铃，昭其声也。三辰旂旗，昭其明也。夫德，俭而有度，登降有数。文、物以纪之，声、明以发之，以临照百官。百官于是乎戒惧，而不敢易纪律。今灭德立违，而置其赂器于大庙，以明示百官。百官象之，其又何诛焉？国家之败，由官邪也。官之失德，宠赂章也。郜鼎在庙，章孰甚焉？武王克商，迁九鼎于雒邑，义士犹或非之，而况将昭违乱之赂器于大庙，其若之何？

鲁桓公作为人君，本当为政以德，然而却违礼受贿，取人重器而纳之宗庙，其举措既违周礼，又失君德。故而臧哀伯发为此谏，只可惜一片忠心，付诸东流，桓公不听其谏，一意孤行。《左传·桓公二年》载，周内史闻此事而评论曰："臧孙达其有后于鲁乎！君违，不忘谏之以德。"可谓臧孙氏之知音。孔颖达《春秋左传正义》云："此谏辞有首尾，故理互相见。"[③] 按：臧哀伯谏辞中所论国君昭德之礼数，包括饮食、服饰、车舆仪仗等，据《左传》此年杜预《注》及孔颖达《疏》，这些制度多见于今本《周礼》及《礼记》所载。由此推断，在当时可能已经有了成文的礼书，而鲁国的臧哀伯其人显然十分熟悉这类

---

① 参（清）顾栋高辑：《春秋大事表》卷十二之上，中华书局 1993 年版，第 1237—1240 页。

② 杨伯峻云："郜，国名，姬姓，据僖公二十四年传，初封者为文王之子。国境在今山东省成武县东南，鼎为郜国所铸，故曰郜鼎。据隐十年经，郜国早灭于宋，故鼎亦归于宋。"说见其《春秋左传注》，中华书局 2009 年版，第 84 页。

③ （周）左丘明传，（晋）杜预注，（唐）孔颖达正义：《春秋左传正义》，《十三经注疏》（标点本），北京大学出版社 1999 年版，第 138—150 页。

礼书，因而其谏辞中才多引据以为立论依据。谏辞中又以周武王克商而迁九鼎于洛邑遭义士非议之事，批评鲁国受宋之鼎而纳于太庙的荒唐举措。可知臧哀伯受家学影响，对于先代历史、文化也非常熟悉。

第二类，是针对卿大夫的讽谏语。至春秋中叶以后，诸侯国公室渐弱，卿大夫及家臣坐大。《汉书·游侠传序》云："周室既微，礼乐征伐自诸侯出。桓文之后，大夫世权，陪臣执命。"①如鲁国之"三桓"，齐国之田氏，晋国之韩、赵、知、郤，郑国之"七穆"等，均成为左右各国政局的关键势力。这些大族为巩固自己的政治地位，多网罗智谋之士，为己谋划。在这种情况下，讽谏制度由公室下移至世族。因为某些具体的政治危机事件的解决而生成的讽谏语，针对的对象也逐渐由以往的以国君为中心转而成以各国的世族卿大夫阶层为中心。如《国语·鲁语》载，鲁宗伯夏父弗忌擅改昭穆以尊僖公，宗有司引《鲁颂》谏之之语即是。《国语·鲁语》载：

> 夏父弗忌为宗，蒸将跻僖公。宗有司曰："非昭穆也。"曰："我为宗伯，明者为昭，其次为穆，何常之有！"有司曰："夫宗庙之有昭穆也，以次世之长幼，而等胄之亲疏也。夫祀，昭孝也。各致齐敬于其皇祖，昭孝之至也。故工史书世，宗、祝书昭穆，犹恐其逾也。今将先明而后祖，自玄王以及主癸莫若汤，自稷以及王季莫若文、武，商、周之蒸也，未尝跻汤与文、武，为逾也。鲁未若商、周而改其常，无乃不可乎？"弗听，遂跻之。展禽曰："夏父弗忌必有殃。夫宗有司之言顺矣，僖又未有明焉。犯顺不祥，以逆训民亦不祥，易神之班亦不祥，不明而跻之亦不祥，犯鬼道二，犯人道二，能无殃乎？"②

按，《左传·文公二年》亦载此事："秋，八月，丁卯，大事于大庙，跻僖公，逆祀也。于是夏父弗忌为宗伯，尊僖公，且明见曰：'吾见新鬼大，故鬼小。先大后小，顺也，跻圣贤，明也。明、顺，礼也。'"《左传》引"君子

---

① （汉）班固撰：《汉书》，中华书局1962年版，第3697页。
② 徐元诰撰，王树民、沈长云点校：《国语集解》（修订本），中华书局2002年版，第164—166页。

曰"以为失礼："礼无不顺。祀，国之大事也，而逆之，可谓礼乎？子虽齐圣，不先父食久矣。故禹不先鲧，汤不先契，文、武不先不窋。宋祖帝乙，郑祖厉王，犹上祖也。是以《鲁颂》曰：'春秋匪解，享祀不忒。皇皇后帝，皇祖后稷。'君子曰'礼'，谓其后稷亲而先帝也。《诗》曰：'问我诸姑，遂及伯姊。'君子曰'礼'，谓其姊亲而先姑也。"① 对比《左传》《国语》之文，可知《左传》引《鲁颂》之"君子"即《国语》之宗有司，非《左传》编者所托言。夏父弗忌为鲁国掌礼之官，据《国语·鲁语》韦昭注，其父为鲁宗人夏父展，则此人亦为鲁国掌权者。进谏之宗有司当是夏父弗忌之下属。从其谏语引诗述礼来看，他也是一位知书达礼且明于制度之君子。

另如，鲁国大夫惠伯（叔彭生）引"史佚之言"，以事亲之道谏其父襄仲，也是典型的以世族为对象的讽谏语。《左传·文公十五年》载：鲁国公族孟孙氏之族人公孙敖卒，其妻帷堂而哭，其弟襄仲怨兄曾强娶其妻，欲勿哭，叔孙敖之子惠伯（叔彭生）谏襄仲曰："丧，亲之终也，虽不能始，善终可也。史佚②有言曰：'兄弟致美，救乏、贺善、吊灾、祭敬、丧哀，情虽不同，毋绝其爱，亲之道也。'子无失道，何怨于人？"③ 襄仲此时为孟孙氏掌权者，闻其言而悦，帅兄弟以哭之。惠伯是孟孙氏之贤者，此前于鲁文公七年，即曾劝谏鲁文公勿允襄仲因夺妻之恨而伐其兄公孙敖，此年又劝襄仲守礼勿失，真为有识之君子。

以上是鲁国的情形，其他诸侯国亦如此。如晋国大夫随会引《诗·周颂·酌》《武》及仲虺之言，以遵养时晦之道谏中军主帅荀林父勿与楚战，也很典型。《左传·宣公十二年》载：此年夏，邲之战前夕，晋师救郑，及河，闻楚与郑盟，荀林父欲还师④。随武子进言于荀林父：

① 杨伯峻编著：《春秋左传注》，中华书局 2009 年版，第 523—525 页。

② 史佚，周成王太史。李贻德云："知史佚为周成王太史者，《书·洛诰》：'逸祝册'，《无逸篇》《大传》逸作佚，《大戴记》'保傅常立于后，是史佚也，故成王中立而听朝'。《史记·晋世家》：'成王削桐叶为珪，以与叔虞曰：此封若。史佚因请择日立叔虞。'皆史佚为成王时人之证也。"（刘文淇《春秋左氏传旧注疏证》引，科学出版社 1959 年版，第 572 页）儒家言立身之道，始于事亲，正与此年所引史佚之言暗合。

③ 杨伯峻编著：《春秋左传注》，中华书局 2009 年版，第 611 页。

④ 按：此年出兵，晋师救郑。荀林父将中军，先縠佐之；士会将上军，郤克佐之；赵朔将下军，栾书佐之；赵括、赵婴齐为中军大夫；巩朔、韩穿为上军大夫；荀首、赵同为下军大夫；韩厥为司马。详《左传·宣公十二年》。

善。会闻用师，观衅而动。德、刑、政、事、典、礼不易，不可敌也，不为是征。楚军讨郑，怒其贰而哀其卑。叛而伐之，服而舍之，德、刑成矣。伐叛，刑也，柔服，德也。二者立矣。昔岁入陈，今兹入郑，民不罢劳，君无怨讟，政有经矣。荆尸而举，商农工贾不败其业，而卒乘辑睦，事不奸矣。蒍敖为宰，择楚国之令典，军行，右辕，左追蓐，前茅虑无，中权后劲。百官象物而动，军政不戒而备，能用典矣。其君之举也，内姓选于亲，外姓选于旧。举不失德，赏不失劳；老有加惠，旅有施舍，君子小人，物有服章，贵有常尊，贱有等威，礼不逆矣。德立、刑行、政成、事时、典从、礼顺，若之何敌之？见可而进，知难而退，军之善政也。兼弱攻昧，武之善经也。子姑整军而经武乎。犹有弱而昧者，何必楚？仲虺有言曰："取乱侮亡。"兼弱也。《汋》曰："於铄王师，遵养时晦。"耆昧也。《武》曰："无竞惟烈。"抚弱耆昧，以务烈所，可也。[①]

晋中军佐先縠（彘子）闻士会之言，曰："不可。晋所以霸，师武、臣力也。今失诸侯，不可谓力，有敌而不从，不可谓武。由我失霸，不如死。且成师以出，闻敌强而退，非夫也。命为军帅，而卒以非夫，唯群子能，我弗为也。"[②]士会，晋献公重臣士蒍之后。又称士季、季氏、范武子、武子、范会、随会、随季等，曾参加城濮之战，与赵盾谏晋灵公；此年将上军为六卿之一。士会为人忠厚正直，才干过人，鲁宣公十六年执晋政，平戎勤王，求典礼，修礼法。执政二年，晋国之盗尽逃于秦。此年论楚国内政之辞，征引《诗》篇及先贤之言，阐述德行政事典礼之重要性，详尽分析敌我形势，见解超人，极为深刻，展示士会长于言辞之一面。

还有如《左传》所载的公元前 563 年冬，郑国"七穆"之一子孔执政，作载书欲以专权，大夫、诸司、门子弗顺，子驷将诛之，子产以"众怒难犯，专欲难成"之理谏子孔焚载书以安众；公元前 589 年，也是典型的针对卿大夫阶层的讽谏之辞。

---

① 杨伯峻编著：《春秋左传注》，中华书局 2009 年版，第 722—726 页。
② 杨伯峻编著：《春秋左传注》，中华书局 2009 年版，第 726 页。

三、春秋讽谏语的文体特征

通过对《左传》《国语》及《说苑》《新序》等当中所载讽谏语的文例来进行归纳，可以看出，春秋时期的讽谏语虽大类上属于议论文，但又有其独特的文体特征。

第一，春秋时期的讽谏语常常是因事而发，因人而发，因此具有明确的驳论性质。春秋时期诸侯国执政者产生政治上的违制失礼和行为上的失礼无德，主要的原因在于认识上和观念上的错误，因此进谏者的主要目的就是要驳斥受谏者的某种错误的观点，就是要在面对面的辩论中驳倒对方，最终起到制止受谏者错误行为的目的。如前 639 年夏，鲁国大旱，鲁僖公欲焚巫尪以求雨，臧文仲谏止之。据《左传·僖公二十一年》载臧文仲谏辞曰：

> 非旱备也。修城郭、贬食省用、务穑、劝分，此其务也，巫尪何为？天欲杀之，则如勿生。若能为旱，焚之滋甚。①

鲁僖公此举显然出于一种旧的观念。按：焚巫尪以求雨之俗起源甚早。甲骨文中已有焚巫以求雨之记载，可与文献中商汤自焚以求雨之说相印证。《礼记·檀弓下》云："岁旱，穆公召县子而问然，曰：'天久不雨，吾欲暴尪，而奚若？'曰：'天久不雨，而暴人之疾子，虐，毋乃不可与？''然则吾欲暴巫，而奚若？'曰：'天则不雨，而望之愚妇人，于以求之，毋乃已疏乎？'"② 郑玄《注》云："尪者面向天，觊天哀而雨之"。杜预《春秋左传注》云："瘠病之人，其面上向，俗谓天哀其病，恐雨入其鼻，故为之旱，是以公欲焚之。"③ 可见这是当时流行的旧观念。而臧文仲谏阻鲁僖公勿焚巫尪，则是对上述旧观念的驳论。他认为除旱之法，关键在于宜修人事，其思想趋新，具有唯

---

① 杨伯峻编著：《春秋左传注》，中华书局 2009 年版，第 390—391 页。

② （汉）郑玄注，（唐）孔颖达疏：《礼记正义》，《十三经注疏》（标点本），北京大学出版社 1999 年版，第 328—329 页。

③ （周）左丘明传，（晋）杜预注，（唐）孔颖达正义：《春秋左传正义》，《十三经注疏》（标点本），北京大学出版社 1999 年版，第 398 页。

物的倾向。此年的讽谏语，实际上是新旧两种观念的交锋，而进谏者往往代表着新的、进步的观念。

另如公元前 638 年，晋公子重耳流亡至郑国，郑大夫叔詹赋《周颂·天作》、引谚，谏郑文公礼遇重耳。《国语·晋语》载：

> 叔詹谏曰："臣闻之：亲有天，用前训，礼兄弟，资穷困，天所福也。今晋公子有三祚焉，天将启之。同姓不婚，恶不殖也。狐氏出自唐叔，狐姬，伯行之子也，实生重耳。成而俊才，离违而得所，久约而无衅，一也。同出九人，唯重耳在，离外之患，而晋国不靖，二也。晋侯日载其怨，外内弃之；重耳日载其德，狐、赵谋之，三也。在《周颂》曰：'天作高山，大王荒之。'荒，大之也，大天所作，可谓亲有天矣。晋、郑兄弟也，吾先君武公，与晋文侯戮力一心，股肱周室，夹辅平王，平王劳而德之，而赐之盟质，曰：'世相起也。'若亲有天，获三祚者，可谓大天。若用前训，文侯之功，武公之业，可谓前训。若礼兄弟，晋、郑之亲，王之遗命，可谓兄弟。若资穷困，亡在长幼，还轸诸侯，可谓穷困。弃此四者，以徼天祸，无乃不可乎？君其图之。"弗听。叔詹曰："若不礼焉，则请杀之。《谚》曰：'黍稷无成，不能为荣。黍不为黍，不能蕃庑。稷不为稷，不能蕃殖。所生不疑，唯德之基。'"[①]

春秋时期虽说礼崩乐坏，但列国相交，仍重周礼。故郑大夫谏阻郑文公顾念晋、郑同为姬姓诸侯而礼遇重耳，实是驳斥其认为违天非礼而无妨的错误观念。这是两种截然不同的政治观念的交锋。

再如公元前 639 年，须句子奔鲁，鲁僖公母成风谏鲁僖公从周礼以封须句。成风是以周礼之"崇明祀，保小寡"的原则，驳论春秋中叶以后大国不顾小国的普遍观念，以此晓谕鲁僖公。公元前 521 年春，周王室大臣伶州鸠、单穆公谏周景王勿铸无射之钟，是驳论周景王违背先王礼乐制度而片面追求音乐娱乐性的错误观点。其余此期讽谏语无不如此。归根结底，讽谏语是一种体现

---

① 徐元诰撰，王树民、沈长云点校：《国语集解》（修订本），中华书局 2002 年版，第 330—331 页。

春秋时期新旧观念交锋的驳论性文体。

第二，春秋时期的讽谏语常常采用引证法以说理，或博引三代旧制，或采《诗》撷《书》，或引述圣贤名言，具有很强的说服力，形成典雅渊懿的语体风格。如公元前638年，鲁大夫臧文仲引《诗·小雅·小旻》及《周颂·敬之》谏鲁僖公勿轻小国，即相当典型。《左传·僖公二十二年》载，邾人以须句之故出师伐鲁。鲁僖公轻视邾为小国，不设备而御之。臧文仲谏辞曰：

> 国无小，不可易也。无备，虽众，不可恃也。《诗》曰："战战兢兢，如临深渊，如履薄冰。"又曰："敬之敬之，天惟显思，命不易哉！"先王之明德，犹无不难也，无不惧也，况我小国乎！君其无谓邾小，蜂虿有毒，而况国乎！①

史载鲁僖公不纳其谏。八月丁未，僖公与邾国之师战于升陉，鲁师败绩。邾人获僖公甲胄，悬诸鱼门以示威。按：臧文仲学识渊博，为鲁国有文之君子②，他的讽谏语中所引之诗句见于今本《诗·小雅·小旻》及《周颂·敬之》。臧文仲针对鲁僖公轻敌无备的错误行为而予以劝谏，意在劝其临事勿骄傲自大而宜谨慎从事，否则其事必败。讽谏语中两引《诗经》诗句，既取其理，亦显典雅之文风。

再如公元前521年春，周王室大臣单穆公谏周景王勿铸无射之钟，其谏语也很典雅。《国语·周语下》载单穆公谏辞曰：

> 不可。作重币以绝民资，又铸大钟以鲜其继。若积聚既丧，又鲜其继，生何以殖？且夫钟不过以动声，若无射有林，耳弗及也。夫钟声以为耳也，耳所不及，非钟声也。犹目所不见，不可以为目也。夫目之察度也，不过步武尺寸之间；其察色也，不过墨丈寻常之间。耳之察和也，在清浊之间；其察清浊也，不过一人之所胜。是故先王之制钟也，大不出

<hr/>

① 杨伯峻编著：《春秋左传注》，中华书局2009年版，第395页。
② 参赫琰：《春秋时期鲁国臧文仲的思想及文学》，《社科纵横》2007年第8期。

钧，重不过石。律度量衡于是乎生，小大器用于是乎出，故圣人慎之。今王作钟也，听之弗及，比之不度，钟声不可以知和，制度不可以出节，无益于乐，而鲜民财，将焉用之！夫乐不过以听耳，而美不过以观目。若听乐而震，观美而眩，患莫甚焉。夫耳目，心之枢机也，故必听和而视正。听和则聪，视正则明。聪则言听，明则德昭，听言昭德，则能思虑纯固。以言德于民，民歆而德之，则归心焉。上得民心，以殖义方，是以作无不济，求无不获，然则能乐。夫耳内和声，而口出美言，以为宪令，而布诸民，正之以度量，民以心力，从之不倦。成事不贰，乐之至也。口内味而耳内声，声味生气。气在口为言，在目为明。言以信名，明以时动。名以成政，动以殖生。政成生殖，乐之至也。若视听不和，而有震眩，则味入不精，不精则气佚，气佚则不和。于是乎有狂悖之言，有眩惑之明，有转易之名，有过慝之度。出令不信，刑政纷放，动不顺时，民无据依，不知所力，各有离心。上失其民，作则不济，求则不获，其何以能乐，三年之中，而有离民之器二焉，国其危哉！①

　　细读单穆公之谏语仍是引述古制为论证方式，其主旨在于集中论述音乐"和"美观念在音域方面的表现。单穆公的音乐观念是维护"先王之制"，而周景王则是为求刺激而趋新，他铸无射律编钟，主要是为满足听觉审美需要，要在无射宫下方小三度之林钟律位，再铸一大钟（无射之羽），以扩大编钟音域。单穆公提出音乐审美方面的听觉音域之"和"的问题，这是值得重视的音乐审美思想。② 单穆公由听觉心理角度出发，指出大钟音域太低，撞击后声波产生的各种泛音将会使人听之产生强烈的不协和感。据"先王之制"，"耳之察和"，人耳对乐音的听辨有其限度，"大不出钧，重不过石"，必须要考虑音域。如音域超出此度，则"钟声不可以知和"。另外，单穆公认为周景王耗费民资以铸大钟将会引起消极的影响，从声和—心和—人和—政和的关系方面，告诫景王若如此下去，不仅不能有乐，并且"国其危哉"！

---

　　① 徐元诰撰，王树民、沈长云点校：《国语集解》（修订本），中华书局 2002 年版，第 108—110 页。
　　② 参修海林：《古乐的沉浮——中国古代音乐文化的历史考察》，山东文艺出版社 1989 年版，第 163—166 页。

　　第三，春秋时期的讽谏语具有观点鲜明、义正辞严、语带感情的特点。因为讽谏语的撰制、发表动机或是针对违礼违制的政治事件，或是失德失礼的个人行为，所以讽谏之辞常常开篇即用"善""可"或"不可"及"XX 非 XX 也"等表示肯定或否定的词汇或语句，特别明确、鲜明地表明进谏者的态度，然后再详细地对事实予以论证说明。而进谏者或是卿大夫，或是诸侯国的公族，介于他们与受谏对象的密切关系，常常在讽谏语中寄托着深切的宗国情怀与忧患意识。最为典型者，如公元前 589 年，齐国大夫国佐引《诗·大雅·既醉》《小雅·信南山》《商颂·长发》之句，谏晋国大夫郤克。《左传·成公二年》载，齐顷公使国佐（宾媚人）赂晋以纪甗玉磬并割地，以行成于晋。晋郤克不可，曰："必以萧同叔子为质，而使齐之封内尽东其亩。"国佐谏曰：

　　　　萧同叔子非他，寡君之母也，若以匹敌，则亦晋君之母也。吾子布大命于诸侯，而曰："必质其母以为信。"其若王命何？且是以不孝令也。《诗》曰："孝子不匮，永锡尔类。"若以不孝令于诸侯，其无乃非德类也乎？先王疆理天下物土之宜，而布其利。故《诗》曰："我疆我理，南东其亩。"今吾子疆理诸侯，而曰"尽东其亩"而已，唯吾子戎车是利，无顾土宜，其无乃非先王之命也乎？反先王则不义，何以为盟主？其晋实有阙。四王之王也，树德而济同欲焉。五伯之霸也，勤而抚之，以役王命。今吾子求合诸侯，以逞无疆之欲。《诗》曰："布政优优，百禄是遒。"子实不优，而弃百禄，诸侯何害焉？不然，寡君之命使臣，则有辞矣，曰："子以君师辱于敝邑，不腆敝赋，以犒从者。畏君之震，师徒桡败。吾子惠徼齐国之福，不泯其社稷，使继旧好，唯是先君之敝器、土地不敢爱。子又不许。请收合余烬，背城借一。敝邑之幸，亦云从也。况其不幸，敢不唯命是听？"①

　　齐国被晋国所率诸侯联军打败，欲求和而郤克不许，且出言侮辱，情势对齐国来说极其不利。而国佐谏郤克之辞，却能因郤克之语而发，引《诗》之

_____

　　①　杨伯峻编著：《春秋左传注》，中华书局 2009 年版，第 796—799 页。

句，先以不孝、不义驳之，指出盟主之行，应役王命而抚诸侯，斥责晋则不然，不配作盟主；继而表明如晋不许成，齐国将背水一战，语带威胁，遂使郤克无辞以对，与齐讲和。其谏语鞭辟入里，言辞恳切，柔中带刚，不失大国风范。劳孝舆《春秋诗话》卷三评之云："两折晋人，三引诗以畅其说，皆中情理。诗可以言，信矣。"①汪基《古文喈凤》卷三录之，题作《齐使国佐如师》，也指出国佐之辞威而不怒，充分揭露了郤克仗势欺人、蛮横无理的嘴脸，面对国佐之谏语，理屈辞穷。此年秋，晋郤克及齐国佐盟于爰娄，使齐归汶阳之田于鲁。国佐真可谓是不亢不卑，不辱使命。

考之《左传》，郤克之所以如此，事出有因。鲁宣公十七年，晋景公使郤克征会于齐，郤克跛足，齐顷公母藏于帷幕之后而观之。郤克登阶，妇人笑于房。献子怒，出而誓曰："所不此报，无能涉河。"献子先归，使栾京庐待命于齐，曰："不得齐事，无复命矣。"郤子至，请伐齐，晋侯弗许，请以其私属，又弗许。②《国语·晋语五》亦曰："郤献子聘于齐，齐顷公使妇人观而笑之。郤献子怒……"③《公羊传》《穀梁传》《史记·晋世家》《说苑·敬慎篇》均载此事，文字略异。郤克出言不逊，皆因此前齐国无礼在前。此年闻国佐之谏而听之，也表明郤克尚属有大局观念而又能从谏如流的贤者。

再如公元前 563 年夏，晋率诸侯之师灭偪阳，晋悼公欲以偪阳赐向戌，向戌谏晋悼公之辞。《左传·襄公十年》载，向戌谏曰：

　　君若犹辱镇抚宋国，而以偪阳光启寡君，群臣安矣，其何贶如之？若专赐臣，是臣兴诸侯以自封也，其何罪大焉？敢以死请。④

这段谏语简明有力，立场分明，运用了"辱镇""光启"等礼仪用语，既显得温文尔雅，又语气坚定，可以说是谏语中的上乘之作。向戌，又称戌、合左师、左师等，宋国桓族后裔。孔颖达《春秋左传正义》以为向戌为向父肸之孙，杜预《注》以为宋桓公曾孙。向戌深谙礼仪与为政之道，执宋之政十数

---

① （清）劳孝舆撰：《春秋诗话》，中华书局 1985 年版，第 31 页。
② 杨伯峻编著：《春秋左传注》，中华书局 2009 年版，第 771—772 页。
③ 徐元诰撰，王树民、沈长云点校：《国语集解》（修订本），中华书局 2002 年版，第 381 页。
④ 杨伯峻编著：《春秋左传注》，中华书局 2009 年版，第 976 页。

年，多次出使列国，应对诸侯，在列国间享有极高声誉。鲁襄公二十七年，向戌促成晋、楚弭兵之会，更是声名鹊起。楚国椒举谓向戌为"诸侯之良"，将其与郑国子产相提并论。他这一年的谏辞，坚辞封赏，主要是其胸怀国家，公而无私，因此晋君乃以偪阳赐予宋公。

　　春秋时期的讽谏语的例文见于《左传》所载的还有很多，如以公元纪年来标识，则见于春秋时期下列年份：公元前718年、前706年、前680年、前674年、前673年、前674年、前671年、前670年、前667年、前662年、前661年、前660年、前657年、前655年、前653年、前646年、前645年、前641年、前639年、前638年、前636年、前630年、前620年、前618年、前612年、前609年、前607年、前603年、前598年、前597年、前589年、前587年、前583年、前578年、前576年、前575年、前569年、前566年、前564年、前563年、前555年、前554年、前552年、前550年、前549年、前544年、前542年、前541年、前538年、前537年、前535年、前529年、前527年、前524年、前522年、前521年等等。这些讽谏之辞也都出自于大夫阶层或巫祝卜史之流，都是针对某种不合乎道德原则的行为和事件而发，因为要劝谏并阻止错误的言行，其主要的动机并不在促使事件向坏的方向继续，而是抱着阻止和挽回的意图，故多分析和评论，大的文类属议论文。受到春秋时期普遍存在的借智于经典的风尚，讽谏之辞大都引据《诗》《书》《礼》《易》及各类《志》"谚""XX之言"等当时社会上流传的文化资源，有的长于文采、博闻强识的进谏者的讽谏之辞还刻意引述历史故事，运用举例或类推的说理方式来驳斥、说服受谏者。因此典雅渊懿是这类讽谏辞的基本语体风格。总而言之，讽谏之辞既是一种春秋时期新兴的社会阶层参与政治的有效方式，同时也是一种针对实际问题的解决而生成的特别的话语方式和文体样式。

四、春秋讽谏辞的"经典化"过程

　　春秋时期，随着仪式伦理向个人德行的转化，重视个人德行成为精英阶层的一种风尚。在讽谏制度下，讽谏成为臣子的职责，久而久之，也形成一种卿大夫的发自内心的道德诉求和为官之德行传统。这种传统促使人们对前代谏诤事件、进谏者的关注，以及对讽谏技巧的总结。这一方面表现为春秋时代的卿大夫在讽谏君王时对前代贤者的嘉言善语的频繁引述，另一方面也表现为儒家学派因"言语"之教的需要而对"言""语"类文献的搜集和整理。因为有以上两个原因，一些春秋时期著名人物的谏语也成为新的"经典"，为后来者所效仿和引述。

春秋时代及之前讽谏语的经典化及其政治意义，为后世为政者所重视并专门予以总结。虽然这种总结并非从文章写作角度进行，然而对于揭示这类文章经典化的内在机制却具有重要的启发性。传为唐武则天所撰之《臣轨·匡谏章》云：

> 夫谏者，所以匡君于正也。《易》曰："王臣蹇蹇，匪躬之故。"①人臣之所以蹇蹇为难。而谏其君者，非为身也，将欲以除君之过，矫君之失也。君有过失而不谏者，忠臣不忍为也。
>
> 《春秋》传曰：齐景公坐于遄台，梁丘据驰而造焉。公曰："唯据与我和夫！"晏子曰："据亦同也，焉得为和？"公曰："和与同异乎？"对曰："异。和如羹焉，水、火、醯、醢、盐、梅，以享鱼肉，宰夫和之，齐之以味，济其不及。君臣亦然。君所谓可而有否焉，臣献其否以成其可；君所谓否而有可焉，臣献其可以去其否，是以政平而人无争心。故《诗》曰：'亦有和羹，既戒既平。'今据不然。君所谓可，据亦曰可；君所谓否，据亦曰否。若以水济水，谁能食之？同之不可也如是。"
>
> 《家语》曰："哀公问于孔子曰：'子从父命孝乎？臣从君命忠乎？'孔子不对。又问三，皆不对。趋而出，告于子贡曰：'公问如此，尔以为何如？'子贡曰：'子从父命，孝矣；臣从君命，忠矣。夫子奚疑焉。'孔子曰：'鄙哉！尔不知也。昔万乘之主，有诤臣七人，则主无过举；千乘之国，有诤臣五人，则社稷不危；百乘之家，有诤臣三人，则禄位不替。父有诤子，不陷无礼；士有诤友，不行不义。子从父命，奚讵为孝！臣从

---

① 《易》曰，《蹇卦》六二爻辞也。王辅嗣曰：处难之时，履当其位，居不失中，以应于五，不以五在难中，私身远害，执心不回，志匡王室者也。故曰"王臣蹇蹇，匪躬之故"也。

君命，奚诓为忠！'"

《新序》曰："主暴不谏，非忠臣也；畏死不言，非勇士也。见过则谏，不用即死，忠之至也。晋平公问叔向曰：'国家之患孰为大？'对曰：'大臣重禄而不极谏；近臣畏罪而不敢言；下情不得上通。此患之大者也。'公曰：'善。'乃令曰：'臣有欲进善言而谒者不通，罪至死。'"

《说苑》曰："从命利君谓之顺；从命病君谓之谀。逆命利君谓之忠；逆命病君谓之乱。君有过失而不谏诤，将危国家殒社稷也；有能尽言于君，用则留，不用则去，谓之谏；用则可，不用则死，谓之诤；有能率群下以谏君，君不能不听，遂解国之大患，除国之大害。竟能尊主安国者，谓之辅；有能抗君之命，反君之事，以安国之危，除主之辱，而成国之大利者，谓之弼。故谏诤辅弼者，所谓社稷之臣，明君之所贵也。"又曰："夫登高栋临危檐而目不眴、心不惧者，此工匠之勇也；入深泉刺蛟龙，抱鼋鼍而出者，此渔父之勇也；入深山刺猛兽抱熊罴而出者，此猎夫之勇也；临战先登暴骨流血而不辞者，此武士之勇也；居于广廷作色端辩以犯君之严颜，前虽有乘轩之赏未为之动，后虽有斧锧之诛未为之惧者，此忠臣之勇也。君子于此五者，以忠臣之勇为贵也。"

《代要论》曰："夫谏诤者，所以纳君于道，矫枉正非，救上之谬也。上苟有谬而无救焉，则害于事。害于事则危。故《论语》曰：'危而不持，颠而不扶，则将焉用彼相矣？'然则，扶危之道莫过于谏，是以国之将兴，贵在谏臣；家之将兴，贵在谏子。若君父有非，臣子不谏，欲求国泰家荣，不可得也。"[1]

这篇文章从《周易》《春秋》《孔子家语》等经典的记载出发，力图从政统、道统两个层面出发，对臣子讽谏行为的合法性予以论证。作者把臣子的谏诤君过、君王的纳谏从谏，都提升到了国之兴亡的高度。这对于我们理解何以谏语能够成为经典提供了重要的思路。

一言以蔽之，正是因为出于现实政治的需要，春秋时期的一些谏语才经典

---

① （唐）武则天撰：《臣轨》，中华书局1985年版，第29—35页。

化。因为大多数讽谏语都是针对重大的政治事件，其发表者和事件的主人公在当时具有重大的影响力，或者该谏语对政治事件产生了较大的影响力，因而促使谏语在政治领域不断传播而成为人人皆知的"事件"，从而走向"经典化"，形成了谏语的"经典"。

与春秋时代的讽谏语的经典化相似的情形，是战国时代纵横家说辞的经典化。据学者们研究，今本《战国策》中收录了由纵横家后学弟子编录的苏秦、张仪等著名人物的经典说辞。这些说辞在后学的研习与传播中被经典化的过程，与春秋时代讽谏语的经典化过程极其相似。

五、从纳谏者的态度看讽谏语经典化的内在原因

《国语·周语上》载："故天子听政，使公卿至于列士献诗，瞽献曲，史献书，师箴，瞍赋，矇诵，百工谏，庶人传语，近臣尽规，亲戚补察，瞽史教诲，耆艾修之，而后王斟酌焉，是以事行而不悖。"① 这是召穆公劝谏周厉王的谏语中的一段话。由此可见，至迟在西周即已有之的讽谏纳谏制度，其主要内容是规定公卿至于列士各级贵族须以各种不同的方式进谏：诗、曲、书、箴、赋、诵、谏、语等，将与为政有关的道理、故事等传达给天子听，以有利于天子处理政务。召穆公是周厉王朝有远见卓识的政治家，他这一席话无非是想从追述前朝制度的角度，委婉表述天子应当具备纳谏的胸怀，并认识到纳谏的重大意义，鼓励臣子进谏，而不是禁止讽谏，钳制舆论。周厉王最终因为不纳谏而被贵族驱逐，这个发生在西周末叶的政治事件，对于春秋时代的为政者，尤其是诸侯国国君，无疑具有强烈的震慑意味。以下试以一个例子来说明这种情况。

据《国语·楚语上》载：

> 左史倚相廷见申公子亹，子亹不出，左史谤之，举伯以告。子亹怒而出，曰："女无亦谓我老耄而舍我，而又谤我！"

---

① 徐元诰撰，王树民、沈长云点校：《国语集解》（修订本），中华书局 2002 年版，第 11—12 页。

左史倚相曰："唯子老耄，故欲见以交儆子。若子方壮，能经营百事，倚相将奔走承序，于是不给，而何暇得见？昔卫武公年数九十有五矣，犹箴儆于国，曰：'自卿以下至于师长士，苟在朝者，无谓我老耄而舍我，必恭恪于朝，朝夕以交戒我；闻一二之言，必诵志而纳之，以训导我。'在舆有旅贲之规，位宁有官师之典，倚几有诵训之谏，居寝有亵御之箴，临事有瞽史之导，宴居有师工之诵。史不失书，矇不失诵，以训御之，于是乎作《懿》戒以自儆也。及其没也，谓之睿圣武公。子实不睿圣，于倚相何害。《周书》曰：'文王至于日中昃，不皇暇食。惠于小民，唯政之恭。'文王犹不敢骄。今子老楚国而欲自安也，以御数者，王将何为？若常如此，楚其难哉！"子亹惧，曰："老之过也。"乃骤见左史。①

这是一个发生在春秋时期楚国的拒谏的政治事件，充分体现了春秋时期诸侯国重视讽谏、提倡纳谏的风气。左史倚相求见当政的申公子亹，意欲进谏，后者拒不相见。左史于是"谤之"，也就是利用了社会舆论施压。另一位大臣举伯把左史谤之之事说与子亹，子亹为此十分生气，双方为此就纳谏的合法性展开辩论。《礼记·玉藻》言："动则左史书之，言则右史书之，御瞽几声之上下。"郑氏曰："左史、右史所书，《春秋》《尚书》其存者。瞽，乐人也。几犹察也。察其哀乐。"②左史的长处当然是熟知历史掌故，以及前代明君贤臣的嘉言善语。因此，他举出卫武公不因年老而拒谏，文王为纳谏而日中不暇食，以此来儆戒子亹，指出如国之大臣因年老而自安、而拒谏，则楚国将处于危难，终于说服子亹纳谏。然而当白公子张屡次向楚灵王进谏时，申公子亹却不能劝楚灵王纳谏，最终导致灵王死于乾溪之乱。《楚语》的编者编此两例，一方面是为了突出讽谏、纳谏事关国家安危和个人命运，另一方面也有将此类讽谏语视为经典的意味。

北宋陈彭年（961—1017）在《上真宗答诏五事》一文中说："置谏诤之官，开献替之路，尧、舜、汤、武所共然也。"③北宋名臣、《春秋》学家胡安国

————————

① 徐元诰撰，王树民、沈长云点校：《国语集解》（修订本），中华书局 2002 年版，第 500—502 页。

② （清）孙希旦撰，沈啸寰、王星贤点校：《礼记集解》，中华书局 1989 年版，第 778 页。

③ （宋）赵汝愚编，北京大学中国中古史研究中心校点整理：《宋朝诸臣奏议》，上海古籍出版社 1999 年版，第 1653 页。

也在《与参政秦桧书》中说："台谏者，朝廷纲纪所凭也。"①并在《左传·宣公十年》陈国洩治进谏而灵公不听这件事下评论说：

> 祸莫大于拒谏而杀直臣，忠莫显于身见杀而其言验。洩治所为，不惮斧钺，尽言于其君者，正谓灵公君臣通于夏徵舒之家，恐其及祸，不忍坐观，故昧死言之。灵公不能纳，又从而杀之。卒以见弑，而亡其国，此万世之大戒也。②

　　胡安国为北宋著名的《春秋》学者，他关于讽谏制度对国家和个人的重要意义的表述，既体现在对洩治谏语的赞美之中，也体现在对陈灵公这样的因拒谏而亡国者的评论之中，其实是借解说《春秋》寄托了自己的政治主张。在《春秋》和《左传》学的研究史中，特别重视对春秋时代讽谏制度和讽谏思想的政治意义的揭示，对那些勇于进谏的贤臣和善于纳谏的明主，总是予以褒扬；而对于不谏君过和拒谏行为则予以贬抑。这种观念，是促成春秋时代的讽谏语经典化的重要原因。

---

① （宋）胡安国：《与参政秦桧书》，《春秋胡氏传》，浙江古籍出版社 2010 年版，第 586 页。
② （宋）胡安国著，钱伟强点校：《春秋胡氏传》，浙江古籍出版社 2010 年版，第 272 页。

第十章　春秋议政制度与政论文

在春秋时期的"礼治"思潮推动下，诸侯国普遍重视在野者的言论，各国都设立专门的机构，由专人负责收集在野者的评政论政之辞，并上达于君王，君王借此以"观得失"，知民情。我们姑且把这种制度称之为议政制度，这种议政制度的实行，促使春秋时期政论的大量出现。

一、春秋议政制度钩沉

为政重视舆情的政治思想由来已久。据《尚书·尧典》载："帝曰：'龙，朕堲谗说殄行，震惊朕师。命汝作纳言，夙夜出纳朕命，惟允。'"孔安国注云："言我疾谗说绝君子之行而动惊我众，欲遏绝之。""纳言，喉舌之官。听下言纳于上，受上言宣于下，必以信。"[1]意谓帝舜不满于谗言蒙蔽视听，欲广开言路而任命龙为"纳言"之官，以沟通上下。"纳言"的主要职责除了忠实向下宣布王命外，还要将在下者对王命的意见加以收集整理后忠实地反映给君王。这就是典型的重视舆情，听政于民。《国语·周语上》亦载召公之言曰："防民之口，甚于防川。川壅而溃，伤人必多，民亦如之。是故为川者决之使导，为民者宣之使言。故天子听政……口之宣言也，善败于是乎兴；行善而备败，其所以阜财用衣食者也。夫民虑之于心而宣之于口，成而行之，胡可壅

---

① （汉）孔安国传，（唐）孔颖达疏：《尚书正义》，《十三经注疏》（标点本），北京大学出版社1999年版，第81页。

也？"① 另据《管子·桓公问》记载："黄帝立明台之议者，上观于贤也；尧有衢室之问者，下听于人也；舜有告善之旌，而主不蔽也；禹立谏鼓于朝，而备讯唉；汤有总街之庭，以观人诽也；武王有灵台之复，而贤者进也。"是三代各有疏导舆论、重视舆情的政治制度，并设议政之专门场所。春秋时期，诸侯国统治者继承了西周以来的议政制度，并将其进一步发展，除设立专门的议政场所，鼓励对为政者及行政加以评论，以期听政于朝廷之外的贵族以及在野之民。《管子·桓公问》还记载：

> 桓公曰：吾欲效而为之，其名云何？对曰：名曰啧室之议。曰：法简而易行，刑审而不犯，事约而易从，求寡而易足。人有非上之所过，谓之正士。内于啧室之议，有司执事者，咸以厥事奉职而不忘为。此啧室之事也。请以东郭牙为之。此人能以正事争于君前者也。桓公曰：善。②

此处所引《桓公问》属今本《管子·杂篇》，学者们认为是刘向所辑春秋以来著录的桓管问答之语而成，是比较可靠的参考资料。③ 其中所述桓公听从管仲建议而设立"啧室之议"的议政制度也应有一定的现实依据。"啧"，意谓争辩、指责。《左传·定公四年》载："会同难，啧有烦言，莫之治也。""啧"似专指与盟者在会盟中就盟辞所涉及的内容而发表的争辩评论。④ "啧室"，就是供人们评论、指摘为政者的场所。管仲建议能"以正事争于君前"的东郭牙为"啧室"的"有司执事"，以"内于啧室之议"。也就是把人们在"啧室"中有见地的议政言论收集起来，上达于国君，以起到了解民情、施政决策的参考作用。史学家吕思勉评价此举，以为"此则察众论之从违，以定政令之行止者

---

① 徐元诰撰，王树民、沈长云点校：《国语集解》（修订本），中华书局 2002 年版，第 11—13 页。

② 黎翔凤撰：《管子校注》，中华书局 2004 年版，第 1048 页。

③ 参张固也：《〈管子〉研究》，齐鲁书社 2006 年版，第 322—326 页。

④ 按：《左传·定公四年》载晋作为盟主召集诸侯会盟，盟会开始之前，卫大夫子行敬子对卫灵公说：会盟的事很难办，到了辩争的时候，恐怕自己不能胜任，建议让学识渊博的祝佗跟随卫灵公同行。由此看，会盟辩争叫"啧"，似是会盟中的一个程序，也是一种特殊的言说方式。果然在会盟中，因为晋人先安排蔡国在卫国之前歃血，祝佗与苌弘有一番精彩的争辩之言，申明会盟排座次，当遵周之旧制，以德行为准。祝佗最终说服了苌弘，恢复卫在蔡先的座次，为卫国在外交场合争得了尊严。这是一次典型的"以文辞为功"的外交事例。

也。"又言："古代采取舆论之事甚多。但用否之权，仍操诸上，不如议会之有定法耳。"① 将这种议政制度、舆情制度与西方的议会制做了比较。梁启超曾言春秋时之政治制度，以为"以采纳舆论为不二法门"，"然亦非谓舆论当绝对的盲从。"② 也以为设议政之制而采其议政之辞是一种理性的选择。

中国上古之议政制度，其核心在收集议政言论以为君王为政决策之参考，由春秋时代齐国"啧室之议"制度的设计来看，其"文治"特点是十分突出的。另如《国语·晋语》载，赵文子在举行冠礼加冠之后访问晋国有识者范文子，范文子赠言曰：

> 而今可以戒矣，夫贤者宠至而益戒，不足者为宠骄。故兴王赏谏臣，逸王罚之。吾闻古之言王者，政德既成，又听于民，于是乎使工诵谏于朝，在列者献诗，使勿兜，风听胪言于市，辨袄祥于谣，考百事于朝，问谤誉于路，有邪而正之，尽戒之术也。先王疾是骄也。③

此段文字述上古为政之制甚详，其要义不外两端：一即咨询于朝廷，纳谏于臣工；二即采纳议政之辞于市井，甚至采言于民间。韦昭《国语注》于此下云："兜，惑也。风，采也。胪，传也。袄，恶也。祥，善也。"意即广泛采纳收集朝廷之外的"集市""道路"等议政场所流传的时人对为政者的褒贬议论，并一一核实，以纠正为政之中出现的错误。

春秋时期各诸侯国议政制度的重要形式是统治者重视舆情民意，寻求来自于在野之民的告诫，以此提醒自己，避免政治上的失误。议政制度是统治者在为政过程中广泛吸纳智力资源，发挥臣下智囊团作用并借以避免政治失误的制度。这种制度的理论基础是春秋中后期兴起的民本思想。

春秋时期听政于民的举措，促使民间歌谣等文学样式进入统治者的视野，因而具有舆论监督功能的诵、谣、歌、言等体冲出其原来流行的范围而进入王庭或诸侯之宫。《诗经》十五国风的大部分作品，即是在上述制度的推动下进

---

① 吕思勉：《中国制度史》，上海教育出版社 1985 年版，第 471、470 页。
② 参梁启超：《先秦政治思想史》，东方出版社 1996 年版，第 37、38 页。
③ 徐元诰撰，王树民、沈长云点校：《国语集解》（修订本），中华书局 2002 年版，第 387—388 页。

入周王室太师的手中，并最终进入《诗》中的。

上文指出，春秋时期，政治理性和人文精神在专制的制度下逐渐萌发，纳谏听政制度在诸侯国普遍实行。但迫于压力，臣子和卿大夫不一定舍弃一切地进谏。再加上"舆人"阶层和在野其他政治势力的壮大，迫使诸侯国的统治者必须重视朝廷之外的政治舆论，于是各诸侯国基于现实的需要设立了舆情制度，有的诸侯甚至设立了专门的地点，使在朝贵族及在野的社会各阶层与"舆人"或其他关心政治的人员在业余时间议论为政者，政府派专人收集各类意见，呈之于为政者，供其斟酌。《左传·襄公三十一年》载：

> 郑人游于乡校，以论执政，然明谓子产曰："毁乡校，何如？"子产曰："何为？夫人朝夕退而游焉，以议执政之善否。其所善者，吾则行之，其所恶者，吾则改之。是吾师也，若之何毁之？我闻忠善以损怨，不闻作威以防怨。岂不遽止？然犹防川，大决所犯，伤人必多，吾不克救也。不如小决使道，不如吾闻而药之也。"然明曰："蔑也今而后知吾子之信可事也。小人实不才，若果行此，其郑国实赖之，岂唯二三臣？"仲尼闻是语也，曰："以是观之，人谓子产不仁，吾不信也。"①

这里说的"乡校"，大概就是郑国为了解舆情民意而专门设立的让人们议论为政者的场所。春秋时代各诸侯国多设此种场所，借以了解人们对政策和为政者的评论。这种情况到战国而不绝。齐国临淄专设的"稷下学宫"实行"不治而议论"的制度，名为论学之地，其实也具有评议时政的功能。战国末年的荀况对此十分措意，系统地总结了听政的经验，提出了听政的具体原则和方法，可以说是对春秋听政制度的进一步深化。《荀子·王制》云：

> 听政之大分：以善至者待之以礼，以不善至者待之以刑。两者分别则贤不肖不杂，是非不乱。贤不肖不杂则英杰至，是非不乱则国家治。若是，名声日闻，天下愿，令行禁止，王者之事毕矣。

---

① 杨伯峻编著：《春秋左传注》，中华书局 2009 年版，第 1191—1192 页。

　　凡听：威严猛厉而不好假道人，则下畏恐而不亲，周闭而不竭，若是则大事殆乎弛，小事殆乎遂。和解调通，好假道人而无所凝止之，则奸言并至，尝试之说蜂起，若是则听大事烦，是又伤之也。

　　故法法而不议，则法之所不至者必废；职而不通，则职之所不及者必坠。故法而议，职而通，无隐谋，无遗善，而百事无过，非君子莫能。故公平者，职之衡也；中和者，听之绳也。其有法者以法行，无法者以类举，听之尽也；偏党而无经，听之辟也。①

　　杨倞在"凡听"下注曰："论听政也。"甚是。荀子认为，为政者实行听政制度，固然应当遵循古制，广开言路，勿禁议政；但也应当区分议政者的"善"与"不善"，仔细体察议政者的动机。只有这样，才能区别贤不肖而纳其善言，为己所用。而君王对待真正恰当的论政言论，则当坚持"公平"与"中和"的原则，避免先入为主和偏党无经，这样才能做到"百事无过"。

　　在春秋战国时期，一些诸侯国发生的重大政治事件或实行重要的政治革新，不仅要有意识地收集和听取本国人的"议论"，而且还要听取"国际舆论"的评价。这样一来，就出现了一些切中时弊、谈锋犀利而又文采斐然的著名的政治评论文，同时也涌现出了一批有重要影响力的时事评论者。

二、春秋评政论德之文的生成及其类型

　　议政制度的核心仍然是以书面语言为媒介的信息的交换活动。评论者熟知为政之道，掌握各种有关天子、诸侯国和各大家族的历史掌故、各类典籍和知识。他们因为种种原因无法直接参与政事，只能围绕或针对具体的政治事件或政治人物，站在第三方立场上对其得失予以口头或书面的评议。当他们发为言辞或撰写自己的政见时，他们完全明白他们的言辞或文章会被人传写和收集，并由专人和专门的机构送达国君或为政者。有的时候，他们甚至清楚地知道这

---

　　① （清）王先谦撰，沈啸寰、王星贤点校：《荀子集解》，中华书局2013年版，第176—179页。

些言辞或文章在被为政者阅读之后会产生什么样的结果。因此，虽然这些评论者并没有直接面对某个政治事件的主体对象，他们之间存在着明显的空间距离，但却能更加理性和有针对性地对他们发为言辞，或者说可以更为有效地和那些主体就某个话题展开交流。

根据议政、评政者与所评论之事的关系的远近，议政之辞可以分为两类：第一类是当局第三方的评论，第二类是非当局第三方的评论。

第一类议政之辞的评论者在身份上本身也属于所评论对象的社会阶层，虽未亲与其事，但也是局内之人。这类评论在时间上大多紧承事件结果，或者甚至是同步的。比较典型的例子如公元前 625 年，鲁大夫展禽论臧文仲祭"爰居"非政之宜。《国语·鲁语上》载：有海鸟名曰"爰居"，止于鲁国东门之外三日，臧文仲使国人祭之。展禽评论曰：

> 越哉，臧孙之为政也！夫祀，国之大节也；而节，政之所成也。故慎制祀以为国典。今无故而加典，非政之宜也。夫圣王之制祀也，法施于民则祀之，以死勤事则祀之，以劳定国则祀之，能御大灾则祀之，能捍大患则祀之。非是族也，不在祀典。昔烈山氏之有天下也，其子曰柱，能殖百谷百蔬；夏之兴也，周弃继之，故祀以为稷。共工氏之伯九有也，其子曰后土，能平九土，故祀以为社。黄帝能成命百物，以明民共财，颛顼能修之。帝喾能序三辰以固民，尧能单均刑法以仪民，舜勤民事而野死，鲧障洪水而殛死，禹能以德修鲧之功，契为司徒而民辑，冥勤其官而水死，汤以宽治民而除其邪，稷勤百谷而山死，文王以文昭，武王以武烈，去民之秽。故有虞氏禘黄帝而祖颛顼，郊尧而宗舜；夏后氏禘黄帝而祖颛顼，郊鲧而宗禹；商人禘舜而祖契，郊冥而宗汤；周人禘喾而郊稷，祖文王而宗武王；幕，能帅颛顼者也，有虞氏报焉；杼，能帅禹者也，夏后氏报焉；上甲微，能帅契者也，商人报焉；高圉、大王，能帅稷者也，周人报焉。凡禘、郊、祖宗、报，此五者国之典祀也。加之以社稷山川之神，皆有功烈于民者也。及前哲令德之人，所以为明质也；及天之三辰，民所以瞻仰也；及地之五行，所以生殖也；及九州名山川泽，所以出财用也。非是不在祀典。今海鸟至，己不知而祀之，以为国典，难以为仁且智矣。夫仁者

讲功，而智者处物。无功而祀之，非仁也；不知而不能问，非智也。今兹海其有灾乎？夫广川之鸟兽，恒知避其灾也。

臧文仲闻柳下季之言，曰："信吾过矣，季子之言不可不法也。"① 使书以为三策。《左传·文公二年》引孔子语："臧文仲，其不仁者三，不知者三。下展禽，废六关，妾织蒲，三不仁也。作虚器，纵逆祀，祀爰居，三不知也。"② 金圣叹《天下才子必读书》卷三录展禽论臧文仲之辞，且评曰："看其议论处，叙述处，结束处，凡发出无数典故，直是疏快。""如此大篇，只用六字结，最严峭。"③

再如公元前 625 年，晋卿赵衰引《诗·大雅·文王》句，论秦穆公用孟明，晋必有忧。《左传·文公二年》载：殽之战以后，秦穆公犹用孟明。孟明增修国政，重施于民。赵衰言于晋之诸大夫曰："秦师又至，将必辟之。惧而增德，不可当也。《诗》曰：'毋念尔祖，聿修厥德。'孟明念之矣。念德不怠，其可敌乎？"按：赵衰所引诗句出自《诗·大雅·文王》，唯今诗作"无念尔祖"，"无""毋"通，均为句首语气词，杜《注》："无念，念也。"④ 此句意谓念其祖考而修其德也。

又《左传》和《国语》中的"君子曰"等评政论德之辞即是听政制度的产物。如公元前 683 年鲁国的臧文仲引述大禹、商汤罪己之事，评论宋人知礼，言其知礼必兴，即是。《左传·庄公十一年》："秋，宋大水。公使吊焉，曰：'天作淫雨，害于粢盛，若之何不吊？'对曰：'孤实不敬，天降之灾，又以为君忧，拜命之辱。'臧文仲曰：'宋其兴乎！禹、汤罪己，其兴也悖焉；桀、纣罪人，其亡也忽焉。且列国有凶，称孤，礼也。言惧而名礼，其庶乎！'"⑤《韩诗外传》卷三以此为孔子之言，《说苑·君道》则以为君子之言，《史记·十二诸侯年表》《宋世家》均以为臧文仲之言。当从司马迁以其为臧文仲之言。

① 徐元诰撰，王树民、沈长云点校：《国语集解》（修订本），中华书局 2002 年版，第 154—162 页。
② 杨伯峻编著：《春秋左传注》，中华书局 2009 年版，第 525—526 页。
③ （清）金圣叹选批，朱一清、程自信注：《天下才子必读书》，安徽文艺出版社 2003 年版，第 120、121 页。
④ 杨伯峻编著：《春秋左传注》，中华书局 2009 年版，第 521 页。
⑤ 杨伯峻编著：《春秋左传注》，中华书局 2009 年版，第 187—188 页。

　　再如公元前 673 年，郑厉公评王政亦是典型的议政之辞。郑厉公引"哀乐失时，殃咎必至"之说，论王子颓必败。《左传·庄公二十年》云："冬，王子颓享五大夫，……郑伯闻之，见虢叔曰：'寡人闻之：哀乐失时，殃咎必至。今王子颓歌舞不倦，乐祸也。夫司寇行戮，君为之不举，而况敢乐祸乎？奸王之位，祸孰大焉？临祸忘忧，忧必及之。盍纳王乎？'虢公曰：'寡人之愿也。'"①《国语·周语上》所载郑厉公之辞与此略同，说明这类议政之辞或者被记录，或者在当时已经成为书面的文献被保存、传播。

　　第二类非当局者第三方的议政之辞，是评论者本身与所评之事之人无直接关联，且评论之出在时间上具有滞后性，有的甚至相隔数代。这种现象的出现，一则是因为春秋时期各国对舆情的政策比较宽松所致；另一方面也是因为王官之学流入民间，学术资源的垄断局面被打破及卿大夫士阶层立言风尚兴起的缘故。比较典型的例子是《左传》《国语》《论语》等书所载"君子曰"及孔子的议政之辞。关于《左传》中所载的这类议政之辞是否为《左传》本身所有，有的学者持否定意见，认为是后人所附益。②但大多数学者认为是《左传》原有，并提出了许多证据。③其实，附益也好，《左传》原有也好，从其实际情况来看，可以肯定的是，它们的来源总是根据春秋史料。更何况，其中有相当一部分明显可以看出是与所评论的事件或人物密切相关联的。

　　以"君子曰""君子谓""君子以为""君子是以知""君子以"领起的这类议政之辞，据有的研究者统计，仅《左传》中就有 85 例（以上五种类型出现次数分别为48次、21次、3次、9次、4次）。④比较典型的，如公元前 625 年，秦国大夫孟明视帅师伐晋，两军战于彭衙，晋侯御之，狼瞫死战而败秦师，君

　　①　杨伯峻编著：《春秋左传注》，中华书局 2009 年版，第 214—215 页。

　　②　宋人林黄中谓"《左传》'君子曰'是刘歆之辞"，并得到朱熹的认可。说见黎靖德编《朱子语类》（中华书局 1986 年版，第六册，第 2150 页）。今人王和《〈左传〉中后人附益的各种成分》一文将"君子曰"一类评论视为后人附益于《左传》的成分，文刊《北京师范大学学报》2011 年第 4 期。

　　③　刘文淇云："君子曰者，皆左氏自为论断之词。"说见其《春秋左氏传旧注疏证》，科学出版社 1959 年版，第 12 页。郑良树《论〈左传〉"君子曰"非后人所附益》从先秦古籍引及《左传》"君子曰"、"君子曰"中引逸诗和逸书等几个方面，论证了《左传》中的"君子曰"不是后人所附益的，而是《左传》原有的文字。文收氏著《竹简帛书论文集》，中华书局 1982 年版，第 342—357 页。

　　④　葛志毅：《〈左传〉"君子曰"与儒家君子之学》，《河北学刊》2010 年第 6 期；汪杏岑：《〈左传〉"君子"评论之文学研究》，《巢湖学院学报》2009 年第 2 期。

子赋《小雅·巧言》《大雅·皇矣》有所评论，以赞之，就是典型的议政之辞。《左传·文公二年》载君子谓："狼瞫于是乎君子。《诗》曰：'君子如怒，乱庶遄沮。'又曰：'王赫斯怒，爰整其旅。'怒不作乱，而以从师，可谓君子矣。"[①]此年发表评论的"君子"，虽未参与所评之事，但他的评论合情合理，"怒不作乱""君子"等语符合狼瞫为人。狼瞫是晋国的勇士，但他勇而知礼，勇不犯上。《左传·文公二年》载：箕之战，统帅先轸黜狼瞫不用，而用续简伯。狼瞫怒，其友曰："盍死之？"瞫曰："吾未获死所。"其友曰："吾与女为难。"瞫曰："《周志》有之，'勇则害上，不登于明堂。'死而不义，非勇也。共用之谓勇。吾以勇求右，无勇而黜，亦其所也。谓上不我知，黜而宜，乃知我矣。子姑待之。"至彭衙之役，以死力战而胜秦军。[②]可谓为义而死，死得其所。故君子称之，此"君子"当为秦国朝廷或在野之有识者。

再如公元前 624 年，秦穆公霸西戎，君子引《采蘩》《烝民》《文王有声》句，赞其善任人。《左传·文公三年》载：夏四月，秦穆公伐晋，济河焚舟，取王官及郊，晋人不出。遂自茅津济，封殽尸而还。遂霸西戎，用孟明也。君子是以知"秦穆之为君也，举人之周也，与人之壹也，孟明之臣也，其不解也，能惧思也，子桑之忠也，其知人也，能举善也。《诗》曰，'于以采蘩？于沼、于沚。于以用之？公侯之事'，秦穆有焉。'夙夜匪解，以事一人'，孟明有焉。'诒厥孙谋，以燕翼子'，子桑有焉"。[③]

劳孝舆《春秋诗话》卷三评此君子之语云："三引诗，各有至理。孟明之有，显而易见；子桑之有，遽至贻谋；可知荐贤者庆流子孙，则蔽贤者毒流后世矣。识见极高，议论极大。若秦穆之有，乃至以用人之事谋及祖宗，微哉，微哉！非神明于诗而不泥其解者，岂见及此。"[④]

又如公元前 607 年，郑国受楚命而伐宋，获宋人华元、狂狡。时君子有所评论。《左传·宣公二年》："二年春，郑公子归生命于楚伐宋，宋华元[⑤]、乐

①　杨伯峻编著：《春秋左传注》，中华书局 2009 年版，第 521 页。
②　杨伯峻编著：《春秋左传注》，中华书局 2009 年版，第 519—521 页。
③　杨伯峻编著：《春秋左传注》，中华书局 2009 年版，第 529—530 页。
④　（清）劳孝舆：《春秋诗话》，中华书局 1985 年版，第 28 页。
⑤　华元，首见《左传·文公十六年》，宋国右师，当宋之政；乐吕，宋之司寇。参杨伯峻编著：《春秋左传注》，中华书局 2009 年版，第 620 页。

吕御之。二月壬子，战于大棘。宋师败绩。囚华元，获乐吕，及甲车四百六十乘，俘二百五十人，馘百。狂狡辂郑人，郑人入于井。倒戟而出之，获狂狡。君子曰：'失礼违命，宜其为禽（擒）也。戎，昭果毅以听之之谓礼。杀敌为果，致果为毅。易之，戮也。'"战前华元杀羊食士，其御者羊斟不与。及战，羊斟曰："畴昔之羊，子为政；今日之事，我为政。"与入郑师，故败。君子谓羊斟："非人也，以其私憾，败国殄民，于是刑孰大焉？《诗》所谓'人之无良'者，其羊斟之谓乎！残民以逞。"①

　　在《论语》《左传》中所记的孔子论政评人之辞，大多距离事件发生时间较远。有的是立足于当下对历史人物的评论。如《论语·泰伯》中载孔子评论上古贤明尧、舜、禹、稷等人，曾云："大哉，尧之为君也！巍巍乎，唯天为大，唯尧则之！荡荡乎，民无能名焉！"又云："舜有臣五人而天下治。"又云："禹，吾无间然矣，菲饮食而致孝乎鬼神，恶衣服而致美乎黻冕，卑宫室而尽力乎沟洫。"②还有的是立足于当下对春秋当代政事和人物的评论。如《论语·八佾》载孔子曾批评管仲"器小，不俭，不知礼。"③《宪问》又载他评论说："桓公九合诸侯，不以兵车，管仲之力也。如其仁！如其仁！"又说："管仲相桓公，霸诸侯，一匡天下，民到于今受其赐。微管仲，吾其被发左衽矣。"④这些堪称经典的评论，或因弟子之问而发，或因现实所激而发，都言出有据，于为政或知人论世方面富于启发性。《史记·仲尼弟子列传》云："孔子之所严事，于周则老子，于卫，蘧伯玉；于齐，晏平仲；于楚，老莱子；于郑，子产；于鲁，孟公绰。数称臧文仲、柳下惠、铜鞮伯华、介山子然。孔子皆后之，不并世。"⑤孔子之学实得力于春秋诸贤，上述孔子的这类论政之辞，以礼、义、忠、信为准论政评人，从动机到内容来说，也完全是继承了此前卿

　　①　杨伯峻编著：《春秋左传注》，中华书局 2009 年版，第 651—652 页。

　　②　（魏）何晏注，（宋）邢昺疏：《论语注疏》，《十三经注疏》（标点本），北京大学出版社 1999 年版，第 106、109 页。

　　③　（魏）何晏注，（宋）邢昺疏：《论语注疏》，《十三经注疏》（标点本），北京大学出版社 1999 年版，第 42 页。

　　④　（魏）何晏注，（宋）邢昺疏：《论语注疏》，《十三经注疏》（标点本），北京大学出版社 1999 年版，第 191、192 页。

　　⑤　韩兆琦编著：《史记笺证》，江西人民出版社 2004 年版，第 3858 页。

大夫阶层的议政论德之辞。

　　和《论语》中的"子曰"一样，可能《左传》中这些评政之辞在社会上流传，后为《左传》编者所采用。如《左传·襄公二十五年》载郑伐陈，献捷于晋，晋人百般刁难，子产善于应对，顺利完成了任务。孔子评论说："《志》有之：'言以足志，文以足言。'不言，谁知其志？言之无文，行而不远。晋为伯，郑入陈，非文辞不为功。慎辞也！"①此年孔子年方四岁，不可能在事件发生时就发表评论。再如《左传·襄公三十一年》载"子产不毁乡校"一事，下面记孔子的评论曰："人谓子产不仁，吾不信也。"②孔子此年才十岁，此评语当然是成年后为评论此事件而发表的。这些评语也可能是后来孔子对学生表达过的，被学生记录下来，后又被其他人传播和使用。

　　另如《左传·宣公九年》载陈灵公与大夫孔宁、仪行父淫于夏姬，大夫洩冶力谏被杀。孔子评论说："《诗》云：'民之多辟，无自立辟。'其洩冶之谓乎！"③其引《诗》之句，批评洩冶不达时务而因谏而死。还有《左传·成公二年》载卫大夫孙桓子辞邑之赏而请曲悬繁缨以朝，得到卫君许可。孔子评论说："惜也，不如多与之邑。唯器与名不可以假人，君之所司也。名以出信，信以守器，器以藏礼，礼以行义，义以生利，利以平民，政之大节也。若以假人，与人政也，政亡则国家从之，弗可止也已。"④这两条评论也不是当时事后的评论，而应是后来教学中的评论之辞。

　　而如《左传·昭公十二年》载楚灵王兵败乾溪自杀。孔子评论说："古也有《志》，'克己复礼，仁也。'信善哉！楚灵王若能如是，岂其辱于乾溪！"⑤这条评论针对的事，孔子可能听说了，故也有可能在第一时间有所评论的。《论语·颜渊》载孔子回答颜渊问仁，就用了"克己复礼"一句，原来是引旧《志》的话。

　　孔子之所以可以对与他同时代的历史人物和政治事件放言无惮地加以评

---

①　杨伯峻编著：《春秋左传注》，中华书局2009年版，第1106页。

②　杨伯峻编著：《春秋左传注》，中华书局2009年版，第1192页。

③　杨伯峻编著：《春秋左传注》，中华书局2009年版，第702页。

④　杨伯峻编著：《春秋左传注》，中华书局2009年版，第788—789页。

⑤　杨伯峻编著：《春秋左传注》，中华书局2009年版，第1341页。

论，最主要的原因还是春秋时期诸侯国普遍重视舆论，鼓励在朝在野的卿大夫及士人评论政治甚至非议政治，并注意收集这些议政之辞的制度和风气。

三、春秋评政论德之辞的文体特点

春秋时期出自卿大夫或士阶层的议政之辞虽然只是一种对政治事件和人物所发表的即兴的口头评论，但因为卿大夫及士阶层深厚的学养与娴雅的辞令，使得他们的评论在形式和内容两方面都具备了"立言"的高度，很快成为"嘉言善语"而经典化。在这些"嘉言善语"被不断传播、引证的过程中，它们的文本也很自然地被固定了下来，具备了文体的特征。归纳为数不下百篇的春秋议政之辞，其文体特征有如下几个方面。

第一，春秋议政之辞常常因事而发、因人而发，具有即兴而为的特点，因而在篇幅上或长篇大论，或短语点评，不拘常体。长篇的如《国语·周语》载周天子卿士单襄公论晋周之辞。晋国公子晋周在周，事单襄公，立无跋，视无还，听无耸，言无远；言敬必及天，言忠必及意，言信必及身，言仁必及人，言义必及利，言智必及事，言勇必及制，言教必及辩，言孝必及神，言惠必及和，言让必及敌；晋国有忧未尝不戚，有庆未尝不怡。襄公有疾，召顷公而告之，曰：

> 必善晋周，周将得晋国。其行也文，能文则得天地，天地所祚，小而后国。夫敬，文之恭也。忠，文之实也。信，文之孚也。仁，文之爱也。义，文之制也。智，文之舆也。勇，文之帅也。教，文之施也。孝，文之本也。惠，文之慈也。让，文之材也。象天能敬，帅意能忠，思身能信，爱人能仁，利制能义；事建能智，帅义能勇，施辩能教，昭神能孝，慈和能惠，推敌能让。此十一者，夫子皆有焉。
>
> 天六地五，数之常也。经之以天，纬之以地。经纬不爽，文之象也。文王质文，故天祚之以天下。夫子被之矣，其昭穆又近，可以得国。且夫立无跋，正也。视无还，端也。听无耸，成也。言无远，慎也。夫正，德

之道也。端，德之信也。成，德之终也。慎，德之守也。守终纯固，道正事信，明令德矣。慎成端正，德之相也。为晋休戚，不背本也。被文相德，非国何取？

成公之归也，吾闻晋之筮之也，遇乾之否，曰："配而不终，君三出焉。"一既往矣，后之不知，其次必此。且吾闻成公之生也，其母梦神规其臀以墨，曰："使有晋国，三而畀驩之孙。"故名之曰"黑臀"，于今再矣。襄公曰驩，此其孙也。而令德孝恭，非此其谁？且其梦曰"必驩之孙，实有晋国。"其卦曰："必三取君于周。"其德又可以君国，三袭焉。吾闻之《大誓》故，曰"朕梦协朕卜，袭于休祥，戎商必克。"以三袭也。晋仍无道而鲜胄，其将失之矣。必早善晋子，其当之也。①

晋献公听信骊姬之言，将群公子寄养他国，后成为晋国的定制，故晋周寄居王畿，事奉单襄公。晋周与人相处，言谈举止皆合乎法度，所以单襄公对其子单顷公评价晋周，有此一篇弘论。此论大意，首先是说晋周有文德，具体体现为敬、忠、信、仁、义、智、勇、教、孝、惠、让十一种德行。其次，晋周行事，恪奉正、端、成、慎之则，与国休戚而不背其本。再次，晋周世次又合乎占筮及梦兆。有此三个优势，单襄公论定晋周必返晋为君。后来，晋国发生内乱，晋厉公被杀，晋国召回晋周，是为晋悼公。可见单襄公有识人之明。

短篇的论政之辞，如《左传·文公五年》载楚国灭蓼国与六国两个小国，鲁国大夫臧文仲闻听其事，发表评论说："皋陶、庭坚不祀忽诸。德之不建，民之无援，哀哉！"②六国和蓼国都是偃姓国，为皋陶之后，一朝为楚所灭，令人感叹！其君无德，则是国灭而无人援手的根本原因。臧文仲之辞虽很简短，但寓意颇深。

第二，春秋议政之辞大多称引《诗》《书》《礼》《志》及谣谚等为证，语言形式上韵散结合，风格典雅而不失活泼明快。如公元前531年，晋国大夫叔

---

① 徐元诰撰，王树民、沈长云点校：《国语集解》（修订本），中华书局2002年版，第88—91页。
② 杨伯峻编著：《春秋左传注》，中华书局2009年版，第540页。

向聘周，赞单靖公有敬、俭、让、咨之德①，是一篇典型的德论。《国语·周语下》载：晋叔向（羊舌肸）聘于周，单靖公享之，礼俭而敬。单之老送叔向，叔向赞靖公曰：

> 异哉！吾闻之曰："一姓不再兴。"今周其兴乎？其有单子也。昔史佚有言曰："动莫若敬，居莫若俭，德莫若让，事莫若咨。"单子之贶我，礼也，皆有焉。夫宫室不崇，器无彤镂，俭也；身耸除洁，外内齐给，敬也；宴好享赐，不逾其上，让也；宾之礼事，放上而动，咨也。如是而加之以无私，重之以不淆，能避怨矣。居俭动敬，德让事咨，而能避怨，以为卿佐，其有不兴乎！
>
> 且其语说《昊天有成命》，《颂》之盛德也。其诗曰："昊天有成命，二后受之，成王不敢康。夙夜基命宥密，于缉熙，亶厥心，肆其靖之。"是道成王之德也。成王能明文昭，能定武烈者也。夫道成命，而称昊天，翼其上也。二后受之，让于德也。成王不敢康，敬百姓也。夙夜，恭也。基，始也。命，信也。宥，宽也。密，宁也。缉，明也。熙，广也。亶，厚也。肆，固也。靖，龢也。其始也，翼上德让而敬百姓。其中也，恭俭信宽，帅归于宁。其终也，广厚其心以固龢之。始于德让，中于信宽，终于固和，故曰成。单子俭敬让咨，以应成德。单若不兴，子孙必蕃，后世不忘。
>
> 《诗》曰："其类维何？室家之壸。君子万年，永锡祚胤。"（《大雅·既醉》）类也者，不忝前哲之谓也。壸也者，广裕民人之谓也。万年也者，令闻不忘之谓也。胤也者，子孙蕃育之谓也。单子朝夕不忘成王之德，可谓不忝前哲矣。膺保明德，以佐王室，可谓广裕民人矣。若能类善物，以混厚民人者，必有章誉蕃育之祚，则单子必当之矣。单若有阙，必兹君之子孙实续之，不出于他矣。②

叔向论单靖公之辞，主要是就其举止言行合礼得体及其知礼守典而发。除

---

① 按：单靖公，即单襄公之孙，单顷公之子。叔向赞单靖公之语《国语》未系年，按《左传》载叔向事迄于鲁昭公十五年，晋灭羊舌氏，在昭公二十八年。今据其下限，系于此年，即公元前531年。

② 徐元诰撰，王树民、沈长云点校：《国语集解》（修订本），中华书局2002年版，第102—105页。

此之外，还称赞单靖公在席间讨论并解说《周颂·昊天有成命》之诗旨所表现出来的深厚的诗学修养，并说他能躬行《诗》中所述成王以来周人的"俭、敬、让、咨"之德，"以应成德"。叔向两引"史佚之言"及民谚，并赋《大雅·既醉》诗句，评价单靖公能如此，"可谓不忝前哲"，也与其家族有家学传承有密切的关系。叔向是晋国知《书》达礼且熟谙《春秋》及《诗》的重要人物，其辞既典雅厚重，言之有物，同时也融说理、叙事、抒情于一体，造语圆熟、活泼、明快。此例堪称议政论德之辞中的上品。

第三，春秋议政之辞虽为议论文，但在写法上常常采用说理与表情相结合的手法，形成情理相兼的特点。如公元前745年，晋昭侯封成师于曲沃，晋始乱，晋大夫师服① 以"名义""本末"之说评论晋乱之始由及近因。据《左传·桓公二年》载：初晋穆侯之夫人姜氏以条之役生太子，命之曰仇。其弟以千亩之战生，命之曰成师。师服评论曰：

> 异哉，君之名子也！夫名以制义，义以出礼，礼以体政，政以正民，是以政成而民听。易则生乱。嘉耦曰妃，怨耦曰仇，古之命也。今君命大子曰仇，弟曰成师，始兆乱矣。兄其替乎！②

（鲁）惠之二十四年，晋始乱，故封桓叔于曲沃。靖侯之孙栾宾傅之。师服曰：

> 吾闻国家之立也，本大而末小，是以能固。故天子建国，诸侯立家，卿置侧室，大夫有贰宗，士有隶子弟，庶人、工、商，各有分亲，皆有等衰。是以民服事其上，而下无觊觎。今晋，甸侯也；而建国，本既弱矣，其能久乎？③

---

① 按，《左传·桓公二年》杜注云："师服，晋国大夫。"《史记集解》引贾逵曰："晋大夫。"《汉书·古今人表》以师服次周宣王时，然《左传·桓公二年》曰"初"云云，知师服评论宣王时晋穆侯名子之事为追述，其目的在于论晋始乱之始因。鲁惠公二十四年上距千亩之战（前802）六十多年，师服此时恐已近耄耋之年。

② 杨伯峻编著：《春秋左传注》，中华书局2009年版，第92页。

③ 杨伯峻编著：《春秋左传注》，中华书局2009年版，第94—95页。

师服是晋国著名的学者型大夫，他对国事颇为关心，故其言辞之中既表现出对晋国内乱的担忧，又表现出对国君违反命名之礼为其子取名"仇"及"成师"，后又封成师于曲沃，最终导致晋国"弱干强支"局面的不满。《史记·晋世家》亦载此事："穆侯四年，取齐女姜氏为夫人。七年，伐条。生太子仇。十年，伐千亩，有功。生少子，名曰成师。晋人师服曰：'异哉，君之命子也！太子曰仇，仇者雠也。少子曰成师，成师大号，成之者也。名，自命也；物，自定也。今適庶名反逆，此后晋其毋乱乎？'……文侯仇卒，子昭侯伯立。昭侯元年，封文侯弟成师于曲沃。曲沃邑大于翼。翼，晋君都邑也。成师封曲沃，号为桓叔。靖侯庶孙栾宾相桓叔。桓叔是时年五十八矣，好德，晋国之众皆附焉。君子曰：'晋之乱其在曲沃矣。末大于本而得民心，不乱何待！'"①此"君子"大概也是指师服。师服的"名义"之说开了孔子"正名"修辞说的先河。②

葛志毅指出："春秋贵言，主要表现为士大夫贤哲当下的即兴话语表述，他们在参加相关社会活动时所引发的思想感悟，以理性宣示和情感交流的方式表现出来。其中颇多所谓嘉言善语，不独辞令精警，且多足以劝喻世道人心，补裨风化得失。卿大夫贤哲之士的议论往往可以益人心智，启发性慧，引起当时社会的注意。""其话语被经典化而具有普适性权威。"③这些评价，非常适合春秋时期的议政论政之辞。

---

① 韩兆琦编著：《史记笺证》，江西人民出版社2004年版，第2582—2583页。

② 孔子提倡辞令之美，又提出"正名"，即要求名和实相称。《论语·子路》："子路曰：'卫君待子而为政，子将奚先？'子曰：'必也正名乎！'子路曰：'有是哉，子之迂也！奚其正？'子曰：'野哉，由也！君子于其所不知，盖阙如也。名不正则言不顺，言不顺则事不成，事不成则礼乐不兴，礼乐不兴则刑罚不中，刑罚不中则民无所措手足，故君子名之必可言也，言之必可行也。君子于其言，无所苟而已矣。'"（魏）何晏注，（宋）邢昺疏：《论语注疏》，《十三经注疏》（标点本），北京大学出版社1999年版，第171页。周振甫《中国修辞学史》（商务印书馆1991年版，第12页）说："孔子讲正名，即名与实一致，卫出公自己称君，拒绝他的父亲蒯聩回国即位，孔子认为名不正。按礼，蒯聩是父，当为君，出公是子，当让位，今以子而称君，故名不正。这样，他讲的正名，从修辞的使名实一致，发展到要使名称合乎礼制的实际的一致了。"

③ 葛志毅：《〈左传〉"君子曰"与儒家君子之学》，《河北学刊》2010年第6期。

小　结

春秋时期的咨询制度、讽谏制度和议政制度是从西周"礼乐制度"中发展出来的，但它不同于事神祭神的祭祀之礼，作为春秋"礼治"政治的一种形态和行政手段，其主要目的在于调和与维系君臣关系、臣僚关系、君民关系等现实的人际关系，具有强烈的人文主义色彩。其核心层面是围绕礼乐传统和君臣德行而进行的言辞的撰制、发布和传播、接受，它们虽然具备制度的雏形，但这些问对、讽谏、论议之文是否达到撰制者的预期目的，完全取决于君主的个人德行，因此它们还不能完全等同于后世法治时代的制度。本文关注的焦点不在于这些"准制度"本身，而是其中贯穿的言辞文章的撰作、发布、传播形态，以及它在中国上古文学史上的意义。

围绕"礼治"制度产生的问对、谏辞、政论三类文章，总体上具有如下共同点。

第一，不论是问对之文，还是讽谏之辞和议政论德之文，其动因都是具体的政治事件。因此，它们在创作动机上，都具有因事而发、即兴即时的特点。

第二，无论是问对之文，还是讽谏之辞和议政论德之文，其文体功能都指向现实的政治目的，具有强烈的实用性和政治色彩。《文心雕龙·章表》："章表奏议，经国之枢机。"[1] 也就是说，上述文体都属于"经国之文"，而此类文章，在秦汉以后相当长的时期中，是古代文章的正宗和大宗。

第三，虽然咨询制度、讽谏制度和议政制度具有代表了春秋时期政治思想和制度的新趋势，但春秋社会礼治政治的核心特点仍是"赋事行刑，必问于遗训而咨于故实。不干所问，不犯所咨"[2]。故而由此产生的问对之文、讽谏之辞和议政论德之文，在主题和内容方面仍未完全脱离西周以来的"礼乐传统"。也就是说，上述文类具有"宗经"的传统。

第四，春秋问对之文、讽谏之辞和议政论德之文的撰制、发表者，多是"君子"，是春秋时期的精英人物。他们大多践行"太上有立功，其次有立德，

---

[1]　（南朝梁）刘勰著，范文澜注：《文心雕龙注》，人民文学出版社1958年版，第407页。

[2]　徐元诰撰，王树民、沈长云点校：《国语集解》（修订本），中华书局2002年版，第23页。

其次有立言"的人生信条，许多人物，如鲁国的叔孙豹、臧文仲、孔丘，郑国的子产、子展、子太叔，齐国的晏婴、管仲，楚国的申叔时、屈完，晋国的叔向、赵衰、魏绛、师服，周王室的史伯、单襄公、伶州鸠等，他们都是忠臣、圣者和贤者的典型。《论语·宪问》有云："有德者必有言。"说的就是上述春秋文章作者的情形。

第五，从文体演进方面来说，春秋时期的问对之文、讽谏之辞和议政论德之文开启了战国秦汉及之后的"问对""奏议""章表"等文体的先河。其不仅奠定了"引证古训古制、故实＋析事说理＋评论总结"的写作模式，而且确立了典雅富赡、辞清志显、随事制巧的基本语体风格。

第六，从其关心现实、尊礼尚德、彰善抑恶、尚贤任能的思想取向，以及勇于担当、积极探索的现实精神方面，启人哲思，益人心智，奠定了先秦诸子的学术基础，开启了稍后思想界"百家争鸣"的局面。同时也开创了中国文学乃至中国文化刚健有为、积极探索社会人生的宏大气度和格局。

第十一章　春秋讲史制度与史志文

"史传"是产生于先秦的一种文体，它是在瞽矇讲史的口传史料的基础上经加工写定而形成的历史人物的言行汇编。先秦史传是先秦史官制度的产物，它的生成与祖先崇拜仪式的需要有着密切的关系，而其传播又与以史为鉴意识推动下的讲史制度相终始。关于这一问题，刘勰与刘知幾及章太炎本已有精辟的论述，但可惜并未引起学者们的关注。通行的先秦散文研究著作与文学史将先秦散文分为诸子散文与历史散文（或史传散文），无形中抹杀了"史传"这种文体的独立性，必须予以澄清。

一、春秋"史传"辨体

本书所论先秦"史传"是一种文类，它不同于一般文学史中所说的"先秦历史散文"或"史传散文"，而主要是指先秦时代的史官传史、述史之文。历史散文、史传散文的范围比较大，泛指一切史官之文和涉及历史的文章。而"史传"仅指上古时代出自史官或卿大夫的述史之文，这类文体常常以历史人物为中心展开叙事，具有"传记"的特点，它包含在历史散文中，是其中的一种文类，或者说是一种散文的文体。对先秦史传从文体学角度进行研究，目前还较少有人专门涉及。本章研究先秦史传的重点，在于从文类文体研究的视角出发，考察"史传"的名义，并在此基础上梳理先秦时期史传文的起源、演变及其基本的文体特征和传播方式等问题。

（一）"史传"释名

"史传"之"史"有两层意思，一指史官，一指历史；"史传"之"传"，也有数义，一读"chuán"，指传说、传述、传布、传播。如《楚辞·天问》："邃古之初，谁传道之。"王逸注："遂，往也。初，始也。言往古太始之元，虚廓无形，神物未生，谁传道此事也。"洪兴祖《楚辞补注》："《列子》：殷汤问于夏革曰：'古初有物乎？'夏革曰：'古初无物，今恶得物？自物之外，自事之先，朕所不知也。'《周礼》训方氏诵四方之传道。道，犹言也。传道，世世所传说往古之事也。"[1]"传"又读为"zhuàn"，意指解释、解说、敷衍之文。如《春秋左氏传》之"传"即是。《释名·释书契》也说："传，转也。转移所在，执以为信也。"[2]《广雅·释言》："传，转也。"[3] 即转述经旨之文。合而观之，"史传"当即传布、转述前代史官载记之叙事文。章太炎云："传，即专，即'六寸簿'，所以记事者也，即《孟子》'于传有之'之传。《史记》列传，传之正体也。若《左传》《毛诗故训传》，皆注疏类，传之变体也。"[4] 章氏所言至为有理。

史传起源虽早，作为文类的"史传"也屡见于先秦，但打破经、史、子的界限，从文体角度对其本质特征进行论证则始于刘勰。《文心雕龙·史传》篇云：

> 开辟草昧，岁纪绵邈，居今识古，其载籍乎！辕轩之世，史有仓颉，主文之职，其来久矣。……昔者夫子闵王道之缺，伤斯文之坠，静居以叹凤，临衢而泣麟，于是就太师以正雅颂，因鲁史以修春秋，举得失以表黜陟，徵存亡以标劝戒：褒见一字，贵逾轩冕；贬在片言，诛深斧钺。然睿旨存亡幽隐，经文婉约，丘明同时，实得微言，乃原始要终，创为传体。

---

[1] （宋）洪兴祖撰，白化文等点校：《楚辞补注》，中华书局 1983 年版，第 85—86 页。

[2] （汉）刘熙撰：《释名》，《丛书集成初编》，中华书局 1985 年版，第 96—97 页。

[3] （清）王念孙著，钟宇讯点校：《广雅疏证》，中华书局 1983 年版，第 163 页。

[4] 章太炎：《章太炎讲授〈文心雕龙〉纪录稿两种（整理稿）》，黄霖编著：《文心雕龙汇评》，上海古籍出版社 2005 年版，第 167—176 页。

传者，转也；转受经旨，以授于后，实圣文之羽翮，记籍之冠冕也。

及至纵横之世，史职犹存。秦并七王，而战国有策。盖录而弗叙，故即简而为名也。汉灭嬴项，武功积年，陆贾稽古，作楚汉春秋。爰及太史谈，世惟执简；子长继志，甄序帝绩。比尧称典，则位杂中贤；法孔题经，则文非元圣。故取式吕览，通号曰纪。纪纲之号，亦宏称也。故本纪以述皇王，列传以总侯伯，八书以铺政体，十表以谱年爵，虽殊古式，而得事序焉。①

刘勰《文心雕龙》研究文体，首创并遵循"原始以表末，释名以彰义，选文以定篇，敷理以举统"②的原则，既重视文体名称本义的考释，也重视文体形成的内在动因的揭示，同时还强调通过典型文例归纳文体的本质特征。上引这段话探讨"史传"，很好地解决了"史传"研究的两个关键问题：1. 史传是一种文类，是通过铺陈敷衍故事，向后人转授《春秋》等经典的大意而形成的载记；2. 史传的创始者是左丘明，传至战国此职不衰，到汉代经司马谈、司马迁父子而形成"本纪""世家""列传""表"等更小的文体。班固以后，大体不出此范围。刘勰论"史传"的第二层意思在《史传》篇的"赞语"中说得更为清楚："史肇轩黄，体备周孔。世历斯编，善恶偕总。腾褒裁贬，万古魂动。辞宗邱明，直归南董。"③前人评价刘勰此篇持论不精，如纪昀即曰："彦和妙解文理，而史事非其当行，此篇文句特烦，而约略依稀，无甚高论，特敷衍以足数耳。学者欲析源流，有刘子玄之书在。"④然而章太炎则持相反意见，认为"彦和以史传列诸文，是也。昭明以为非文，误矣"。⑤范文澜也对纪昀否定刘勰将"史传"入文的观点不以为然，并指出刘知几《史通》论"史传"，虽略详于《文心雕龙》，但其说多本刘勰。《史通·六家》云："古往今来，质文递变，诸史之作，不恒厥体。榷而为论，其流有六：一曰《尚书》家，二曰《春

---

①　（南朝梁）刘勰著，范文澜注：《文心雕龙注》，人民文学出版社 1958 年版，第 283—284 页。

②　（南朝梁）刘勰著，范文澜注：《文心雕龙注》，人民文学出版社 1958 年版，第 727 页。

③　（南朝梁）刘勰著，范文澜注：《文心雕龙注》，人民文学出版社 1958 年版，第 287—288 页。

④　黄霖编著：《文心雕龙汇评》，上海古籍出版社 2005 年版，第 58 页。

⑤　章太炎：《章太炎讲授〈文心雕龙〉纪录稿两种（整理稿）》，黄霖编著：《文心雕龙汇评》，上海古籍出版社 2005 年版，第 167—176 页。

秋》家，三曰《左传》家，四曰《国语》家，五曰《史记》家，六曰《汉书》家。"① 刘知幾分史著之体为六大类，以《左传》为史传之始，以为"《左传》家者，其先出于左丘明。孔子既著《春秋》，而丘明受经作传。盖传者，转也，转受经旨，以授后人。或曰传者，传也，所以传示来世。案孔安国注《尚书》，亦谓之传，斯则传者，亦训释之义乎。观《左传》之释经也，言见经文而事详传内，或传无而经有，或经阙而传存。其言简而要，其事详而博，信圣人之羽翮，而述者之冠冕也。逮孔子云没，经传不作"②。刘知幾承刘勰之说，亦以为史传为转述、传授《春秋》之体，其首创者为左丘明。史传之体即是用补充与经文有关的历史人物、故事、传说去解说敷衍《春秋》之文，用历史事实去证实其微言大义，以彰明善恶治乱之理；也就是孔子所谓"载之空言，不如见之于行事之深切著明也"（《史记·太史公自序》引孔子语）③。明人吴讷《文章辨体序说》云："太史公创《史记》列传，盖以载一人之事，而为体亦多不同。"④ 吴讷认为"传"体创自司马迁，其说比之刘勰，可以说是见流未见源之论，其谬可置而不辨。

　　总而言之，比较二者之论史传，刘知幾《史通》的观点的确是多本刘勰而又有所深入⑤，《文心雕龙》"纪评"否定刘勰的观点不足据，范文澜氏之说则较为公允。唯刘勰以为丘明为史传之首创者的观点，尚有商讨之余地。

（二）先秦史传类文献辨体

　　西方批评家 Andre jolles（1874—1946）提出关于文类和文体的一个新概念，即文类或文体的基本结构单位是所谓言辞或语言中表现出来的人类思想的特定结构，即单纯形式⑥。这是某种文体或文类区别于其他文类或文体的内在语

---

① （唐）刘知幾著，（清）浦起龙通释：《史通通释》，上海古籍出版社 2009 年版，第 1 页。

② （唐）刘知幾著，（清）浦起龙通释：《史通通释》，上海古籍出版社 2009 年版，第 10 页。

③ 韩兆琦编著：《史记笺证》，江西人民出版社 2004 年版，第 6354 页。

④ （明）吴讷撰，于北山点校：《文章辨体序说》，人民文学出版社 1962 年版，第 49 页。

⑤ 郭晋稀认为："刘彦和把经书作为评文的标准，把史传和诸子列为文体的一种也是有道理的。……唐人刘知幾的《史通》，某些观点，也滥觞于本文，然而《史通》论述的面之广，探讨问题之深，却是本篇所无法企及的。"说见《白话文心雕龙》"史传"之"题解"，岳麓书社 1997 年版，第 148 页。

⑥ 转引自〔美〕倪豪士：《传记与小说 —— 唐代文学比较论集》，中华书局 2007 年版，第 4 页。

言结构。对于先秦时代的史传而言，作为一种文类，它也存在着特定的"单纯形式"。俄国批评家托多洛夫也认为："我们必须对文类和文类名称加以区分。有些名词一直广为大家使用，然而文类的观念若要在文学语言理论中扮演一种角色，我们显然便不能仅以名称来界定文类：某些文类从未有过名称；而另一些文类尽管性质有异，却被混淆在同一名称之下。文类的研究应该是辩明结构上的特效，而非以名称来区分。"①从上文引述的刘勰和刘知幾关于史传的文类界定中，可以归纳出史传的"单纯形式"就是"依据讲述者自身的某种需要，讲解、陈述或转述历史或传说"。刘勰和刘知幾两位学者对史传的观点虽有不同，但都认为，传世文献中的《左传》就是史传的范例。循此例以考察，可以大体确定先秦史传所涉及的相关文献的大体范围。

前文说过，先秦史传是解说性讲史活动的产物，依照战国秦汉对文献的归类，应当属于"六艺"之学的范畴。而今天要考察孔子以来所说的"六艺"之篇籍，只能借助于班固《汉书·艺文志·六艺略》。"六艺"之书，以《易》《书》《诗》最早，与讲史有关的只有《书》。按照体式来说，"六艺"之书，一般都有经、传、说解和章句四部分。"经"是经典原文，"传"是早一点的经说，有些讲文义，有些讲故事，有些附经而传，有些离经而传，一经有数家之传。②史传既属于讲史类的文献，则其当属《汉志·六艺略》"书"类和"春秋"类所收有关的"经"③，以及解经的"传""训""说""解""记"等类文献。

"书"类凡十二种，除《书》之外，尚有被班固称为"周史记"的《逸周书》七十一篇应当列入。"春秋"类凡三十种，《春秋》经外，有《春秋》传五种（《左传》列首），"春秋微"四种（《左氏微》二篇、《铎氏微》三篇、《张氏微》十篇、《虞氏微传》二篇），这些都是《左传》的补充材料，属于"左氏外传"。李零认为："这里的'微'主要和《左传》有关。颜注：'微，谓释其微指。'不一定指微言大义。古人讲《春秋》，《公羊》《穀梁》二传才是以微言

① 《语文科学百科辞典》，巴黎：seuil，1972 年，第 193 页。

② 参李零：《兰台万卷：读〈汉书·艺文志〉》，生活·读书·新知三联书店 2011 年版，第 17—18 页。

③ "经"和"传"是相对的，最早的"经"对历史传说而言也是"传"，而早期的"传"到后来则也会成为"经"。如《尚书·尧典》，对春秋以前的历史传说而言其实只是"传"，而此类"传"在之后又成为"经"。

大义为主，《左传》则侧重讲故事。《史记·十二诸侯年表》说：'铎椒为楚威王傅，为《铎氏微》。'刘向《别录》说：'左丘明授曾申，申授吴起，起授其子期，期授楚人铎椒。铎椒作《抄撮》八卷授虞卿，虞卿作《抄撮》九卷授荀卿，卿授张苍。'疑'微'即《抄撮》。我怀疑，此类'抄撮'之作是以杂抄的故事来阐发隐微，如同今日所谓的'秘史''秘辛'之类。下《诸子略》儒家类有《虞氏春秋》，可能也是故事体。"[1] 可见与《左传》有关的"微"一类也当与史传有关。

此外《六艺略·春秋》类还有《国语》《战国策》《世本》等，就其讲史的性质而言，也当与先秦史传有关。《诸子略》中的"小说家"，如《伊尹说》《鬻子说》《黄帝说》《封禅方说》《虞初周说》等，从其名目看，也是以历史人物为中心的解说或叙事文，亦当有史传的成分。

由上面对"史传"在《汉志》中的分布来看，史传作为"传"的一种，在体式上与"传""说""记（纪）""语"等体式有重叠和交叉。"史传"与一般的解经之"传"的关系是局部和全体的关系，不必细辨，以下主要说说"史传"与"说""记（纪）""语"等文类的关系。

"说"类文献中包含有"史传"，这两种文类有交叉性。学者研究指出，"说"是"一种具有文体倾向的解说文，此时，'说'为名词。如《墨子·经说》上下、《韩非子·说林》上下、《韩非子·内储说》上下、《韩非子·外储说》左上左下右上右下、《说苑》"。[2] "说"与"传"又有不同，首先，从形式上来看，"说"与经独立单行，"传"则是故事与经文合在一起；其次，"说"涉及"六艺""诸子"，而"史传"只涉及"六艺"中的"书"类、"春秋"类。

"史传"又见于"记""志"等体中，二者在体式上既有相同也有相异。《六艺略》之"书"类中有"周史记"，即今传《逸周书》，其中最典型者莫过于第六十一篇《史记解》，篇中开首即云：

> 维正月，王在成周。昧爽，召三公、左史戎夫曰："今夕朕寤，遂事

---

① 参李零：《兰台万卷：读〈汉书·艺文志〉》，生活·读书·新知三联书店 2011 年版，第 44—45 页。

② 参徐建委：《〈说苑〉研究》，北京大学出版社 2011 年版，第 60—70 页。

惊予。"乃取遂事之要戒，俾戎夫言之，朔望以闻。①

　　据旧说，此指周穆王命令左史戎夫在每月的朔望诵读前代兴亡故事，目
的在于从中吸取教训。孔晁注："王是穆王也。戎夫，左史名也。""集取要戒
之言，月朔、日望于王前读之。"潘振云："下文皆要戒之言，左史所读者也。"
郑环曰："此记历序炎黄以至周初二十八国灭亡之由，俾戎夫朔望以闻，盖至
此而王之悔悟彻矣。"②由此可知，此处的"史记"就是一种由史官口头讲说的，
包含着国家兴亡的经验教训的历史故事。《史记解》全篇分若干条，均先述灭
国之原因，再举历史事件以为其证。如："信不行、义不立，则哲士凌君政。
禁而生乱，皮氏以亡。谄谀日近，方正日远，则邪人专国政。禁而生乱，华氏
以亡。"③每条后所列举的历史事件仅仅是概述其要，当是讲诵的史官对于此类
史事已经熟记于心，只需略记名目以为讲述的提示。其文体形式颇似《韩非
子》中的《储说》，每篇先提出论点，后举例说明。论点称"经"，所举的例子
叫"说"。"经"的文句极为简练，便于记诵；"说"主要是以历史故事来证实
"经"。可见《周书·史记解》后文是史传的一种。"记"又与"志"通，郑樵
《通志》谓"古者记事之史谓之志"。可见"志"即是"纪"，大量见于春秋时
期的《瞽史之纪》《故志》《邦国之志》《四方之志》《周志》等，也包含着史传
之文。《吕氏春秋·序意》云"凡十二纪者，所以纪治乱存亡也"④，犹存其意。
　　与"史传"关系密切的还有"语"类文献中的"事语"。《汉志》中的
"语"类文献主要指"春秋"类的《国语》和"论语"类的《论语》。此外称作
"语"的文献还有见于先秦典籍征引的"语曰"之类。前人根据此类文献实例
归纳"语"的文类内涵说："语，谈说义，如《国语》《家语》《新语》之类。"⑤

---

　　①　黄怀信、张懋镕、田旭东撰：《逸周书汇校集注》（修订本），上海古籍出版社 2007 年版，第
943—944 页。
　　②　黄怀信、张懋镕、田旭东撰：《逸周书汇校集注》（修订本），上海古籍出版社 2007 年版，第
944、945 页。
　　③　黄怀信、张懋镕、田旭东撰：《逸周书汇校集注》（修订本），上海古籍出版社 2007 年版，第
945—946 页。
　　④　陈奇猷校释：《吕氏春秋校释》，学林出版社 1984 年版，第 648 页。
　　⑤　钱穆：《论语新解》，生活·读书·新知三联书店 2002 年版，第 1 页。

这是就其言说方式而言。张政烺在其《〈春秋事语〉解题》一文中说："这在春秋时期的书籍中是一种固定的体裁，称为'语'。语，就是讲话。语之为书既是文献记录，也是教学课本。"①如其说，则"语"在形式上是讲话，在内容上则既有嘉言善语，也有讲述历史故事的"事语"，也包括为印证解说嘉言善语而同时附有故事的"语"。后两者中无疑包含着史传。

（三）先秦史传的生成及演变

先秦史传是史官制度的产物。据典籍所载来看，黄帝时即已有史官，专门负责记录历史，掌管书册，但最初的历史记录记言与记事不分。到了夏商时代，史官制度进一步完善，根据不同的现实需要，史籍的体例也逐渐开始分化。殷商史官已经积累了大量的历史文献。《尚书·多士》载周公训诫殷商的贵族们说："惟尔知惟殷先人有册有典，殷革夏命。"意谓："你们知道殷的祖先有大小的书册，（在那书籍里曾记载着）殷国革掉了夏的国运。"②甲骨卜辞中记载着殷商时代祭祀中的一种特殊的仪式，即"册"祭，就是对记录祖先功业及历史的典册的祭祀，说明当时的人对叙述祖先事迹的典册的崇拜心理。③晁福林根据相关材料和殷商祭祖的情况对"工典"仪式中"典册"的内容做了如下推断：

> "工典"即贡册，指贡献典册于神灵之前，《尚书·多士》谓"惟殷先人，有册有典"，故殷人祭祀时可能将牺牲祭品和祈祷之辞书于典册而贡献。如卜辞谓"六月乙巳工典其灌"（《合集》38310），即六月乙巳日先贡献典册，然后再举行灌祭。《诗经·楚茨》的"工祝致告"当和卜辞"工典"意思相同。④

祭祀中贡献于神灵的典册，其内容除了记录祭品种类与书写祷告之辞外，

---

① 张政烺：《〈春秋事语〉解题》，《文物》1977 年第 1 期。
② 屈万里：《尚书今注今译》，新世界出版社 2011 年版，第 112—113 页。
③ 参赵诚：《甲骨文与商代文化》，辽宁人民出版社 2000 年版，第 181 页。
④ 晁福林：《夏商西周的社会变迁》，北京师范大学出版社 1996 年版，第 409—410 页。

应当也包括"祀谱"之类。依殷制，祀谱是祭祀祖先的依据，同时还是巫祝和商王在祭祀仪式上述赞祖先功业和供训诰臣民时引证的"提纲"或"提示文本"。卜辞中有"册"祭，"册"，从册从口，专家认为相当一部分指祭祀名，其意盖为口诵典册以祭神。殷人祭祀"尚声"，以歌乐祭祖。为满足祭祀之需，实行乐教，"以乐造士"[①]。典册所书内容当是颂扬祖先功业或与本族历史有关的先王"世系"。卜辞云："丁酉卜，其呼多方小子小臣，其教戒。"祭祖的祀谱亦有教戒之用。祭祖重乐，而乐则以史为其内容，因此乐歌与历史为一体。从世界各民族早期文化来观察，祀谱可以说是祭祀祖先的神圣事务的物态表现形式，是"圣物"。掌握祀谱不仅意味着掌握祭祀祖先的技术，也意味着拥有了祭祀祖先的资格和控制人间政治的权力。这类以祖先或本族英雄人物为中心的历史典册，既起着使新生政权合法化的作用，又是在祭祖仪式上讲述而承担着实现族群认同的重要功能。据《礼记·玉藻》记载，上古时期有所谓"左史记言""右史记事"的区分。尽管在事实上，记事与记言很难完全区分开来，但在祖先崇拜成为宗教思想核心的殷商时代，因为祭祖仪式的需要，讲述祖先功业事迹的"史传"，具备了大量产生的条件。

殷商时代的巫、史不分，他们既职司记录历史、掌管史籍，同时也在祭祖仪式上讲述祖先事迹，以备咨询。而到了西周，史官与巫官有渐趋分离的趋势，史官的分工已经相当细致，有专门负责记录当下历史的载笔之史，也有专门职司讲述前代历史的瞽矇之史和长于讲诵的"小史"等职。从见于《左传》《国语》的《瞽史之纪》等类文献来看，西周以来的瞽矇的讲诵常以人物为中心，旨在从历史人物的成败兴亡中汲取经验教训。[②]这就具有浓厚的"传记"色彩。

到了春秋时代，祖先崇拜及神权思想衰落，人们从前代兴亡中发现决定现实政治的核心因素不是神的意志，而是人的政治实践活动的合理性。于是，熟知历代兴亡的史官历史性地成为治术的总结者。史官因为掌握着重要的文化资源——历史掌故与史籍——而成为时代的宠儿。春秋时代，不仅天子有史官，

① （元）马端临：《文献通考·学校考》，中华书局1986年版，第379—389页。
② 韩高年：《三代史官传统与古史传述方式》，《社会科学战线》2002年第4期。

诸侯也有史官，甚至连一些有实力的家臣也有史官。这种状况，使史官所掌握的资源也逐渐向贵族社会传播，一些士大夫也成为历史掌故的掌握者。这类人当中，除了如出自史官的老子和子产、叔向之流外，孔子是一个较早有意识地从为政和教育学生的角度出发，主动搜求历史掌故和尝试整理前代历史典籍并总结历史经验的学者。前些年，有的著作中把孔子称作是"春秋时期的文献家"，倒是从另一个侧面说明了孔子在整理历史人物"传记"材料方面的特殊贡献。

先秦史传的搜集成书大多是在口传历史人物传记的基础上经整理加工而成。与史官载笔记录历史相对应的，是起源更早且在上古时代非常盛行的讲史风气。时代久远且贯穿于社会各个阶层的讲史活动，不仅起到了和书面的历史载记同样的作用，同时也为书面形态的历史载记积淀下了大量的历史素材。甚至可以这样说，口头的讲史活动是一切历史载记的根源和基础。从这个意义上来说，史传其实也可以说是讲史活动的"底本"或"记录本"。

由上面的分析可知，先秦史传的生成及其发展过程也呈现出明显的阶段性特征，大致如下：西周以前的史传文主要靠口传，其中一部分精华在春秋至战国时代被重新整理，保存于《尚书》之中。一般认为，今本《尚书》多是史官所著录的三代时期的王室的诰命、誓言和其他大事，就其文体而言，有誓、命、训、诰、歌、典等体，多为当时言辞的记录，多数侧重于记言，是记言之史的开端；但也有一些篇章，如《尧典》等，以"曰若稽古"开篇，明显是追述往事，带有记事之史的性质。丁山曾指出："《尧典》虽不能如经学家的传统奉为虞夏之书，也不必如近代疑古学者论定为秦汉儒者所作。四中星之名，几乎完全见于甲骨文了。'出日''纳日'的典礼，甲骨文也数见不鲜。这篇有头有尾的传记文，正是《史记》'本纪'体例的滥觞。"[1] 可见《尧典》就是见于典籍所载的典型的最早的史传。[2]

春秋时代，传为孔子根据鲁史而修的《春秋》则以编年体的形式纲目式地记录历史大事件。从文体上观察，虽不同于口传的史传，但具有书面语的简明与谨

---

① 丁山著，沈西峰点校：《商周史料考证》，国家图书馆出版社 2008 年版，第 1—2 页。

② 参韩高年：《论〈尧典〉为史传之祖》，《扬州大学学报》2014 年第 2 期。

严特征，显然保持着史官笔录的体式，可以说是文本意义上记事之史的开端。

战国初年成书的《左传》《国语》明显杂有传说的成分，且叙事中时而可见民间立场，应当也是当时的史官在大量口传历史及史官记录的"志""纪""记""语"等史官文献的基础上经加工整理而成，但已经不是严格意义上的官方著作。虽然如此，《左传》《国语》中仍可见以某一历史人物为核心展开叙述的"史传"的痕迹。如《左传》中有关郑庄公、晋文公重耳、子产等人的叙事，虽散见于不同年份，但最初当是采自国史所掌传记或家史文献。①《国语》中关于越王勾践、齐桓公等人的叙事，虽表面分散，实际也具备"传记"的要素。

至于《战国策》，根据其最后的编者刘向在后序中的说明，是在汉代中秘保存的先秦旧籍《短长》《修书》《国策》等基础上去其重复而成书。今传本《战国策》的主要内容是战国策士的游说之辞或书信的汇编，其中也吸收了若干出自口传而后经写定的史传类文献。如《齐策》之"冯谖传"、《赵策》之"豫让传"、《韩策》之"聂政传"、《燕策》之"荆轲传"等，均是围绕着特定的历史人物就其行事展开叙述。据前人考证，其中既有史实，也甚多铺排夸饰，或者多有出于敷衍虚构者，从文体角度说多属于私人著作的范畴，而非信史。此类皆是史传之文。其史传的文体特征较为突出，后世小说如《燕丹子》，即在此基础上进一步敷衍而成。

从先秦时期史传发展的总体趋势来看，其传播方式最初是口耳相传，至春秋时代，由于书写工具的进步及征引的需要，其口头文本逐渐被写定下来。这些史传的讲诵一直很盛行，至战国而不衰。主要原因是春秋时代史官文化代替巫官文化成为主流，政治理性的觉醒使人君借史官以备咨询和以闻知史事以求借鉴成为风气。从其文体来观察，从西周到春秋战国，史传文本中的官方色彩逐渐减弱，私家著述的特征逐渐加强。时代越后的史传文的文学色彩越浓，史

---

① 易平《〈左传〉中的传记体雏形》(《安徽师范大学报》[哲学社会科学版] 1982 年第 4 期) 一文认为：《左传》中包含着"传记体"的雏形，主要有随举一事而为之"传"、包举一生而为之传、以控制一代局势的人物为纲领而略具"本纪体"的雏形、合数人而为一传四种类型。王和《〈左传〉材料来源考》(《中国史研究》1993 年第 2 期) 则认为最初的《左传》本是一部内容丰富的史事汇编，后由经师们按照《春秋》的体裁，将《左传》改编为编年体，逐渐被视为解经之传。《左传》中关于郑庄公、晋文公重耳、子产等人的材料均来源于春秋时期流传的有关传记材料。王和的观点从另一个角度证明春秋时期即已有大量的"史传"文献。

学的严格性则相对减弱。

总而言之，笔者认为，"史传"是产生于先秦的一种文体，它是在瞽矇讲史的口传史料的基础上经加工写定而形成的历史人物的言行汇编。先秦史传是先秦史官制度的产物，它的生成与祖先崇拜仪式的需要有着密切的关系，而其传播又与以史为鉴意识推动下的讲史制度相终始。

二、论《尧典》为史传之祖

今文《尚书》之《尧典》叙述尧观象授时、举贤任能、巡狩四方等事迹，树立了高大光辉的明君形象。从其材料来源、思想观念、语言形式及战国典籍的征引等多方面来看，《尧典》应编成于春秋时期。其编者应是孔子，春秋时代官学下移、私学兴起，讲史之风盛行，孔门以讲史教学，故孔子有编辑旧史佚闻之举。从文体方面来看，《尧典》以人物为中心，以事件为骨干，与《商书》《周书》誓、命、训、诰诸体差别较大，具备了"传记"的诸种因素。

《尧典》文本取今文《尚书·尧典》，古文《尚书》有《舜典》，实为分今文一篇为两篇，析出"慎徽五典"之后部分为《舜典》。当以今文本为是。孔安国《尚书序》述此篇撰作云："昔在帝尧，聪明文思，光宅天下。将逊于位，让于虞舜，作《尧典》。"[①] 意谓《尧典》为尧时史官所作，实不可信。之后关于《尧典》著作年代，有西周说、春秋说、战国说、秦汉说之不同。[②] 笔者认

---

① （汉）孔安国传，（唐）孔颖达疏：《尚书正义》，《十三经注疏》（标点本），北京大学出版社1999年版，第22—23页。

② 据刘起釪归纳，《尧典》的作时有以下数种观点：主西周说者，有王国维《古史新证》以为《尧典》"必为周初人所作"，梁启超《先秦政治思想史》则说《虞夏书》是周人所追述的"，当然包括《尧典》在内；主春秋说者，有康有为《孔子改制考》说"若《虞书·尧典》之盛，为孔子手作"。郭沫若《中国古代社会研究》也以为孔子或孔门之徒所作。刘朝阳《从天文历法推测〈尧典〉之编成年代》认为"尧舜之传说实在春秋初期前后，孔子之前即已存在"，因此"《尧典》或为春秋前半期或稍前之作品"。主战国说者，有顾颉刚，在《古史辨》第一册中指出《尧典》初定在春秋，写定在战国，秦汉时又经儒者润色。（顾颉刚、刘起釪：《尚书校释译论》，中华书局2005年版，第358—363页）屈万里《尚书释义》中说《尧典》言巡狩及四方、四时，皆是战国以来之习惯。可知本篇之著成，最最亦不能前于战国之世。而孟子既引述之，可知其著成时代，当在《孟子》之前也。

为,《尧典》编成于春秋时代,由孔子汇辑改编三代遗文传说而成篇,实具有"传记""史传"之雏形。《史记·太史公自序》《孔子集语·六艺下》皆载孔子曾说:"我欲载之空言,不如见之行事之深切著明也。"[①] 此太史公述孔子作《春秋》之意,亦可发明其编《尧典》之意。亦即《春秋繁露·俞序》所云"起贤才,以待后圣。故引史记,理往事,正是非"[②]。《尚书大传》云:"《尧典》可以观美。"[③] 似亦针对儒家借述尧舜之事而昭德行、阐礼义的举措而言。虽其目的为彰明明君圣贤之事迹,但客观上属于史传之文的撰作,因此可以称之为尧的传记。

(一)《尧典》的时代与编者

既然《虞书》《夏书》并非出自夏代史官之手,那么至少应当也是后世学者根据古代传闻编写而成。经学者们考订,其中的史料或见于神话,或取自传说,皆有一定的渊源。也就是说,其文字或非其时,但其事则或有据。《尧典》一篇,叙述传说中的帝尧观象授时、分职设官、选贤授能、制礼立刑、巡视天下、实行禅让等事迹,表现了他孜孜不倦、忧劳治国的奋勉精神。

关于《尧典》编定的时代,笔者赞同春秋说。西周说之不能成立,前辈学者所论甚详,此不赘述。战国说、秦汉说之不能成立,则需稍作辨析。主此说之学者中,顾颉刚先生之说最有代表性。然而细审其说,他只是说《尧典》等篇最终写定在战国时,并未完全否定春秋时已经存在《尧典》的蓝本。陈梦家先生亦曾说今本《尧典》是秦之官本,但又说:"《孟子·万章篇上》引《尧典》及《左传》文公十八年鲁季文子使大夫克对鲁公引《虞书》,其文皆在汉本《尧书》内,则纪元前四世纪时已有《尧典》,齐、鲁学者多称引之。汉本与先秦《孟子》当时之本又有不同。"[④] 他也承认公元前4世纪已有《尧典》流

---

① 韩兆琦编著:《史记笺证》,江西人民出版社 2004 年版,第 6354 页;(清)孙星衍辑:《孔子集语》,上海古籍出版社 1989 年版,第 39 页。

② (清)苏舆撰,钟哲点校:《春秋繁露义证》,中华书局 1992 年版,第 159 页。

③ (汉)郑玄注,王闿运补注:《尚书大传》,《万有文库》第二集,商务印书馆 1937 年版,第 60 页。

④ 陈梦家:《尚书通论》(外二种),河北教育出版社 2000 年版,第 153 页。

传。公元前 4 世纪学者已引述《尧典》之文，则其编定成篇，当更早于此时。据常理推断，最迟亦当在春秋之时。

考先秦典籍之实际，如《易》《诗》等，多为"累积"而成。即由最初口头流传，至某一时间为某人汇辑有关传本而写定成篇，而其写定后又多经学者们在材料上的补充和语言上的润色加工。《尚书》亦不例外。据此通例，则《尧典》所载材料在春秋以前即已流传，到春秋末期，则由孔子在前人基础上汇辑有关材料而整理成篇，形诸文字，后又将其编入《尚书》。孔子之后，七十子后学及孟子、荀子诸大师均重视《尚书》，《尚书》被儒家经典化的同时，也经战国儒者及秦代学者的补充和润色。《尧典》在制度、语言等个别地方带有战国、秦代的痕迹，亦不足怪。

说《尧典》为春秋时孔子所编而附入《尚书》之篇章，简单说，是因为孔子所处时代是中国历史上文献生成的一个重要时期，而孔子本人的身份以及儒家"祖述尧舜，宪章文武周公"的学术取向则使其具备编定《尧典》的动机。

说《尧典》为孔子所编撰，可从汉代以来学者及今之研究者的考证及其观点与《尧典》内部所提示的信息的高度吻合予以阐明。归纳起来，古来学者及今人研究《尧典》所提供的线索，主要有以下几点：

第一，汉代学者多以为孔子编撰《尧典》。司马迁《史记·孔子世家》说："孔子之时，周室微而礼乐废，《诗》《书》缺。追迹三代之礼，序《书传》，上纪唐虞之际，下至秦缪，编次其事。曰：'夏礼吾能言之，杞不足征也。殷礼吾能言之，宋不足征也。足，则吾能征之矣。'观殷、夏所损益，曰：'后虽百世可知也，以一文一质。'周监二代，郁郁乎文哉。吾从周。'故书传、礼记自孔氏。"[1] 孔子所补之"书传"，盖即《尧典》之类。之后号称博学的汉代大儒王充在其《论衡·须颂》中也明确说："古之帝王建鸿德者，须鸿笔之臣，褒颂纪载，鸿德乃彰。万世乃闻。问说《书》者：'"钦明文思"以下，谁所言也？'曰：'篇家也。''篇家谁也？''孔子也。'然则孔子鸿笔之人也。"[2] 明言孔子编撰《尧典》。班固《汉书·艺文志》亦曰："《书》之所起远矣！至孔

---

[1]　韩兆琦编著：《史记笺证》，江西人民出版社 2004 年版，第 3252 页。
[2]　（东汉）王充：《论衡》，上海人民出版社 1974 年版，第 307 页。

子纂焉。上断于尧，下讫于秦，凡百篇，而为之序，言其作意。"①汉代学者所见材料远超过今人，加之离先秦时代不远，师说未泯，其说当可信据。康有为《孔子改制考》云《尚书》中《商书》《周书》均无颂尧舜之处，只有《虞书》称颂尧舜，所以"若《虞书·尧典》之盛，为孔子手作"②；郭沫若《中国古代社会研究》说"《尧典》《皋陶谟》《禹贡》三篇为后世儒家伪托"③；都是承袭汉代学者们的说法，不无道理。

第二，《尧典》所述尧之事迹及大意亦见于《论语》所载孔子评价尧舜的言论，二者可谓互为表里。《论语·泰伯》："子曰：'大哉，尧之为君也！巍巍乎，唯天为大，唯尧则之。荡荡乎，民无能名焉。巍巍乎，其有成功也。焕乎，其有文章。'"④此处称颂尧，主要说他发明历法（"唯天为大，唯尧则之"），这与《尧典》所述尧分命"羲和"四子"钦若昊天，历象日月星辰，敬授人时"⑤之意同。《论语·尧曰》载："尧曰：'咨！尔舜！天之历数在尔躬。允执其中。四海困穷，天禄永终。'舜亦以命禹。"⑥也是突出尧对"天之历数"的发明之功。因为在此之前，"天"的概念即是神，而尧能够观察日月星辰发明历法，并遵循自然规律指导人们的生产与生活。尧的伟大恰在于此。⑦孔子不轻易褒扬人，唯独对尧是个例外。《论语》为门弟子所记夫子讲学之时所发表之名言嘉句，此处所引颂扬帝尧之语简要概括，虽非全貌，然其精神主脑与《尧典》全同，当是以《尚书·尧典》为教时之语录。

第三，孔子以尧、舜为明君典范，原因有两个：一是尧以德治天下，协和万邦，行禅让之制；二是尧能举贤任官。《论语·为政》载："子曰：'为政以

---

① 陈国庆编：《汉书艺文志注释汇编》，中华书局1983年版，第30—31页。

② 康有为：《孔子改制考》，中华书局1958年版，第284页。

③ 郭沫若：《中国古代社会研究》，《郭沫若全集》（历史编）第一卷，人民出版社1982年版，第91页。

④ （魏）何晏注，（宋）邢昺疏：《论语注疏》，《十三经注疏》（标点本），北京大学出版社1999年版，第106页。

⑤ （汉）孔安国传，（唐）孔颖达疏：《尚书正义》，《十三经注疏》（标点本），北京大学出版社1999年版，第28页。

⑥ （魏）何晏注，（宋）邢昺疏：《论语注疏》，《十三经注疏》（标点本），北京大学出版社1999年版，第265页。

⑦ 参金景芳、吕绍纲：《〈尚书·虞夏书〉新解》，辽宁古籍出版社1996年版，第5—9页。

德，譬如北辰，居其所而众星共之。'"① 此强调为政以德，以北辰为比，语气和取喻与《尧典》何其相似！又《泰伯》载："……舜有臣五人而天下治。武王曰：'予有乱臣十人。'孔子曰：'才难，不其然乎？唐虞之际，于斯为盛。有妇人焉，九人而已。三分天下有其二，以服事殷。周之德，可谓至德也已矣。'"② 言尧、舜、文王、武王之功皆在能举贤授能、任官而治天下。此亦与《尧典》后半舜之举贤任官同一思路。

第四，春秋战国时代文献已经多次征引《尧典》，说明春秋时代《尧典》已经写定。尤其是儒家学者引述《尧典》，并发挥其说，也说明此篇与孔子关系密切。春秋时人引述《尧典》，最典型的是《左传·文公十八年》载鲁国执政卿季孙行父让太史克转达劝谏鲁宣公不要贪图宝玉而收留弑君逃亡到鲁国的莒国太子仆的一番言辞：

先大夫臧文仲教行父事君之礼，行父奉以周旋，弗敢失队，曰："见有礼于其君者，事之，如孝子之养父母也；见无礼于其君者，诛之，如鹰鹯之逐鸟雀也。"先君周公制《周礼》曰："则以观德，德以处事，事以度功，功以食民。"作《誓命》曰："毁则为贼，掩贼为藏，窃贿为盗，盗器为奸。主藏之名，赖奸之用，为大凶德，有常无赦。在《九刑》不忘！"行父还观莒仆，莫可则也。孝敬、忠信为吉德，盗贼、藏奸为凶德。夫莒仆，则其孝敬，则弑君父矣；则其忠信，则窃宝玉矣。其人，则盗贼也；其器，则奸兆也。保而利之，则主藏也。以训则昏，民无则焉。不度于善，而皆在于凶德，是以去之。昔高阳氏有才子八人：苍舒、隤敳、梼戭、大临、尨降、庭坚、仲容、叔达，齐、圣、广、渊、明、允、笃、诚，天下之民谓之八恺。高辛氏有才子八人：伯奋、仲堪、叔献、季仲、伯虎、仲熊、叔豹、季狸，忠、肃、共、懿、宣、慈、惠、和，天下之民谓之八元。此十六族也，世济其美，不陨其名。以至于尧，尧不能举。舜臣尧，

---

① （魏）何晏注，（宋）邢昺疏：《论语注疏》，《十三经注疏》（标点本），北京大学出版社 1999 年版，第 14 页。

② （魏）何晏注，（宋）邢昺疏：《论语注疏》，《十三经注疏》（标点本），北京大学出版社 1999 年版，第 106—107 页。

举八恺，使主后土，以揆百事，莫不时序，地平天成。举八元，使布五教于四方，父义、母慈、兄友、弟共、子孝，内平外成。昔帝鸿氏有不才子，掩义隐贼，好行凶德，丑类恶物，顽嚚不友，是与比周，天下之民谓之浑敦。少皞氏有不才子，毁信废忠，崇饰恶言，靖谮庸回，服谗搜慝，以诬盛德，天下之民谓之穷奇。颛顼氏有不才子，不可教训，不知话言。告之则顽，舍之则嚚，傲很明德，以乱天常。天下之民谓之梼杌。此三族也，世济其凶，增其恶名，以至于尧，尧不能去。缙云氏有不才子，贪于饮食，冒于货贿，侵欲崇侈，不可盈厌，聚敛积实，不知纪极，不分孤寡，不恤穷匮，天下之民以比三凶，谓之饕餮。舜臣尧，宾于四门，流四凶族，浑敦、穷奇、梼杌、饕餮，投诸四裔，以御螭魅。是以尧崩而天下如一，同心戴舜，以为天子，以其举十六相，去四凶也。故《虞书》数舜之功，曰"慎徽五典，五典克从"，无违教也。曰"纳于百揆，百揆时序"，无废事也，曰"宾于四门，四门穆穆"，无凶人也。舜有大功二十而为天子，今行父虽未获一吉人，去一凶矣。于舜之功，二十之一也，庶几免于戾乎！

　　这一番谏辞，主要是向鲁宣公表明驱逐莒太子仆的原因。季孙行父借述古史以明志，追述尧时如何任用了朝廷中的"八恺""八元"，又如何驱逐朝中的"三凶族"，才使朝廷内外安定。据杜预《注》及孔颖达《正义》，此段述古史之文字，言词古奥，与《尧典》所述内容关系密切。[①]其言"故《虞书》数舜之功曰'慎徽五典，五典克从'，无违教也，曰'纳于百揆，百揆时序'，无废事也，曰'宾于四门，四门穆穆'，无凶人也"，所引即《尧典》文，只是称之为《虞书》而已。可见鲁宣公时，《尧典》已经成篇。

　　战国时代征引《尧典》最为典型的是《孟子》，其《万章上》载孟子之言曰："舜相尧二十有八载，非人之所能为也，天也。尧崩，三年之丧毕，舜避尧之子于南河之南，天下诸侯朝觐者不之尧之子而之舜，讼狱者不之尧之子而之舜，讴歌者不讴歌尧之子而讴歌舜，故曰天也。夫然后之中国，践天子位

---

　　① （周）左丘明传，（晋）杜预注，（唐）孔颖达正义：《春秋左传正义》，《十三经注疏》（标点本），北京大学出版社 1999 年版，第 576—584 页。

焉。"①此言禅让。又《滕文公上》载孟子对陈相曰："当尧之时，天下犹未平，洪水横流，泛滥于天下，草木畅茂，禽兽繁殖，五谷不登，禽兽偪人，兽蹄鸟迹之道交于中国。尧独忧之，举舜而敷治焉。舜使益掌火，益烈山泽而焚之，禽兽逃匿。禹疏九河，瀹济、漯而注诸海，决汝、汉，排淮、泗而注之江，然后中国可得而食也。……后稷教民稼穑，树艺五谷，五谷熟而民人育。……使契为司徒，教以人伦，父子有亲，君臣有义，夫妇有别，长幼有序，朋友有信。"②此言治水及举贤任官等事，与《尧典》后半部分同。既然《孟子》两次征引《尧典》，并以此为据阐发孔门儒说，说明《尧典》不仅在孟子之前即已有之，而且与孔子关系极为密切。

第五，《尧典》中虽然也存在着秦统一后的一些观念和制度的痕迹③，但其中反映普遍观念的一些重要的词汇大多与春秋时代文献相符合。我们如果仔细比较《尧典》与《春秋》《左传》《论语》《国语》等典籍的语汇，可以看出，《尧典》中之名词如"五瑞""五礼""五典""蛮夷猾夏"等，形容词如"汤汤""荡荡""浩浩""烝烝""穆穆"以及"直而温""宽而栗""刚而无虐""简而无傲"等，又习见于春秋时代人之语辞，系春秋时代之成语。④这也表明《尧典》初本当于春秋时代所编成。

第六，从《尧典》中的主要材料来看，尧命羲和之四子历象日月星辰以制历，来源于上古时期有关羲和的神话传说与甲骨文中的"四方风"的神话传说；而舜继位后命鲧禹父子治水的情节，则来源于上古时期的治水神话；放逐

---

① （清）焦循撰，沈文倬点校：《孟子正义》，中华书局1987年版，第644页。

② （清）焦循撰，沈文倬点校：《孟子正义》，中华书局1987年版，第374—386页。

③ 顾颉刚《中国上古史研究讲义》（中华书局1988年版，第9页）说："在《孟子》书中曾提及《尧典》这部书。但现存的《尧典》似乎充满着秦汉统一区宇的气味。究竟现在的《尧典》是《孟子》所见的原本呢？还是把孟子所见的改作的呢？还是汉人另外作成的呢？这个问题我们一时不能解答。"陈梦家《尚书通论》（外二种）（河北教育出版社2000年版，第152—163页）则认为今本《尧典》经秦史官改造，混入了秦代制度，如十二州、均齐度量衡等内容。

④ 如《左传·僖公二十三年》载："楚子曰：晋公子广而俭，文而有礼。其从者肃而宽，忠而能力。"（杨伯峻编著：《春秋左传注》，中华书局2009年版，第409页）又《昭公二十年》载：郑子产有疾，谓子大叔曰："我死，子必为政，唯有德者能以宽服民，其次莫如猛，夫火烈，民望而畏之，故鲜死焉，水懦弱，民狎而玩之，则多死焉。故宽难。"（杨伯峻编著：《春秋左传注》，中华书局2009年版，第1421页）强调"宽"。其余如"直""温""刚"等表示德行的词语也多见于《国语》《论语》等所载春秋时人的言论之中。

"四凶"的情节，也来源于上古部族战争神话。这些都可以从《山海经》《楚辞》《庄子》等书中所载的神话文本中找到其蓝本。关于这个问题，刘起釪先生在《春秋时承周公遗教的孔子儒学》①一文及新近出版的《尚书校释译论》一书中对此有非常详细和精审的分析②。据研究中国神话的学者们的共识，中国上古神话的被改造，或者说神话的历史化，恰在春秋时期历史理性萌发的时期。孔子改造这些神话传说与史实编撰成《尧典》，也是顺应了春秋时期的大潮流的。

孔子对于三代文化，自称"述而不作"，故清代学者多以为孔子于"六经"只是简单地整理和利用。如皮锡瑞言："孔子于《诗》《书》，不过如昭明之《文选》、姚铉之《唐文粹》，编辑一过，稍有去取。"③孔子对于《诗经》和《尚书》所作的工作，只不过是如梁代昭明太子萧统编选《文选》、北宋的姚铉编选《唐文粹》一样，仅限于编辑选择的工作。刘逢禄则言"孔子序三统之书，首《夏书》，唐、虞者，夏之三统也。则'曰若稽古'四字，当是孔子尊加之辞"④，以为孔子在《尚书》方面所进行的工作，只是给《尧典》开篇加上"曰若稽古"四字这一类的编辑加工而已。从上文所举的几个证据来看，清儒的这种认识是有偏差的。

综上所述，《尧典》为孔子所编撰，当无问题。《尚书》研究专家刘起釪说："本人前在《春秋时承周公遗教的孔子儒学》（载《古史续辨》）文中，说到孔子与《尧典》，'就搜集一些散见的古代资料，用以作为记尧、舜、禹圣道的文献，充实入《尚书》的篇章中，这主要就是后来由他的七十子后学大约在战国之世编成完整的《尧典》《皋陶谟》《禹贡》诸篇的资料，在孔子的时候，还只是由于他的好古敏以求之的精神搜集到这些资料，作为古代历史来印证和宣扬自己承自周公的德教学说'。把《尧典》的编定归之七十子后学，这是受徐旭生先生肯定和称赞顾先生定此三篇成于春秋战国之说的影响。现在经过研

① 刘起釪：《春秋时承周公遗教的孔子儒学》，《古史续辨》，中国社会科学出版社1991年版，第395页。

② 顾颉刚、刘起釪：《尚书校释译论》，中华书局2005年版，第363—378页。

③ （清）皮锡瑞著，周予同注释：《经学历史》，中华书局1959年版，第27页。

④ （清）皮锡瑞撰，盛冬铃、陈抗点校：《今文尚书考证》注引，中华书局1989年版，第3页。

究，认为孔子搜集这些资料后，即已编定成篇，以之教授门徒，七十子后学只是承其教而已。在流传中可能发生些歧异，但《尧典》原篇之编成定稿当出孔子手。观《孟子》已引《尧典》，《荀子·成相》叙尧、舜、禹及诸臣事迹，实全用《尧典》之说，都可帮助印证《尧典》必早已编成于儒家祖师孔子之手，早于孟、荀的《国语》《左传》皆引《尧典》之文，更足为证。"[1] 刘先生经过先后数十年的研究，最终一改前说，认为《尧典》为孔子所编定，体现了其严谨的治学态度和求真的精神。其说可为定论。

（二）《尧典》的文体特征

孔子编辑《尧典》的目的是为突出尧舜的德行功绩，树立明君圣贤的典范。然而其文以人物为中心，钩稽春秋时代流传的与尧舜有关的史料与传说，却在客观上成为为尧舜立传之举。换句话说，孔子所编之《尧典》，实为尧舜之传记，《尧典》实为今存最早之"史传"。

"史传"生成的条件有两个：一是必须要有以史为鉴的现实需要，二是必须有史官讲史制度的保证。这两个条件在商周时代就已经具备了，但只可惜当时的史传多为口头传播，其文本主要依赖于祭祖仪式而存在。随着礼仪的消亡，文本也大多湮没无闻了。除了剩下些名目之外，有的口传文本转化为书面形式的"谱""系""世"，或者是仅述其大要梗概的"史诗"。史传文体的生成，还要等到政治理性与神权思想分庭抗礼的春秋时代的到来。这时，因为历史的兴亡使人们逐渐认识到，神权并非决定人间政治的决定必因素，所以为政者大多倾向于从历史兴亡故事中寻求有补于现实的施政良策，史官文化全面代替巫官文化成为时代文化的主流，为备咨询，史官和有识者整理前代的历史、传说，成为可能。

史传是以敷衍、铺叙、转述史事、传说的方式解说历史人物和重大历史事件。史传的文体特征，就其主题和内容来说主要是以讲述历史人物的事迹为主；就其语言形式来说是铺陈、叙事为主（"辞多则史"），容有夸饰、虚构；

---

[1]　顾颉刚、刘起釪：《尚书校释译论》，中华书局 2005 年版，第 382 页。

而就其表现方式而言，则是采取口头的讲说；因此史传又与"说""诵""语"等言说方式相关联。以此标准，考之《尧典》之文，其史传文的特征至为显明。

第一，《尧典》本为叙事之文。《尚书》文体多样，包括典、谟、誓、命、训、诰、歌等，"典"之外，大多为记言体散文，文字艰深，古奥朴素。《尧典》本为叙事之文，但过去学者们囿于《尚书》记言的成说，亦视之为记言之文。《汉书·艺文志》曰："左史记言，右史记事，事为《春秋》，言为《尚书》。"①《尚书》专主记言之说遂成定论，实则此说不可信据。刘知幾《史通·六家》已云："盖《书》之所主，本于号令，所以宣王道之正义，发话言于臣下，故其所载，皆典、谟、训、诰、誓、命之文。至如《尧》《舜》二典直序人事……兹亦为例不纯者也。"②其已指出《尚书》并非单为记言之文，亦有记事写人之篇。章学诚《文史通义·书教上》则言："以《尚书》分属记言，《春秋》分属记事，则失之甚也。夫《春秋》不能舍传而空存其事目，则左氏所记之记言，不啻千万矣。《尚书》典谟之篇，记事而言亦具焉；训诰之篇，记言而事亦见焉。古人事见于言，言以为事，未尝分事言为二物也。"③这是非常有创见的论断，惜未引起学者的注意。刘知幾以为《尧典》"直序人事"，与其他篇殊为不同。

第二，《尧典》是以历史上的尧、舜为中心，通过一系列的情节设置，塑造其明君圣贤的形象的，具有人物"传记"的特性。顾颉刚评价这篇文章说："这篇文字，写古代的一班名人聚在虞廷上跄跄济济，相揖相让的样子，真足以表现一个很灿烂的黄金时代。尧、舜时的政治所以给后来人认为理想中的最高标准者，就因为有了这篇大文章，可是篇首明言'曰若稽古'，足见它并没有冒称尧、舜时的记载。……这原是说故事的恒例。"④这个评价表明《尧典》编者的初衷，是要利用当时能听到见到的古史传说来构建一个尧、舜时代的社会政治状况，并且要树立一个明君圣王的典型。郭沫若《〈诗〉〈书〉时代的社会变革与其思想上之反映》一文说《尧典》中"尧的人格是：钦明文思安安，

---

① 陈国庆编：《汉书艺文志注释汇编》，中华书局1983年版，第73页。
② （唐）刘知幾著，（清）浦起龙通释：《史通通释》，上海古籍出版社2009年版，第2页。
③ （清）章学诚撰，叶瑛校注：《文史通义校注》，中华书局2014年版，第30页。
④ 顾颉刚：《中国上古史研究讲义》，中华书局1988年版，第12页。

允恭克让 —— 这是格、致、诚、正的事体；光被四表，格于上下 —— 这是赞、参、配的事体；克明俊德 —— 修身；以亲九族，九族既睦 —— 齐家；平章百姓，百姓昭明 —— 治国；协和万邦，黎民于变时雍 —— 平天下"①。也是说《尧典》以塑造尧的形象为中心。

当然，要树立尧、舜的形象，必须要以其平治天下的事迹为依据才行，所以《尧典》编者还不能仅限于转述传说，还须加以刻意的经营。以尧制定历法的一节来说，即显其经营撰作的痕迹。刘起釪指出此段文字"根据下列七种不同来源不同时代的古代神话和传说等纷歧材料组织在一起的。七种不同材料是：（1）远古关于太阳女神的神话和它经过转化后的传说；（2）远古关于太阳出入和居住地点的神话和它转化为地名后的传说；（3）古代对太阳的宗教祭祀有关材料；（4）古代对四方方位神和四方风神的宗教祭祀有关材料；（5）古代对星辰的宗教祭祀及有关观象授时时代的材料；（6）往古不同时代的历法材料（如纯阳历时期与阴阳历合用时期的不同，稘字和年字岁字时期的不同等等）；（7）往古不同时代的地名材料及它蒙受时代影响而变迁的材料。本篇作者把这些材料，其中主要先把各种神话和宗教活动的各不同原始资料，生吞活剥地净化为历史资料，按四方和四季整齐地配置起来，经营成一组体制粲然大备的记载古代敬天理民的最早由观象授时、指导农作以至制订历法的形式严整的文献"②。不仅这件大功德颇见经营，整篇《尧典》都是如此。

（三）《尧典》文体的生成背景

《尚书》是夏、商、周时期原始历史文献的汇编，作为政治历史文献，汇集了上古时代的统治意识和施政经验。其中的夏、商、周书各部分的编辑流传过程比较复杂，最初似先各自成编，故《墨子》一书多次征引《夏书》。《尚书·多士》云："殷先人有册有典。"可知在殷商时期已经辑成了《尚书》的初本。起初其中各部分可能是以口头形式单独流传的，后来才逐渐被史官整理写

① 郭沫若：《中国古代社会研究》，《郭沫若全集》（历史编）第一卷，人民出版社 1982 年版，第 92—93 页。

② 顾颉刚、刘起釪：《尚书校释译论》，中华书局 2005 年版，第 63—64 页。

定。今传本《尚书》的结集经历了较长的时期，其书雏形可能编于西周后期。《左传》《国语》所记春秋时期人物屡屡称引《尚书》以为说理之据，已经目之为经典。春秋末年又经修订，增入了《文侯之命》《秦誓》等春秋时代之篇章。史载孔子设私学授门人以"六艺"，曾重新整理编订过《尚书》，作为教育弟子的教材。《尧典》一篇，当即孔子所编并入之《尚书》的。每一种文体的生成都有其内在和外在的原因。"文体是指一定的话语秩序所形成的文本体式，它折射出作家、批评家独特的精神结构、体验方式、思维方式和其他社会历史、文化精神。"①《尧典》传记文体的产生，也根源于春秋中叶以来形成的以"礼"治国、以史为鉴、尊贤尚文的政治制度与官学下移、私学兴起、议政参政的学术格局，并与孔子的精神结构、体验方式和思维方式密切相关。

第一，《尧典》体现了孔子对尧舜德行功业的认识，这种认识是通过对春秋时代流传的尧舜传说的再解释中得出来的。史传中叙事者的身份不是"目击者"，也不是"亲历者"，而是"研究者"，他必须立足当下向听者解说历史。《韩非子·显学》指出："孔子、墨子俱道尧、舜，而取舍不同，皆自谓真尧、舜，尧、舜不复生，将谁使定儒、墨之诚乎？"②《广弘明集》收释法琳《对傅奕废佛僧事》一文引《竹书纪年》曰："舜囚尧于平阳，取之帝位。"又言："复偃塞丹朱，使不与父相见。"③这些记载显示舜并非通过禅让得天下，他也不是忠厚有德的贤者，而简直是一个囚尧夺位的忤逆之人。这与《尧典》中的尧舜恰好相反。这表明《尧典》编者孔子并非简单地"转述"历史传说，而是对其进行了整理、归类、研究，然后立足于现实社会的施政需要以及儒家政治伦理的准则，对其进行了重新诠解和敷衍。这就使《尧典》的叙事有别于一般意义上的记录历史或复述历史，从而带上了很强烈的主观性。

事实上，在孔子的时代，作为"研究者"解说历史故事，已经成为一种大势所趋。这种大趋势也成为私学讲授的一种话语方式。葛兆光指出："当时人对于秩序的理性依据及价值本原的追问，常常追溯到历史，这使人们形成了一种回首历史，向传统寻求意义的习惯。先王之道和前朝之事是确认意义的一种

---

① 童庆炳：《文体与文体的创造》，云南人民出版社 1994 年版，第 1 页。

② （清）王先慎撰，钟哲点校：《韩非子集解》，中华书局 1998 年版，第 457 页。

③ 范祥雍订补：《古本竹书纪年辑校订补》，上海人民出版社 1957 年版，第 7、6 页。

标帜和依据，例如太史克对鲁文公叙述高阳氏、高辛氏、尧、舜以来除凶立德的历史，魏绛向晋侯讲述后羿、寒浞弃贤用佞的故事并且引用太史辛甲的《虞人之箴》，士弱向晋侯解释宋国的火灾之因追溯到陶唐氏、商朝的旧制，都说明当时的思想者相信，是非善恶自古以来就泾渭分明，道德的价值、意义与实用的价值、意义并行不悖地从古代传至当代，所以说'赋事行刑，必问于遗训，而咨于故实'（《国语·周语》），历史是一种可资借鉴的东西，而且是一种完美的正确的象征，历史的借鉴常常可以纠正当下的谬误，而古代的完美常常是当代不完美的一面镜子。"[①]孔子也像太史克、魏绛、士弱等春秋时代的有识之士一样，不仅是历史的转述者，而且是历史的"研究者"；所不同者，孔子研究历史，其转述的对象是"弟子三千"，而太史克等人则面对的是急需从史传讲述中得到解决现实难题的国君。

第二，《尧典》是在春秋时代"讲史"的风气下产生的，其言说方式和话语规范体现了春秋时期史官和卿大夫讲史的基本模式。

在取鉴意识的作用下，春秋时代讲史活动非常盛行。从讲史活动的主体、受众及讲史的内容来看，春秋时代的讲史大致可分为述祖性讲史、政治性讲史、民间通俗性讲史、传授性讲史。[②]述祖性讲史最早可以追溯到传说时代，其言说形式主要以口述祖先谱系及功业为主，《诗经》中的周民族史诗是上古述祖性讲史的产物；到春秋时代，随着家族意识彰明，为"纪其先烈，贻厥后来"[③]，以追溯家族发展历史的讲史活动越来越普遍。

政治性讲史是指出于解决现实政治问题的需要而进行的讲史活动，其目的是通过讲史找到解决现实问题的智慧和方法。因为史官明于治乱，因此为国君或高级官员讲史的常常是史官。春秋时代最为典型的政治性讲史如《国语·郑语》所载周朝的太史史伯向郑桓公讲述虞舜、夏禹、商契、周弃、祝融、昆吾等的历史传说，启发、帮助郑桓公解决如何在西周末年姬姓之国或亡或衰的大背景下自保的现实问题，可以说郑国的东迁，就是这次讲史活动直接促成的。还有《国语·晋语》载晋国史官史苏向里革讲述夏桀、商纣、周幽因迷恋女色

① 葛兆光：《中国思想史》，复旦大学出版社 2001 年版，第 86—87 页。
② 李小树：《先秦两汉讲史活动初探》，《贵州社会科学》1998 年第 2 期。
③ （唐）刘知幾著，（清）浦起龙通释：《史通通释》，上海古籍出版社 2009 年版，第 254 页。

而亡国的历史，为的是劝谏晋献公勿因宠爱嬖姬而轻言废立，但这次政治性讲史最终失败。再如《左传·文公十八年》所载鲁国太史克向鲁宣公讲述尧舜举贤任官、放逐凶顽的历史，目的是阻止鲁宣公接纳弑君逃亡的莒国太子仆。此类讲史的特点是临事而讲，且多是根据需要断章取义，类似于赋诗言志。顾颉刚从史学角度评价此类讲史"信实的程度，和《三国演义》差不多，事件是真的，对于这件事情的描写很多是假的"①。

民间通俗性讲史是指在上古社会里由乡里老者或长者在日常生活中针对普通民众的讲史活动，这类讲史活动带有很强的娱乐性，其内容多是围绕历史人物的轶闻趣事，虚构的成分较多，即所谓稗官野史、街谈巷议之类。

传授性讲史是指在学校中为教育学生而进行的讲史活动。在夏商周时代，学在官府，故有官学讲史。到春秋时随着私学兴起，私家讲史较为普遍。孔子以《春秋》《尚书》为教材所进行的讲史即属于此类。这类讲史的特点是讲述者须对史事传说事先进行整理、分类和研究，按照一定的目的进行历史讲述。传授性讲史不是临时的，目的是让接受者熟悉历史兴亡更替，积累历史知识，增加见识，因而具有明确的目标和系统性。《尧典》即是传授性讲史的产物，在言说方式上，显然吸收了述祖性讲史的"以人为纲"、政治性讲史的"断章取义"和民间通俗性讲史的"注重细节、突出趣味"等特点。基于此，可以说孔子是在全面吸收了春秋时代讲史活动的言说方式的基础上，创造了一种全新的讲史方式 —— 史传。

三、讲史制度与"故志""训语"

由春秋以前的"学在官府"到春秋中后期至战国时代的"学在四夷"，我国古代学术文化经历了一次重大变迁。讲史制度最初本实行于上层社会，史籍最初也只有贵族才能接触。但随着学术重心的下移，讲史制度也成为私学教学的一种重要方式，官守典籍的封闭格局也被逐渐打破，不仅史官走出宫廷成为

---

① 顾颉刚：《中国上古史研究讲义》，中华书局 1988 年版，第 16 页。

历史掌故的"讲说者",而且周王室和诸侯公室的藏书也向卿大夫及下层社会传播。讲史活动的语境及典籍流传范围的拓宽,推动着学术下移不断向纵深发展,这不仅使卿大夫与士阶层共同承担起学术文化的主体角色,同时也昭示着我国学术文化繁荣和典籍初兴时期的到来。

春秋卿大夫们在讽谏活动中采纳了讲史的某些技巧,并吸收了各类史籍中的思想资源,将其运用于对君主的讽谏及对政治的评论当中去。同时,出于"文治"的需要,他们还在文献整理方面产生了许多的实绩,其中最为重要的一项就是对前代文献中富于现实指导意义的格言、训语及带有史志性质的相关内容的整理编辑,即编辑"前言""故语"等口述文献而成各类《志》。而引证、搜求各类《志》的,主要是列国卿大夫中的杰出人物。

"志"本义即记忆,所谓"在心为志"。引申而言,各种记录均可称"志"。"志"的具体内容非常丰富,可从先秦典籍中多次出现的"志曰"中归纳出来。《左传》中引用"志"的情况如下:

1.《军志》曰:"允当则归。"又曰:"知难而退。"又曰:"有德不可敌。"(《僖公二十八年》)①

2.《周志》有之:"勇则害上,不登于明堂。"(《文公二年》)②

3.《前志》有之曰:"敌惠敌怨,不在后嗣,忠之道也。"(《文公六年》)③

4.《军志》曰:"先人有夺人之心。"又曰:"见可而进,知难而退,军之善政也。兼弱攻昧,武之善经也。"(《宣公十二年》)④

5.《史佚之志》有之曰:"非我族类,其心必异。"(《成公四年》)⑤

6.《前志》有之曰:"圣达节,次守节,下失节。"(《成公十五年》)⑥

7.《志》所谓"多行无礼必自及也"。(《襄公四年》"君子曰"引)⑦

---

① 杨伯峻编著:《春秋左传注》,中华书局 2009 年版,第 456 页。
② 杨伯峻编著:《春秋左传注》,中华书局 2009 年版,第 520 页。
③ 杨伯峻编著:《春秋左传注》,中华书局 2009 年版,第 552—553 页。
④ 杨伯峻编著:《春秋左传注》,中华书局 2009 年版,第 739、725 页。
⑤ 杨伯峻编著:《春秋左传注》,中华书局 2009 年版,第 818 页。
⑥ 杨伯峻编著:《春秋左传注》,中华书局 2009 年版,第 873 页。
⑦ 杨伯峻编著:《春秋左传注》,中华书局 2009 年版,第 935 页。

8.《志》有之："言以足志，文以足言。"(《襄公二十五年》"仲尼曰"引) ①

9.《仲虺之志》云："乱者取之，亡者侮之。"(《襄公三十年》) ②

10.《故志》曰："买妾不知其姓，则卜之。"(《昭公元年》) ③

11.《志》曰："能敬无灾。"又曰："敬逆来者，天所福也。"(《昭公三年》) ④

12.古也有《志》："克己复礼，仁也。"(《昭公十二年》"仲尼曰"引) ⑤

13.《军志》曰："先人有夺人之心，后人有待其衰。"(《昭公二十一年》) ⑥

14.《志》曰："圣人不烦卜筮。"(《哀公十八年》"君子曰"引) ⑦

按，以上所引"志"的类型有《军志》《周志》《故志》《前志》等，考其性质，则"《军志》，兵书"(《左传·僖公二十八年》杜预注)；"《周志》，周书也"(《左传·文公二年》杜注)；"《故志》，使知废兴者而戒惧焉"(《国语·楚语》)；《前志》即《故志》，"谓所记前世成败之书也"(《国语·楚语》韦昭注)。上述几类志的内容，涉及军事、占卜、日常生活经验、礼俗、历史等方面，十分丰富。

再来看《国语》中所见春秋时期著名人物引述"志"的情况和志的具体内容：

1.《礼志》有之曰："将有请于人，必先有入焉。欲人之爱己也，必先爱人。欲人之从己也，必先从人。无德于人而求用于人，罪也。"(《晋

---

① 杨伯峻编著：《春秋左传注》，中华书局 2009 年版，第 1106 页。
② 杨伯峻编著：《春秋左传注》，中华书局 2009 年版，第 1175 页。
③ 杨伯峻编著：《春秋左传注》，中华书局 2009 年版，第 1220 页。
④ 杨伯峻编著：《春秋左传注》，中华书局 2009 年版，第 1242 页。
⑤ 杨伯峻编著：《春秋左传注》，中华书局 2009 年版，第 1341 页。
⑥ 杨伯峻编著：《春秋左传注》，中华书局 2009 年版，第 1427 页。
⑦ 杨伯峻编著：《春秋左传注》，中华书局 2009 年版，第 1713 页。

语四》）①

2. 教之《故志》，使知废兴者而戒惧焉。（《楚语上》申叔时语）②

3. 成子道《前志》以佐先君，道法而卒以政，可不谓文乎。（《晋语六》）③

4. 夫先王之《法志》，德义之府也。（《晋语四》赵衰语）④

5.《志》有之曰："高山峻原，不生草木，松柏之地，其土不肥。"（《晋语九》士茁谏智伯语引）⑤

6. 灵王城陈、蔡、不羹，使仆夫子皙问于范无宇……对曰："其在《志》也，国为大城，未有利者。昔郑有京、栎，卫有蒲、戚，宋有萧、蒙，鲁有弁、费，齐有渠丘，晋有曲沃，秦有征、衙。叔段以京患庄公，郑几不封，栎人实使郑子不得其位。卫蒲、戚实出献公，宋萧、蒙实弑昭公，鲁弁、费实弱襄公，齐渠丘实杀无知，晋曲沃实纳齐师，秦征、衙实难桓、景，皆志于诸侯，此其不利者也。"（《楚语上》范无宇引《志》）⑥

7. 伍子胥云：王盍亦鉴于人，无鉴于水。昔楚灵王不君，其臣箴谏不入，乃筑台于章华之上，阙为石郭，陂汉，以象帝舜。罢弊楚国，以间陈、蔡。不修方城之内，逾诸夏而图东国，三岁于沮、汾以服吴、越。其民不忍饥劳之殃，三军版王于乾溪。王亲独行，屏营仿偟于山林之中，三日乃见其涓人畴。王呼之曰："余不食三日矣。"畴趋而进，王枕其股以寝于地。王寐，畴枕王以塊而去之。王觉而无见也，乃匍匐将入于棘闱，棘闱不纳，乃入芋尹申亥氏焉。王缢，申亥负王以归，而土埋之其室。此《志》也，岂遽忘于诸侯之耳乎？（《吴语》伍子胥引《志》）⑦

8. 十五年，有神降于莘。王问于内史过曰："是何故？固有之乎？"对曰："有。国之将兴，其君齐明衷正，精洁惠和，其德足以昭其馨香，

---

① 徐元诰撰，王树民、沈长云点校：《国语集解》（修订本），中华书局 2002 年版，第 338 页。
② 徐元诰撰，王树民、沈长云点校：《国语集解》（修订本），中华书局 2002 年版，第 486 页。
③ 徐元诰撰，王树民、沈长云点校：《国语集解》（修订本），中华书局 2002 年版，第 388 页。
④ 徐元诰撰，王树民、沈长云点校：《国语集解》（修订本），中华书局 2002 年版，第 357 页。
⑤ 徐元诰撰，王树民、沈长云点校：《国语集解》（修订本），中华书局 2002 年版，第 454—455 页。
⑥ 徐元诰撰，王树民、沈长云点校：《国语集解》（修订本），中华书局 2002 年版，第 497—499 页。
⑦ 徐元诰撰，王树民、沈长云点校：《国语集解》（修订本），中华书局 2002 年版，第 541—542 页。

其惠足以同其民人。神飨而民听，民神无怨，故明神降之，观其政德，而均布福焉。国之将亡，其君贪冒辟邪，淫泆荒怠，粗秽暴虐，其政腥臊，馨香不登，其刑矫诬，百姓携贰。明神不蠲，而民有远志，民神怨痛，无所依怀，故神亦往焉，观其苛慝，而降之祸。是以或见神以兴，亦或以亡。昔夏之兴也，融降于崇山；其亡也，回禄信于聆隧。商之兴也，梼杌次于丕山；其亡也，夷羊在牧。周之兴也，鸑鷟鸣于岐山；其亡也，杜伯射王于鄗。是皆明神之志者也。"（《周语上》载内史过语）[1]

上引《国语》中"志"的实例，例1有载赵衰劝谏重耳娶秦女，称引《礼志》之语，但所引不是讲礼仪，而是讲礼义，即行为规范；同样的语句又见于《孟子·离娄下》（"爱人者人恒爱之，敬人者人恒敬之"[2]），意思大体相同，唯语句稍有不同，应是同一个文本。赵衰是春秋时人，孟子是战国人，征引同一个《礼志》文本，足见《晋语》中载录的赵衰所引的《礼志》，从春秋到战国，一直是有识者熟知的"公共资源"。

例2、3、4是对《志》的作用的说明，唯例4《法志》之称不见于他书；例5似为谚语；例6、7所引之《志》显然是记载各国历史事件以寓含儆戒的史志，例中所述春秋时郑、宋、鲁、齐、晋、秦、楚等国的乱亡历史，皆见于《左传》等书，述者范无宇、伍子胥等人可能是依据当时流传的口述历史或列国《春秋》。

例8内史过转述的《明神之志》内容颇杂灾祥而包含若干三代兴亡的史影，当为巫史所传之史志。《国语·楚语上》云："闻一二之言，必诵《志》而纳之，以训导我。"[3]"诵《志》"一语非常引人注意。依《周礼》"诵"为"乐语"之一种，《志》之可以用乐语来诵，说明其形式当为易于咏诵之韵语。由这些实例来分析，"志"可能最初只是通过口耳相传，一些特别有影响的"志"在传播过程中逐渐形成了比较固定的"文本"，并被写定下来。春秋时期，士大夫阶层评论政治、分析事理、劝谏君主，特别喜欢引述前代历史以显示其权

---

① 徐元浩撰，王树民、沈长云点校：《国语集解》（修订本），中华书局2002年版，第28—30页。
② （清）焦循撰，沈文倬点校：《孟子正义》，中华书局1987年版，第595页。
③ 徐元浩撰，王树民、沈长云点校：《国语集解》（修订本），中华书局2002年版，第501页。

威性，出于讽谏的需要，有专人对这些"志"加以辑录而最终成书。

除了《左传》《国语》之外，新近面世的上海博物馆藏战国楚竹书、清华大学藏战国楚竹书中，也有多篇以"志"为题的叙事记言之作[1]，性质与《左传》《国语》所载的"志"大体相同。除了史志、军志之外，见于其他先秦典籍的"志"的类型，还有《周礼》中由"诵训"之官讽诵于王前的《地志》（记九州形势、山川所宜），以及《方志》（即外史四方之志，所以识记久远掌故）等。这两类"志"从广义来说，也属于史志。

综合先秦典籍中的"志曰"或"志有之曰"的内容来看，"志"总的来说可以是记事、记言类韵语的泛称，但如具体来说，其内容和类型又表现出相当繁杂的特点，涉及社会生活的各个方面。王树民指出："大致早期的'志'，以记载名言警句为主，后经发展，也记载一些重要的事实，逐渐具有史书的性质。"[2] 刘起釪《〈逸周书〉与〈周志〉》一文甚至认为《逸周书》（《周书》）即是在《志》的基础上编成。[3] 从上文所引的各类"志"的内容及其传播方式来看，"志"的产生与春秋时代的讲史之风有着非常密切的关系，可以说，"志"就是史鉴意识高涨的思想文化背景下讲史制度的产物。

四、讲史制度与"史传化"的小说

西周时代兴起的讲史制度到了春秋时期演变为贵族社会普遍盛行的讲史之风，这种风气和当时由于城市经济的发展而兴起的娱乐之风[4] 相结合，使得讲

---

[1]　马承源主编《上海博物馆藏战国楚竹书（八）》有《志书乃言》，载录楚王与臣子的对话，属史志类，上海古籍出版社 2011 年版；李学勤主编《清华大学藏战国竹简（壹）》收录有《周武王有疾周公所自以代王之志》，中西书局 2011 年版。

[2]　王树民：《释"志"》，《文史》第三十二辑，中华书局 1990 年版，第 316 页。

[3]　刘起釪：《古史续辨》，中国社会科学出版社 1991 年版，第 613—618 页。

[4]　春秋时代随着土地制度的变革和农业生产技术的提高，农业较此前有了很大的发展。与此同时，手工业、商业也因诸侯国政治独立性的增加而发展迅速。在这种背景下，社会经济有了长足的进步，在齐、晋、郑、卫、鲁、楚各国都出现了相当规模的都市。文化观念和趋新与娱乐之风都是都市生活的表征。详参晁福林：《春秋战国的社会变迁》第二章《社会经济的发展与社会生活的进步》，商务印书馆 2011 年版，第 380—470 页。另外，杨华《先秦礼乐文化》（湖北教育出版社 1997 年版）也指出春秋时期礼乐文化由原来的娱神向娱人的世俗化转变。

史活动在以往主要被用于取鉴历史兴亡故事的功能之外，又增加了其娱乐的成分。传统的演说历史故事、引证历史以说理等讲史说史开始出现"小说化"的倾向，这一方面表现在讲说者对春秋社会上流传的历史素材的收集整理加强了；另一方面则表现在讲说者对这些历史素材进行合乎逻辑的重组、润色，甚至是改写。在现存先秦文献和新近面世的出土文献之中，还有幸保留了许多这类"小说化"的史传，或者也可以称之为"史传"式的小说。以下试从钩稽这类"史传"式小说文献入手，对其文体特点及社会功能予以归纳和概括。

（一）《左氏春秋》中所见的史传式小说

经学者们考察，《左氏春秋》为一部史传专集，则其体例本类似于后世之"纪事本末体"。明乎此以观本《左传》，一些篇章虽说是在"编年体"框架之内，仍不失为相对完整的史传。本节拟选取其中比较典型的篇目，尝试窥其原貌，并借此对史传文之文类特征进行直观解析。

第一，郑庄公小霸。

郑国不是大国，在春秋时期的地位也赶不上鲁、齐、晋、楚、秦等国，然而《左传》载郑国之事，尤其是郑庄公之事甚详，这只有一个原因，那就是《左传》编者搜集到的郑国史料较多，且较系统。今人王和认为："只要细研《左传》便不难发现：实际左氏取自郑史官记事的材料，于诸国中乃为最全最多。《左传》所记郑事多为《春秋》所不载，且自鲁隐公至哀公，时间皆极为清楚具体。……《左传》中凡是这类时间清楚而具体、叙事详实而不浮夸的文字，都是左氏取自各国史官的私人记事笔记，是各国史官于事情发生之后不久马上做的记录，它们是最可靠的第一手资料，具有极高的史料价值。按照这一点去分析便不难看出：《左传》记郑事的材料，其特点是取自史官笔记者极多，而取自战国传说者则甚少。这与《左传》记晋、鲁之事是完全不同的。"[①] 如此，今本《左传》中所载郑庄公及郑国之事，最初也应当是首尾完整的传记之文，即使从今传本《左传》来看，也是如此，亦可将其视为一个独立的单元。

_____

① 王和：《〈左传〉的成书年代与编纂过程》，《中国史研究》2003 年第 4 期。

郑庄公即位在春秋前二十二年，在位共43年。关于郑庄公的故事，《左传》从鲁隐公元年记起，至鲁桓公十一年止。如果将这些分年所系的事件依次排列，仍可见其完整性。为方便论述，不避繁复，依其顺序，将其编号，逐条胪列如下：

1. 隐公元年

A1. 初，郑武公娶于申，曰武姜。生庄公及共叔段。庄公寤生，惊姜氏，故名曰寤生，遂恶之。爱共叔段，欲立之。亟请于武公，公弗许。及庄公即位，为之请制。公曰："制，岩邑也，虢叔死焉。佗邑唯命。"请京，使居之。谓之京城大叔。祭仲曰："都城过百雉，国之害也。先王之制，大都不过叁国之一，中，五之一，小，九之一。今京不度，非制也，君将不堪。"公曰："姜氏欲之，焉辟害？"对曰："姜氏何厌之有，不如早为之所，无使滋蔓，蔓难图也。蔓草犹不可除，况君之宠弟乎？"公曰："多行不义必自毙，子姑待之。"

既而大叔命西鄙、北鄙贰于己。公子吕曰："国不堪贰，君将若之何？欲与大叔，臣请事之，若弗与，则请除之，无生民心。"公曰："无庸，将自及。"大叔又收贰以为己邑，至于廪延。子封曰："可矣，厚将得众。"公曰："不义不昵，厚将崩。"

大叔完聚，缮甲兵，具卒乘，将袭郑。夫人将启之。公闻其期，曰："可矣。"命子封帅车二百乘以伐京。京叛大叔段，段入于鄢。公伐诸鄢。五月辛丑，大叔出奔共。

B. 书曰："郑伯克段于鄢。"段不弟，故不言弟，如二君，故曰克，称郑伯，讥失教也，谓之郑志，不言出奔，难之也。

A2. 遂置姜氏于城颍，而誓之曰："不及黄泉，无相见也。"既而悔之。颍考叔为颍谷封人，闻之，有献于公，公赐之食，食舍肉。公问之，对曰："小人有母，皆尝小人之食矣，未尝君之羹，请以遗之。"公曰："尔有母遗，繄我独无。"颍考叔曰："敢问何谓也？"公语之故，且告之悔。对曰："君何患焉？若阙地及泉，隧而相见，其谁曰不然？"公从之。公入而赋："大隧之中，其乐也融融。"姜出而赋："大隧之外，其乐也泄泄。"遂为母子如初。

A3.君子曰："颍考叔，纯孝也，爱其母，施及庄公。《诗》曰'孝子不匮，永锡尔类'，其是之谓乎。"①

C.郑共叔之乱，公孙滑出奔卫。卫人为之伐郑，取廪延。郑人以王师、虢师伐卫南鄙。请师于邾，邾子使私于公子豫。豫请往，公弗许，遂行，及邾人、郑人盟于翼。不书，非公命也。新作南门，不书，亦非公命也。②

2. 隐公二年

A.郑人伐卫，讨公孙滑之乱也。③

3. 隐公三年

A1.郑武公、庄公为平王卿士。王贰于虢。郑伯怨王。王曰："无之。"故周、郑交质。王子狐为质于郑，郑公子忽为质于周。王崩，周人将畀虢公政。四月，郑祭足帅师取温之麦。秋，又取成周之禾。周、郑交恶。

A2.君子曰："信不由中，质无益也。明恕而行，要之以礼，虽无有质，谁能间之？苟有明信，涧、溪、沼、沚之毛，蘋、蘩、蕰藻之菜，筐、筥、锜、釜之器，潢、汙、行潦之水，可荐于鬼神，可羞于王公，而况君子结二国之信，行之以礼，又焉用质？《风》有《采蘩》《采蘋》，《雅》有《行苇》《泂酌》，昭忠信也。"

A3.冬，齐、郑盟于石门，寻卢之盟也。庚戌，郑伯之车偾于济。④

4. 隐公四年

A.宋殇公之即位也，公子冯出奔郑。郑人欲纳之。及卫州吁立，将修先君之怨于郑，而求宠于诸侯，以和其民。使告于宋曰："君若伐郑，以除

---

① 杨伯峻编著：《春秋左传注》，中华书局 2009 年版，第 10—16 页。
② 杨伯峻编著：《春秋左传注》，中华书局 2009 年版，第 18—19 页。
③ 杨伯峻编著：《春秋左传注》，中华书局 2009 年版，第 23 页。
④ 杨伯峻编著：《春秋左传注》，中华书局 2009 年版，第 26—30 页。

君害，君为主，敝邑以赋与陈、蔡从，则卫国之愿也。"宋人许之。于是陈、蔡方睦于卫，故宋公、陈侯、蔡人、卫人伐郑，围其东门，五日而还。

C.秋，诸侯复伐郑。宋公使来乞师，公辞之。羽父请以师会之，公弗许。固请而行。故书曰："翚帅师"，疾之也。诸侯之师败郑徒兵，取其禾而还。①

5. 隐公五年

A1.曲沃庄伯以郑人、邢人伐翼，王使尹氏、武氏助之。翼侯奔随。

A2.四月，郑人侵卫牧，以报东门之役。卫人以燕师伐郑，郑祭足、原繁、泄驾以三军军其前，使曼伯与子元潜军军其后。燕人畏郑三军，而不虞制人。六月，郑二公子以制人败燕师于北制。君子曰："不备不虞，不可以师。"

A3.宋人取邾田。邾人告于郑曰："请君释憾于宋，敝邑为道。"郑人以王师会之，伐宋，入其郛，以报东门之役。宋人使来告命。公闻其入郛也，将救之，问于使者曰："师何及？"对曰："未及国。"公怒，乃止。辞使者曰："君命寡人同恤社稷之难，今问诸使者，曰'师未及国'，非寡人之所敢知也。"

A4.宋人伐郑，围长葛，以报入郛之役也。②

6. 隐公六年

C.六年春，郑人来渝平，更成也。

A1.五月庚申，郑伯侵陈，大获。往岁，郑伯请成于陈，陈侯不许。五父谏曰："亲仁、善邻，国之宝也。君其许郑！"陈侯曰："宋、卫实难，郑何能为？"遂不许。君子曰："善不可失，恶不可长，其陈桓公之谓乎！长恶不悛，从自及也。虽欲救之，其将能乎！《商书》曰：'恶之易也，如火之燎于原。不可乡迩，其犹可扑灭？'周任有言曰：'为国家

---

① 杨伯峻编著：《春秋左传注》，中华书局 2009 年版，第 36—37 页。
② 杨伯峻编著：《春秋左传注》，中华书局 2009 年版，第 44—47 页。

者，见恶如农夫之务去草焉，芟夷蕴崇之，绝其本根，勿使能殖，则善者信矣。'"

A2.冬……郑伯如周，始朝桓王也。王不礼焉。周桓公言于王曰："我周之东迁，晋、郑焉依。善郑以劝来者，犹惧不蔇，况不礼焉？郑不来矣。"[1]

7. 隐公七年

C.秋，宋及郑平。七月庚申，盟于宿。陈及郑平。

A.十二月，陈五父如郑莅盟。壬申，及郑伯盟，歃如忘。泄伯曰："五父必不免，不赖盟矣。"郑良佐如陈莅盟，辛巳，及陈侯盟，亦知陈之将乱也。郑公子忽在王所，故陈侯请妻之。郑伯许之，乃成昏。[2]

8. 隐公八年

A1.郑伯请释泰山之祀而祀周公，以泰山之祊易许田。三月，郑伯使宛来归祊，不祀泰山也。

A2.四月甲辰，郑公子忽如陈逆妇妫。辛亥，以妫氏归。甲寅，入于郑。陈针子送女。先配而后祖。针子曰："是不为夫妇，诬其祖矣，非礼也，何以能育？"

A3.齐人卒平宋、卫于郑。秋，会于温，盟于瓦屋，以释东门之役，礼也。

A4.八月丙戌，郑伯以齐人朝王，礼也。[3]

9. 隐公九年

A.北戎侵郑。郑伯御之，患戎师，曰："彼徒我车，惧其侵轶我也。"公子突曰："使勇而无刚者，尝寇而速去之。君为三覆以待之。戎轻而不整，贪而无亲；胜不相让，败不相救。先者见获，必务进；进而遇覆，必

① 杨伯峻编著：《春秋左传注》，中华书局 2009 年版，第 49—51 页。
② 杨伯峻编著：《春秋左传注》，中华书局 2009 年版，第 54—55 页。
③ 杨伯峻编著：《春秋左传注》，中华书局 2009 年版，第 58—60 页。

速奔。后者不救，则无继矣。乃可以逞。"从之。戎人之前遇覆者奔，祝聃逐之，衷戎师，前后击之，尽殪。戎师大奔。十一月甲寅，郑人大败戎师。①

10. 隐公十年

C.十年春王正月，公会齐侯、郑伯于中丘。癸丑，盟于邓，为师期。夏五月，羽父先会齐侯、郑伯伐宋。

A1.六月戊申，公会齐侯、郑伯于老桃。壬戌，公败宋师于菅。庚午，郑师入郜。辛未，归于我。庚辰，郑师入防。辛巳，归于我。君子谓郑庄公："于是乎可谓正矣，以王命讨不庭，不贪其土，以劳王爵，正之体也。"蔡人、卫人、郕人不会王命。

A2.秋七月庚寅，郑师入郊，犹在郊。宋人、卫人入郑，蔡人从之伐戴。八月壬戌，郑伯围戴。癸亥，克之，取三师焉。宋、卫既入郑，而以伐戴召蔡人，蔡人怒，故不和而败。九月戊寅，郑伯入宋。冬，齐人、郑人入郕，讨违王命也。②

11. 隐公十一年

A1.郑伯将伐许，五月甲辰，授兵于大宫。公孙阏与颍考叔争车，颍考叔挟辀以走。子都拔棘以逐之。及大逵，弗及，子都怒。

C1.秋七月，公会齐侯、郑伯伐许。

A2.庚辰，傅于许。颍考叔取郑伯之旗蝥弧以先登，子都自下射之，颠。瑕叔盈又以蝥弧登，周麾而呼曰："君登矣！"郑师毕登。壬午，遂入许。许庄公奔卫。齐侯以许让公。公曰："君谓许不共，故从君讨之。许既伏其罪矣，虽君有命，寡人弗敢与闻。"乃与郑人。郑伯使许大夫百里奉许叔以居许东偏，曰："天祸许国，鬼神实不逞于许君，而假手于我寡人，寡人唯是一二父兄不能共亿，其敢以许自为功乎？寡人有弟，不能

---

① 杨伯峻编著：《春秋左传注》，中华书局 2009 年版，第 65—66 页。
② 杨伯峻编著：《春秋左传注》，中华书局 2009 年版，第 67—70 页。

和协，而使糊其口于四方，其况能久有许乎？吾子其奉许叔以抚柔此民也，吾将使获也佐吾子。若寡人得没于地，天其以礼悔祸于许，无宁兹许公复奉其社稷，唯我郑国之有请谒焉，如旧昏媾，其能降以相从也。无滋他族实逼处此，以与我郑国争此土也。吾子孙其覆亡之不暇，而况能禋祀许乎？寡人之使吾子处此，不唯许国之为，亦聊以固吾圉也。"乃使公孙获处许西偏，曰："凡而器用财贿，无置于许。我死，乃亟去之！吾先君新邑于此，王室而既卑矣，周之子孙日失其序。夫许，大岳之胤也。天而既厌周德矣，吾其能与许争乎？"君子谓郑庄公："于是乎有礼。礼，经国家，定社稷，序民人，利后嗣者也。许，无刑而伐之，服而舍之，度德而处之，量力而行之。相时而动，无累后人，可谓知礼矣。"

郑伯使卒出豭，行出犬、鸡，以诅射颍考叔者。君子谓郑庄公："失政刑矣。政以治民，刑以正邪。既无德政，又无威刑，是以及邪。邪而诅之，将何益矣！"

王取邬、刘、蒍、邘之田于郑，而与郑人苏忿生之田——温、原、絺、樊、隰郕、欑茅、向、盟、州、陉、䢴、怀。君子是以知桓王之失郑也。恕而行之，德之则也，礼之经也。己弗能有而以与人。人之不至，不亦宜乎？

A3. 郑、息有违言。息侯伐郑，郑伯与战于竟，息师大败而还。君子是以知息之将亡也："不度德，不量力，不亲亲，不征辞，不察有罪，犯五不韪而以伐人，其丧师也，不亦宜乎？"

C2. 冬十月，郑伯以虢师伐宋。壬戌，大败宋师，以报其入郑也。宋不告命，故不书。凡诸侯有命，告则书，不然则否。师出臧否，亦如之。虽及灭国，灭不告败，胜不告克，不书于策。[①]

12. 桓公元年

A. 元年春，公即位，修好于郑。郑人请复祀周公，卒易祊田。公许之。三月，郑伯以璧假许田，为周公、祊故也。夏四月丁未，公及郑伯盟

---

① 杨伯峻编著：《春秋左传注》，中华书局 2009 年版，第 72—78 页。

于越，结衿成也。盟曰："渝盟，无享国。"冬，郑伯拜盟。①

13. 桓公五年

A. 王夺郑伯政，郑伯不朝。秋，王以诸侯伐郑，郑伯御之。王为中军；虢公林父将右军，蔡人、卫人属焉；周公黑肩将左军，陈人属焉。郑子元请为左拒，以当蔡人、卫人，为右拒，以当陈人，曰："陈乱，民莫有斗心。若先犯之，必奔。王卒顾之，必乱。蔡、卫不枝，固将先奔。既而萃于王卒，可以集事。"从之。曼伯为右拒，祭仲足为左拒，原繁、高渠弥以中军奉公，为鱼丽之陈。先偏后伍，伍承弥缝。战于繻葛。命二拒曰："旝动而鼓！"蔡、卫、陈皆奔，王卒乱，郑师合以攻之，王卒大败。祝聃射王中肩，王亦能军。祝聃请从之。公曰："君子不欲多上人，况敢陵天子乎？苟自救也，社稷无陨，多矣。"夜，郑伯使祭足劳王，且问左右。仍叔之子来聘，弱也。②

14. 桓公六年

A. 北戎伐齐，齐侯使乞师于郑。郑大子忽帅师救齐。六月，大败戎师，获其二帅大良、少良，甲首三百，以献于齐。于是诸侯之大夫戍齐、齐人馈之饩，使鲁为其班。后郑。郑忽以其有功也，怒，故有郎之师。公之未昏于齐也，齐侯欲以文姜妻郑大子忽。大子忽辞。人问其故。大子曰："人各有耦，齐大，非吾耦也。《诗》云：'自求多福。'在我而已，大国何为？"君子曰："善自为谋。"及其败戎师也，齐侯又请妻之。固辞。人问其故。大子曰："无事于齐，吾犹不敢。今以君命奔齐之急，而受室以归，是以师昏也。民其谓我何？"遂辞诸郑伯。③

15. 桓公七年

C. 夏，盟、向求成于郑，既而背之。秋，郑人、齐人、卫人伐盟、

---

① 杨伯峻编著：《春秋左传注》，中华书局 2009 年版，第 82 页。
② 杨伯峻编著：《春秋左传注》，中华书局 2009 年版，第 104—106 页。
③ 杨伯峻编著：《春秋左传注》，中华书局 2009 年版，第 113—114 页。

向。王迁盟、向之民于郏。①

16. 桓公十年

C. 冬，齐、卫、郑来战于郎，我有辞也。

A. 初，北戎病齐，诸侯救之，郑公子忽有功焉。齐人饩诸侯，使鲁次之。鲁以周班后郑。郑人怒，请师于齐。齐人以卫师助之，故不称侵伐。先书齐、卫，王爵也。②

17. 桓公十一年

A1. 郑昭公之败北戎也，齐人将妻之。昭公辞。祭仲曰："必取之。君多内宠，子无大援，将不立。三公子皆君也。"弗从。

A2. 夏，郑庄公卒。初，祭封人仲足有宠于庄公，庄公使为卿。为公娶邓曼，生昭公。故祭仲立之。宋雍氏女于郑庄公，曰雍姞，生厉公。雍氏宗，有宠于宋庄公，故诱祭仲而执之，曰："不立突，将死。"亦执厉公而求赂焉。祭仲与宋人盟，以厉公归而立之。秋九月丁亥，昭公奔卫。己亥，厉公立。③

分析排比上文引述的关于郑庄公的 17 条材料，可以看出，虽然郑庄公初登君位是在春秋前二十二年，《左氏》记其事始于鲁隐公元年，但我们将这些材料单独排列出来，即使是其次序未做任何调整，也可以看出，郑庄公一生的主要事迹已经相当完整；最可注意者，是这些材料组成的关于郑庄公的叙事单元，完全突破了今本《左传》的编年体叙事框架，成为漂浮在编年史中的首尾相对完整的叙事之文。联系到今本《左传》由纪事本末而经学者之手而成为解说《春秋》之"传"的成书过程，我们似乎可以说，上文所列的取自今本《左传》的关于郑庄公的 17 条材料组成的叙事单元，本来就是有关郑庄公的一篇叙事之文；今本《左传》的编者在采入这些材料时，因为其时间事件相对比较

---

① 杨伯峻编著：《春秋左传注》，中华书局 2009 年版，第 119 页。
② 杨伯峻编著：《春秋左传注》，中华书局 2009 年版，第 128 页。
③ 杨伯峻编著：《春秋左传注》，中华书局 2009 年版，第 131—132 页。

清晰，所以只是分而附之于《春秋》经文，而未做大幅度的加工裁剪，幸而保留了这篇"郑庄公小霸"的史传的原貌。王和对今本《左传》的材料来源进行详细地考察后指出：

> 《左传》原书主要由两部分材料组成：其一，是取自春秋时期各国史官的私人记事笔记；其二，是取自流行于战国前期的、关于春秋史事的各种传闻传说。……史官们之所以要记做这种笔记，有三重意义：1. 是出于职务的需要。因为他们既是史官，就必须熟悉当时及前代的史事；……2. 他们还要用史事来讽谕君主，尽箴谏规诲之责。3. 又要从这种笔记中选取有意义的材料，作为教材教育太子。[①]
>
> 《左传》中凡是这类时间清楚而具体、叙事详实而不浮夸的文字，都是左氏取自各国史官的私人记事笔记，是各国史官于事情发生之后不久马上做的记录，它们是最可靠的第一手资料，具有极高的史料价值。[②]

王氏所论特别在理，可以从《左传》材料来源方面证明"郑庄公小霸"这篇史传文原本是取自郑国史官的笔记，其最初的性质，当是史官讲述郑庄公之事，以规谏或作为教材的文本，原本当是独立成篇的。

当然，这还只是推论，其可靠性还需要通过分析文本内部信息，进行进一步的证实。

材料 1 大体保存了"郑庄公小霸"史传文的原貌，其中"A1""A2"显然是较为原始的材料。"A1"以"初"领起，回顾郑庄公身世，这种追述的叙事手法是讲史的常见手法，尤其可以证明这篇史传的独立性。"B"处在"A1"和"A2"之间，在行文方面显得横生枝节，与叙事的节奏脱节。从其内容来看，显而易见是属于"解经之语"，当系今本《左传》编者所加。"A3"处在"郑伯克段于鄢"这个事件的末尾，又以"君子曰"开头，显然也是史传原材料。这种段落虽非关叙事，但在史传中起着评论、说明和解释事件的作用，是

---

① 王和：《〈左传〉材料来源考》，《中国史研究》1993 年第 2 期。
② 王和：《〈左传〉的成书年代与编纂过程》，《中国史研究》2003 年第 4 期。

史传文的应有之义。至于"C"，其中既有解经语，亦有对事件的补充性叙述和评论、说明，又是以鲁国为主要叙事线索，应当是今本编者根据鲁国史料所补入，无关史传原文。

从以上对材料1的分析可以看出，今本《左传》所见关于郑庄公史传材料以原始材料为主体，大体包括三个层次的材料：以"A"所标识的是原始材料，以"B"所标识的是解经语，以"C"所标识的是今本编者所收集的他国相关史料。有了这个标准，我们可以以此为出发点，对上文引述的有关郑庄公的17条材料列表进行综合的分析，其结果如下表：

材料编号	A 层次材料数	B 层次材料数	C 层次材料数	材料组合方式
1	A1 A2 A3	B	C	A1—B—A2 A3—C
2	A			
3	A1 A2 A3			A1—A2—A3
4	A		C	A—C
5	A1 A2 A3 A4			A1—A2—A3—A4
6	A1 A2		C	C—A1 A2
7	A		C	C—A
8	A1 A2 A3 A4			A1—A2—A3—A4
9	A			
10	A1 A2		C	C—A1 A2
11	A1 A2 A3		C1 C2	A1—C1—A2 A3—C2
12	A			
13	A			
14	A			
15			C	
16	A		C	C—A
17	A1 A2			A1—A2

由上表分析来看，此篇史传所包含的三个层次的材料中，A 层次的最多，其次是 C 层次的材料，B 层次的材料最少。这说明在这篇史传中，以郑国史官

讲史的原始材料占主导，今本《左传》编者收集的有关郑庄公的其他史料居其次，解经之语只有一条。这就进一步地证明了上文提出的观点：《左传》编年体框架中保留了关于郑庄公的一篇史传文。

从上表所列的材料组合方式一栏还可以看出，这篇史传文在叙事上基本上是采取了"叙事＋评论"的模式，而这种模式，正是政治性讲史和传授性讲史常用的语体模式。

第二，郑子产为政。《左氏春秋》共计记载子产之言行事迹七十条（自鲁襄公八年至鲁昭公二十年），从他少年时第一次对国家政事发表见解到因病逝世，一生"鲜有败事"。诚如清人王源所评："左传载列国名卿言行多矣，未有详如子产者也。子产乃终春秋第一人，亦左氏心折之第一人。"（《文章练要·〈左传〉评》）清人赵青藜《读左管窥》亦云："郑子产，春秋第一流人，其美不胜述。"① 以下即依前例，将今本《左传》中涉及子产的材料节录一部分，逐年胪列，以考见其家传之原貌：

襄公八年：

> 郑群公子以僖公之死也，谋子驷。子驷先之。夏四月庚辰，辟杀子狐、子熙、子侯、子丁。孙击、孙恶出奔卫。庚寅，郑子国、子耳侵蔡，获蔡司马公子燮。郑人皆喜，唯子产不顺，曰："小国无文德，而有武功，祸莫大焉，楚人来讨，能勿从乎？从之，晋师必至。晋、楚伐郑，自今郑国不四、五年弗得宁矣。"子国怒之曰："尔何知？国有大命，而有正卿，童子言焉，将为戮矣。"②

襄公十年：

> 初，子驷与尉止有争，将御诸侯之师，而黜其车。尉止获，又与之争。子驷抑尉止曰："尔车，非礼也。"遂弗使献。初，子驷为田洫，司氏、堵氏、侯氏、子师氏皆丧田焉。故五族聚群不逞之人因公子之徒以作

---

① （清）赵青藜：《读左管窥》，《丛书集成初编》，中华书局 1985 年版，第 34 页。

② 杨伯峻编著：《春秋左传注》，中华书局 2009 年版，第 955—956 页。

乱。于是子驷当国，子国为司马，子耳为司空，子孔为司徒。

冬十月戊辰，尉止、司臣、侯晋、堵女父、子师仆帅贼以入，晨攻执政于西宫之朝，杀子驷、子国、子耳，劫郑伯以如北宫。子孔知之，故不死。书曰"盗"，言无大夫焉。子西闻盗，不儆而出，尸而追盗。盗入于北宫，乃归，授甲，臣妾多逃，器用多丧。子产闻盗，为门者，庀群司，闭府库，慎闭藏，完守备，成列而后出，兵车十七乘。尸而攻盗于北宫，子蟜帅国人助之，杀尉止、子师仆，盗众尽死。侯晋奔晋，堵女父、司臣、尉翩、司齐奔宋。子孔当国，为载书，以位序、听政辟。大夫、诸司、门子弗顺，将诛之。子产止之，请为之焚书。子孔不可，曰："为书以定国，众怒而焚之，是众为政也，国不亦难乎？"子产曰："众怒难犯，专欲难成，合二难以安国，危之道也。不如焚书以安众，子得所欲，众亦得安，不亦可乎？专欲无成，犯众兴祸，子必从之！"乃焚书于仓门之外，众而后定。①

襄公十五年：

郑尉氏、司氏之乱，其余盗在宋。郑人以子西、伯有、子产之故，纳赂于宋，以马四十乘与师茷、师慧。三月，公孙黑为质焉。司城子罕以堵女父、尉翩、司齐与之，良司臣而逸之，托诸季武子，武子置诸卞。郑人醢之三人也。②

襄公十九年：

郑子孔之为政也专，国人患之。乃讨西宫之难与纯门之师。子孔当罪，以其甲及子革、子良氏之甲守。甲辰，子展、子西率国人伐之，杀子孔，而分其室。书曰："郑杀其大夫"，专也。子然、子孔，宋子之子也；士子孔，圭妫之子也。圭妫之班亚宋子，而相亲也。二子孔亦相亲也。僖之四年，子然卒；简之元年，士子孔卒。司徒孔实相子革、子良之室，三

① 杨伯峻编著：《春秋左传注》，中华书局 2009 年版，第 979—981 页。
② 杨伯峻编著：《春秋左传注》，中华书局 2009 年版，第 1023 页。

室如一，故及于难。子革、子良出奔楚。子革为右尹。郑人使子展当国，子西听政，立子产为卿。①

襄公二十二年：

夏，晋人征朝于郑。郑人使少正公孙侨对，曰："在晋先君悼公九年，我寡君于是即位。即位八月，而我先大夫子驷从寡君以朝于执事，执事不礼于寡君，寡君惧。因是行也，我二年六月朝于楚，晋是以有戏之役。楚人犹竞，而申礼于敝邑。敝邑欲从执事，而惧为大尤，曰'晋其谓我不共有礼'，是以不敢携贰于楚。我四年三月，先大夫子蟜又从寡君以观衅于楚，晋于是乎有萧鱼之役。谓我敝邑，迩在晋国，譬诸草木，吾臭味也，而何敢差池？楚亦不竞，寡君尽其土实，重之以宗器，以受齐盟。遂帅群臣随于执事，以会岁终。贰于楚者，子侯、石盂，归而讨之。湨梁之明年，子蟜老矣，公孙夏从寡君以朝于君，见于尝酎，与执燔焉。间二年，闻君将靖东夏，四月，又朝以听事期。不朝之间，无岁不聘，无役不从。以大国政令之无常，国家罢病，不虞荐至，无日不惕，岂敢忘职？大国若安定之，其朝夕在庭，何辱命焉？若不恤其患，而以为口实，其无乃不堪任命，而翦为仇雠？敝邑是惧，其敢忘君命？委诸执事，执事实重图之。"②

襄公二十四年：

范宣子为政，诸侯之币重，郑人病之。二月，郑伯如晋，子产寓书于子西，以告宣子，曰："子为晋国，四邻诸侯不闻令德，而闻重币，侨也惑之，侨闻君子长国家者，非无贿之患，而无令名之难。夫诸侯之贿聚于公室，则诸侯贰。若吾子赖之，则晋国贰。诸侯贰，则晋国坏；晋国贰，则子之家坏，何没没也！将焉用贿？夫令名，德之舆也；德，国家之基也。有基无坏，无亦是务乎！有德则乐，乐则能久。《诗》云：'乐只君

---

① 杨伯峻编著：《春秋左传注》，中华书局 2009 年版，第 1050—1051 页。
② 杨伯峻编著：《春秋左传注》，中华书局 2009 年版，第 1065—1067 页。

子，邦家之基。'有令德也夫！'上帝临女，无贰尔心'，有令名也夫！恕思以明德，则令名载而行之，是以远至迩安。毋宁使人谓子，'子实生我'，而谓'子浚我以生'乎？象有齿以焚其身，贿也。"宣子说，乃轻币。是行也，郑伯朝晋，为重币故，且请伐陈也。郑伯稽首，宣子辞。子西相，曰："以陈国之介恃大国，而陵虐于敝邑，寡君是以请罪焉，敢不稽首？"[1]

襄公二十五年：

初，陈侯会楚子伐郑，当陈隧者，井堙、木刊，郑人怨之。六月，郑子展、子产帅车七百乘伐陈，宵突陈城，遂入之。陈侯扶其大子偃师奔墓，遇司马桓子，曰："载余！"曰："将巡城。"遇贾获，载其母妻，下之，而授公车。公曰："舍而母。"辞曰："不祥。"与其妻扶其母以奔墓，亦免。子展命师无入公宫，与子产亲御诸门。陈侯使司马桓子赂以宗器。陈侯免，拥社，使其众男女别而累，以待于朝。子展执絷而见，再拜稽首，承饮而进献。子美入，数俘而出。祝祓社，司徒致民，司马致节，司空致地，乃还。

郑子产献捷于晋，戎服将事。晋人问陈之罪。对曰："昔虞阏父为周陶正，以服事我先王。我先王赖其利器用也，与其神明之后也，庸以元女大姬配胡公，而封诸陈，以备三恪。则我周之自出，至于今是赖。桓公之乱，蔡人欲立其出，我先君庄公奉五父而立之，蔡人杀之，我又与蔡人奉戴厉公。至于庄、宣，皆我之自立。夏氏之乱，成公播荡，又我之自入，君所知也。今陈忘周之大德，蔑我大惠，弃我姻亲，介恃楚众，以冯陵我敝邑，不可亿逞，我是以有往年之告。未获成命，则有我东门之役。当陈隧者，井堙、木刊。敝邑大惧不竞而耻大姬，天诱其衷，启敝邑之心。陈知其罪，授手于我。用敢献功。"晋人曰："何故侵小？"对曰："先王之命，唯罪所在，各致其辟。且昔天子之地一圻，列国一同，自是以衰。今大国多数圻矣，若无侵小，何以至焉？"晋人曰："何故戎服？"对曰：

---

[1] 杨伯峻编著：《春秋左传注》，中华书局 2009 年版，第 1089—1090 页。

"我先君武、庄为平、桓卿士。城濮之役，文公布命，曰'各复旧职。'命我文公戎服辅王，以授楚捷——不敢废王命故也。"士庄伯不能诘，复于赵文子。文子曰："其辞顺。犯顺，不祥。"乃受之。

冬十月，子展相郑伯如晋，拜陈之功。子西复伐陈，陈及郑平。仲尼曰："《志》有之：'言以足志，文以足言。'不言，谁知其志？言之无文，行而不远。晋为伯，郑入陈，非文辞不为功。慎辞也。"

晋程郑卒，子产始知然明，问为政焉。对曰："视民如子，见不仁者，诛之，如鹰鹯之逐鸟雀也。"子产喜，以语子大叔，且曰："他日吾见蔑之面而已，今吾见其心矣。"子大叔问政于子产。子产曰："政如农功，日夜思之，思其始而成其终，朝夕而行之。行无越思，如农之有畔，其过鲜矣。"①

仅就上列有关子产的部分叙事段落来看，它们在今本《左传》中虽是分属不同年份，似是编年体，而如果将其摘出重新排列，即使是不做文字上的调整，也显然是文气一贯而下的叙事整体。学者们认为《左传》最初是纪事本末体，其写人的材料或多采春秋时的家传等资料，这种说法不无道理。冯李骅《春秋左绣·读左卮言》云："《左传》大抵前半出色写一管仲，后半出色写一子产，中间出色写晋文公、悼公、秦穆、楚庄数人而已，读其文，连性情、心术、声音、笑貌，千载如生。"② 这虽是就今本《左传》的叙事写人而发，但仍与《左传》原貌暗合。

以上摘列的部分实际上可以视为一篇"子产传"，因为通篇是以写人为主，通过对子产言、行的描写，刻画了春秋时代政治家子产的形象。这些材料合在一起，突出表现了子产在治国上任人唯贤，能用人之长、避人所短的智慧，以及他胸怀宽大的品德。其中通过不毁乡校一事，突出子产丰富的政治经验和长远的政治眼光；通过子皮的事，刻画了子产敏于事而善于言的特点，也表现了他"为人谋而讲忠信"的高尚品德。

---

① 杨伯峻编著：《春秋左传注》，中华书局 2009 年版，第 1102—1108 页。
② （晋）杜预，（宋）林尧叟注释，（清）冯李骅、（清）陆浩评辑：《春秋左绣·读左卮言》卷一，扫叶山房藏版，清光绪六年，卷首。

除此之外，还有齐桓公称霸、晋公子重耳霸业等，也是典型的"史传式小说"。

（二）清华简中所见的史传式小说

春秋时代，诸子百家争鸣，各家学者阐述自己的学说，多取资于往古的历史，在言说方式上多是借事说理。这种风气与讲史之风合流，便产生一种新的叙事文体。"小说家"的产生大概就是如此。因此汉代人才评价说："小说家者流，盖出于稗官。街谈巷语，道听途说者之所造也。孔子曰：'虽小道，必有可观者焉，致远恐泥，是以君子弗为也。'然亦弗灭也。闾里小知者之所及，亦使缀而不忘。如或一言可采，此亦刍荛狂夫之议也。"[①] 在流传至今的先秦文献和近年出土的先秦文献中，这类篇幅相对于上文所列史传而言较为短小，且围绕着特定历史人物展开叙事的、带有口头讲说特征的"小说"为数不少。

清华简有《尹至》一篇，详说伊尹助商汤灭夏的事迹，其文如下：

> 惟尹自夏徂亳，逯至在汤。汤曰："格，汝其有吉志。"尹曰："后，我来，越今旬日。余闵其有夏众□吉好，其有后厥志其爽，宠二玉，弗虞其有众。民噂曰：'余及汝皆亡。'惟灾虐极暴瘅，亡典。夏有祥，在西在东，见章于天，其有民率曰：'惟我速祸。'咸曰：'胡今东祥不章？今其如台？'"汤曰："汝告我夏隐率若时？"尹曰："若时。"汤盟誓逯尹，兹乃柔大縶。汤往征弗服，挚度，挚德不僭。自西捷西邑，戡其有夏。夏播民入于水曰战，帝曰："一勿遗。"[②]

简文的整理者认为："简文记述伊尹自夏至商，向汤陈说夏君虐政，民众疾苦的状况，以及天现异象时民众的意愿趋向，汤和伊尹盟誓，征伐不服，终于灭夏，可与多种传世文献，如《书·汤誓》、古本《竹书纪年》、《史记·殷本纪》等参看。简文叙事及一些语句特别近似《吕氏春秋》的《慎大》篇，可

---

① 陈国庆编：《汉书艺文志注释汇编》，中华书局1983年版，第163页。
② 释文清华大学出土文献研究与保护中心编，李学勤主编：《清华大学藏战国竹简（壹）》，中西书局2010年版，第128页。由于录入不易，故采取宽式读法，异体字、假借字均据整理者释文录入。

证《慎大》作者曾见到这篇《尹至》或类似文献。"① 为比较之便兹引《慎大》篇中关于伊尹的部分如下：

> 桀为无道，暴戾顽贪，天下颤恐而患之，言者不同，纷纷分分，其情难得。干辛任威，凌轹诸侯，以及兆民，贤良郁怨。杀彼龙逢，以服群凶。众庶泯泯，皆有远志，莫敢直言，其生若惊。大臣同患，弗周而畔。桀愈自贤，矜过善非，主道重塞，国人大崩。汤乃惕惧，忧天下之不宁，欲令伊尹往视旷夏，恐其不信，汤由亲自射伊尹。伊尹奔夏三年，反报于亳，曰："桀迷惑于末嬉，好彼琬琰，不恤其众，众志不堪，上下相疾，民心积怨，皆曰：'上天弗恤，夏命其卒。'"汤谓伊尹曰："若告我旷夏尽如诗。"汤与伊尹盟，以示必灭夏。伊尹又復往视旷夏，听于末嬉。末嬉言曰："今昔天子梦西方有日，东方有日，两日相与斗，西方日胜，东方日不胜。"伊尹以告汤。商涸旱，汤犹发师，以信伊尹之盟，故令师从东方出于国，西以进。未接刃而桀走，逐之至大沙，身体离散，为天下戮，不可正谏，虽后悔之，将可奈何？汤立为天子，夏民大说，如得慈亲，朝不易位，农不去畴，商不变肆，亲郼如夏。此之谓至公，此之谓至安，此之谓至信。尽行伊尹之盟，不避旱殃，祖伊尹世世享商。②

《吕氏春秋》所记伊尹事，情节、语气与清华简《伊至》极其相似，相比而言，还多出"苦肉计"、末嬉转述夏桀之梦两个情节，更为生动。两者很有可能有共同的来源。李零认为《汉志》所谓"'小说'，是一种篇幅短小的口头传说。有些故事很夸张，很荒诞，形式类似《韩非子》的《说林》和内外《储说》。诸子游说，喜欢玩弄掌故，拿历史故事打动人主。辨伪学家贬诸子，常诋其为小说家言，带有偏见，但小说和诸子确实有不解之缘"③。李先生所言极有见地，非但《韩非子》之《说林》、内外《储说》多小说，上引《吕氏春

秋·慎大》中有关伊尹的故事，也极具传说色彩，且有口头讲述的痕迹，从文体上来说应当也是小说。

《汉书·艺文志》子部"小说家"有《伊尹说》二十七篇，久已失传，班固言其"其语浅薄，似依托也"。"浅薄"，大概是说其语言通俗，近乎口语；"似依托"，则当是因为其文本叙事以伊尹、商汤的对话展开。书名《伊尹说》，以"说"为体，也说明是围绕伊尹事迹以口头讲述为主要形式。日本学者高桥稔认为《汉志》"诸子略"中的"小说"，相当于"说话"。所谓"说话"，是指"从长篇传记史料中摘出来、能够传承的独立完整的故事"，这种故事有两个特点：第一，故事要具有一定的内容，短小而有完整的情节；第二，即使不清楚故事传承的方式，也可以看到传承同一故事的事例。[1] 高桥氏提出的"小说"的第二个特点很重要，也就是说能否确定一个见于典籍的故事是否为有意创作的小说，要看有无类似的多个文本出现于不同叙事语境之中。如果有多个类似的文本，说明这个故事具有相对的独立性，在各种场合被不断重复地讲述。《韩非子》的《说林》及《储说》中，常在一个故事文本之后标有"或曰""一曰"等语[2]，并简要说明另一个传本的不同之处。其目的本是为游说之备，然而却保留了这类口头流传的故事在"传承"方面的多样化形态。

以此标准来衡量上文所论清华简《尹至》与《吕氏春秋·慎大》中有关伊尹的故事，可以推断二者应当也属于"或曰""一曰"这样的情况，其文体应当为"小说"；再次，由这两篇故事均是围绕伊尹为中心展开来看，它们与《汉志》所著录的《伊尹说》十分相似，颇疑它们就是失传的《伊尹说》二十七篇中的一部分。

清华简中还有一篇《赤鹄之集汤之屋》，也是一篇有关伊尹的叙事文，其内容、形式更接近小说。为方便论述，兹引原文如下：

　　曰古有赤鹄，集于汤之屋，汤射之获之，乃命小臣曰："旨羹之，我其享之。"汤往□。【一】小臣既羹之，汤后妻纴疘謂小臣曰："尝我于尔

---

① 〔日〕高桥稔：《中国说话文学之诞生》，申荷丽译，商务印书馆2013年版，第39—45页。

② 需要说明的是，《韩非子》的《说林》《储说》有的以特定历史人物为中心展开叙述，有的则不然。前者与《汉志》所列"小说"比较接近，而后者则不然。

羹。"小臣弗敢尝，曰："后其［杀］【二】我。"

　　纴芃谓小臣曰："尔不我尝，吾不亦杀尔？"小臣自堂下授纴芃羹。纴芃受小臣而【三】尝之，乃昭然，四荒之外，黄不见也；小臣受其余而尝之，亦昭然，四海之外，无不见也。【四】汤返廷，小臣馈。汤怒曰："孰调吾羹？"小臣惧，乃逃于夏。汤乃□之，小臣乃眯而寝【五】于路，视而不能言。众乌将食之。巫乌曰："是小臣也，不可食也。夏后有疾，将抚楚，于食【六】其祭。"众乌乃讯巫乌曰："夏后之疾如何？"巫乌乃言曰："帝命二黄蛇与二白兔尻后之寝室【七】之栋，其下舍后疾，是使后疾疾而不知人。帝命后土为二陵屯，共尻后之床下，其【八】上刺后之体，是使后之身疴董，不可及于席。"众乌乃往。巫乌乃敓小臣之喉胃，【九】小臣乃起而行，至于夏后。夏后曰："尔惟谁？"小臣曰："我天巫。"夏后乃讯小臣曰："如尔天巫，【一〇】而知朕疾？"小臣曰："我知之。"夏后曰："朕疾如何？"小臣曰："帝命二黄蛇与二白兔，尻后之寝【一一】室之栋，其下舍后疾，是使后梦梦眩眩而不知人。帝命后土为二陵屯，共尻后之床下，【一二】其上刺后之身，是使后昏乱甘心。后如撤屋，杀黄蛇与白兔，发地斩陵，后之疾其瘳。"【一三】夏后乃从小臣之言，撤屋，杀二黄蛇与一白兔；乃发地，有二陵，乃斩之。其一白兔【一四】不得，是始为陴丁诸屋，以御白兔。【一五】①

　　据整理者言，这篇叙事文原有篇题"赤鹄之集汤之屋"，"简文记载了汤射获一只赤鹄，令伊尹将之烹煮作羹，以及由此引发的种种事情。其内容可能与《楚辞·天问》所载'缘鹄饰玉，后帝是飨'有关。伊尹曾为汤小臣，汤举之于庖厨之中，是古时流行的传说。自先秦至汉代，有许多涉及伊尹的故事流行，不少见于子书。《汉书·艺文志》的《诸子略》还著录有《伊尹说》二十七篇，可惜已经失传"。整理者对《赤鹄之集汤之屋》的特点和文体也做了初步的推论，认为"简文最引人注目的特点，是有浓厚的巫术色彩。如说汤

---

　　①　释文据清华大学出土文献研究与保护中心编，李学勤主编：《清华大学藏战国竹简（叁）》，中西书局 2012 年版，第 167 页。

诅咒伊尹，使他'视而不能言'，随后伊尹被称作'巫鸟'的鸟拯救，并由之知道'夏后'（桀）身患重病，原因是天帝命'二黄蛇与二白兔居后之寝室之栋'等情况，从而解救了'夏后'的危难。这些可能与楚人好信巫鬼的习俗有关，应是在楚地流传的伊尹传说"。[①] 从内容上来看，《赤鹄之集汤之屋》虽以历史人物伊尹为中心，但情节跌宕起伏、曲折离奇，具有"传说"的性质，完全符合上文所说的中国上古"小说"的特点。

---

① 清华大学出土文献研究与保护中心编，李学勤主编：《清华大学藏战国竹简（叁）》，中西书局2012年版，第166页。

第十二章　春秋铭功、册命制度与铭赞册命

在西周宗法社会里，出于册命封赏的需要，祖先和个人的功业常常被记录下来，琢之鼎彝，传之子孙，成为一种合法的身份和地位的标志。册命制度的实施也催生出大量的册命文，而在册命金文中常有叙祖功烈和个人功业的文字，贯穿着对功业的赞美与追求不朽价值的观念。

一、铭功制度与记事之文

铭是附着在器物上的一种实用文体，"铭者，古人徽励之词也。铭始于黄帝，故《汉志》道家类列《黄帝铭》六篇，厥后禹铭筍虡，汤铭浴盘，武王闻丹书之言，为铭十六，而周代公卿大夫，莫不勒铭于器，以示子孙"①。早期的铭大多篇幅短小，造语精练，片言只语，阐明道理，表示告诫，形式与谣谚相仿。商代后期至西周时期的铭体逐步发生变化，由说理转而侧重叙述，篇幅加长至几十字、数百字不等。在语言形式上与《诗》之颂、雅相似，文体功能上则体现出铭功与颂德并重。从铭体所记载内容来看，此期铭记的事主多为王及各级贵族中有功勋者。铭体的创作是对相关人物的一种旌扬方式，同时也是沟通神人关系、血缘族群关系的一种礼仪写作活动。

到了春秋时期，神权观念逐步衰落，人本思想萌芽，当时社会的主流卿大夫阶层开始关注个人的终极价值。他们追求事功、渴望不朽的思想，在铭的创

---

① 刘师培著，舒芜校点：《论文杂记》，人民文学出版社 1959 年版，第 112 页。

作与引证传播中借以表现出来。这致使传统的礼仪性、程式性的铭体创作向个体性、灵活性转变。本文拟以《左传》《国语》等所载之春秋人物讨论铭体写作之言论及有典型性的铭体实例为主，探讨铭体在春秋时期的社会文化变迁中的文体界定、写作过程及引用传播的情况。

（一）春秋时期的铭论

从《周礼》《仪礼》及《诗》《书》等所载来看，先秦时期战国以前的大部分文体都是为特定礼仪服务的，文体的写作过程实际就是某个礼仪的践行过程，文体本身则体现着礼仪所需协调或沟通的某种关系。铭体及其写作也是如此。正因为文体的写作关系着祭祀、行政甚至战争等重大事件，所以礼书和史传当中常有关于文体写作过程方面的评论。这些评论既是对当下政治事件的评论，同时也体现了先秦时期的文学观念、文体观念。春秋时期对于铭体及其写作过程的评论包括两部分：一是见于《左传》《国语》中的时人评论铭体写作过程与具体政治事件关系的言论，二是铭辞中所见的作者本人的言论。综合以上两个方面的材料来看，春秋时的铭体由此前强调其礼仪性功能向突出其实用性政治功能转变，且对此有新、旧两种观念的冲突和争论。

春秋时期，周礼在鲁，鲁国卿大夫对于铭这种礼仪性文体的讨论也最为深入。如臧武仲与季武子论铭体之功能、作铭者的资格、作铭的客观条件等问题，借助于铭体写作的一个实例，表现出对铭体的不同认识。《左传·襄公十九年》载：

> 季武子以所得于齐之兵作林钟而铭鲁功焉。臧武仲谓季孙曰："非礼也。夫铭，天子令德，诸侯言时计功，大夫称伐。今称伐，则下等也；计功，则借人也；言时，则妨民多矣，何以为铭？且夫大伐小，取其所得，以作彝器，铭其功烈，以示子孙，昭明德而惩无礼也。今将借人之力以救其死，若之何铭？小国幸于大国，而昭所获焉以怒之，亡之道也。"①

---

① 杨伯峻编著：《春秋左传注》，中华书局 2009 年版，第 1047 页。

季武子为鲁之知《诗》《书》、达礼义者。《左传·襄公十九年》载其"如晋拜师，晋侯享之。范宣子为政，赋《黍苗》。季武子兴，再拜稽首，曰：'小国之仰大国也，如百谷之仰膏雨焉。若常膏之，其天下辑睦，岂唯敝邑？'赋《六月》"[1]。在外交场合善于辞令，且赋诗言志，表现出他来自礼仪之邦而应有的博识风雅与君子风范。

季武子欲铭记的所谓鲁之功，即鲁襄公十八年伐齐得胜，于次年春鲁国主盟诸侯之事。据《左传·襄公十九年》载：诸侯伐齐还自沂上，盟于督扬，立盟约曰："大毋侵小。"执邾悼公，以其伐鲁之故。遂次于泗上，疆鲁田，取邾田，自漷水归之于鲁。晋侯先归。鲁襄公享晋六卿于蒲圃，赐之三命之服；军尉、司马、司空、舆尉、候奄皆受一命之服；贿荀偃束锦、加璧、乘马，先吴寿梦之鼎。由此次会盟的情况来看，鲁国似乎是代行天子之命而合诸侯。故季武子欲作铭而旌鲁之功，对于处在秦、晋、齐等诸侯强国挤压下的鲁国来说，这是站在为天子和鲁国树立威信的立场上而进行的外交策略，就这次铭体的写作活动本身来说，也可以说体现了其政治礼仪功能。但是，臧武仲则从此次鲁国伐齐的实质出发，指出伐齐只是晋国霸业的产物，既不是周室天子意志的体现，也不是鲁国代行天子之命而会诸侯，也就是说，此次伐齐及会诸侯本身是对周礼的践踏，所以，勒铭既不能彰"天子之令德"，也不能体现诸侯的"言时计功"，为"非礼"之举。

可见在对铭体写作的认识上，季武子和臧武仲之间存在着革新与守旧的差异，其中臧氏之论隐含着对铭体写作中所铭之事的真实性的要求，已经涉及名实相符或文质相符的命题。而季武子的主张则表现出新的社会形势对铭体创作的新的吁求。

此外，《国语·鲁语下》载孔丘在陈，论周武王以肃慎氏贡矢之铭旌表其功，并示其贡服之职。孔丘从周礼，强调的是铭的礼仪内涵。《国语·晋语七》载晋悼公曰："昔克潞之役，秦来图败晋功，魏颗以其身却退秦师于辅氏，亲止杜回，其勋铭于景钟。"[2] 则是突出铭体写作的旌功称伐作用。

---

① 杨伯峻编著：《春秋左传注》，中华书局 2009 年版，第 1047 页。

② 徐元诰撰，王树民、沈长云点校：《国语集解》（修订本），中华书局 2002 年版，第 406 页。

（二）春秋铭体的写作

春秋铭体的写作，主要突出为作铭者纪功的文体功能特点，纪功则主要侧重于卿大夫阶层之"伐"，即战争、外交或其他重大政治事件中的功勋事迹。春秋以前，铭主要是颂扬死者而教育其后人；春秋时则是颂扬生者，留名后世为主。如《左传·僖公二十五年》："春，卫人伐邢，二礼从国子巡城，掖以赴外，杀之。正月丙午，卫侯燬灭邢。同姓也，故名。礼至为铭曰：'余掖杀国子，莫余敢止。'"[①] 按邢、卫本同姓之国，且均曾为狄所灭，赖齐桓存之，理应同仇敌忾，不想邢反于僖公十八年引狄人伐卫，困菟圃，逼得卫侯要让国给父兄朝众；鲁僖公二十年邢人又邀狄人、齐人同盟以谋卫，二十一年狄又为邢伐卫，是则卫受邢之祸之深，已至势难两立。卫为图存，于鲁僖公二十四年使其大夫礼至两兄弟诈降于邢，在与邢之守城大夫国子巡城之时，挟国子而杀之，卫师遂得灭邢。此役礼至当居首功，故作铭以旌其"伐"。《左传》引述铭之二句，非此铭之全。然而由"莫余敢止"一语可知作铭者之心理。

另外如《子犯编钟铭》写作也是呈现出对卿大夫之"伐"的颂扬。子犯编钟甲、乙两组，铭文相同。李学勤谓其形制纹饰"保持着西周以来传统风格"，裘锡圭认为其相当忠实地承袭了西周后期八个一组的编钟的作风，两套钟铭记大体相同，兹据诸家考释引录如下：

> 惟王五月，初吉丁未。子犯佑晋公左右，来复其邦。诸楚荆（以上第一钟）不听命于王所，子犯及晋公率西之六师，搏伐楚荆，孔休（第二钟）大功。楚荆丧厥师，灭厥渠。子犯佑晋公左右，爕诸侯，俾朝（第三钟）王，克定王位。王锡子犯，辂车四牡，衣裳黻黼冕。诸侯羞元（第四钟）于子犯之所，用为和钟九堵（第五钟），孔淑且硕，乃和且鸣，用燕（第六钟）用宁，用享用孝，用祈眉寿（第七钟），万年无疆，子子孙孙，永宝用乐（第八钟）。[②]

① 杨伯峻编著：《春秋左传注》，中华书局 2009 年版，第 430 页。

② 铭文据王泽文《春秋时期的纪年铜器铭文与〈左传〉的对照研究》，中国社会科学院研究生院 2002 年博士学位论文，第 4 页。个别地方据李学勤、裘锡圭、张光裕诸家考释，参以己意，有所取舍。为排印方便，罕见字一概写作相应的常见字。下引金文同此例。

综合李学勤、裴锡圭、张光裕诸家的观点，子犯编钟"唯王五月，初吉丁未"，应当就是《左传·僖公二十八年》载城濮之战后晋文公献楚俘于周襄王之日。

钟铭涉及好几件事情，但重点及中心只有一个，就是突出子犯之"伐"，最为重要者是其辅佐晋文公赢得城濮之战，大会诸侯，实现晋之霸业，巩固周王朝之统治。铭中记载，"诸楚荆不听命于王所"是起因，"子犯及晋公率西之六师"至"灭厥渠"，概述城濮之战的过程、战果；"子犯佑晋公左右，燮诸侯，俾朝王，克奠王位"，则是讲诸侯在晋文公的率领下"尊王"的活动，这与城濮之战以前诸侯的"叛离"行为形成了鲜明对照，是"克奠王位"的重要体现。子犯受周王的赏赐和诸侯的进献，也是因为子犯在城濮之战中有功劳，为"克奠王位"做出了贡献。至于"佑晋公左右来复其邦"，虽然也是子犯的功劳，但不是钟铭的主旨。钟铭之所以选择五月丁未，即献俘日，正是为了突出子犯之"伐"。

作于公元前 567 年的《叔夷钟铭》也是比较完整的铭体。《左传·襄公六年（前 567）》："十一月，齐侯灭莱，莱恃谋也。""十一月丙辰，而灭之。迁莱于郳。高厚、崔杼定其田。"[①]《叔夷钟铭》，孙诒让、郭沫若均以为铭文多记齐灭莱之事，作于齐灭莱之时。铭中叔尸（夷）参与灭莱之役有功，作器以纪之。叔夷乃宋出，其父为宋穆公之孙，己则出仕于齐，当齐灵公之世。铭中两见"桓武灵公"字样，"桓武"乃美灵公之辞；"灵公"为生号也。杨伯峻《春秋左传注》亦主此说。铭之释文及考证文字见录于郭沫若《两周金文辞大系图录考释》之《考释》。铭曰：

> 佳王五月，辰在戊寅，师于淄潼，公曰："汝夷，余经乃先祖，余既专乃心，汝小心畏忌，汝不坠，凤夜宦执尔政事。余弘厌乃心，余命汝政于朕三军。肃成朕师旟之政德，谏罚朕庶民左右毋讳。"夷不敢弗敬戒，虔恤厥死事。戮和三军徒旟，雩厥行师，慎中厥罚。公曰："夷，汝敬共予命，汝应鬲公家，汝……"夷典其先旧，及其高祖。虩虩成汤，有严在帝所。

---

①　杨伯峻编著：《春秋左传注》，中华书局 2009 年版，第 947—948 页。

敷受天命，剪伐夏祀，败其灵师，伊小臣佳辅，咸有九州，处禹之堵。

丕显穆公之孙，其祀配（齐）襄公之妹，而（秦）成公女，雩生叔夷，是辟于齐侯之所。是小心恭□，灵力若虎，勤劳其政事，有供于桓武灵公之所。桓武灵公锡夷吉金矢镐，玄镠铸铝，夷用作铸其宝钟。用享于其皇祖皇妣，皇母皇考。用祈眉寿，灵命难老。丕显皇祖，其祚福元孙，其万福纯鲁，和协尔有事，俾若钟鼓。外内剀辟，都都誉誉。造尔倗剌，毋有丞颣。汝考寿万年，永保其身，俾百斯男，而埶斯字。肃肃义政，齐侯左右，毋疾毋已，至于叶日武灵诚。子子孙孙，永保用享。①

此钟铭作者为叔尸，尸读为夷。夷之先祖为成汤，其父为宋穆公之远孙。郭沫若以为，盖齐襄公之妹适秦，为成公妃，其女适宋为叔夷母。叔夷本宋人后裔，因为与齐有姻亲关系，故仕于齐，任齐之正卿，担戴辅弼公家之事。因从齐灵公伐莱有功，受锡封于莱。故作此铭以记其"伐"。齐灵公时当春秋中叶，叔夷为殷之后裔仕于齐国者，其铭功而不忘追孝于先祖，也带有以己之功告慰其先祖的用意。

铭文中自"余典其先旧"以下均为韵文。祖、所、司、补、堵、女、所、虎、所、铝，押鱼部韵（司在之部，与鱼部合韵）；考、寿、老，幽部；祖、鲁、鼓、誉，鱼部；剌、颣，脂部；年、身，真部；字、右、已，之部；政、成，耕部。其句式以四言为主，用语典雅。

叔夷钟七器，铭辞相接，为成套祭器，均用于祭礼仪式，是整个礼仪的一部分。据整个铭文的内容来看，这铭文是记载商人后裔的叔夷从齐灵公伐莱有功，灵公行册命礼，封叔夷于莱，作器以铭功的事。铭文中押韵的一段，颂扬远祖成汤，并自述家世，末尾表示祈福佑于祖先的意思。这与传世的商、周颂诗，在形式上如出一辙。所不同者，商、周庙堂颂诗，歌、舞、乐齐作；而器铭，则是凝固形态的颂诗。前者重在用颂神侑神的方式祈福求佑，后者则在祭祖的同时表示生者意欲将功业传之不朽的意识，这是从三代到春秋时代，人们宗教思想的变化。

----

① 郭沫若：《两周金文辞大系图录考释》，《郭沫若全集》，科学出版社1982年版，第202—203页。

《礼记·祭统》为铭作界说，并指出铭的功能在于表彰明先祖、激励铭者、教育后人。还举例说明对作铭的要求。其文云：

> 夫鼎有铭，铭者自名也，自名以称扬其先祖之美，而明著之后世者也。为先祖者，莫不有美焉，莫不有恶焉。铭之义，称美而不称恶。此孝子孝孙之心也，唯贤者能之。铭者，论譔其先祖之有德善、功烈、勋劳、庆赏、声名，列于天下，而酌之祭器，自成其名焉，以祀其先祖者也。显扬先祖，所以崇孝也。身比焉，顺也；明示后世，教也。夫铭者，壹称，而上下皆得焉耳矣。是故君子之观于铭也，既美其所称，又美其所为。为之者，明足以见之，仁足以与之，知足以利之，可谓贤矣。贤而勿伐，可谓恭矣。故卫孔悝之鼎铭曰："六月丁亥，公假于大庙。公曰：'叔舅！乃祖庄叔，左右成公。成公乃命庄叔随难于汉阳，即宫于宗周，奔走无射。启右献公。献公乃命成叔纂乃祖服。乃考文叔，兴旧耆欲，作率庆士，躬恤卫国。其勤公家，夙夜不解，民咸曰："休哉！"'公曰：'叔舅！予女铭，若纂乃考服。'悝拜稽首曰：'对扬以辟之。勤大命，施于烝彝鼎。'"此卫孔悝之鼎铭也。古之君子论撰其先祖之美，而明著之后世者也，以比其身，以重其国家如此。子孙之守宗庙社稷者，其先祖无美而称之，是诬也；有善而弗知，不明也；知而弗传，不仁也。此三者，君子之所耻也。[1]

《礼记》成书虽晚于春秋，但《祭统》所载的这篇铭论以春秋时《卫孔悝之鼎铭》为例来说明当时人们对铭体的认识和写作规范，大致反映了春秋时期铭体写作的实际情况。

从结构形式上讲，春秋铭体一般具有程式化的特点，其内容一般可大致分为三部分：追述祖烈，称颂己功，标明作器目的并表达留名不朽之思想。前述二铭之外，最为典型的如《晋公奠铭》。从开头到"公曰"之前，为晋公追叙其先世功业。"唐公"，即晋的始封君。《左传·昭公十五年》周景王说："叔父

---

① （汉）郑玄注，（唐）孔颖达疏：《礼记正义》，《十三经注疏》（标点本），北京大学出版社1999年版，第1362—1364页。

唐叔，成王之母弟也。"其封在成王时，如《左传·昭公元年》"及成王灭唐，而封大叔焉……"。《左传·定公四年》对其受封情况有较多描述。《史记·晋世家》也说唐叔虞受封在成王时。铭文称"唐公"，可证《晋世家》"唐叔子燮，是为晋侯"之说。"我刺（烈）考□□"，当指晋平公父晋悼公，可惜铭拓缺字太多。从"公曰余雄今小子"至结尾前述明嫁女的目的前为第二段，如李学勤先生言，是"平公自述帅型先王，辅保天子的心志……"[1]。以上两部分的内容，有实有虚，更多的是对同类铭文格式的套用。其他如《秦公簋铭》（1919 年，今甘肃礼县出土）、《齐侯镈钟铭》《邾公华钟铭》等亦是如此。

此外，在语言词汇等方面，今传春秋时代的铭辞与雅颂多相同之处。郭沫若曾指出："我们研究金文，西周几百年与东周几百年里面的钟鼎铭文中，有许多是有韵的，其用韵和句法都和《雅》《颂》体相同，差不多都是四个字一句。从时间上看，西周、东周各几百年因为都是奴隶制时代，故文体是一样。再从空间上看，东西南北，各个地方，也是一样。……齐是北方的国家，吴却是南方的国家了，文体则全同。还有好多南方的东西，如徐，如楚，如越，有韵的大都是四字为句。"[2]铭辞作为一种特殊形态的文体，则在内容和形式上都体现出贵族社会日渐世俗化的文化观念。

（三）铭体的传播与引证

中国古代历史意识起源很早，先秦时期人们就十分重视前言往行，以史为鉴成为行政的准则与处世的智慧。因为铭体具有叙事功能，所述之事又有具体的历日可查，确凿可信。加上铭所涉及的人物均为当时杰出之贵族或卿大夫，故春秋时期一些铭传播很广。有的为当世之人屡次引用，作为论事析理之根据，或谈论之凭借，有的则成为史官记录历史之材料来源，据以证史。刘勰

---

[1] 李学勤先生认为此器为晋平公嫁女媵器，说见其《晋公盠的几个问题》，见《出土文献研究》1985 年第一辑，第 134—137 页。

[2] 郭沫若：《古代的"五四运动"——论古代文学》，《豕蹄内外》，浙江人民出版社 1998 年版，第 3—8 页。

《文心雕龙》云："敬慎如铭，而异乎规戒之域。"[1] 言铭之文风"敬慎"而有规戒之功，即指此。

《左传·昭公三年》载：叔向、晏婴曾引《谗鼎铭》之文句，论齐、晋之政。铭中警句成为论政之依据、标准。以下引述此段文字，以考察铭中之名句在时人言论中所起的作用：

> （齐景公）既成昏（婚），晏子受礼，叔向从之宴，相与语。叔向曰："齐其如何？"晏子曰："此季世也，吾弗知齐其为陈氏矣。公弃其民，而归于陈氏。……民人痛疾，而或燠休之。其爱之如父母，而归之如流水。欲无获民，将焉辟之？箕伯、直柄、虞遂、伯戏，其相胡公、大姬已在齐矣。"叔向曰："然。虽吾公室，今亦季世也。戎马不驾，卿无军行，公乘无人，卒列无长。庶民罢敝，而宫室滋侈。道殣相望，而女富溢尤。民闻公命，如逃寇仇。栾、郤、胥、原、狐、续、庆、伯，降在皂隶，政在家门，民无所依。君日不悛，以乐慆忧。公室之卑，其何日之有？《谗鼎之铭》曰：'昧旦丕显，后世犹怠。'况日不悛，其能久乎？"
>
> 　晏子曰："子将若何？"叔向曰："晋之公族尽矣。肸闻之，公室将卑，其宗族枝叶先落，则公室从之。肸之宗十一族，唯羊舌氏在而已。肸又无子，公室无度，幸而得死，岂其获祀？"[2]

两位有见识者针对齐、晋二国公室日卑、政在家门的"季世"政治危机所发表的此番议论又见《晏子春秋·内篇·问下》，表明这段议论在当时流传范围之广泛。其中叔向引《谗鼎之铭》文句的做法，与春秋大夫君子的引《诗》、引《书》无异，均将其视为一种浓缩了的智慧与价值标准。

洪亮吉《春秋左传诂》引服虔注云："谗鼎，疾谗之鼎。《明堂位》所云崇鼎是也。一云谗，地名，禹铸九鼎于甘、谗之地，故曰谗鼎。"[3] 谗鼎本为鲁所有，《韩非子·说林上》载齐伐鲁，索谗鼎，以其为宝物。《吕氏春秋·审己

---

[1]　（南朝梁）刘勰著，范文澜注：《文心雕龙注》，人民文学出版社1958年版，第158页。

[2]　杨伯峻编著：《春秋左传注》，中华书局2009年版，第1234—1237页。

[3]　（清）洪亮吉撰，李解民点校：《春秋左传诂》，中华书局1987年版，第651—652页。

篇》《新序·节士篇》皆作"岑鼎"。叔向晋人，居然能讽诵其铭文，亦以此鼎铭寓劝戒之义[1]，为人所重之故。此外，《国语·晋语》载晋国史官郭偃引商铭以论亡国之理，也体现出历史上一些有名的铭文在春秋时期的传播情况。

另一种引述铭体，则是引述某人之事迹，而加以发挥、阐述，为引述者立论之佐证。据《左传·昭公七年》载：仲孙貜（孟僖子）将死，召其大夫，曰："礼，人之干也，无礼，无以立。吾闻将有达者曰孔丘，圣人之后也，而灭于宋。其祖弗父何以有宋而授厉公，及正考父佐戴、武、宣，三命兹益共。故其鼎铭云：'一命而偻，再命而伛，三命而俯，循墙而走，亦莫余敢侮。饘于是，鬻于是，以糊余口。'其共（恭）也如是。臧孙纥有言曰：'圣人有明德者，若不当世，其后必有达人。'今其将在孔丘乎？我若获没，必属说与何忌于夫子，使事之，而学礼焉，以定其位。"[2] 文中"鼎铭"，杜预《注》："考父庙之鼎。"又云："于是鼎中为饭饘鬻，饘鬻糊属，言至俭。"所引之铭偻、伛、俯、走、口为韵，古音俱在侯部。铭文有韵，且以四言句式为主，似诗。盖为讽诵之便。

仲孙貜引述《正考父鼎铭》中正考父行事恭敬的一段话，是为了赞孔丘为达人，为其家风所致。仲孙貜聘楚，不能答郊劳之礼，知其为鲁卿中不甚熟知礼仪者。当其临终，嘱咐其子师事孔丘以学礼，将死之人[3]，其言也诚。以其不知礼如此而尚能引前代鼎铭，足见春秋时一些有名的铭文或其中的名言警句传布之广、入人之深。

二、册命制度与《文侯之命》等命体文

册命制度或称锡命礼，是西周以来实行的一种赏赐臣子的礼仪制度。因锡

---

[1] 叔向所引二句，杨伯峻云："言凌晨即起，可以大显赫，而后世犹懈怠不为。"《春秋左传注》，中华书局 2009 年版，第 1237 页。

[2] 杨伯峻编著：《春秋左传注》，中华书局 2009 年版，第 1294—1296 页。

[3] 《春秋·昭公二十四年》云："二月丙戌，仲孙貜卒。"杨伯峻编著：《春秋左传注》，中华书局 2009 年版，第 1449 页。

命时必有策以书其命，故又称策命礼。"策"又作"册"，因此又称"册命礼"。册命礼于周礼属嘉礼，周天子常用于嘉奖有功诸侯或臣工。其实施特别依重于辞命的制作，其展演的主体是作册内史和其他史官。西周册命辞多见于金文，传世文献中也有一些实例。春秋册命辞则见于《尚书》《左传》《国语》及诸多的册命类金文。册命体文是一种礼仪之文，梳理上述文章，可以发现，从西周到春秋时期，随着册命制度的变化，册命辞在文体和语言风格方面也具有相应的变化。

（一）春秋册命制度与文章写作

册命制度，是周天子赏赐和分封诸侯或重要臣子的制度。西周册命制度，至汉以后，已难知其详。杜预《春秋释例》云"天子锡命，其详未闻"。关于其仪节，《周礼》未载，唯《礼记·祭统》云：

> 古者，明君爵有德而禄有功，必赐爵禄于太庙，示不敢专也。故祭之日，一献，君降立于阼阶之南，南乡，所命北面，史由君右，执策命之。再拜稽首，受书以归，而舍奠于其庙。此爵赏之施也。[①]

孔氏《正义》云："'舍奠于其庙'者，谓受策命，卿、大夫等既受策书，归还而释奠于家庙，告以受君之命。"[②]除此之外，《周礼·大宗伯》载大宗伯、小宗伯职下有王举行册命礼时充任"傧"的任务；小史、内史则有执策和代宣王命的任务。清代学者朱为弼撰《王亲锡命礼》等七篇文章考证锡命礼的具体内容[③]，但限于材料，仍有未尽。近代以来，史学家陈梦家有《西周金文中的册命》《文献中的策命》探讨策命礼仪的细节[④]；齐思和也有《周代锡命礼考》结

---

① （汉）郑玄注，（唐）孔颖达疏：《礼记正义》，《十三经注疏》（标点本），北京大学出版社1999年版，第1357页。

② （汉）郑玄注，（唐）孔颖达疏：《礼记正义》，《十三经注疏》（标点本），北京大学出版社1999年版，第1357—1358页。

③ 朱为弼：《蕉声馆文集》卷一，1919年陶子麟精写刻本。

④ 陈梦家：《尚书通论》（外二种），河北教育出版社2000年版，第167—183页。

第十二章 春秋铭功、册命制度与铭赞册命 341

合文献材料与金文记载，详细考证了西周锡命礼的"仪式"、锡命的内容、锡命礼的不同类型（锡命诸侯、锡命王臣、锡命嗣位之诸侯）以及锡命礼的演变等。陈、齐二家的研究，使得这一礼仪的面目大体呈现于世。新时期以来，因为考古发现的有关材料进一步增多，陈汉平《西周册命制度研究》在前代学者研究基础上，对册命制度进行了系统阐述。[①] 还有台湾学者张光裕，对册命礼的仪节也有详论。[②] 二家的论著纠正了前人对册命礼研究中的一些误解，又将此研究向前大大地推进了一步。学者们的研究，为我们从文学的角度探讨册命制度与文章写作的关系提供了充分的前提。

据以上所述诸家的研究，西周金文及传世文献记载，册命仪式一般在宗庙或王宫或臣工之宫进行；册命之时，周王立于大室之前，而受册命者在傧相的导引下立于中廷。仪式开始时，由一位史官手秉事先已经书写好册命辞的竹简，另一位史官代周王向受册命者宣读册命。册命辞的内容有三项：一、赏赐；二、任命；三、诰戒。史官宣读完册命后，受册命者要拜稽首、对扬王休，也就是感谢天子之恩，并祝福天子。仪式结束后，史官要将记有王命的册书交给受册命者。一般受册命者还要将受命之事告于家庙，并作器以为记其事，以显示荣耀。

从传世文献来看，王或诸侯策命之书谓之册（策）、书、册命、简命、命、命书，也即金文中的书、令（命）书、令册。由其名称来看，整个册命礼仪充分体现着"言辞为功"的特点，具有很浓的文学色彩。孔丘称赞周朝"郁郁乎文哉"（《论语·八佾》），的确不是空发感叹。在册命仪式中，王命事先由作册内史制作并书于简册，在仪式进行中由周王将书有册命的简册交给史官，再交由主持仪式的史官宣读。《逸周书·尝麦》载："太祝以王命作策策告于大宗，王命□□祕，作策许诺，乃北向繇书于两楹之间：'王若曰……'"[③] 又《世俘》："乃俾史佚繇书于天号。"[④] 可见史官宣读册命，谓之"繇"。繇即诵读。"繇书"

---

① 陈汉平：《西周册命制度研究》，学林出版社 1986 年版。
② 张光裕：《雪斋学术论文集》，台湾艺文印书馆 1989 年版，第 29 页。
③ 黄怀信、张懋镕、田旭东撰：《逸周书汇校集注》（修订本），上海古籍出版社 2007 年版，第728—729 页。
④ 黄怀信、张懋镕、田旭东撰：《逸周书汇校集注》（修订本），上海古籍出版社 2007 年版，第437 页。

即相当于以口头方式"发表文章"。因为仪式的需要,这种诵读活动一定不仅仅是"照本宣科",而应当是绘声绘色、抑扬顿挫,且能明白晓畅地宣布王命的。此材料中"王若曰"以下即是册命之辞。在册命仪式结束后,册命交由受册命者保存。重大的册命周天子还保留有册命简册的副本。

在册命仪式中,文章的创制、宣读、保存,每个环节都非常严格地遵守册命制度的要求。从文章写作的角度来说,册命辞的撰制带有明显的制度化、程式化的特点。

从西周初期金文如《大盂鼎铭》①、西周晚期《毛公鼎铭》②所载的册命辞来看,史官的撰作每每在格式规定之内表现出旺盛的创造力。如《大盂鼎铭》追述文王、武王之德烈及殷商所以亡国,洋溢着一股豪情,雍容典雅,风格似大雅;接下来以周天子的口气命盂嗣其祖南公,语气严正,语重心长,风格似周诰;再接下来命盂以职并列赏赐之厚,语调煦若春风,亲切自然;最后又重申诰戒,归于谨严。一篇之中,语气三变,三致意焉。而《毛公鼎铭》开篇追述文王、武王之功,而意归于当时四方不宁。国势危急,忧虑重重之心毕现;接下来命毛公治邦家内外,赐予毛公出内王命的专权,期望其能为国分忧;最后是诫勉和赏赐。整篇册命辞表现出国势危急时的紧张气氛。总体而言,西周时代的册命文虽然在撰作上表现出程式化的特点,但作册内史在撰制时也充分展

---

① 《大盂鼎铭》:王若曰:"盂,丕显文王,受天有大命,在武王嗣文王作邦,辟厥匿,匍有四方,畯正厥民,在雩御事。酉!酒无敢酖,有柴烝祀无敢酵,故天翼临子,法保先王,[匍]有四方。我闻殷坠命,唯殷边侯、甸与殷正百辟,率肆于酒,故丧师。已,汝昧辰有大服,余唯即朕小学,汝勿蔽余乃辟一人。今我唯即型禀于文王正德,若文王令二三正。今余唯令汝盂绍荣,敬擁德经,敏朝夕入谏,享奔走,畏天威。"王曰:"耐,汝盂型乃嗣祖南公。"王曰:"盂,廼绍夹尸司戎,敏谏罚讼,夙夕召我一人烝四方。雩我其遹省先王受民受疆土。赐汝鬯一卣、门衣、芾、舃、车、马,赐乃祖南公旂,用狩。赐汝邦司四伯,人鬲自驭至于庶人六百又五十又九夫。赐夷司王臣十又三伯,人鬲千又五十夫,遷自厥土。王曰:"盂,若敬乃正,勿废朕命。"此铭记周康王册命盂之事。盂作鼎铭,记康王九月在宗周命盂之辞。康王一命盂绍续荣,早晚规谏;再命盂效法其祖南公;三命盂主司戎之职。说见王世民、陈公柔、张长寿:《西周青铜器分期断代研究》,文物出版社1999年版,第26—27页。铭文见中国社会科学院考古研究所编:《殷周金文集成》(增订修补本)第二册,中华书局2007年版,第1516—1517页。

② 毛公鼎,相传陕西岐山出土,现藏台湾"中央博物院",器内壁有铭文32行,479字,重文9,合文9。于省吾《双剑誃吉金文选》(中华书局1998年版,第125—126页)分析、评论此铭文曰:"此铭可分为三段。由起至'永巩先王'为第一段,祗述先德,竞惕在位,其义意已涵括全文。由'王曰父□'至'以乃族扞敌王身'为第二段,皆申命父□夹辅王室,最见多难兴邦忧勤深挚之意。由'取微卅锊'至末,为第三段,叙宠赉之优及作器之由。通体崇奥浑穆,渊古高卓,与殷盘、周诰并美同风。吾人于《尚书》二十八篇之外,犹获诵此等文字,不可谓非厚幸也。"

示了他们运用言辞技巧曲达王意的高超文学才能。

春秋时期，册命制度继承自西周，册命之辞的撰制大多也由史官承担，其体制风格也一依西周时代。但对比春秋初叶至末叶的册命之文，仍然表现出风格由谨严向轻快的变化。

（二）春秋册命礼的衰落与册命辞文体风格的变化

春秋初叶的册命之文，最有代表性的是《文侯之命》。公元前 760 年（周平王十一年、鲁惠公九年、晋文侯二十一年），晋文侯杀携王余臣，周二王并立至此结束。周平王为答谢晋文侯，依周礼册命之制，锡晋文侯命，史官作《文侯之命》。《竹书纪年》载："二十一年，携王为晋文侯所杀。"王国维《古本竹书纪年辑校》云："《春秋经传集解·后序》：'《纪年》无诸国别，惟特记晋国，起自殇叔，次文侯、昭侯，以至曲沃庄伯，庄伯之十一年十一月，鲁隐公之元年正月也，皆用夏正，建寅之月为岁首。编年相次，晋国灭，独纪魏事。'案殇叔在位四年，其元年为周宣王四十四年，其四年为幽王元年，然则《竹书纪年》以晋纪年，当自殇叔四年始。"是以知前引"二十一年，携王为晋文公所杀"在晋文侯二十一年。周平王锡晋文侯命，周作册史官作《文侯之命》。

《书序》："平王锡晋文侯秬鬯、圭瓒，作《文侯之命》。"[1] 郑玄《尚书注》、伪《孔传》、孔颖达《正义》从之。然《史记·周本纪》《晋世家》及《新序·善谋篇》以之为周襄王锡命晋文公而作，其说误。司马贞《史记索隐》云："《尚书·文侯之命》是平王命晋文侯仇之语，今此文乃襄王命文公重耳之事，代数悬隔……学者颇合讨论之。而刘伯庄以为盖天子命晋同此一辞，尤非也。"[2]《后汉书·丁鸿传》李贤注亦云："平王东迁洛邑，晋文侯仇有辅佐之功，平王赐以车马弓矢而策命之，因以名篇。"[3] 宋林之奇《尚书全解》卷四十亦曰："盖当是时，犬戎方乱，王室如缀旒，而文侯于周有再造之功。故平王于其将

---

[1]　（汉）孔安国传，（唐）孔颖达：《尚书正义》，《十三经注疏》（标点本），北京大学出版社 1999 年版，第 555 页。

[2]　（汉）司马迁：《史记》，中华书局 1982 年版，第 1667 页。

[3]　（南朝宋）范晔撰，（唐）李贤等注：《后汉书》，中华书局 1965 年版，第 1264 页。

归国也，锡之秬鬯、圭瓒以报其厚德焉。……此锡文侯秬鬯、圭瓒，盖亦命之
为侯伯也。……司马子长不之察，徒见文公亦有是赐，遂以此篇为襄王赐命
文公之言，盖未尝深考左氏而妄为之说也。"① 是《文侯之命》为周平王锡命晋文
侯行锡命礼所作命辞。清人朱鹤龄所论更为详尽，其《尚书埤传》卷十五云：
"幽王既陨，携王僭位，诸侯乃共举兵绌之，而迎立故太子宜臼。其迁洛未定
何时，大抵自犬戎发难至平王东迁，必非止一两年间事。《正月》诗云：'赫
赫宗周，褒姒灭之。'又云：'哀我人斯，于何从禄，瞻乌爰止，于谁之屋？'
正西周亡后王位未定时作也。《竹书》又云：'携王为晋文侯所杀。'以此书用
'会绍乃辟''及多修扞于艰'等语验之，正合其时卫武公、郑武公、秦襄公同
奖王室，而平王于文侯独加殊礼，有秬鬯、圭瓒之锡，殆以杀携王之故欤？"②
朱氏指出东迁、杀携王、锡命晋侯等历史事件与《文侯之命》的具体内容的内
在联系，其说可从。他认为"自犬戎发难至平王东迁，必非止一两年间事"，
更是卓见。为讨论方便，兹引述《文侯之命》如下：

　　王若曰："父义和，丕显文武，克慎明德，昭升于上，敷闻在下，惟
时上帝集厥命于文王。亦惟先正，克左右昭事厥辟，越小大谋猷，罔不率
从，肆先祖怀在位。呜呼！闵予小子嗣，造天丕愆。殄资泽于下民，侵戎
我国家纯。即我御事，罔或耆寿俊在厥服，予则罔克。曰惟祖惟父，其伊
恤朕躬。呜呼！有绩，予一人永绥在位。父义和，汝克昭乃显祖，汝肇刑
文武，用会绍乃辟，追孝于前文人。汝多修，扞我于艰，若汝，予嘉。"

　　父义和，其归视尔师，宁尔邦。用赉尔秬鬯一卣，彤弓一，彤矢百，
卢弓一，卢矢百，马四匹。父往哉！柔远能迩，惠康小民，无荒宁。简恤
尔都，用成尔显德。③

这篇册命之辞在格式、文风方面尚能遵守西周旧制，但因平王于危难之际

---

① （宋）林之奇：《尚书全解》，山东友谊书社1992年版，第2310—2319页。
② （清）朱鹤龄：《尚书埤传》卷十五，《文渊阁四库全书》，上海古籍出版社1987年版。
③ （汉）孔安国传，（唐）孔颖达疏：《尚书正义》，《十三经注疏》（标点本），北京大学出版社
1999年版，第556—560页。

借晋、郑、秦、卫等诸侯之力而即位，不免有仰人鼻息之感，所以册命晋文侯之辞和西周册命辞相比，在语气上感念有余而威严不足。

春秋时期，因为天子分封诸侯已经基本完成，加上王室实力远不如西周时代，册命礼走向衰落。至春秋中叶，在周天子被迫承认霸主的权威，并册命某些诸侯为霸主的时候，册命之制的实施已是出于形势所迫不得已而为之。有的时候，甚至出现了违礼的追赐诸侯和诸侯不待册命的现象①。因此册命辞的撰作也成了官样文章。但在形式上多用韵文，则朝着轻快流利的方向发展。如《左传·僖公二十八年》载："丁未，献楚俘于王，驷介百乘，徒兵千。郑伯傅王，用平礼也。己酉，王享醴，命晋侯宥。王命尹氏及王子虎、内史叔兴父策命晋侯为侯伯，赐之大辂之服、戎辂之服，彤弓一、彤矢百，玈弓矢千，秬鬯一卣，虎贲三百人。"史官宣读册命之辞曰："王谓叔父，敬服王命，以绥四国，纠逖王慝。"晋侯三辞，从命。曰："重耳敢再拜稽首，奉扬天子之丕显休、命。"出入凡三次行觐礼，受策书以出。②

再如《左传·襄公十四年》载，周灵王使刘定公赐齐侯命，命辞曰："昔伯舅大公右我先王，股肱周室，师保万民，世胙大师，以表东海。王室之不坏，繄伯舅是赖。今余命女环，兹率舅氏之典，纂乃祖考，无忝乃旧。敬之哉，无废朕命。"③

按：锡命必以作册内史作命辞，于赐命仪式宣读之。由此年所载锡命之辞可见此类文体之特征。

春秋中叶以后，册命制度已被僭越，一些诸侯国也用册命礼赏赐臣子。如《左传·昭公三年》载此年四月，晋平公作"策"以嘉公孙段。君子引《诗·鄘风·相鼠》以赞之。夏四月，郑伯如晋，公孙段相礼，甚敬而卑，礼无违者。晋平公嘉焉，授之以策，策曰："子丰有劳于晋国，余闻而弗忘，赐女州田，以胙乃旧勋。"伯石再拜稽首，受策以出。君子曰："礼，其人之急也

---

① 《诗·唐风·无衣》毛传云："诸侯不命于天子，则不成为君。"依册命礼，诸侯、卿大夫太庙受封接受册命之时，受有作为信物的命圭。因此国君死，命圭上献天子。新君三年丧毕，身穿上士之服往朝天子，天子重以锡命礼赐予册命、圭璧，方改换君服。卿大夫亦然。详参董立章：《国语译注辨析》，暨南大学出版社1993年版，第156—158页。

② 杨伯峻编著：《春秋左传注》，中华书局2009年版，第463—466页。

③ 杨伯峻编著：《春秋左传注》，中华书局2009年版，第1018—1019页。

乎。伯石之汰也，一为礼于晋，犹荷其禄，况以礼终始乎？《诗》曰：'人而无礼，胡不遄死。'其是之谓乎。"①按：此处引诗，是强调礼之重要性。有礼则兴，无礼招祸，仍为春秋时普遍认可之观念。按：策，即策书。嘉许公孙段有礼，书其事于简册以赐之。

《左传·昭公三十二年》载：秋八月，周敬王使富辛与石张如晋，请城成周，以防王子朝之余党。天子命曰："天降祸于周，俾我兄弟并有乱心，以为伯父忧，我一二亲昵甥舅，不遑启处，于今十年，勤戍五年。余一人无日忘之，闵闵焉如农夫之望岁，惧以待时。伯父若肆大惠，复二文之业，弛周室之忧，徽文、武之福，以固盟主，宣昭令名，则余一人有大愿矣。昔成王合诸侯，城成周，以为东都，崇文德焉。今我欲徽福假灵于成王，修成周之城，俾戍人无勤，诸侯用宁，蟊贼远屏，晋之力也，其委诸伯父，使伯父实重图之。俾我一人无征怨于百姓，而伯父有荣施，先王庸之。"②

按：此年秋周敬王使富辛与石张如晋，"天子曰"云云，盖代传天子之命，或即后世之传圣旨也。故以为王"书"。《国语·周语下》载此事以欲城周者为刘文公与苌弘，与《左传》所载不同，今从《左传》。

（三）春秋册命之辞对诗歌创作的影响

春秋时期，王室册命诸侯之礼虽日渐衰落，但作为一种特殊的荣耀，个别受到王室册命的诸侯还是以之为荣。同时受到王室册命就意味着受到王室的特许，可以代王室行征讨诸侯，或者拥有王室礼乐，或者获得诸侯的名分。介于此，一些重要的册命礼仪成为诗人歌咏的重要素材，而由受封者所保留的册命之辞，有时也被诗人隐括加工而入诗，从而对春秋诗歌创作产生了一定的影响。

春秋初叶，周平王册命秦襄公为诸侯。秦人获得了向西扩张的名分，诗人歌咏其事，作《终南》一诗。诗云"君子"（秦襄公）身着"锦衣狐裘""黼衣

---

① 杨伯峻编著：《春秋左传注》，中华书局 2009 年版，第 1239 页。
② 杨伯峻编著：《春秋左传注》，中华书局 2009 年版，第 1517—1518 页。

绣裳"，朝见天子，接受册命的荣耀，可从另一个侧面印证策命礼仪的仪节之隆重。《终南》，美秦襄公朝王受赐官服也。而《毛序》曰："戒襄公也。能取周地，始为诸侯，受显服，大夫美之，故作是诗以戒劝之。"① 范处义《补传》云："周地虽有王命，时尚为戎有……戒其无负天子之托而劝其必取也。"② 其实《毛序》正是从册命礼赏赐并告诫的角度说诗，与诗本义并不矛盾。《国语·郑语》："平王之末，秦取周土。"秦襄公于平王元年受命取周土，故言戒劝，而实有周土已至秦文公末年。然而终秦襄公之世，秦与戎之争战未尝稍息，以至秦襄公于十二年伐戎至岐而卒。

李黻平《毛诗紬义》云："《驷驖·序》言始命，此《序》亦言始为诸侯，……至是始受显服，《序》故以能取周地表之。《小雅·采菽》云：又何予之？玄衮及黼。《大雅·韩奕》云：王锡韩侯，玄衮赤舄。僖公二十八年《左传》：晋文公献楚俘于王，赐之大路之车，戎辂之服。诸侯朝于天子有赐服之事。此诗言终南，言君子至止，襄公亦朝王京师，受服归国，大夫因而进而戒也。"③ 诗言："君子至止，锦衣狐裘。颜如渥丹，其君也哉！"《传》："狐裘，朝廷之服。"郑《笺》："至止者，受命服于天子而来也。诸侯狐裘锦衣以裼之。"马瑞辰《毛诗传笺通释》以《礼记·玉藻》文进一步证实此说。诗中"颜如渥丹"而服朝服、威仪尊严者，正乃秦襄公也。诗言"黻衣绣裳。佩玉将将，寿考不忘！"者，则云"君子德足称服，故美之也"。④ 由此可见，《终南》亦秦襄公始封之诗也，清儒或以此诗咏"终南"，秦襄公时境未至此，而以为《终南》晚出。然终南西起秦陇，东至蓝田，绵亘至广，岐之东西皆有终南，不必定至岐东之地。胡辰琪《毛诗后笺》论甚详，兹不赘述。

春秋初年，周平王锡命郑武公为周王室司徒。此为人所共知之大事，故周史官作《缁衣》之诗，美郑武公受王命为伯。《今本竹书纪年》："（三年）王锡司徒郑伯命。"《纲鉴易知录》卷三载："癸酉，三年（前768），以郑掘突为

① （汉）毛亨传，（汉）郑玄笺，（唐）孔颖达疏：《毛诗正义》，《十三经注疏》（标点本），北京大学出版社1999年版，第424—425页。

② 转引自陈子展：《诗三百解题》，复旦大学出版社2001年版，第471—472页。

③ 《毛诗紬义》，转引自陈子展：《诗三百解题》，复旦大学出版社2001年版，第472页。

④ （清）王先谦撰，吴格点校：《诗三家义集疏》，中华书局1987年版，第450—452页。

司徒。"①掘突即郑武公。锡命之礼必作命辞，并由史官宣读于仪式之上。

这一大事不能无诗，诗即《缁衣》，在今本《诗经·郑风》中。《毛序》云："《缁衣》，美武公也。父子并为周司徒。"黄中松《诗疑辨证》云："《礼记·缁衣》：子曰：好贤如《缁衣》。《孔丛子》：孔子曰：于《缁衣》见好贤之至。今读其词，欢爱之意，笃厚之情殷勤缱绻，有加无已，不啻家人父子之相亲者，好贤若此，宜夫子屡称之也。"是说此诗述欢爱之意，表好贤之情。黄氏又云："窃意经文六予字自是周人自予。周人与武公有同朝之谊，无尊卑之分，故曰予曰子，为平等之称。若郑人爱其君，岂可斥之为子？郑人献于公，敢自号曰予乎？此诗虽为周人所作，而主美郑君，郑人荣之，传流本国，采诗者得之于郑地，遂以之冠《郑风》也。……此诗武公为司徒，善于其职，周人善之而作者，是已。"黄以诗之六"予"为周人，"子"指郑武，说极是，然细察诗意，此授衣于郑武之"周人"待郑武公"不啻家人父子之相亲者"，并非周之同朝之臣，而当为周平王。何楷《诗经世本古义》引徐学谟之说云："适馆授粲，岂是民之得施于上者？"诗中改衣授粲当为周平王隆礼重贤之举。俞樾《群经平议》以礼证此诗云："篇中言予者，皆设为周天子之辞。……《仪礼·觐礼》'天子赐侯氏以车服'，此即所谓敝予又改为也。其云适子之馆者，《觐礼》'天子赐舍'是也。其云还予授子之粲者，《觐礼》'享礼乃归'是也。武公以诸侯入为卿士，故用诸侯之礼，诗人纪其实耳。"②王先谦《诗三家义集疏》释"予"字正与俞说同。由此可见，《缁衣》所述乃因郑武贤能，又为周之宗室，平王命其为司徒，行赐命礼，当时太史作此诗以美其事也。此于郑人甚为荣耀，故采而录之，列于《郑风》之首。

列国之中，鲁与周关系最近，故凡鲁有大功大事，天子必遣使致命。《春秋·文公元年》载："夏，天王使毛伯来锡公命。"③此年所记实即追命鲁僖公，

---

① （清）吴乘权等辑，施意周点校：《纲鉴易知录》，中华书局1960年版，第77页。
② 黄中松《诗疑辨证》、何楷《诗经世本古义》、俞樾《群经平议》所论均转引自陈子展：《诗三百解题》，复旦大学出版社2001年版，第277页。
③ 杨伯峻编著：《春秋左传注》，中华书局2009年版，第508页。

此例与《庄公元年》"冬，王使荣叔来锡桓公命"①追命鲁桓公正同。春秋中叶时，鲁僖公克淮夷有功，周室亦册命之以嘉其功。诗人美之，作《閟宫》，隐括册命之文入诗。可以说，《閟宫》就是一篇"诗化"的册命辞。

前文论及，《閟宫》一诗为颂扬僖公能郊天祭祖兴鲁而作，诗中也引用周成王册命鲁之先祖之命辞。诗中"王曰"以下至"土田附庸"，史学家齐思和曾说："以金文铭辞例之，此盖隐括封建鲁国时锡命之原文也。"②这也证明，前朝受封诸侯所保留的王室册命这种带有纪念性的"神圣文本"，在春秋时期随着礼器的播迁而传播，并进而为一般贵族所熟悉，所以留下了在各种场合对其加以运用的过程和轨迹。

《左传》《国语》在叙事中有一种特别的现象，即用"君子曰"的形式，以第三方的立场和口吻对上文所记载的历史事件和人物进行评论。这一方式能跳出历史叙事的具体语境，可以比较客观地对事件和人物进行评判，其文章体式则开了后世正史中的"史赞"体的先河。

据《左传》所载的实例而言，春秋时期的"君子"所发表的颂赞体的例子分别见于春秋时期的以下年份：公元前627年、前653年、前683年、前686年、前623年、前518年、前612年、前594年、前593年、前570年、前552年、前546年、前540年、前534年、前531年、前529年、前518年、前514年、前477年等处③。这些"君子曰"的篇章，有的出自儒家学者，有的则可能出自《春秋左氏传》的编者。我们的论述，主要是针对前者。

---

①　杨伯峻编著：《春秋左传注》，中华书局2009年版，第156页。

②　齐思和：《周代锡命礼考》，见氏著《中国史探研》，河北教育出版社2000年版，第118页。

③　此处所列年份均为公元前纪年，涉及的颂赞语大多出自《左传》《国语》。详参赵逵夫、韩高年：《先秦文学编年史》（春秋卷），商务印书馆2010年版。

第十三章　春秋官私教育制度与文章文体的传承

春秋前期，西周以来的大学制度专门负责当时贵族的教育和人才的培养，其中重要的内容是各类与实际事务相联系的文章的写作技能的培养。大约到春秋中叶，私学兴起，各类文章的写作技能培养仍是重要的教学内容。换句话说，春秋时期的官私教育制度承载着各类应用文章文体的传承。这一章拟分别对相关文体在官、私两种教育制度交替和并存之际的传承状态及文体变迁做一描述。

一、官学教育与政教文体的传承

春秋前期，虽然礼乐征伐不出于天子，礼崩乐坏、私学的兴起、文化的下移等已经势所难免，但西周时代确立的学在官府的教育制度在贵族社会里仍然在延续。就贵族社会而言，各类文体和文类的文体特征的掌握、文体用途的申明、写作技巧的训练等，都是通过官学教育制度而得到保障。

西周的学校分为国学与乡学两个层次，国学又分为小学与大学两个阶段，由周天子的史官担任教师，教育的对象是"国子"，教育的目标是为国家培养人才，即"造士"，教学内容主要是"六艺"之学，即礼、乐、射、御、书、数；到了春秋中叶以后，"六艺"演变为诗、书、礼、乐、易、春秋。

西周时代的官学教育有两个特点：一是教育与政治密切联系，甚至可以说教育主要是为政治服务；二是学校的教师是史官，官、师合一。以上两点决定了官学教育在具体的教学内容方面，除去德行伦常的内容外，更注重传授为政当中各类文书体式及其撰作方法。章学诚曾说："三代盛时，天下之学，无不以吏为师。《周官》三百六十，天人之学备矣。"① 其实春秋初叶也是如此。我们详细考察《周礼》一书，史职之下，其职掌的功能除具体事务外，多为掌管公文写作与文籍保管。这也正是史官可以充任国学教师一职的原因。《周礼·大史》：

> 大史掌建邦之六典，以逆邦国之治，掌法以逆官府之治，掌则以逆都鄙之治。凡辩法者考焉，不信者刑之。……正岁年以序事，颁之于官府及都鄙，颁告朔于邦国。闰月，诏王居门终月。大祭祀，与执事卜日，戒及宿之日，与群执事读礼书而协事，祭之日，执书以次位常。……大会同朝觐，以书协礼事。……大师，抱天时，与大师同车。大迁国，抱法以前。大丧，执法以莅劝防。遣之日，读诔。……②

由上面的记载来看，太史参与的所有政务，几乎都有掌管文书、读诵文书、写作文书的内容，我们试加以考订如下。

太史掌"建邦之六典"，注云："典、则，亦法也。六典、八法、八则，冢宰所建，以治百官，大史又建焉，以为王迎受其治也。"郑注解说此句有误，"建邦之六典"意即建立国家的六种法令，此由太史掌管，太宰也掌管其副本。"建"并非撰作或起草制订。"建邦之六典"犹言国家之根本大法，为国家行政之根本，建国之初即以写定，不劳太宰、太史屡次撰写，只是由于周王在不同场合需要时，由太宰或太史为之参考。《管子·立政》："五乡之师，五属大夫，皆受宪于大史。"③ 这里所说的"宪"，即国法。由太史授之于五乡之师，五属大夫。据《大宰》，六典分别有治典、教典、礼典、政典、刑典和事典。太史的主要职责是把"六典"传授给下级，并且负责以太府所藏之六典考校各级

---

① （清）章学诚撰，叶瑛校注：《文史通义校注·史释》，中华书局 2014 年版，第 271 页。
② （汉）郑玄注，（唐）贾公彦疏：《周礼注疏》，《十三经注疏》（标点本），北京大学出版社 1999 年版，第 692—698 页。
③ 黎翔凤撰：《管子校注》，中华书局 2004 年版，第 65 页。

官吏所用之六典，对那些使用了讹误很多的六典而不及时考校的官员，还要处以刑罚。其实在这个传承过程中，太史逐级"授宪"就是把六典文书授予各级官吏，这个传授的过程当然也会有关于六典文书的内容及适用范围的讲解与说明，同时还有定时的关于六典文书文本的对刊活动。其实太史的行政与文书的教学是合二而一的事。

彭林认为："《周礼》六典，以教典扰万民，以礼典谐万民，以刑典纠万民，三者相辅相成，组成了重教化、隆礼义、慎刑罚的治民思想体系。"[①]六典中的具体内容大致涉及"正岁年以序事""颁朔""大祭祀与群执事读礼书""执书以次常位""大会同朝觐，以书协礼事"等，可以看出太史掌管有关的法令和礼仪制度文书，所谓"正""颁""读""序""次""协"等活动，都是对太史运用六典文书以行政的具体描述，其本质实际上就是各类礼仪制度文章的撰制与实际运用活动。

"六典"是西周以来传承下来的法令和礼仪制度，说白了也就是礼乐制度。有的学者认为"六典"是后世法家所谓的"法"，有失偏颇。这从前人关于《周礼》有关"法"的条目的注解中可以得到印证。

关于前文所引《周礼》中所说的"辩法"的含义，孙诒让引李钟伦云："辩法，若子产争赋贡、宋仲几辩役事之类。故士伯数仲几以故府之法而执之，所谓不信者刑之，盖亦如此。"[②]李氏所说"子产争赋贡"[③]"宋仲几辩役事"二事，都见于今本《左传》，其中子产一事见昭公十三年，晋为盟主，挟天子令诸侯，向诸国征收贡赋，郑赋尤重，子产以周天子之贡赋制度为依据，要求晋国减少郑国的贡赋，他说："昔天子班贡，轻重以列。列尊贡重，周之制也，卑而贡重者，甸服也。郑伯，男也，而使从公侯之贡，惧弗给也，敢以为请。诸侯靖兵，好以为事。行理之命无月不至。贡之无艺，小国有阙，所以得罪也。诸侯修盟，存小国也。贡献无极，亡可待也。存亡之制，将在今矣。"子产所引的这段关于天子班贡的话，就是出自《周礼》太史之"六典"的内容。这些法律文书，春秋时还在，只不过由史官传到了子产这样的贵族之手。

① 彭林：《周礼主体思想与成书年代研究》，中国社会科学出版社 1991 年版，第 65 页。
② （清）孙诒让撰，王文锦、陈玉霞点校：《周礼正义》，中华书局 1987 年版，第 2081 页。
③ 详参杨伯峻编著：《春秋左传注》，中华书局 2009 年版，第 1357—1359 页。

宋仲几事，见《左传·定公元年》载："孟懿子会城成周，庚寅，栽。宋仲几不受功，曰：'滕、薛、郳，吾役也。'薛宰曰：'宋为无道，绝我小国于周，以我适楚，故我常从宋。晋文公为践土之盟，曰："凡我同盟，各复旧职。"若从践土，若从宋，亦唯命。'仲几曰：'践土固然。'薛宰曰：'薛之皇祖奚仲居薛，以为夏车正，奚仲迁于邳，仲虺居薛，以为汤左相。若复旧职，将承王官，何故以役诸侯？'仲几曰：'三代各异物，薛焉得有旧？为宋役，亦其职也。'士弥牟曰：'晋之从政者新，子姑受功，归，吾视诸故府。'仲几曰：'纵子忘之，山川鬼神其忘诸乎？'士伯怒，谓韩简子曰：'薛征于人，宋征于鬼。宋罪大矣。且己无辞，而抑我以神，诬我也。"启宠纳侮"，其此之谓矣。必以仲几为戮。'乃执仲几以归。三月，归诸京师。"[①]

晋为盟主，召集诸侯为天子修缮成周之城，宋国大夫仲几以为滕、薛、儿三小国为宋国的附庸，三小国参加筑城的劳役，就等于宋国所承担的，所以拒不出力。薛宰以薛之皇祖奚仲曾为夏之车正、仲虺曾为商之左相的史事，以为薛之旧职为天子之官，不当为宋国担当劳役。而宋大夫仲几则以为夏、商、周三代制度不同，所以薛宰之辞不可信。仲几和薛宰还有晋士伯三个人的讨论，都围绕着一种藏于当时的所谓"故府"，即档案馆的法典而展开，这也当是春秋时代还保存着的前代的"六典"之文。

从上面事例中三国的大夫都对其相当熟悉的现象来看，到了春秋时期，这法典类文书的神圣性已经大大降低，所以一般熟知掌故的贵族都能如数家珍。这种六典文书的下传，主要是由官学教育的下移所导致的。

从负责贵族教育的职官方面来看，据陈槃先生考察，认为："彼时王朝师的职责，无正文可考。《周礼·地官·师氏》职：'掌以媺诏王。'郑注：'告王以善道也。《文王世子》曰：师也者，教之以事而谕诸德者也。'孙诒让《正义》：'《荀子·儒效篇》说，周公教诲，开导成王，使谕于道，即师道也。'案《书序》，成王即政的初年，周公、召公保。诸书说周初设置太师，主惜在导王为善，义甚正，应该没有问题。春秋王朝师的职责，大抵也不会例外。"从诸侯国来说，"春秋时代，贵族教育职官可考的，晋、楚、蔡并有太师；周、

---

① 杨伯峻编著：《春秋左传注》，中华书局 2009 年版，第 1523—1524 页。

楚、卫亦省称师；楚、卫、随并有少师；晋有太傅；鲁、晋亦省称傅；齐有少傅；晋、楚、卫有保；鲁、晋卿家亦或有师，或有傅，或有保"。[①] 当时诸侯国如鲁、晋、齐、楚、卫、宋、郑等都特别重视贵族教育，培育出了如叔孙豹、子产、范宣子、申叔时等德行与道艺兼具、学问与政事兼通的，具有"君子"气象的博学之士。

二、楚国贵族教育与申叔时的文体功能理论

春秋时期既是地域文化渐趋融合而形成中华文化的时代，也是地域文化蓬勃发展的时期，这表现在两方面：一方面是各地区的文化交流日趋频繁和深入，另一方面是区域性文化特征越来越彰显出来。这种状态也会对各诸侯国的制度文化产生相应的影响。春秋时代的文章多是为现实政治人生服务的"经世之文"，各诸侯国的制度小有不同，其文章旧典的传承也显现出地域色彩。

以楚国为例，虽在春秋时多与中原之国有所交流，并受周文化影响渐深，但楚人仍自视为蛮夷，其制度文化与中国大同而小异。《国语·楚语上》载楚庄王使士亹傅太子葴，后者坚辞而未果，于是问于博学的申叔时教太子之道，从中可以看出楚国的贵族教育在内容上既受到周文化之影响而又独具特色。为论述的方便，具引原文如下：

> 庄王使士亹傅大子葴，辞曰："臣不才，无能益焉。"王曰："赖子之善善之也。"对曰："夫善在大子，大子欲善，善人将至，若不欲善，善则不用。故尧有丹朱，舜有商均，启有五观，汤有大甲，文王有管、蔡。是五王者，皆元德也，而有奸子。夫岂不欲其善，不能故也。若民烦，可教训。蛮夷戎狄，其不宾也久矣，中国所不能用也。"王卒使傅之。问于申叔时，叔时曰："教之《春秋》，而为之耸善而抑恶焉，以戒劝其心；教

---

① 陈槃：《春秋列国的教育》（重定本），《旧学旧史说丛》，上海古籍出版社 2010 年版，第 250—251 页。

之《世》，而为之昭明德而废幽昏焉，以休惧其动；教之《诗》，而为之导广显德，以耀明其志；教之礼，使之上下之则；教之乐，以疏其秽而镇其浮；教之《令》，使访物官；教之《语》，使明其德，而知先王之务，用明德于民也；教之《故志》，使知废兴者而戒惧焉；教之《训典》，使知族类，行比义焉。"①

楚国教育太子的主要内容有《春秋》《世》《诗》《礼》《乐》《令》《语》《故志》《训典》等，其中《诗》《礼》《乐》三项教学内容与中原诸国相同，而《春秋》《世》《令》《语》《故志》《训典》六项名目虽与中原各国相同，可能具有楚国的特色。

楚国贵族教育制度与中原各国有同有不同，这些教学内容实际体现出对于不同类型的文章的功能性分类。如果依据文章体式及其功能将上面涉及的教学内容，用列表的形式重新做一分析，就可以很清楚地看出楚国贵族教学中对于文体功能问题的关注了。

文类	文体功能	现存文本
《春秋》	耸善而抑恶，戒劝其心	韦昭注："以天时纪人事，谓之《春秋》。"吴曾祺："观此，则知凡诸侯之史，皆谓之《春秋》，不独鲁也。"今存有《墨子》所谓《百国春秋》《春秋》等。
《世》	昭明德而废幽昏	韦昭注："《世》，先王之世系也。"今存如《大戴礼记·帝系》等。清华简《楚居》《纪年》《良臣》等。
《诗》	导广显德，耀明其志	《诗三百》及逸诗，清华简《周公之琴舞》《耆夜》等。
《礼》	知上下之则	金文、《左传》等书中之"礼"。
《乐》	疏其秽而镇其浮	六代乐
《令》	访物官	韦注："《令》，先王之官法、时令也。"今存有《夏小正》《月令》
《语》	知先王之务用明德于民	韦注："《语》，治国之善语。"见于史传诸子之以"语"名体者、《论语》《国语》及郭店楚简《语丛》一、二、三皆是。
《故志》	知废兴者而戒惧	韦注："《故志》，谓所记前世成败之书。"
《训典》	知族类，行比义	韦注："《训典》，五帝之书。"今存《尚书》《周书》及出土文献如清华简等当中之"训"等。

---

① 徐元诰撰，王树民、沈长云点校：《国语集解》（修订本），中华书局 2002 年版，第 483—486 页。

上表所列楚太子学习的内容可分为三大类:《春秋》《世》《故志》《训典》属历史,为第一类;《诗》《礼》《乐》与礼仪有关,属第二类;《令》《语》与个人德行及行政有关,属第三类。以下试分别说明。

第一,教学内容中史书类居多,说明楚人对以史为鉴的重视。在重视历史教育这一点上,楚国和当时中原各诸侯国是一致的。墨翟为鲁人,《墨子》一书曾提到"百国《春秋》",说明春秋时各国皆有《春秋》。客观上说,以《春秋》等史书为教,为此类文体传播提供了重要的渠道。

"春秋"本为各国国史之通名,只是至战国时期,诸侯兼并,攻城略地的战争使得一些被灭亡的国家的《春秋》在战乱中亡佚,故"春秋"后成为鲁史之专名。然而从战国和汉初一些文献可以看到,百国"春秋"中的一些仍在流传,并留下了一定数量的佚文。《墨子·明鬼》曾引周《春秋》、燕《春秋》、宋《春秋》、齐《春秋》。《孟子·离娄下》亦说:"王者之迹熄而《诗》亡,《诗》亡然后《春秋》作。晋之《乘》,楚之《梼杌》,鲁之《春秋》,一也。其事则齐桓、晋文,其文则史。"[①]认为晋、楚、鲁三国之史名称不同,所记之事和记事的风格却是一致的。先秦的文献中,唯孟子说到晋之国史为《乘》、楚之国史称《梼杌》,而不名"春秋",当是阅读过这三国的"春秋"。

楚之国史名曰《梼杌》,其佚文尚可考。《战国策·楚策四》和《韩非子·奸劫弑臣》都载有"楚王子围将聘于郑"一条,明言"《春秋》记之曰",知战国晚期还有诸国"春秋"流传。

1972年出土于马王堆汉墓的《春秋事语》[②]所载史事或不见于现在先秦任何文献,或与先秦文献所载文字大不相同,因而,《春秋事语》也当为摘录战国时代流传的诸国"春秋"而成,其中当亦有楚之"春秋"。

此外,贾谊《新书》有《春秋》一篇。贾谊为汉初人,生于公元前200年,《史记》本传说他"颇通诸子百家之书",可知贾谊对先秦文献相当熟悉。《新书》以"春秋"名篇,其中也有涉及楚史者如"孙叔敖见两头蛇"等事皆不

---

① (汉)赵岐注,(宋)孙奭疏:《孟子注疏》,李学勤主编:《十三经注疏》(标点本),北京大学出版社1999年版,第226页。

② 据考古人员考察确认,该墓的下葬年代为汉文帝十二年,即公元前168年。因而,《春秋事语》的写定当在战国晚期或汉初。参张政烺:《〈春秋事语〉解题》,《文物》1977年第1期。

见于现存先秦典籍。故可肯定《新书·春秋》当是他摘录先秦时期诸侯国包括楚国的"春秋"而成。

再说《世》，这类文献主要是"先王之世系"。有赖楚国的教育以《世》为教材，故楚先王的世系，尚见于大约成书于战国中晚期的《山海经》和写定于战国中晚期的《大戴礼记·帝系》。《山海经·大荒西经》载：

> 有榣山，其上有人，号曰太子长琴。颛顼生老童，老童生祝融，祝融生太子长琴，是处榣山，始作乐风。
>
> 大荒之中，有山名曰日月山，天枢也。吴姖天门，日月所入。有神，人面无臂，两足反属于头上，名曰嘘。颛顼生老童，老童生重及黎，帝令重献上天，令黎邛下地，下地是生噎（当作嘘），处于西极，以行日月星辰之行次。①

《山海经》最初当出自口耳相传，这两条关于楚人先祖世系的材料可能也采自楚人的口头传播的文献。有的学者认为《大荒经》虽然写定成书于战国时代，但其中所包含的文化传统可以上溯至公元前 2500 年的大汶口文化。② 如果此说可信，则可反证前述春秋时代楚国以《世》为教的历史之悠久。又《大戴礼记·帝系》载：

> 颛顼娶于滕氏，滕氏奔之子，谓之女禄氏，产老童。老童娶于竭水氏，竭水氏之子，谓之高娲氏，产重黎及吴回。
>
> 吴回氏产陆终。陆终氏娶于鬼方氏，鬼方氏之妹，谓之女隤氏，产六子。孕而不粥，三年，启其左胁，六人出焉。其一曰樊，是为昆吾；其二曰惠连，是为参胡；其三曰籛，是为彭祖；其四曰莱言，是为云郐人；其五曰安，是为曹姓；其六曰季连，是为芈姓。季连产什祖氏，什祖氏产内熊，九世至于渠娄鲧出。

---

① 袁珂：《山海经校译》，上海古籍出版社 1985 年版，第 270—271 页。

② 刘宗迪：《失落的天书：〈山海经〉与古代华夏世界观》第八章《〈大荒经〉和〈海外经〉的地域和年代考》，商务印书馆 2006 年版，第 367—430 页。

　　　自熊渠有子三人：其孟之名为无康，为句亶王；其中之名为红，为鄂
王；其季之名为疵，为戚章王。

　　　昆吾者，卫氏也。参胡者，韩氏也。彭祖者，彭氏也。云邹人者，郑
氏也。曹姓者，邾氏也。季连者，楚氏也。[①]

　　今传《世本》所记楚先祖世系与上引《帝系》所述大体相同，顾颉刚先生
认为《帝系》记载上古帝王世系的三段材料"当初是独立的三篇，至少第二段
是单行的；后来合并在一起，或者是取第二段加上首尾，冠以新名的。这第二
段是楚国的族谱，其中许多人是没有经过传说渲染的，恐怕从老童、吴回以下
确是真的历史"[②]。学者认为《帝系》与《世本》所据材料同出一源。[③] 也有人认
为《帝系》出自《世本》，如《尚书序》孔颖达《正义》云："《大戴礼》《本
纪》出于《世本》。"[④] 王树枏认为"即指《帝系》及《谥法》等篇"[⑤] 而言。比
较而言，当以前说为是。楚国贵族教育内容之一，是让贵族讽诵本族的世代传
承，以不致于数典忘祖。所以这类文献得以代代传承下来，大概战国时代文献
关于楚人先祖世系的材料，都是取自楚人旧传。生当战国末年的屈原，早年曾
受教于宫廷，后自己也曾担任教育楚三姓子弟的"三闾大夫"，故其在《离骚》
中首言"帝高阳之苗裔兮，朕皇考曰伯庸"，仍念念不往述祖追孝，可见楚人
这种宗族历史教育入人之深！

　　第二，楚国教育制度对《诗》《礼》《乐》类文献的传承也起到了重要的
作用。

　　《诗》与礼相表里，而礼与乐又互为表里，实际上诗、礼、乐为一体之三
面。这一点前人早有论述。虽然《诗经》十五国风中未收楚人之诗，但这并不
意味着楚人不擅长诗歌创作或不重视《诗》的传承。从上述申叔时的"傅太子

---

　　① （清）王聘珍撰，王文锦点校：《大戴礼记解诂》，中华书局 1983 年版，第 127—129 页。

　　② 顾颉刚：《中国上古史研究讲义》，中华书局 1988 年版，第 102—103 页。

　　③ 郭永秉：《帝系新研：楚地出土战国文献中的传说时代古帝王系统研究》第三章《出土文献中所
见楚先祖世系传说及其相关问题》，北京大学出版社 2008 年版，第 164—218 页。

　　④ （汉）孔安国传，（唐）孔颖达疏：《尚书正义》，《十三经注疏》（标点本），北京大学出版社
1999 年版，第 6 页。

　　⑤ 方向东：《大戴礼记汇校集解》，中华书局 2008 年版，第 739 页。

之道"的内容来看，通过教太子以诗，从而使之"导广显德，耀明其志"，楚人还是很重视诗教的。这种情况直到战国时代仍很突出，这从近年来发现的战国时代楚墓中出土的大量的与《诗》、乐、礼有关的文献这一事实可以得到印证。其中最显著的是 2000 年上海博物馆购藏的战国楚简中有《孔子诗论》《采风曲目》《君子为礼》等，由于这些竹简的文字是典型的楚系文字，其内容涉及哲学、文学、历史、宗教、军事、教育、政论、音乐等多方面，其年代经科学测定，再考虑到竹简被盗买的时间与郭店楚简出土时间相近，所以专家认为这批竹简可能出自郭店或相邻近的地方，是楚人迁郢以前贵族墓中的随葬品。①由此可见战国时楚人传习儒家《诗》乐及礼论的风气之盛。

第三，楚国教育制度对《令》《语》《故志》《训典》等文献的授受与传承起了重要的作用。"教之《令》，使访物官。"韦昭注曰："《令》，先王之官法、时令也。"②先王之官法，即牧民之法。《管子·重令》曰："明君察于治民之本，本莫要于令。故曰：亏令则死，益令则死，不行令则死，留令则死，不从令则死。五者死而无赦，唯令是视。"③可见令是事关国家行政的各类"法令"文书，如云梦睡虎地秦简《为吏之道》一类即是。而"时令"，当即授时之令，今存有《大戴礼记》中的《夏小正》、《礼记》中的《月令》等。

"语"体文是前代流传下来的嘉言善语，一般形式短小，内容精要简练，是治国修身方面经验的高度概括。韦昭《楚语上》注曰："语，治国之善语。"④所言极是。见于史传诸子之以"语"名体者，如《论语》《国语》及近年出土之楚故地郭店一号墓楚简《语丛》一、二、三皆是。尤其要注意的是，郭店一号墓的墓主人是楚国的"东宫之师"，学者认为此人就是"顷襄王的太子横的老师"⑤。他的身份和前引《楚语》中的"士亹"一样。郭店一号墓中出土的书籍，既有道家著作如《太一生水》《老子》等，又有《成之闻之》《尊德义》《性自命出》等儒家书，同时还有《语丛》这样的杂抄百家治国修身之说

　　① 马承源：《上海博物馆藏战国楚竹书（一）》前言，上海古籍出版社 2001 年版。
　　② 徐元诰撰，王树民、沈长云点校：《国语集解》（修订本），中华书局 2002 年版，第 485 页。
　　③ 黎翔凤撰：《管子校注》，中华书局 2004 年版，第 284 页。
　　④ 徐元诰撰，王树民、沈长云点校：《国语集解》（修订本），中华书局 2002 年版，第 486 页。
　　⑤ 李学勤：《先秦儒家著作的重大发现》，《人民政协报》1998 年 6 月 8 日；又载《中国哲学》第 20 辑，辽宁教育出版社 1999 年版。

的"语"体汇编。这些陪葬的书籍，暗示了墓主人生前的"教师"身份，而这些书籍，应当就是他生前教授太子所用的教材。最近有的学者研究认为："先秦语类文献在编撰方式上可分为'国语'和'家语'两种形态，'家语'文献又有大夫'家语'和诸子'家语'之分。大夫'家语'存在明显的家族化特征，形成两种文本形态：一是编集某一个体与家族内其他成员之间的言论；二是编辑家族内不同时期成员的言论。这种家族化过程不但彰显家族延续性这一'不朽'观念，同时又达到个体借助立德、立功、立言方式以期达到'不朽'之目的。诸子'家语'的生成方式大体有三种：弟子编纂老师的言论、师徒文献的合编及经传体式，这些方式反映诸子'家语'的学派化特征，其目的是担负起维系学团稳定与学派建设的重任。"[①]春秋时期是世族文化勃兴的时代，大夫"家语"更为兴盛。从表现形式方面，俞志慧将"语"分为"言类之语"与"事类之语"两类[②]，其说可从。春秋时楚国大夫"士亹"用以教太子的"语"，当然既包括"国语"，也包括楚国及列国卿大夫的"家语"；既有"言类之语"，也有"事类之语"。

"故志"一类，韦昭认为："《故志》，谓所记前世成败之书。"[③]这类文献在上文已经讨论过了，兹不重复。

"训典"即"训"类文体的汇编，韦昭注："《训典》，五帝之书。"[④]也就是流传至春秋的"五帝"的训教、说教。韦昭的解说大体接近其实际情况。"训"应是偏重于讲述为政经验的文体。《尚书》中以"训"名篇的有《伊训》，据说是"成汤既没，太甲元年，伊尹作《伊训》"，还有《高宗之训》，这两篇"训"今均已亡佚。《逸周书》今存有写定于春秋时代的《度训》《命训》《常训》《时训》等篇。[⑤]"训"本是周史官所传习之先王遗教。《国语·郑语》载周幽王时代史伯对郑桓公曰："训语有之曰：'夏之衰也，褒人之神化为二龙，以同于王

---

① 夏德靠：《先秦"家语"文献源流及其文体嬗变——兼论上古文人集团现象》，《广西社会科学》2014年第1期；又载中国人民大学《中国古代、近代文学研究》2014年第4期。
② 参俞志慧：《古语有之：先秦思想的一种背景与资源》，华东师范大学出版社2010年版，第17—37页。
③ 徐元诰撰，王树民、沈长云点校：《国语集解》（修订本），中华书局2002年版，第486页。
④ 徐元诰撰，王树民、沈长云点校：《国语集解》（修订本），中华书局2002年版，第486页。
⑤ 黄怀信：《逸周书校补注译》（修订本），三秦出版社2006年版。

庭，而言曰："余，褒之二君也。"夏后卜杀之与去之与止之，莫吉。卜请其漦而藏之，吉。乃布币焉，而策告之。龙亡而漦在，椟而藏之，传郊之。'……"韦昭注："训语，周书。"①《周语下》载太子晋谏灵王时曾说："若启先王之遗训，省其典图刑法，而观其废兴者，皆可知也。"②又《左传·襄公四年》载：

> 晋侯曰："戎狄无亲而贪，不如伐之。"魏绛曰："诸侯新服，陈新来
> 和，将观于我。我德，则睦；否，则携贰。劳师于戎，而楚伐陈，必弗能
> 救，是弃陈也。诸华必叛。戎，禽兽也。获戎、失华，无乃不可乎！《夏
> 训》有之曰：'有穷后羿。'"公曰："后羿何如？"对曰："昔有夏之方衰
> 也，后羿自鉏迁于穷石，因夏民以代夏政。恃其射也，不修民事，而淫
> 于原兽，弃武罗、伯因、熊髡、龙圉，而用寒浞。寒浞，伯明氏之谗子弟
> 也。伯明后寒弃之，夷羿收之，信而使之，以为己相。浞行媚于内，而施
> 赂于外，愚弄其民而虞羿于田，树之诈慝，以取其国家，外内咸服。羿犹
> 不悛，将归自田，家众杀而亨之，以食其子，其子不忍食诸，死于穷门。
> 靡奔有鬲氏。浞因羿室，生浇及豷；恃其谗慝诈伪，而不德于民，使浇用
> 师，灭斟灌及斟寻氏。处浇于过，处豷于戈。靡自有鬲氏，收二国之烬，
> 以灭浞而立少康。少康灭浇于过，后杼灭豷于戈，有穷由是遂亡，失人故
> 也。……"于是晋侯好田，故魏绛及之。③

魏绛所引《夏训》，是关于后羿淫于田猎，又错用寒浞，最终导致亡国的故事。其目的是劝谏晋侯不要沉迷于田猎而荒废国事。

由以上例证可知，最初的"训典"主要是由史官保存的有关治国牧民的先王的遗训，其体式大多是叙述前朝遗事并从中总结治国之道，"训"体文献的功能是以训诫君王为目的。见载于《逸周书》的"三训"，则在体式上脱离了叙述前朝往事而直陈治国要道。这表明到了春秋时代"训"体的新变。春秋时代，诸侯国国君以及卿大夫，无不以遵从"训典"为治国修身之要。如《晋语

---

① 徐元诰撰，王树民、沈长云点校：《国语集解》（修订本），中华书局2002年版，第473—474页。
② 徐元诰撰，王树民、沈长云点校：《国语集解》（修订本），中华书局2002年版，第98页。
③ 杨伯峻编著：《春秋左传注》，中华书局2009年版，第936—939页。

四》载郑大夫叔詹曾言:"臣闻之,亲有天,用前训,礼兄弟,资穷困,天所福也。"又载寺人勃鞮求见晋文公曰:"君君臣臣,是谓明训。明训能终,民之主也。"[①] 对前代遗"训"的引证,实际上是当时重视取鉴于历史的一种表现形式。楚国虽自称蛮夷,然而在教育太子方面却与周室及中原各国并无二致。

三、晋国的教育制度与文类文体的传承

晋国是周初分封之同姓诸侯国,保有周人之礼乐教化制度。其最为显著者,晋人特别重视贵族之教育,其施教方式,亦官师合一,使博学于文、长于诗礼、精于故志者教之。晋文公重耳不仅自己好读书[②],而且特别重视对太子的教育。据《国语·晋语四》载:

> 文公问于胥臣曰:"吾欲使阳处父傅讙也,而教诲之,其能善之乎?"
> 对曰:"是在讙也。蘧蒢不可使俯,戚施不可使仰,僬侥不可使举,侏儒不可使援,蒙瞍不可使视,嚚瘖不可使言,聋聩不可使听,童昏不可使谋。质将善而贤良赞之,则济可俟。若有违质,教将不入,其何善之为!臣闻昔者大任娠文王不变,少溲于豕牢而得文王,不加病焉。文王在母不忧,在傅弗勤,处师弗烦,事王不怒,孝友二虢,而惠慈二蔡,刑于大姒,比于诸弟。《诗》云:'刑于寡妻,至于兄弟,以御于家邦。'于是乎用四方之贤良。及其即位也,询于八虞,而谘于二虢,度于闳夭而谋于南宫,诹于蔡、原而访于辛、尹,重之以周、邵、毕、荣,忆宁百神,而柔和万民。故《诗》云:'惠于宗公,神罔时恫。'是则文王非专教诲之力也。"
> 公曰:"然则教无益乎?"
> 对曰:"胡为?文益其质。故人生而好学,非学不入。"

---

① 徐元诰撰,王树民、沈长云点校:《国语集解》(修订本),中华书局 2002 年版,第 330、347 页。

② 《晋语四》:"文公学读书于臼季,三日,曰:'吾不能行也咫,闻则多矣。'对曰:'然而多闻以待能者,不犹愈也?'"徐元诰撰,王树民、沈长云点校:《国语集解》(修订本),中华书局 2002 年版,第 359 页。

公曰："奈夫八疾何？"

对曰："官师之所材也，戚施直镈，蘧蒢蒙璆，侏儒扶卢，蒙瞍循声，聋聩司火。童昏、嚚瘖、僬侥，官师之所不材也，以实裔土。夫教者，因体能质而利之者也。若川然有原，以御浦而后大。"①

熟知诗书故志不仅意味着掌握治国从政的基本常识，而且意味着一个贵族的道德素养，所以晋文公重耳不仅重视对贵族子弟及太子的诗书礼乐方面的教育，而且在人才选拔方面也十分重视官员在"礼""诗""书""春秋"等方面的素养。《晋语四》载："文公问元帅于赵衰，对曰：'郤縠可，行年五十矣，守学弥惇。夫先王之法志，德义之府也。夫德义，生民之本也。能惇笃者，不忘百姓也。请使郤縠。'公从之。"②《左传·僖公二十七年》载："赵衰曰：'郤縠可，臣亟闻其言矣，说礼、乐而敦《诗》《书》。《诗》《书》，义之府也；礼、乐，德之则也。德、义，利之本也。……'乃使郤縠将中军。"③赵衰本人就是熟知诗、书、礼、乐及故志的君子，曾多次与重耳出使他国，赋诗言志。他举荐郤縠，也是因为后者行年五十而能守学笃志。晋文公采纳其意见，也说明这种观念在晋国上层已经达成共识，成为晋国在春秋后期治国的一种主导思想，代代相传。

晋悼公是位雄主，也很重视贵族子弟的教育。在选择负责贵族教育的"公族大夫"人选时，他十分看重学问德行。据《晋语七》载："栾伯谓公族大夫，公曰：'荀家惇惠，荀会文敏，黡也果敢，无忌镇静，使兹四人为之。夫膏粱之性难正也，故使惇惠者教之，使文明者导之，使果敢者谂之，使镇静者修之。惇惠者教之，则遍而不倦；文明者导之，则婉而入；果敢者谂之，则过不隐；镇静者修之，则壹。使兹四人者为公族大夫。'"④

晋悼公也很重视对太子的精心培养，为太子选择博学而长于"春秋"的叔向为其老师，就充分体现了这一点。《国语·晋语七》载晋悼公登高台而望远，

---

① 徐元诰撰，王树民、沈长云点校：《国语集解》（修订本），中华书局2002年版，第359—363页。
② 徐元诰撰，王树民、沈长云点校：《国语集解》（修订本），中华书局2002年版，第357页。
③ 杨伯峻编著：《春秋左传注》，中华书局2009年版，第445—446页。
④ 徐元诰撰，王树民、沈长云点校：《国语集解》（修订本），中华书局2002年版，第407页。

司马侯谏以"德义",晋悼公问何人具备"德义",司马侯于是举荐叔向,说:"羊舌肸(叔向)习于《春秋》。"于是晋悼公召叔向,并让他做太子彪(晋平公)的"傅"(老师)。

陈槃先生曾著《春秋列国的教育》一文,钩稽史料,详述春秋各国教育制度之特点,其中云:

> 古代的教育,课目虽甚纷繁,概括来说,不外德行、道艺,这一点,我已经说明。现在,我更要进一步说,德行道艺说的根源,在于经籍。前引赵衰对答晋文公说:"《诗》《书》,义之府也;礼、乐,德之则也;德、义,利之本也。"本来,《诗》《书》、礼、乐照古人传统的分类,它是道艺一类的。而赵衰所谓德义,即是德行。可见《诗》《书》、礼、乐的本质是道义,而同时又是德行准则的根据所在。《礼记·经解》:"孔子曰:入其国,其教可知也;其为人也,温柔敦厚,诗教也;疏通知远,书教也;广博易良,乐教也;絜净精微,《易》教也;恭俭庄敬,礼教也;属辞比事,春秋教也。"孔子这里说的"温柔敦厚""广博易良""恭俭庄敬",是德行;"疏通知远""属辞比事",是道艺。经籍是德行、道艺根源,这里说得尤其明白。春秋时代,以《诗》《书》、礼、乐、《易》作为课本的道理,就在这里了。[①]

晋国贵族教育既重视《诗》《书》、礼、乐、《易》等经典,而这些经典又是先秦文体的渊薮,因此可以说,春秋列国的贵族教育制度,既是文化传承的保障,同时也是先秦文章文体传承的重要渠道和形式。

四、官学下移与孔门"言语""文学"之教

学在官府,以吏为师,官守其书,师传其学,这是西周以来贵族教育的基

---

① 陈槃:《旧学旧史说丛》(上),上海古籍出版社 2010 年版,第 303 页。

本特点。到了春秋中叶，随着社会生产力的提高，人口的增加，国家日常管理的负担越来越重，需要的管理人才随之增加。原本只依赖官学贵族教育输送的人才已经远远不能满足实际的需要，平民中的秀士贤才因无机会受到良好的教育和培养而无法进入社会管理层。在这样的矛盾状态下，学在官府和世卿世禄的制度必须要做出让步，于是私学兴起和平民阶层的向上流动成为必然的趋势。

说到私学的兴起，人们首先会想到孔子。孔子的确是春秋时代在创办私学和培养人才方面做出杰出贡献的教育家，但私学的兴起，却可以追溯到孔子以前。《吕氏春秋·下贤篇》载："子产相郑，往见壶丘子林，与其弟子坐必以年，是倚其相于门也。"① 这是说壶丘子林设帐授徒，子产虽位居执政，但入其门只以年龄排座次，不因其为郑相而凌人。子产与孔子同时而稍早，他为郑相时，孔子还是个小孩子。这说明春秋时私人讲学风气在孔子之前就已经开始了。不过孔子的确是创办私学方面贡献最大的一个，他创办私学，既有对春秋时代及之前贵族教育思想的继承，也有对旧有制度的改革。

孔子继承了贵族官学教育的思想观念，这是他高明的地方。在春秋时期人们的观念中，礼乐伦理道德的维护与否是国家兴衰的根本。"礼，国之干也。""礼，身之干也。"礼是国家兴衰的根本，也是个人立身之基。国家遵礼行政就会兴盛，否则就会败亡。因此人们讨论国家、家族和个人的成败，也多以礼乐伦理道德为准则。受这种观念的影响，春秋时代的教育，也是以德行为先，以道艺为辅。《周礼·地官·乡大夫》载：乡大夫"以考其德行，察其道艺"。又"州长"："以考其德行、道艺。"又"党正"："书其德行道艺。"② 《礼记·少仪》："士依于德，游于艺。"冯天瑜先生认为，在这种贵族教育下，"周王官成为中华元典的创制'作坊'，《诗》《书》《礼》《易》《春秋》先后在这里成篇、合册。孔子说的周代'郁郁乎文哉'，在一定程度上就是指的周官承袭夏、商两代的文献积淀，编纂一批富于系统性的典籍，从而为后世的订正、发挥、阐释奠定初始的文本基础；春秋私学、战国子学也由此获得孕育的

① 陈奇猷校释：《吕氏春秋校释》，学林出版社1984年版，第879页。
② （汉）郑玄注，（唐）贾公彦疏：《周礼注疏》，《十三经注疏》（标点本），北京大学出版社1999年版，第295、301、306页。

母体"①。据《论语·述而》:"据于德,依于仁,游于艺。"②孔门以《诗》《书》《礼》《易》《春秋》设教③,先立四科,即德行、政事、言语、文学。四科之中,最重德行。这完全是继承了西周以来官学的传统。孔子一生,弟子三千,贤者七十二,而其最为欣赏的,还是德行高尚者。《论语·先进》云:"德行:颜渊、闵子骞、冉伯牛、仲弓;言语:宰我、子贡;政事:冉有、季路;文学:子游、子夏。"④四科之中,各有俊才,但言语、政事、文学都是"道艺",只有德行是第一纲领。

孔子私学培养学生的最高目标,是要让他们进入社会成为擅长各科的、具备综合能力的"为政"者;其最低的目标,也要让他们成为专长于"四科"之一的专门人才。钱穆先生曾言:"言语指使命应对,外交辞令。其时列国交往频繁,政出大夫,外交一项更属重要,故言语乃列政事前。文学一科,子游、子夏乃后辈弟子,其成就矫然,盖有非先辈弟子所能及者。至于德行一科,非指其外于言语、政事、文学而特有此一科,乃是兼于言语、政事、文学而始有此一科。《孟子·公孙丑》曰:'昔者窃闻之,子夏、子游、子张皆有圣人之一体。冉牛、闵子、颜渊则具体而微。'冉、闵、颜三人皆列德行,正谓其为学之规模格局在大体上近似于孔子,只气魄力量有不及。若偏于用世,则为言语、政事。偏于传述,则为文学。盖孔子之学以一极单纯之中心为出发点,而扩展至于无限之周延。其门弟子各就才性所近,各视其智力之等第,浅深高下,偏全大小,各有所成,亦各有所用。《论语》记者虽分之为四科,然不列德行之科者,亦未尝有背于德行。其不预四科之列者,亦未尝不于四科中各有其地位。此特指其较为杰出者言耳。"⑤德行与言语、文学、政事等道艺兼具固然可赞,但个人天分与后天努力有差别,故能专擅一科亦可谓学有所成。

---

① 冯天瑜:《中华元典精神》,武汉大学出版社 2006 年版,第 104 页。

② (魏)何晏注,(宋)邢昺疏:《论语注疏》,《十三经注疏》(标点本),北京大学出版社 1999 年版,第 85 页。

③ 《荀子·劝学》言:"学恶乎始? 恶乎终? 曰:其数则始乎诵经,终乎读礼;其义则始乎为士,终乎为圣人。真积力久则入,学至乎没而后止也。故学数有终,若其义则不可须臾舍也。"可谓深得孔门立学之精要。见(清)王先谦撰,沈啸寰、王星贤点校:《荀子集解》,中华书局 2013 年版,第 13 页。

④ (魏)何晏注,(宋)邢昺疏:《论语注疏》,《十三经注疏》(标点本),北京大学出版社 1999 年版,第 143 页。

⑤ 钱穆:《孔子传》,生活·读书·新知三联书店 2002 年版,第 76 页。

前已述及，无论德行、道艺，如要学有所成，皆出自对经籍文章的研习讨论，具体说就是对《诗》《书》《礼》《乐》《易》《春秋》等元典的研习。在学在官府的格局下，经籍文章自然也为官守。私学兴起后，经籍文章也随之成为私学教学的资源。当代学者陈来指出，孔子开宗立派的资源，既包括西周礼乐制度下形成的各类经典，也包括春秋前期仁人志士、智者贤才的思想和言行。他说：

> 西周的《尚书》《诗经》在孔子时代已经成为包括孔子在内的人们所依凭的文化经典，成为早期儒家思想由以出发的思想基础，为早期儒家提供了表达方式和支持意识。不仅如此，西周以降，整个春秋时代的仁人志士、智者贤君子的思想言行，也成为孔子和早期儒家思想的思想资料的资源。

除此之外，陈先生还列举十二例，说明孔子关于德行、政事、言语、文学方面的观点大多都是引《诗》述《书》，或引证西周以来至春秋时代君子的"嘉言善语"或"故志""训语"等等，再结合社会实际加以发挥而成。[1] 孔子教学，强调"学而时习之"，即理论与实践结合，并在实践中学习。所以孔门弟子皆以"儒"为业，从不离开礼乐及其他实践而空谈学问。章学诚尝言："礼乐与政事，相为表里者也。学士讨论礼乐，必询器数于宗祝，考音节于工师，乃为文章不託于空言也。令史案牍，则大臣讨论国政之所资，犹礼之有宗祝器数，乐之有工师音节也。苟议政事而鄙令史案牍，定礼乐而不屑宗祝器数，与夫工师音节，则是无质之文，不可用也。"又言："文章政事，未有不相表里者也。令史案牍，政事之凭藉也。"[2] 章氏所言，可以发明孔门修习学业之大概。儒家强调"学而优则仕，仕而优则学"，则孔门习诗、书、礼、乐及文章经籍，即是结合政事的实践进行。从另一方面来说，西周以来用于沟通神人的各类礼乐文章，也在春秋时代的社会文化背景下，被孔子重新阐释并赋予新

---

① 陈来：《古代思想文化的世界——春秋时代的宗教、伦理与社会思想》，生活·读书·新知三联书店 2002 年版，第 311—314 页。

② （清）章学诚撰，叶瑛校注：《文史通义校注·州县请立志科议》，中华书局 2014 年版，第 684—685 页。

的意义，在师徒研习讨论中完成了从形式到内容的蜕变。换句话说，西周以来的本为巫祝卜史及其他职官所掌握，按照一定程式撰写、传播的各类文体，实有赖于孔门私学的教学活动而通俗化、大众化，由庙堂神坛走向社会，向更广更深的层面传播。

至于由此引发的孔门师弟子对"六经"及各类文章文体的文体功能及本体特点的讨论及理论阐发，则更是私学教学制度对春秋文章及文学的一大积极影响，这一点将在下一章集中论述，兹不絮言。

结语：春秋时代的文章本体观念
及其奠基意义

传统的古代文论研究，先秦时代最为薄弱，而先秦时代中又以春秋时代尤少关注。实际情况是，春秋时代单篇的文章撰作已经十分兴盛[①]，当时的人对这些文章也已经有他们自己专门的称谓范畴。最常见的有两类，一类是口头言说之文，如"言""说""语""论"等；一类是书面之文，如"辞""命""令""书""铭""诔"等；这都是运用于诸侯之间政治、邦交以及礼仪、生活中的应对说辞和各种文书制作，在形态上则表现为口头为主、书面为辅的特点。围绕着上述文章的撰作和运用，当时也频繁出现了有关文章形态、风格、文体功用等方面的带有通约性的评论，有的还提出了一些范畴。这些范畴是后世有关文论范畴的源头，我们可以称之为"文章本体论"。因为散见于《左传》《国语》等典籍，这些评论如散金碎银，虽有光彩而至今尚少有人对其进行系统的拾掇整理。笔者不揣谫陋，尝试对其进行梳理阐发，以彰显其价值。

归纳起来，这些对春秋时代文章本体特点的理论概括和论说涉及"言""辞"的价值、"质""文"之别、"志"（内容）"言"（形式）关系、"气""言"关系等本体问题，以下分五个方面加以阐述。

---

① 仅严可均《全上古三代文》所著录的春秋时代文章即有 56 家，150 多篇；严书所收尚不包括《逸周书》等文献中所收春秋时代文章。另据屈万里《先秦文史资料考辨》（台湾联经出版事业公司 1983 年版）统计，春秋时代的铜器铭文、石刻等也有近百篇之多。这些都是单篇有独立文体的文章。

一、"立言以不朽"与"非言辞不为功"

春秋时代的文章本体论首先表现在当时的人对文章（言语、辞令）在社会生活中交际沟通价值的高度肯定。这一方面表现为对前代的"格言""善言""嘉言""故言"等的编辑成书和频繁引用①；另一方面表现为对"言""说"与"辞令"的价值的理论概括，其中最典型的是"立言以不朽"与"非言辞不为功"的观念。

"立言以不朽"是鲁国贤大夫叔孙豹提出的一个著名的论点。叔孙豹，出鲁叔孙氏，叔孙侨如之弟，亦称叔孙穆子、穆叔、豹、穆子等。叔孙豹于成公十六年因宣伯之乱，由齐国回鲁，立为叔孙氏之后。首见于《左传·庄公十六年》，卒于鲁昭公四年。叔孙氏世系详顾栋高《春秋大事表》卷十二。此时季孙行父虽当政，然已耆老，故盟会征伐，仲孙蔑专之。叔孙豹于是始参与鲁政，之后多次代表鲁国出使列国，成为鲁国重臣。他长于辞令，熟谙礼仪，性格刚正不阿，临危不惧。其言论涉及为政、外交、伦常、修养、文学等多方面，有些言论如其所述"三不朽"、论《九夏》之礼仪用场等，对后世影响极其深刻。顾栋高《春秋大事表·春秋人物表》将叔孙豹与晋国叔向、吴国季札、楚左史倚相等一起归入"文学"一类②，可谓知人。

据《左传》记载，鲁襄公二十四年春天，鲁叔孙豹出使晋国，晋国有识者范宣子与其讨论什么是"死而不朽"。范宣子认为他的祖上"自虞以上为陶唐氏，在夏为御龙氏，在商为豕韦氏，在周为唐杜氏，晋主夏盟为范氏，其是之谓乎？"叔孙豹说："以豹所闻，此之谓世禄，非不朽也。鲁有先大夫曰臧文仲，既没，其言立，其是之谓乎！豹闻之：'大上有立德，其次有立功，其次有立言。'虽久不废，此之谓不朽。若夫保姓受氏，以守宗祊，世不绝祀，无国无之。禄之大者，不可谓不朽。"③《国语·晋语八》亦载此事。

---

① 对于此一现象，笔者已有专文论及，兹不赘言。参拙文《春秋卿大夫的文献整理及其文化意义》，《西北师大学报》2009年第5期。

② （清）顾栋高辑：《春秋大事表》卷十二，中华书局1993年版。

③ 杨伯峻编著：《春秋左传注》，中华书局2009年版，第1087—1088页。

　　叔孙豹认为，立言亦可像立德、立功那样，体现人生的价值，使人死而不朽。叔孙豹所说的三个层次的人生境界超越了人的有限的生命，而具有追求人生的永恒与终极价值的意义，是最早关于人生价值的表述。[①] 尤其是其中立言不朽的思想，把立言传世提升到了价值论的高度，开了曹丕"盖文章，经国之大业"之说的先河，也启发后世重视著述及文学创作，甚至以此为人生最高目标，发愤抒情、发愤著书，影响甚大。[②]

　　"非言辞不为功"则是孔子对子产等春秋卿大夫的内政外交辞令的政治作用的充分肯定。《左传·襄公二十五年》载，仲尼曰："《志》有之：'言以足志，文以足言。'不言，谁知其志？言之无文，行而不远。晋为伯，郑入陈，非文辞不为功。"[③] 孔子引述前人之《志》对"言"的功能予以表述，并进一步指出政治活动和邦交中的"志"，只有通过有"文"之"言"才能表达出来让对方知道。《尚书·尧典》云："帝曰：'夔！命汝典乐，教胄子。直而温，宽而栗，刚而无虐，简而无傲。诗言志，歌永言，声依永，律和声。八音克谐，无相夺伦，神人以和。'"[④] 此处"诗言志"意谓诗是用来表达人的意志情感的。"志"字，甲骨文为"止"（之）下一"心"字，指人心之所趋向，也指人的心理活动。《史记·五帝本纪》作"诗言意"，则上古之时"诗言志"，也包含有抒发志意和情感两方面的意思。孔子所引述的所谓"《志》"中的"言以足志，文以足言"的看法，似是把《尧典》中的"诗言志"说运用到了言辞功能的阐发方面。这应当是春秋时代言辞的撰作受到充分重视的背景下才产生的。

　　孔子的表述是对春秋列国邦交及政治生活中言语实践的理论概括，既反映了当时言语实践的实际情况，也体现了时人对这一现象所作的思考。他还举了两个实例，一个是"晋为伯"，一个是"郑入陈"。前一事说的是借助践土之盟的盟约之辞，晋文公在城濮之战后成为"伯"；后一事说的是郑国侵陈，子产献捷于晋，晋侯使士弱责以伐陈之罪。子产述郑之职、数陈之罪以对士弱，使

---

① 钱逊：《传统的人生价值观及其现代意义》，《洛阳大学学报》2000 年第 1 期。

② 顾易生、蒋凡：《先秦两汉文学批评史》，上海古籍出版社 1990 年版，第 25—48 页。

③ 杨伯峻编著：《春秋左传注》，中华书局 2009 年版，第 1106 页。

④ （汉）孔安国传，（唐）孔颖达疏：《尚书正义》，《十三经注疏》（标点本），北京大学出版社 1999 年版，第 79 页。

对方不得不被折服，从而保全了郑国的利益。这两个实例中都是因为"言辞"的撰作与发表很得当而取得了良好的政治效果，故孔子特别予以褒扬。

正因为发言撰辞在政治、礼仪与生活中的重要性，所以孔子才说"一言可以丧邦"，"一言可以兴邦"（《论语·子路》）。他首设私学施教于学生，内容共有四科，尤重言语。孔门四科，言语列其次，即见其用意。刘宝楠《论语正义》释"言语"云：

> 《孟子·公孙丑篇》："宰我、子贡善为说辞，冉伯牛、闵子善言德行，孔子兼之，曰：'我于辞命，则不能也。'"是言语以辞命为重。《毛诗·定之方中》传："故建邦能命龟，田能施命，作器能铭，使能造命，升高能赋，师旅能誓，山川能说，丧纪能诔，祭祀能语。"此九者皆是辞命，亦皆是言语。[1]

由此可知，"言语"是"辞命"的另一种说法，"言语"侧重于表现方式，"辞命"侧重于其文体，它所涉及的具体内容均与春秋宗教仪式与政治生活有关。也可以说，"言语"主要呈现为各种"辞命"，它们是宗教仪式、政治、生活中不可或缺的沟通手段，后者依赖于它们而得以正常运作，甚至许多危机借此得以解决。

孔子还从郑国有识者子产运用辞令的实践中总结，认为"言"如要"足志"，还必须要有"文"，因为"言之无文，行而不远"。这里的"文"，指对言辞进行适当的修饰，使其接受者能更为有效便利地理解进言者的意图。《礼记·表记》载孔子说："情欲信，辞欲巧。"这里的"巧"不是指花言巧语，而是指发为辞令时的积极的修辞，也就是前面说的"文"。

"文"的另一层意思是在撰作或发表时讲究辞令的繁简得当，修饰得体。《论语·卫灵公》载孔子对撰作或发表言辞的要求，说要做到"辞达而已"。清人钱大昕《潜研堂答问》解释说："三代之世，诸侯以邦交为重。《论语》'使于四方，不辱君命'，则称之；'使于四方，不能专对'则讥之。此'辞'即

---

① （清）刘宝楠撰，高流水点校：《论语正义》，中华书局 1990 年版，第 441—442 页。

专对之辞也。《公羊传》：'大夫使，受命不受辞。'《聘礼》记：'辞无常，孙而说，辞多则史，少则不达，辞苟足以达，义之至也。'《论语》之文与礼经相表里，以经证经，可知辞达之义矣。"①可见"辞达"就是强调辞令的繁简要恰如其分，对其修饰既不多，也不少。介于此，《论语·宪问》记载孔子特别提出郑国卿大夫对辞命的创作过程："为命，裨谌草创之，世叔讨论之，行人子羽修饰之，东里子产润色之。"②这为辞命的创制和发表立下了规范，同时也是对其文体风格的限定。当然，孔子之所以对郑国的子产等人的辞命撰制加以表彰，充分肯定他们修饰润色辞命的行为，归根到底还是因为辞命在为政中的重要作用。

二、陈辞必以诚信

春秋时代人们对文章本体的认知还表现在对文章撰作和发表中文与质的关系的表述上，而这一表述最初又集中表现在祭祀活动中祝史之官陈辞的信否观念之中。在周代，祭祀仪式中祝史之官代主人向鬼神陈辞，同时也代表神向祭祀的人传达神的旨意，从而起到沟通神人的作用。介于神权至上的观念，祝史所陈，在内容上必须真实，在辞气态度方面则必须虔敬恳切，否则视为亵渎神灵，要受到惩罚。这种观念源自远古，到春秋时代仍为大多数人所信从。据《周礼·大祝》："（大祝）掌六祝之辞，以事鬼神示，祈福祥，求永贞。一曰顺祝，二曰年祝，三曰吉祝，四曰化祝，五曰瑞祝，六曰策祝。掌六祈，以同鬼神示，一曰类，二曰造，三曰禬，四曰禜，五曰攻，六曰说。作六辞，以通上下、亲疏、远近，一曰辞，二曰命，三曰诰，四曰会，五曰祷，六曰诔。"③太祝所掌"六辞"均为沟通神人而撰作。而撰作发表之要求，则以内容真实

---

① （清）钱大昕撰，吕友仁标校：《潜研堂集》，上海古籍出版社 1989 年版，第 126 页。

② （魏）何晏注，（宋）邢昺疏：《论语注疏》，《十三经注疏》（标点本），北京大学出版社 1999 年版，第 185—186 页。

③ （汉）郑玄注，（唐）贾公彦疏：《周礼注疏》，《十三经注疏》（标点本），北京大学出版社 1999 年版，第 658—661 页。

诚信为要务。如《礼记·祭义》云:"孝子之祭也,尽其慤而慤焉,尽其信而信焉,尽其敬而敬焉,尽其礼而不过失焉。"[①]"慤",即诚也,也即信,信即是尽其"敬"。进一步讲,要做到祭祀中表达其笃实、诚信、恭敬之心意,在祭祀前必须通过斋戒以诚其意,即《礼记·祭义》所谓:"致斋于内,散斋于外。""斋三日,乃见其所为斋者。"

祝史在祭神仪式的陈辞过程中,为了表示恭敬之意,甚至还使用一套专用的"术语",以保证祝史发表辞命的方式和语调体现出庄重典雅的风格。《礼记·曲礼下》云:"凡祭宗庙之礼,牛曰'一元大武',豕曰'刚鬣',豚曰'腯肥',羊曰'柔毛',鸡曰'翰音',犬曰'羹献',雉曰'疏趾',兔曰'明视',脯曰'尹祭',槁鱼曰'商祭',鲜鱼曰'脡祭'。水曰'清涤',酒曰'清酌'。黍曰'芗合',粱曰'芗萁',稷曰'明粢',稻曰'嘉蔬',韭曰丰本,盐曰'鹹鹺'。玉曰'嘉玉',币曰'量币'。"[②]在祭祀的语境中,祝史向神灵报告所陈列的祭品必须按照特定的称谓,牛称为"一元大武",猪称为"刚鬣""腯肥",羊称为"柔毛",鸡称之为"翰音"……这种称谓的"陌生化",体现出祝史在祭祀语境中陈辞遵循着不同于人间社会的特殊语言规则。这种神人沟通的语言规则在天命鬼神观念开始动摇的春秋时代,逐步衍生成为卿大夫辞令的语言规则。

祭祀必以诚,祝史陈辞亦示诚信,对于主祭者来说,诚信也就成为一种仪式伦理。这种仪式伦理在祭祀展演发生变化的春秋时代,朝着两个路向发展:第一,从祝史陈辞的方面进一步发展出一切言辞的制作与发表均遵循修辞以诚的观念;第二,由祭神仪式的伦理而加以理性化,发展成为一种道德范畴的诚信。而这两个路径、两种结果常常同时表现在一些杰出人物的政治言论之中。如《左传》中记载,随国的季梁以忠信之道谏随国之君,表现出较明确的民本思想,并提出"祝史正辞,信也"之说。

---

① (汉)郑玄注,(唐)孔颖达疏:《礼记正义》,《十三经注疏》(标点本),北京大学出版社1999年版,第1318页。

② (汉)郑玄注,(唐)孔颖达疏:《礼记正义》,《十三经注疏》(标点本),北京大学出版社1999年版,第156—157页。王文锦《礼记译解》(中华书局2001年版,第53页)于此段云:"凡宗庙祭礼,为了敬神,特把种种祭品都改个比较典雅庄重的名称,这些名称专用于庙祝所宣读的祭辞当中。"可谓深得礼义之论。

据《左传·桓公六年》记载，楚武王侵随国，使其大夫薳章求成，驻军于瑕以待之。随人使少师董行成。楚大夫斗伯比对楚王说，汉东之国，随为大。随张，必弃小国，小国离，楚之利也。随少师侈，请佯败以骄其志。楚熊率且比认为随有季梁在，楚人不可能得计。斗伯比一再坚持，于是楚王毁军而纳少师。少师归，请追楚师，随侯将许之。季梁劝谏云：

> 天方授楚，楚之嬴，其诱我也，君何急焉？臣闻小之能敌大也，小道大淫。所谓道，忠于民而信于神也。上思利民，忠也；祝史正辞，信也。今民馁而君逞欲，祝史矫举以祭，臣不知其可也。
>
> 公曰："吾牲牷肥腯，粢盛丰备，何则不信？"
>
> （季梁）对曰："夫民，神之主也，是以圣王先成民而后致力于神。故奉牲以告曰'博硕肥腯'，谓民力之普存也，谓其畜之硕大蕃滋也，谓其不疾瘯蠡也，谓其备腯咸有也；奉盛以告曰'洁粢丰盛'，谓其三时不害而民和年丰也；奉酒醴以告曰'嘉栗旨酒'，谓其上下皆有嘉德而无违心也。所谓馨香，无谗慝也。故务其三时，修其五教，亲其九族，以致其禋祀，于是乎民和而神降之福，故动则有成。今民各有心，而鬼神乏主；君虽独丰，其何福之有？君姑修政，而亲兄弟之国，庶免于难。"①

由上引季梁之语观之，早期儒家的德行论是对西周春秋时代德行论的继承。季梁所谓"夫民，神之主也"，利用人们的宗教观念表现了突出的民本思想，同屈原《离骚》中说的"皇天无私阿兮，览民德焉措辅"完全一致。对后代诗人作家有内在的影响。其所提出的"祝史正辞，信也"之说，实为孔子"修辞以立其诚"（《易传·文言》引）说之源头。

春秋时另一位思想家晏婴也表达了同样的观点。《左传·昭公二十年》载，齐景公久病不愈，梁丘据言于景公，欲诛祝固、史嚚以禳之。晏子谏景公曰：

> 若有德之君，外内不废，上下无怨，动无违事，其祝、史荐信，无

---

① 杨伯峻编著：《春秋左传注》，中华书局 2009 年版，第 111—112 页。

愧心矣．是以鬼神用飨，国受其福，祝、史与焉。其所以蕃祉老寿者，为信君使也，其言忠信于鬼神。其适遇淫君，外内颇邪，上下怨疾，动作辟违，从欲厌私，高台深池，撞钟舞女。斩刈民力，输掠其聚，以成其违，不恤后人。暴虐淫从，肆行非度，无所还忌，不思谤讟，不惮鬼神。神怒民痛，无悔于心。其祝、史荐信，是言罪也；其盖失数美，是矫诬也。进退无辞，则虚以求媚。是以鬼神不飨其国以祸之，祝、史与焉。所以夭昏孤疾者，为暴君使也，其言僭嫚于鬼神。

……民人苦病，夫妇皆诅。祝有益也，诅亦有损。聊、摄以东，姑、尤以西，其为人也多矣。虽其善祝，岂能胜亿兆人之诅？君若欲诛于祝、史，修德而后可。①

齐景公和随侯一样，颇信鬼神，他们都是春秋时期思想上守旧的人物，所以才听信宠臣梁丘据之言，以为自己久病不愈是因为祝史陈辞于鬼神时不够卖力所致。晏婴之谏语指出，祝史陈辞于鬼神，必须要陈其实情，不能说谎。君如有功德，祝史陈说之；君如无德，而祝史作虚辞以求媚于鬼神，是"矫诬"于鬼神。鬼神发怒，则会降祸于人。退一步讲，如果君主一味要求祝史弄虚作假，陈己功于鬼神，而不思德政，失了民心，招致百姓的诅咒，到那时，虽有善祝之史，亦不能获鬼神之福。所以，如要祝史陈信而不失其职，君主必须要"修德"。晏婴利用当时"陈辞鬼神，必以忠信"的观念，巧妙地表达了其"德政"的思想。观其谏语，"祝史荐信"的观念虽然还带着神鬼思想的色彩，但已经包含着祝史之官在制作沟通神人之辞时必须注重内容真实性的思想倾向。"祝史荐信，无愧心矣"的提法，也涉及文章写作中内容与情感的真实性问题。作为沟通神人的祝辞，必须如实地反映主祭者的德行及情感诉求，才能辞气正直，畅达明快。如果运用于沟通人际关系的文章写作，也是一样的道理。所以《庄子·渔父》云："真者，精诚之至也。不精不诚，不能动人，故强哭者虽悲不哀，强怒者虽严不威，强亲者虽笑不和。真悲无声而哀，真怒未发而威，真

---

① 杨伯峻编著：《春秋左传注》，中华书局 2009 年版，第 1416—1418 页。

亲未笑而和。……是所以贵真也。"① 郭店楚简《性自命出》亦云："凡声出于情也信。"②《礼记·大学》云："所谓诚其意者，毋自欺也。"③ 均是在春秋时期关于祝史荐信的基础上发展出来的，文章内容的真实性是中国文论史上的重要范畴，如果追溯其源头，也和巫祝祭神陈辞中的文章制作活动有关。

三、"言以昭信，胡可渎也？"

老子目睹周室日衰，礼崩乐坏，因此主张遁世自隐，曾说"知（智）者不言，言者不知（智）"（《老子》第五十六章）④，主张对时事不必妄加评论，避免因言得祸，体现出"慎言"的观念。据说孔子在太庙见《金人铭》⑤，铭文所述，也是告诫人们要"慎言"，其铭云："我，古之慎言人也。戒之哉！戒之哉！无多言，多言多败。"虽然如此，在春秋时期频繁的朝聘会盟、圣俗礼仪中，"非言辞不为功"！《左传》中说："子产有辞，诸侯赖之！"鲁国的贤人叔孙豹甚至提出了"立言不朽"的说法，可见当时社会中重视发言撰辞是主流。

春秋时人对文章本体的观念，也表现在政治、礼仪中，甚至是日常交际活动中的"因言评人"的言语活动中，也就是所谓"言以昭信，胡可渎也"的"慎言"观念。发言须慎重，但也不是就此缄口不言，只是要从积极的方面遵循一些规则，还要从消极的方面避免一些忌讳。"言以昭信，胡可渎也？"实际上就是从正面概了当时对辞令或言辞运用中如何正确处理"志"与"言"、"质"与"辞"的关系，即出"言"必"昭信"而不可渎，也是从消极的修饰

---

① （清）郭庆藩撰，王孝鱼点校：《庄子集释》，中华书局 2004 年版，第 1026—1027 页。

② 荆门市博物馆编著：《郭店楚墓竹简·性自命出》，文物出版社 2002 年版，第 23 页。

③ （汉）郑玄注，（唐）孔颖达疏：《礼记正义》，《十三经注疏》（标点本），北京大学出版社 1999 年版，第 1592 页。

④ （魏）王弼注，楼宇烈校释：《王弼集校释》，中华书局 1980 年版，第 147—148 页。

⑤ 此铭见于《孔子家语》（廖名春、邹新明校点：《孔子家语》，辽宁教育出版社 1997 年版，第 30 页），又见于《说苑·敬慎》（［汉］刘向撰，赵善诒疏证：《说苑疏证》，华东师范大学出版社 1985 年版，第 292—293 页），今人郑良树以为其时代当在春秋之季，说见其《诸子著作年代考》，北京图书馆出版社 2001 年版。赵逵夫《先秦文论全编要诠》（人民文学出版社 2010 年版）亦认为是篇产生于春秋时代。

意义上指出发为言辞应当避免"华而不实"。由此可以看出，随着发为言辞在政治、礼仪活动中被重视，春秋时代人们对言辞内容真实性的恪守成为当时共同认可的"慎辞"观念和言辞发表规则。

春秋时期的"因言评人"言语活动的例子很多，其中以晋国大夫宁嬴论貌、言、情之关系及由言观人之理的言论，以及伯宗以言观人之论最为典型，故这部分的讨论就以这两个例证为核心展开。

据《国语·晋语五》记载，有一次晋国的大夫阳处父到卫国去，返回晋国时路过"宁"这个地方，投宿于宁嬴家。宁嬴与阳处父一见倾心，谈得很投机，认为阳处父是个君子，回家对他妻子说："吾求君子久矣，今乃得之。"就告别妻子，打算跟随阳处父走。阳处父在道路中和宁嬴交谈，宁听了很失望，到了山脚下再也不能忍受阳处父，就转身独自回家了。宁嬴之妻很奇怪，就问丈夫："子得所求而不从之，何其怀也！"宁嬴回答了回来的原因，主要是因为阳处父在交谈中言辞闪烁，故弄玄虚。因此断定阳处父是个不怎么样的人，所以就离开了他回来了。宁嬴的话反映了当时人们对发为言辞的观念很重视，为方便理解这种观念，兹引述宁嬴的原话如下：

> 吾见其貌而欲之，闻其言而恶之。夫貌，情之华也；言，貌之机也。身为情，成于中。言，身之文也；言文而发之，合而后行，离则有衅。今阳子之貌济，其言匮，非其实也。若中不济而外强之，其卒将复，中外易矣。若内外类而言反之，渎其信也。夫言以昭信，奉之如机，历时而发之，胡可渎也！今阳子之情譓矣，以济盖也。且刚而主能，不本而犯，怨之所聚也。吾惧未获其利而及其难，是故去之。①

宁嬴认为，人的外貌、言辞、情感应当统一，也就是在人际交往中，发为言辞，须慎重考虑而后为之，应当避免华而不实、夸夸其谈。这实际上就是孔子所说的"巧言令色，鲜矣仁"！一个人如果在发为言辞之时，华而不实，就会招来怨恨。发为言辞的真实性实际上是一个人德行的外在表现。

---

① 徐元诰撰，王树民、沈长云点校：《国语集解》（修订本），中华书局 2002 年版，第 376—377 页。

宁嬴与阳处父的事也见于《左传·文公五年》，唯宁嬴对阳处父言辞的评论在表述上有所不同，宁嬴曰："（阳处父）以（"以"，太也）刚。《商书》曰：'沈渐刚克，高明柔克。'夫子壹之，其不没乎。天为刚德，犹不干时，况在人乎？且华而不实，怨之所聚也。犯而聚怨，不可以定身。余惧不获其利而离其难，是以去之。"① 按：《左传》记宁嬴之语引《商书》句出自《尚书·洪范》，今属《周书》。② "刚"就是说话过于直露、傲慢，目中无人。《左传》中记载的宁嬴之语较《晋语》更为简练，但意思都是一样的。

宁嬴所论，已经涉及文章的真实性、文章创制中的言意关系等命题，对后来之文学理论有深远影响。此外，宁嬴以言观人的观念，也影响了孔子，孔子所提出来的观人宜"听其言而观其行"的观点，当亦出于此。

另外，《国语·晋语五》还记载了另一件与发为言辞有关的事，这件事也可以帮助我们了解当时人们关于言辞真实性的认识，故不避繁复，引述原文如下：

> 伯宗朝，以喜归。其妻曰："子貌有喜，何也？"曰："吾言于朝，诸大夫皆谓我智似阳子。"对曰："阳子华而不实，主言而无谋，是以难及其身。子何喜焉？"③

阳子即是前文所说的阳处父，由伯宗之妻对丈夫的当头棒喝看来，他发为言辞时"华而不实"在晋国已经是妇孺皆知了。在人际交往中，发为言辞，本为增加彼此之间的沟通，而如果出言华而不实，就是无德的表现。后世常说文如其人，其实这种观念的前身应当是"言如其人"！像晋国阳处父这样夸夸其谈、华而不实的人，人品也不甚可靠。后世论文衡人，视作一体，也当始于春秋时代。

---

① 杨伯峻编著：《春秋左传注》，中华书局 2009 年版，第 541 页。
② 据《洪范》开首可知此篇为箕子口述之商之政典，自是商朝之文，宁嬴之语，亦为一确证。
③ 徐元诰撰，王树民、沈长云点校：《国语集解》（修订本），中华书局 2002 年版，第 384 页。

四、"质胜文则野，文胜质则史"

　　春秋时人对文章创作中的核心问题——文质关系也有很深刻的表述。这主要通过对史官之文的制作与评价而体现出来。《论语》中说"质胜文则野，文胜质则史"，提出了"质""文"作为构成文章辞令的两个要素，二者在文章创作中相生相克而形成的动态关系——"野"和"史"。"质"应当指文章的内容，"文"应当指文章的辞采形式。以上的命题是说如果为文中过分注重内容的表达，势必导致文章读起来有朴野而不加修饰之感；而如果过分注重表达的辞彩和语言技巧，则会使文章形式华美而内容空洞。以上两个方面都不能说是尽善尽美的，最好是质与文均衡协调，不偏不倚。也可以说达到中和就好。这些都很好理解，可是在上述命题中为什么把辞彩超过了内容称之为"史"？这还需要做些探讨。

　　"史"字本指史官或史书，可在上述语境中明明被用来形容一种偏重于辞彩和文章形式的特征，这又是为什么呢？难道这和史官、史书有什么联系吗？《仪礼·聘礼》说："辞无常，孙（逊，顺也）而说（悦）。辞多则史，少则不达。辞苟足以达，义之至也。"[1]胡培翚云："策祝尚文辞，故谓辞多为史。"[2]这里说得很清楚："辞多则史。"意思是发为辞令或撰制文章时，语言比较详细，表述颇有文采，就称之为"史"。这里的"史"，也可理解为史官，大概因为史官讲述历史兴亡故事长于呈现细节，又颇具故事性、文学性，所以就把史官的语体方式称之为"史"。因此春秋时的人才以"史"字形容一个人出言撰文的风格。只要考察春秋时期关于史官讲说历史的记载，便可印证上面的观点。

　　依《周礼》《仪礼》《逸周书》《左传》《国语》等典籍记载，春秋时代的史官不仅是前代礼乐制度的传承者，而且还承担着传述古史、昭穆、系世和讽诵古史、撰制各类文辞的职能。考察春秋史官的发语撰辞风格，应当以后一种职能为准，分析其实例，方可知什么是"辞多则史"。

---

　　① （汉）郑玄注，（唐）贾公彦疏：《仪礼注疏》，《十三经注疏》（标点本），北京大学出版社 1999 年版，第 455 页。

　　② （清）胡培翚：《仪礼正义》（第二册），商务印书馆 1934 年版，第 70 页。

　　史官中的瞽史有诵志以训导王者之职责。《国语·楚语上》云："昔卫武公年数九十有五矣，犹箴儆于国，曰：……临事有瞽史之导，宴居有师工之诵。史不失书，矇不失诵，以训御之……"①《周语上》也说"瞽献曲，史献书"，"瞽史教诲"，他们讽诵传述古史的口头文本被后来的史官记录整理下来称之为"《瞽史之纪》"(《国语》)。司马迁《太史公自序》说"左丘失明，厥有《国语》"，意思是说《国语》也是"瞽史之纪"。传统认为《左氏春秋》的著者亦为左丘明，现在有的学者研究指出《左传》是战国初期的史官综合利用春秋时代的各类史记编成的，它的编者在编辑成此书时应当也吸收了瞽史讲诵古史的"底本"②。如此说来，考察《国语》《左传》的某些篇章，即可找到"辞多则史"的例证了。

　　对《国语》中的叙事文，前人有很多评价颇能体现"辞多则史"的内涵。《经义考》卷二百九十引陶望龄说："《国语》一书……《周语》辞胜事，《晋语》事胜辞……如其妙理玮辞，骤读之而心惊，潜玩之而味永，还须以《越语》压卷。"③这是以"辞"(辞令、辞彩)和"事"(故事、叙事)的成分为准对《国语》各部分的归类评价。还有一些是从"叙事"的角度评价的，如朱熹说"《国语》委靡繁絮"(《朱子语类》)，崔述说"《国语》荒唐诬妄"④，这显然是就其叙事"辞多"的消极面而言。"辞多"还有一层意思是富于辞彩。后世评家在认识到其消极面的同时，也肯定了其积极的一面。明人黄省曾说《国语》"实多先王之明训，自张苍、贾生、马迁以来，千数百年，播颂于艺林不衰，世儒虽以浮夸阔宏为病，然而文辞高妙精理，非后世操觚者可及"⑤。显然评及《国语》"辞多则史"的两面性。

　　对于《左氏春秋》在叙事方面的特点，刘知幾《史通·杂说上》评价云："左氏之叙事也，述行师则簿领盈视，哤(按：哤，原作叱，据浦起龙注改)

---

　　① 徐元诰撰，王树民、沈长云点校：《国语集解》(修订本)，中华书局 2002 年版，第 500—501 页。
　　② 参王树民言"《左氏春秋》不仅在体裁方面有所创新，其取材也更为扩大范围，正式的记言记事之书，如《语》和《志》等，自然成为主要的材料来源。……在《语》《志》等书之外，更广泛地收采各种记载与传说"。说见其《中国史学史纲要》，中华书局 1997 年版，第 47 页。
　　③ 转引自谭家健：《先秦散文艺术新探》(增订本)，齐鲁书社 2007 年版，第 258 页。
　　④ (清)崔述：《洙泗考信录·余录》，《崔东壁遗书》，上海古籍出版社 1983 年版，第 395 页。
　　⑤ 转引自谭家健：《先秦散文艺术新探》(增订本)，齐鲁书社 2007 年版，第 262 页。

聒沸腾。论备火则区分在目，修饰峻整；言胜捷则收获都尽，记奔败则披靡横前；申盟誓则慷慨有余，称谲诈则欺诬可见；谈恩惠则煦如春日，纪严切则凛若秋霜；叙兴邦则滋味无量，陈亡国则凄凉可悯。或腴辞润简牍，或美句入詠歌，跌宕而不群，纵横而自得。若斯才者，殆将工侔造化，思涉鬼神，著述罕闻，古今卓绝。"①"腴辞润简牍"一语充分体现出"史"的"辞多"内涵。《左氏春秋》中叙事的名篇如《郑伯克段于鄢》《晋公子重耳之亡》《子产不毁乡校》等，都是文采斐然，有的故事还有虚构的成分，钱锺书说《左氏春秋》中带有虚构性的故事"或为密勿之谈，或乃心口相语，属垣烛隐，何所依据？如僖公二十四年介之推与母偕逃前之问答，宣公二年鉏麑自杀前之慨叹，皆生无傍证，死无对证者。注家虽曲意弥缝，而读者终不厌心。……盖非记言也，乃代言也，如后世小说、剧本中之对话独白也。左氏设身处地，依傍性格身分，假之喉舌，想当然耳"②。这类故事借虚构以增其细节，力求生动，可以说是辞彩的华美 ——"文"——超过了内容的真实 ——"质"。因此前人批评《左氏春秋》叙事之失在一个"诬"字，也有的评者认为"左氏浮夸"。晁公武《郡斋读书志》卷三云："范宁曰：'左氏富而艳。'韩愈云：'左氏浮夸。'今观如此，信乎其富艳且浮夸矣。"③"富而艳""浮夸"正是指《国语》《左传》的叙事文运用虚构、夸张以增饰其文采，增加其趣味，这都是指的其叙事"文"胜于"质"。后世评家立足于史传征实、实录的精神，对其进行批评是可以理解的。孔子曾说："言之无文，行而不远。"表明他对发语撰辞中追求文采的肯定。

"辞多则史"这个命题的提出，和春秋时期史官在政治活动中地位的凸显有关。据有的学者统计，先秦文献中有关春秋史官参与重大政治活动的记录共有 118 条，仅《左传》中就有 48 条。④ 可以说春秋时期王室和诸侯国的史官是代表了时代思想、文化、政治的重要力量。

过常宝认为："史官是春秋文化的代表性角色，史著则是春秋文化的重要载体。春秋史官关注现实，并刻意在礼的旗帜下，用理性精神审判现实，从而创

---

① （唐）刘知幾著，浦起龙通释：《史通通释》，上海古籍出版社 2009 年版，第 422 页。

② 钱锺书：《管锥编》第一册，中华书局 1979 年版，第 165 页。

③ （宋）晁公武撰，孙猛校证：《郡斋读书志校证》，上海古籍出版社 1990 年版，第 120 页。

④ 席涵静：《周代史官研究》，台湾福记图书出版公司 1983 年版。

造出新的文献方式和话语方式。"① 史官虽无实权，但因他们掌握着文化资源与社会舆论的评价权与话语权，因而成为春秋政治体制中一个有影响力的重要群体。他们的言辞具有"文胜质"的特点，春秋时代的人用"史"这个范畴来概括史官发语撰辞的职业特点。这表明春秋时期发语撰辞实与职业有相当密切的关系。

"文胜质则史"，其实就是"辞多则史"，在春秋时最初指史家之叙事，后来经儒门学者的转化，使文章创作中的文、质与君子德行与实践联系起来，遂使文章创作有了君子人格的内涵。"质胜文则野，文胜质则史，文质彬彬，然后君子"，就逐步成为既是对文章创作中文质关系的表述，同时也是对君子人格的评价。至于战国时代的《周易·系辞下》所说的："凡《易》之情，近而不相得则凶，或害之，悔且吝。将叛者其辞惭，中心疑者其辞枝，吉人之辞寡，躁人之辞多，诬善之人其辞游，失其守者其辞屈。"② 其中也说到"辞多"，并说这是浮躁之人（"躁人"）发言的特点。然而这里主要是从占卜活动出发谈结果的悔吝所导致的心理变化对人发言表意的影响，与春秋时代所说的"辞多则史"有所不同。

五、"气以实志，志以定言"

春秋时代人们对于发语撰辞的认识，还表现在对"气""志""言"关系的认识上，提出了"气以实志，志以定言"的命题。当时的人认为，"气"是由口纳五味和耳听和声形成的一种心理状态，这种状态会影响到人的气血心志（"志"），而气血心志（"志"）又决定着人发"言"的善否；而"言"为为政出令之机，"言"的善否直接影响着政治和人际交往的效果。在对这几个范畴的论述中，体现了发为言辞和文章撰作方面的某些本质规律，开了后世"文气"说的先河。

春秋时人认为"气"是一种由生理而及心理而及道德的精神状态，这种状

---

① 过常宝：《先秦文体与话语方式研究》，中华书局 2016 年版，第 108 页。
② 黄寿祺、张善文撰：《周易译注》，上海古籍出版社 1989 年版，第 605 页。

态的好坏取决于人的饮食及耳听目视等嗜好是否"和"而不过度。《国语·周语中》载周定王论宴飨曰"五味实气",即是此意。而"气"又是"志"的内在心理基础。"气和则志充"(《左传·昭公五年》杜预注),刚健充盈之气外化出来就是人的"志"。《大戴礼记·四代篇》载孔子曰:"食为味,味为气,气为志。"[①]《左传·昭公二十五年》载,郑国贤大夫游吉(子大叔)对晋国大臣赵鞅(赵简子)说:"则天之明,因地之性,生其六气,用其五行,气为五味,发为五色,章为五声。淫则昏乱,民失其性。"[②]也说明了"味""气"与"志"之间的关系。

而"气"与"志"是否和谐充盈,又决定着一个人在为政、礼仪及日常交际中发为言辞的善否。这从一些典型的实例中可以证实。《国语·周语下》载,周景王想要铸造一种超过音律标准的大钟 —— 无射之钟,单穆公劝谏说:

> ……夫耳内和声,而口出美言,以为宪令,而布诸民,正之以度量,民以心力,从之不倦。成事不贰,乐之至也。口内味而耳内声,声味生气。气在口为言,在目为明,言以信名,名以时动,名以成政,动以殖生,政成生殖,乐之至也。若视听不和,而有震眩,则味入不精,不精则气佚,气佚则不和,于是乎有狂悖之言,有眩惑之明,有转易之名,有过慝之度。出令不信,刑政纷放,动不顺时,民无据依,不知所力,各有离心。上失其民,作则不济,求则不获,其何以能乐?三年之中,而有离民之器二焉,国其危哉![③]

单穆公明确指出,耳听和声,就可以作用于人的血气与心志,使人达到崇高的道德境界,从而使人"口出美言",而"美言"的最大特点是"信"(诚信),这种美言用于行政,则表现为取信于民,政通人和。反之,如果人视听不和,入味不精,那么就会使人血气涣散("气佚"),心志萎靡不振,发言撰辞则是"狂悖之言",为政则会"出令不信",使政教纷乱,民无所依。在上引

---

①　(清)王聘珍撰,王文锦点校:《大戴礼记解诂》,中华书局1983年版,第171页。

②　杨伯峻编著:《春秋左传注》,中华书局2009年版,第1457页。

③　徐元诰撰,王树民、沈长云点校:《国语集解》(修订本),中华书局2002年版,第109—110页。

单穆公的一段话中，由味觉、听觉、视觉到"气""志"，"气""志"决定"发言撰辞"，"发言撰辞"决定"立身行政"的效果，这些范畴之间的转化有着清晰的逻辑关系。

　　还有一些实例，可以说是对上述命题的一次次实际运用。如《左传·昭公九年》记载：鲁昭公九年六月，晋国重臣荀盈卒，殡于绛，丧事未毕，而晋侯竟然不顾大臣之丧而饮酒作乐。晋侯身边主管其饮食的膳宰屠蒯听说了，就来到宴会的地方，请求为客人看酒。晋侯答应了。屠蒯于是以酒敬师旷，并对他说："女（汝）为君耳，将司聪也。辰在子、卯（郑众曰："五行子卯自刑。"贾逵曰："桀以乙卯日死，纣以甲子日亡，故以为戒。"），谓之疾日，君彻宴乐，学人舍业，为疾故也。君之卿佐，是谓股肱。股肱或亏（按：此指荀盈之卒），何痛如之？女弗闻而乐，是不聪也。"屠蒯又向晋侯的宠臣嬖叔敬酒一杯，并说："女为君目，将司明也，服以旌礼，礼以行事，事有其物，物有其容，今君之容，非其物也，而女不见，是不明也。"最后，他又自饮一杯说："味以行气，气以实志，志以定言，言以出令，臣实司味，二御失官，而君弗命，臣之罪也。"晋君听了他的话，觉得很有道理，就撤了酒宴。除此之外，晋侯原曾有废知氏而立其外嬖之打算，亦因此而止。"味以行气，气以实志，志以定言，言以出令"，很明显，这里膳宰屠蒯所说的这番道理，并不是他的首创，晋君之所以由其谏言而觉悟到自己行为的错误，也说明他不仅知晓此理，同时也服膺此理。在这个事件中，膳宰屠蒯显然是纳五味之和、耳目嗜欲有度，因而保持了平和充盈的血气，并由此养成了忠于国家、关心时政的道德与充盈振奋的情志；所以他的这番谏语，先责备师旷临丧而举乐之"失聪"，次谴责嬖叔不能匡正晋君非礼之举的"失明"，最后自责，最终开悟晋君，可以称得上是气盛言宜的"善言""美言"！[①]

　　《左传》《国语》及相关文献中记载春秋时人言及"气""志""言"关系的还有多次，大都不出以上所论，唯《国语·楚语》载申叔时对楚庄王言令太子"教之《诗》，而为之导广显德，以耀明其志"，则已经涉及如何通过读书来养"气"与培"志"的命题。

---

① 杨伯峻编著：《春秋左传注》，中华书局 2009 年版，第 1311—1312 页。

后来孟子提出著名的"知言养气"理论，正是继承了春秋时代"气以实志，志以定言"的观念。《孟子·公孙丑上》载孟子答弟子公孙丑之问云："曰：'我知言，我善养吾浩然正气。''敢问何谓浩然之气？'曰：'难言也。其为气也，至大至刚，以直养而无害，则塞于天地之间。其为气也，配义与道。无是，馁也。'"又云："'何谓知言？'曰：'诐辞知其所蔽，淫辞知其所陷，邪辞知其所离，遁辞知其所穷。'"①孟子这一席话，核心的意思无非是说一个人如能涵养于道义，就会养成一种浩然正气，形成一种至大至刚的精神气质，这样发为言辞，自然合乎仁义之道。反之，如果没有道义相配，则人之气馁，发为言辞，则会背仁弃义。明乎此理，还可以反过来做到"知言"，即由发言之人的言辞之当否，识别"诐辞""淫辞""邪辞""遁辞"，从而判断其心理状态与道德水准（气与志）。孟子的贡献在于合"气""志"而为一，他指出"夫志，气之帅也。气，体之充也"（《孟子·公孙丑上》），但他的这种从"养气"到"知言"的内在思想逻辑，显然来自于春秋时代人们所提出的对"气""志"与"言"的关系之观念。

曹丕《典论·论文》提出"文以气为主，气之清浊有体，不可强而力致"，一方面将春秋以来的"气"与"言"的命题创造性地转换为"气"与"文"的命题；另一方面又继承了春秋时期"气"分阴阳的思想，并将其运用到评文论人之中②。刘勰《文心雕龙·体性》说"气以实志，志以定言，吐纳英华，莫非情性"，韩愈《答李翊书》亦云："气，水也；言，浮物也。水大而物之浮者大小毕浮。气之与言犹是也，气盛，则言之短长与声之高下者皆宜。"③则对作家

---

① （汉）赵岐注，（宋）孙奭疏：《孟子注疏》，《十三经注疏》（标点本），北京大学出版社 1999 年版，第 75—76 页。

② 《国语·周语下》记载周景王与乐官伶州鸠讨论"气"，后者指出天有"六气"，其中阴阳是对立统一的基本之气。由于阴阳之气的对立统一的变动流转，产生出阴、阳、晦、明、风、雨六种天象和一年十二个月。音律即是效法阴阳之气，所以也有阴阳之分：阴为六吕（六间），阳为六律。音乐就是用律吕之音作成的。这就是所谓"平之以六，成于十二"，也即所谓天之道也。正因为音乐效法天地阴阳之气的运行规律，所以能"遂八风"，"宣养六气九德"，具有"阴阳序次，风雨时至，嘉生繁祉"之功能。周景王作钟既罢民费财，又有违乐制，故伶州鸠以为违背阴阳之"和"，听之无益身心。他对钟乐之"和"的认识，已从听觉审美层次进入到社会学、伦理学层次。

③ （清）金圣叹选批，朱一清、程自信注：《天下才子必读书》，安徽文艺出版社 2003 年版，第480 页。

性情志气与创作的关系讲得更加明确。

　　春秋以前的发言出语与文章写作主要有两个目的：一是用于祭神，也就是用于沟通人与神之间的关系；二是用于各种礼仪和社会生活中的人际沟通。到了春秋时期，随着神权意识的衰退和理性精神的觉醒，人事的能动性在政治活动和人生实践中的作用逐渐被人们所重视，发语撰辞之人已经有了比较明确的文章撰作意识，文章撰作也已经有逐渐脱离具体礼仪活动而独立的趋势。而正如现代哲学家所说的那样，"人因语言而存在"，"人民住在语言所构筑的家里"①，也就是说，发为言辞与撰制文章是春秋时期人的能动性得以发挥的重要手段，所以重视言辞、语、说、命、论等篇章的功能，并进而探讨其言说与撰制的规律，成为一种时代的风气。他们提出的种种观念和范畴，是最初形态的文章本体论，这些观念和范畴，奠定了中国古代文章理论的基础，是很多重要的文论范畴的源头。虽然春秋时代人们对文章本体论范畴的表述还带有由宗教仪式伦理向政治教化思想转变的过渡性特点，但其学术价值却是不容忽视的。

---

① 叶秀山：《语言、存在与哲学家园》，《文史哲》1999 年第 2 期。

主要参考文献

一、古籍类

（汉）班固：《汉书》，中华书局 1962 年版。

陈奂撰：《诗毛氏传疏》，中国书店 1984 年版。

（宋）蔡沈注，钱宗武、钱忠弼整理：《书集传》，凤凰出版社 2010 年版。

陈奇猷校释：《吕氏春秋校释》，学林出版社 1984 年版。

陈奇猷校注：《韩非子集释》，上海人民出版社 1974 年版。

（清）陈寿祺撰，曹建墩校点：《五经异义疏证》，上海古籍出版社 2012 年版。

程树德撰：《论语集释》，中华书局 1990 年版。

程发轫：《春秋人谱》，台湾商务印书馆 1990 年版。

（清）崔述撰著，顾颉刚编订：《崔东壁遗书》，上海古籍出版社 1983 年版。

（晋）杜预：《春秋左传集解》（1—5 册），上海人民出版社 1977 年版。

方诗铭：《古本竹书纪年辑证》（修订本），上海古籍出版社 2005 年版。

方向东：《大戴礼记汇校集解》，中华书局 2008 年版。

（南朝梁）刘勰著，范文澜注：《文心雕龙注》，人民文学出版社 1958 年版。

（清）顾栋高辑：《春秋大事表》，中华书局 1987 年版。

（宋）胡安国著，钱伟彊点校：《春秋胡氏传》，浙江古籍出版社 2011 年版。

韩兆琦编著：《史记笺证》，江西人民出版社 2004 年版。

黄怀信、张懋镕、田旭东撰：《逸周书汇校集注》（修订本），上海古籍出版社 2007 年版。

黄怀信撰：《鹖冠子校注》，中华书局 2014 年版。

（清）金圣叹选批，朱一清、程自信注：《天下才子必读书》，安徽文艺出版社 2003 年版。

（清）焦循撰，沈文倬点校：《孟子正义》，中华书局 1987 年版。

（清）胡培翬：《仪礼正义》，商务印书馆 1934 年版。

孔鲋撰：《孔丛子》，上海古籍出版社 1990 年版。

梁启雄：《荀子简释》，中华书局 1983 年版。

梁启雄：《韩子浅解》，中华书局 1960 年版。

（汉）刘向编著，石光瑛校释：《新序》，中华书局 2001 年版。

（东汉）刘珍等撰，吴树平校注：《东观汉记校注》，中华书局 2008 年版。

（唐）刘知幾著，浦起龙通释：《史通》，上海古籍出版社 2009 年版。

黎靖德编：《朱子语类》，中华书局 1999 年版。

刘文淇：《春秋左氏传旧注疏证》，科学出版社 1959 年版。

李学勤主编：《十三经注疏》（标点本），北京大学出版社 1999 年版。

（魏）王弼注，楼宇烈校释：《王弼集校释》，中华书局 1980 年版。

（元）马端临：《文献通考》，中华书局 1986 年版。

（唐）刘知幾撰，（清）浦起龙通释，吕思勉评：《史通》，世纪出版集团、上海古籍出版社 2008 年版。

（清）皮锡瑞著，周予同注释：《经学历史》，中华书局 1959 年版。

（清）皮锡瑞著，盛冬铃、陈抗点校：《今文尚书考证》，中华书局 1989 年版。

（清）钱绮：《左传札记》，《续修四库全书》第 128 册，上海古籍出版社 2002 年版。

（清）钱大昕：《潜研堂文集》，上海古籍出版社 2009 年版。

（清）孙星衍撰，陈抗、盛冬铃点校：《尚书今古文注疏》，中华书局 1986 年版。

（清）孙希旦撰，沈啸寰、王星贤点校：《礼记集解》，中华书局 1989 年版。

（清）孙诒让撰，王文锦、陈玉霞点校：《周礼正义》，中华书局 1987 年版。

（清）孙诒让撰，孙启诒点校：《墨子间诂》，中华书局 2001 年版。

（南朝梁）任昉：《文章缘起》，陈懋仁注，王水照主编：《历代文话》，复旦大学出版社 2001 年版。

（魏）王肃注：《孔子家语》，上海古籍出版社 1990 年版。

（清）汪基（敬堂）：《古文喈凤》，上海广益书局 1914 年石印本。

（清）魏源：《诗古微》，岳麓书社 1989 年版。

徐元诰撰，王树民、沈长云点校：《国语集解》（修订本），中华书局 2002
年版。

（汉）刘向撰，向宗鲁校证：《说苑校证》，中华书局 1987 年版。

（清）严可均校辑：《全上古三代秦汉三国六朝文》，中华书局 1958 年版。

杨伯峻编著：《春秋左传注》（全四册），中华书局 2009 年版。

（清）姚际恒著，陈祖武点校：《仪礼通论》，中国社会科学出版社 1998 年版。

（清）刘熙载撰，袁津琥校注：《艺概注稿》（全二册），中华书局 2009 年版。

（清）姚鼐：《古文辞类纂》，上海古籍出版社 1998 年版。

（汉）刘向撰，赵善诒疏证：《新序疏证》，华东师范大学出版社 1989 年版。

（汉）刘向撰，赵善诒疏证：《说苑疏证》，华东师范大学出版社 1985 年版。

（汉）刘向编著，赵仲邑注：《新序详注》，中华书局 1997 年版。

周生春：《吴越春秋辑校汇考》，上海古籍出版社 1997 年版。

（清）章学诚撰，叶瑛校注：《文史通义校注》，中华书局 2014 年版。

二、研究专著类

〔英〕安东尼·吉登斯：《社会的构成》，李康、李猛译，生活·读书·新
知三联书店 1998 年版。

〔美〕安东尼·史蒂文斯：《人类梦史》，杨晋等译，海南出版社 2006 年版。

〔日〕北冈诚司：《巴赫金对话与狂欢》，魏炫译，河北教育出版社 2002
年版。

陈梦家：《殷虚卜辞综述》，科学出版社 1956 年版。

陈汉平：《西周册命制度研究》，学林出版社 1986 年版。

陈戍国：《先秦礼制史》，湖南教育出版社 1991 年版。

蔡仁厚：《论语人物论》，台湾商务印书馆 1996 年版。

晁福林：《夏商西周的社会变迁》，北京师范大学出版社 1996 年版。

陈子展：《诗三百解题》，复旦大学出版社 2000 年版。

陈来：《古代思想文化的世界 —— 春秋时代的宗教、伦理与社会思想》，生活·读书·新知三联书店 2002 年版。

陈绍棣：《中国风俗通史》（两周卷），上海文艺出版社 2003 年版。

陈梦家：《尚书通论》（外二种），河北教育出版社 2000 年版。

陈梦家：《西周铜器断代》（上、下），中华书局 2004 年版。

曹道衡、刘跃进：《先秦两汉文学史料学》，中华书局 2005 年版。

常金仓：《周代礼俗研究》，黑龙江人民出版社 2005 年版。

陈槃：《旧学旧史说丛》（上、下），上海古籍出版社 2010 年重印版。

晁福林：《春秋战国的社会变迁》，商务印书馆 2011 年版。

董立章：《国语译注辨析》，暨南大学出版社 1993 年版。

邓瑞全、王冠英：《中国伪书综考》，黄山书社 1998 年版。

邓国光：《文原》，澳门大学出版中心 1997 年版。

丁进：《商周青铜器铭文文学研究》，西北大学出版社 2013 年版。

傅亚庶：《中国上古祭祀文化》，高等教育出版社 2005 年版。

冯天瑜：《中华元典精神》，武汉大学出版社 2006 年版。

方朝晖：《春秋左传人物谱》，齐鲁书社 2001 年版。

郭沫若：《中国古代社会研究》，人民出版社 1964 年版。

郭沫若：《金文丛考》，《郭沫若全集》（考古编）第五卷，科学出版社 2002 年版。

郭沫若：《两周金文辞大系图录考释》，上海书店出版社 1999 年版。

郭预衡：《中国散文史》（上），上海古籍出版社 1986 年版。

顾颉刚：《中国上古史研究讲义》，中华书局 1988 年版。

顾颉刚：《古史辨》，《民国丛书》第四编，上海书店出版社 1933 年版。

顾颉刚、刘起釪：《尚书校释译论》，中华书局 2005 年版。

顾易生、蒋凡：《先秦两汉文学批评史》，上海古籍出版社 1990 年版。

故宫博物院编：《唐兰先生金文论集》，紫禁城出版社 1995 年版。

郭晋稀译注：《白话文心雕龙》，岳麓书社 1997 年版。

葛兆光：《中国思想史》，复旦大学出版社 2001 年版。

郭伟川：《两周史论》，北京图书馆出版社 2006 年版。

高兵：《周代婚姻形态研究》，巴蜀书社 2007 年版。

郭永秉：《帝系新研：楚地出土战国文献中的传说时代古帝王系统研究》，北京大学出版社 2008 年版。

过常宝：《先秦散文研究 —— 早期文体及话语方式的生成》，商务印书馆 2009 年版。

〔日〕高桥稔：《中国说话文学之诞生》，申荷丽译，商务印书馆 2013 年版。

韩席筹：《左传分国集注》，江苏人民出版社 1963 年版。

何怀宏：《世袭社会及其解体 —— 中国历史上的春秋时代》，生活·读书·新知三联书店 1996 年版。

胡新生：《中国古代巫术》，山东人民出版社 1998 年版。

胡厚宣、胡振宇：《殷商史》，上海人民出版社 2003 年版。

黄开国、唐赤蓉：《诸子百家兴起的前奏 —— 春秋时期的思想文化》，巴蜀书社 2004 年版。

韩高年：《诗赋文体源流新探》，巴蜀书社 2004 年版。

韩高年：《礼俗仪式与先秦诗歌演变》，中华书局 2006 年版。

黄怀信：《逸周书校补注译》（修订本），三秦出版社 2006 年版。

侯敏：《易象论》，北京大学出版社 2006 年版。

江晓原：《天学真原》，辽宁教育出版社 1991 年版。

江晓原：《星占学与传统文化》，上海古籍出版社 1992 年版。

金景芳、吕绍纲：《尚书·虞夏书新解》，辽宁古籍出版社 1996 年版。

康有为：《孔子改制考》，中华书局 1958 年版。

梁启超：《先秦政治思想史》，东方出版社 1996 年重印本。

刘师培：《周书补正》，《刘申叔先生遗书》，江苏古籍出版社 2000 年影印本。

〔法〕列维·布留尔：《原始思维》，丁由译，商务印书馆 1981 年版。

吕思勉：《中国制度史》，上海教育出版社 1985 年版。

吕思勉：《先秦学术概论》，东方出版中心 1985 年版。

柳诒徵：《中国文化史》，东方出版中心 1988 年版。

刘玉建：《中国古代龟卜文化》，广西师范大学出版社 1992 年版。

李泽厚：《说巫史传统》，上海译文出版社 2012 年版。

李零：《楚国铜器铭文编年汇释》，刊《古文字研究》第 13 辑，中华书局 1986 年版。

李零：《中国方术概观（占星卷）》，人民中国出版社 1993 年版。

李零：《简帛古书与学术源流》，生活·读书·新知三联书店 2004 年版。

李学勤：《周易溯源》，巴蜀书社 2006 年版。

李学勤：《简帛佚籍与学术史》，江西教育出版社 2001 年版。

刘宗迪：《失落的天书：〈山海经〉与古代华夏世界观》，商务印书馆 2006 年版。

刘瑛：《〈左传〉〈国语〉方术研究》，人民文学出版社 2006 年版。

罗家湘：《〈逸周书〉研究》，上海古籍出版社 2006 年版。

吕静：《春秋盟誓研究：神灵崇拜下的社会秩序再构建》，上海古籍出版社 2007 年版。

李冬生：《中国古代神秘文化》，人民出版社 2011 年版。

李零：《兰台万卷：读〈汉书·艺文志〉》，生活·读书·新知三联书店 2011 年版。

清华大学出土文献研究与保护中心编，李学勤主编：《清华大学藏战国竹简（壹）》，中西书局 2010 年版。

清华大学出土文献研究与保护中心编，李学勤主编：《清华大学藏战国竹简（贰）》，中西书局 2012 年版。

清华大学出土文献研究与保护中心编，李学勤主编：《清华大学藏战国竹简（叁）》，中西书局 2013 年版。

蒙文通：《蒙文通文集》，巴蜀书社 1995 年版。

马承源：《商周青铜器铭文选》，文物出版社 1988 年版。

马承源主编：《上海博物馆藏战国楚竹书（一—八）》，上海古籍出版社 2001—2011 年版。

马承源：《中国古代青铜器》，上海人民出版社 2008 年版。

〔美〕倪豪士：《传记与小说 —— 唐代文学比较论集》，中华书局 2007 年版。

潘万木：《左传叙述模式论》，华中师范大学出版社 2004 年版。

彭林：《周礼主体思想与成书年代研究》（增订版），中国人民大学出版社 2009 年版。

钱锺书：《管锥编》第一册，中华书局 1979 年版。

钱玄：《三礼通论》，南京师范大学出版社 1996 年版。

钱穆：《论语新解》，生活·读书·新知三联书店 2002 年版。

钱穆：《孔子传》，生活·读书·新知三联书店 2002 年版。

屈万里：《尚书今注今译》，新世界出版社 2011 年版。

屈万里：《先秦文史资料考辨》，台湾联经出版事业公司 1983 年版。

饶宗颐、曾宪通：《云梦秦简日书研究》，香港中文大学出版社 1982 年版。

饶宗颐：《澄心论萃》，上海文艺出版社 1996 年版。

山西省文物工作委员会：《侯马盟书》，文物出版社 1976 年版。

宋镇豪：《中国风俗通史》（夏商卷），上海文艺出版社 2001 年版。

沈立岩：《先秦语言活动之形态观念及文学意义》，人民出版社 2005 年版。

唐兰：《西周青铜器铭文分代史征》，中华书局 1986 年版。

童书业：《春秋左传研究》，上海人民出版社 1983 年版。

童庆炳：《文体与文体的创造》，云南人民出版社 1994 年版。

谭家健：《中国散文史纲要》，山西教育出版社 2011 年版。

王国维：《观堂集林》，中华书局 1959 年版。

闻一多：《神话与诗》，《闻一多全集》，湖北教育出版社 1992 年版。

王宇信：《甲骨学通论》，中国社会科学出版社 1998 年版。

吴小强：《秦简日书集释》，岳麓书社 2000 年版。

吴承学：《中国古代文体形态研究》，中山大学出版社 2002 年版。

吴承学：《中国古代文体学研究》，人民出版社 2011 年版。

王贵民、杨志清：《春秋会要》，中华书局 2009 年版。

王晶波：《敦煌写本相书研究》，民族出版社 2010 年版。

〔英〕维克多·特纳：《仪式过程：结构与反结构》，黄剑波、柳博赟译，中国人民大学出版社 2006 年版。

黄霖：《文心雕龙汇评》，上海古籍出版社 2005 年版。

吴讷：《文章辨体序说》，于北山点校，人民文学出版社 1962 年版。

王世民、陈公柔、张长寿：《西周青铜器分期断代研究》，文物出版社 1999 年版。

王文锦：《礼记译解》，中华书局 2001 年版。

王树民：《中国史学史纲要》，中华书局 1997 年版。

席涵静：《先秦社祀之研究》，台湾众望文化事业有限公司 1992 年版。

席涵静：《周代祝官研究》，台湾励志出版社 1978 年版。

席涵静：《周代史官研究》，台湾福记图书出版公司 1983 年版。

修海林：《古乐的浮沉 —— 中国古代音乐文化的历史考察》，山东文艺出版社 1989 年版。

谢贵安：《中国谶谣文化研究》，海南出版社 1998 年版。

徐中舒：《殷周金文集录》，四川人民出版社 1984 年版。

徐公持：《魏晋文学史》，人民文学出版社 1999 年版。

徐杰令：《春秋邦交研究》，中国社会科学出版社 2004 年版。

徐振韬、蒋窈窕：《五星聚合与夏商周年代研究》，世界图书出版公司 2006 年版。

郗文倩：《中国古代文体功能研究 —— 以汉代文体为中心》，上海三联书店 2010 年版。

徐建委：《〈说苑〉研究 —— 以战国秦汉之间的文献累积与学术史为中心》，北京大学出版社 2011 年版。

〔美〕夏含夷：《古史异观》，上海古籍出版社 2005 年版。

〔美〕夏含夷：《重写中国古代文献》，周博群等译，上海古籍出版社 2012 年版。

〔美〕夏含夷：《兴与象：中国古代文化史论集》，上海古籍出版社 2012 年版。

袁珂：《山海经校译》，上海古籍出版社 1985 年版。

阎步克：《士大夫政治演生史稿》，北京大学出版社 1996 年版。

杨华：《先秦礼文化》，湖北教育出版社 1997 年版。

杨树达：《积微居金文说》，中华书局 1997 年版。

于省吾：《双剑誃吉金文选》，中华书局 1998 年版。

杨宽：《西周史》，上海人民出版社 1999 年版。

杨宽：《战国史》，上海人民出版社 1998 年版。

杨志刚：《中国礼仪制度研究》，华东师范大学出版社 2001 年版。

杨庆中：《周易经传研究》，商务印书馆 2005 年版。

俞志慧：《古"语"有之：先秦思想的一种背景与资源》，华东师范大学出版社 2010 年版。

章太炎：《国学讲演录》，华东师范大学出版社 1995 年版。

岑仲勉：《西周社会制度问题》，上海人民出版社 1957 年版。

张亚初、刘雨：《西周金文官制研究》，中华书局 1986 年版。

张秉权：《甲骨文与甲骨学》，台北"国立"编译馆 1988 年版。

钟肇鹏：《谶纬论略》，辽宁教育出版社 1991 年版。

张高评：《左传之文韬》，台湾丽文文化公司 1994 年版。

朱光潜：《诗论》，生活·读书·新知三联书店 1998 年版。

〔美〕张光直：《商代文明》，毛小雨译，北京工艺美术出版社 1999 年版。

周振甫：《中国修辞学史》，商务印书馆 1999 年版。

〔美〕张光直：《青铜挥麈》，上海文艺出版社 2000 年版。

赵诚：《甲骨文与商代文化》，辽宁人民出版社 2000 年版。

郑良树：《诸子著作年代考》，北京图书馆出版社 2001 年版。

张玉金：《甲骨卜辞语法研究》，广东高等教育出版社 2002 年版。

赵逵夫：《屈原与他的时代》，人民文学出版社 2002 年版。

刘瑛：《左传国语方术研究》，人民文学出版社 2006 年版。

张固也：《〈管子〉研究》，齐鲁书社 2006 年版。

赵逵夫：《先秦文学编年史》，商务印书馆 2010 年版。

赵逵夫：《先秦文论全编要诠》，人民文学出版社 2010 年版。

张怀通：《〈逸周书〉新研》，中华书局 2013 年版。

三、研究论文类

钱穆：《周官著作时代考》，《燕京学报》1932 年第 11 期。

章太炎：《章太炎讲授〈文心雕龙〉纪录稿两种（整理稿）》，载黄霖编著：《文心雕龙汇评》，上海古籍出版社 2005 年版。

傅斯年：《春秋战国之际为什么诸家并兴》，《傅斯年"战国子家"与〈史记〉讲义》，天津古籍出版社 2007 年版。

容肇祖：《占卜的源流》，《国立中央研究院历史语言研究所集刊》第一本第一分册，商务印书馆 1928 年版。

张秉权：《卜龟腹甲的序数》，《"中央研究院"历史语言研究所集刊》第二十八本上册，1956 年。

张政烺：《春秋事语解题》，《文物》1977 年第 1 期。

胡厚宣：《重论"余一人"问题》，《古文字研究》第五辑，中华书局 1981 年版。

黄惠焜：《祭坛就是文坛 —— 论原始宗教与原始文学的关系》，《思想战线》1981 年第 2 期。

易平：《〈左传〉中的传记体雏形》，《安徽师大学报》（哲学社会科学版）1982 年第 4 期。

〔美〕班大为（David W. Pandenier）：《从天象上推断商周建立之年》（1982），载班大为：《中国上古史实揭秘：天文考古学研究》，徐凤先译，上海古籍出版社 2008 年版。

郑良树：《论〈左传〉"君子曰"非后人附益》，载郑良树：《竹简帛书论文集》，中华书局 1982 年版。

骆玉明：《论"不歌而诵谓之赋"》，《文学遗产》1984 年第 2 期。

王和：《论〈左传〉预言》，《史学月刊》1984 年第 6 期。

李学勤：《光山黄国墓的几个问题》，《考古与文物》1985 年第 2 期。

田余庆：《说张楚 —— 关于"亡秦必楚"问题的探讨》，《历史研究》1989 年第 2 期。

马积高：《略论赋与诗的关系》，《社会科学战线》1992 年第 1 期。

王和：《〈左传〉材料来源考》，《中国史研究》1993 年第 2 期。

胡煦：《卜法详考》，载李零主编：《中国方术概观（卜筮卷）》，人民中国出版社 1993 年版。

杨宽：《秦诅楚文所表演的"诅"的巫术》，《文学遗产》1995 年第 5 期。

于志勇：《新疆尼雅出土"五星出东方利中国"彩锦织文初析》，《西域研究》1996 年第 3 期。

孙遇安：《尼雅"五星锦"小识》，《文物天地》1997 年第 2 期。

叶舒宪：《〈山海经〉与禹、益神话》，《海南大学学报》1997 年第 3 期。

李小树：《先秦两汉讲史活动初探》，《贵州社会科学》1998 年第 2 期。

李学勤：《先秦儒家著作的重大发现》，《人民政协报》1998 年 6 月 8 日；又载《中国哲学》第二十辑，辽宁教育出版社 1999 年版。

刘师培：《论古今学风变迁与政俗之关系》，原载《政艺通报》1907 年第 13、14、15 号，收入《左盦外集》卷九；又载朱维铮编：《刘师培辛亥前文选》，生活·读书·新知三联书店 1998 年版。

刘师培：《补古学出于史官论》，载朱维铮编：《刘师培辛亥前文选》，生活·读书·新知三联书店 1998 年版。

郭沫若：《古代的"五四运动"——论古代文学》，载郭平英选编：《豕蹄内外》，浙江人民出版社 1998 年版。

孙昌武：《研究古典散文的几点意见》，中国古代散文学会简报（1998 年 3 月）。

谭家健：《近十年中国古典散文史研究著作述要》，《书目季刊》1998 年第 4 期。

〔美〕艾兰：《〈尚书〉一段散佚篇章中的旱灾、人祭和天命》，《早期中国历史思想与文化》，杨民等译，辽宁教育出版社 1999 年版。

朱晓海：《某些早期赋作与先秦诸子学关系证释》，载《第四届赋学研讨会论文集》，江苏教育出版社 1999 年版。

叶舒宪：《方物：〈山海经〉的分类编码》，《海南师范学院学报》2000 年第 1 期。

胡新生：《试论春秋时期贵族昏礼中的"三月庙见"仪式》，《东岳论丛》2000 年第 4 期。

李学勤：《清华简九篇综述》，《文物》2000 年第 5 期。

刘跃进：《走出散文史研究的困境——20 世纪中国散文史研究的回顾与展

望》，载《人文论丛》2001 年卷，武汉大学出版社 2002 年版；又收入《走向通融：世纪之交的中国古典文学研究》，知识产权出版社 2005 年版。

李学勤：《周文王遗言》，《光明日报》2009 年 4 月 13 日。

齐思和：《周代锡命礼考》，《中国史探研》，河北教育出版社 2000 年版。

钱逊：《传统的人生价值观及其现代意义》，《洛阳大学学报》2000 年第 1 期。

李零：《秦骃祷病玉版的研究》，《中国方术续考》，东方出版社 2001 年版。

万晴川：《明清小说中的人物形貌描绘与相人术》，《西北师大学报》（社会科学版）2001 年第 5 期。

秦彦士：《〈墨子〉与诸子议论散文的历史演进》，《墨子考论》，巴蜀书社 2002 年版。

韩高年：《三代史官传统与古史传述方式》，《社会科学战线》2002 年第 4 期。

韩高年：《先秦仪式展演与赋体的生成 —— 对赋体形成过程的发生学考察》，《求是学刊》2005 年第 5 期。

韩高年：《春秋卿大夫的文献整理及其文化意义》，《西北师大学报》2009 年第 5 期。

王和：《〈左传〉的成书年代与编纂过程》，《历史研究》2003 年第 4 期。

王和：《〈左传〉中后人附益的各种成分》，《北京师范大学学报》2011 年第 4 期。

杨天宇：《西周郊天礼考辨二题》，《文史哲》2004 年第 3 期。

张岩：《〈孔子家语〉研究综述》，《孔子研究》2004 年第 4 期。

沈长云、李晶：《春秋官制与〈周礼〉比较研究 —— 〈周礼〉成书年代再探讨》，《历史研究》2004 年第 6 期。

罗新慧：《尚"文"之风与周代社会》，《中国社会科学》2004 年第 1 期。

张高评：《〈左传〉预言之基型及其作用》，《春秋书法与左传学史》，上海古籍出版社 2005 年版。

童书业：《周代谥法》，《春秋左传研究》（校订本），中华书局 2006 年版。

葛志毅：《〈左传〉"君子曰"与儒家君子之学》，《河北学刊》2010 年第

6 期。

沈文倬:《略论礼典的实行与〈仪礼〉书本的撰作》,《文史》第十五、十六辑,中华书局 1982 年版。

王晖:《清华简〈保训〉"中"字释义及其主题思想》,《清华简研究》第一辑,中西书局 2012 年版。

冯时:《清华简〈金縢〉书文本性质考述》,《清华简研究》第一辑,中西书局 2012 年版。

〔美〕夏含夷:《兴与象 —— 简论占卜和诗歌的关系及其对〈诗经〉和〈周易〉形成之影响》,《兴与象:中国古代文化史论集》,上海古籍出版社 2012 年版。

陈慧:《保君德训向"中求" —— 读清华简〈保训〉》,载陈致主编:《简帛·经典·古史》,上海古籍出版社 2013 年版。

张岩:《春秋战国文体源流考略》,载曹顺庆主编:《迈向比较文学新阶段 —— 中国比较文学学会第六届年会暨国际学术研讨会论文选》,四川人民出版社 2000 年版。

张岩:《〈国〉、〈左〉文体与王官之学》,载陈明等主编:《新原道》第 2 辑,大象出版社 2004 年版。

赫琰:《春秋时期鲁国臧文仲的思想及文学》,《社科纵横》2007 年第 8 期。

汪杏岑:《〈左传〉"君子"评论之文学研究》,《巢湖学院学报》2009 年第 2 期。

陈槃:《春秋列国的教育》(重定本),载《旧学旧史说丛》,上海古籍出版社 2010 年版。

王泽文:《春秋时期的纪年铜器铭文与〈左传〉的对照研究》,中国社会科学院研究生院 2002 年博士学位论文。

夏德靠:《先秦"家语"文献源流及其文体嬗变 —— 兼论上古文人集团现象》,《广西社会科学》2014 年第 1 期;又见中国人民大学书报资料中心:《中国古代、近代文学研究》2014 年第 4 期。

附　录

春秋文章作者及作品篇目

作者	作品篇目
周平王	命晋文侯 驿旄之盟 命秦襄公
石碏	谏宠州吁 告陈桓公书
臧僖伯	谏观鱼
郱行人	请郑伐宋书
鲁隐公	辞宋使者
众仲	对齐告成三国
郑庄公	城颍誓 使许大夫百里奉许叔居许东偏 使公孙获处许西偏 郑鲁越之盟
臧哀伯	谏纳郜鼎
季梁	谏追楚师
楚文王	仆区之法
申缙	论名
鲁大夫	告齐杀彭生
鲁庄公	使吊宋水
祖朝	上书献公
由余	对诗书礼乐法度之问 以俭说道 论民亲上
士蔿	对晋献公责薪
杜原款	使小臣圉告申生
宋公子御说	对鲁庄公之吊
曹刿	谏观社

作者	作品篇目
周惠王	赐楚成王胙
管仲	对楚成王问师 论受郑子华 《管子》佚文
齐桓公	遗鲁书 葵丘盟 遇上令 令群臣 嫁娶令 禁厚葬令
鲍叔	塞道誓 为桓公祝
凫以疵	衅社献胙祝 授酒祝
晋惠公	衅社献胙祝 授酒祝
吕甥	请君于秦穆公
富辰	谏以狄伐郑 谏以狄女为后
司马子鱼	论用人于社
晋文公	誓子犯 合诸侯盟 践土之盟 令
鲁僖公	祷请山川辞
楚成王	号令国中 使问齐师 赐金与郑盟
王子虎	号令国中 使问齐师 赐金与郑盟
介子推从者	悬书宫门
胥臣	论教诲之功 请用冀缺
周襄王	使宰孔赐齐侯胙 命无下拜 告难 不许晋文公请隧 策命晋文公 止杀卫侯
周内史过	论晋君臣
内史兴	论晋文公必霸
礼至	以灭邢功为铭
臧文仲	告籴于齐 谏焚巫尪 谏卑邾 对周襄王告难 在齐密遗鲁公书
展禽	犒齐师 论祀爰居
柳下惠妻	柳下惠诔
宁俞	宛濮盟
烛之武	说秦伯
杞子	自郑使告于秦
绕朝	赠晋士会策
子家	使执讯与赵盾书
郤缺	清丘之盟
鲁宣公	以书授莒仆邑
里革	谏夏滥渊

续表

作者	作品篇目
王孙满	对楚庄王问鼎
楚庄王	初即位令国中 又令 葬马令 茅门法 使告唐惠侯 论不为京观 勤箴 与宋人盟
申叔时	论县陈 论傅太子 戒子反慎战
蒍敖	将死戒其子
士贞子	谏讨荀林父
卫大夫	杀孔达告诸侯书
宋文公	使华元告楚子反
郑襄公	行成于楚
解扬	对楚子
周定王	论不用全烝之故 使辞巩朔献齐捷
单襄公	论陈必亡 论晋君臣 论晋周将得晋国
刘康公	论成子不敬
齐顷公	行成于晋
郤克	誓河
巫臣	自晋遗子重、子反书
伯宗	论伐狄
子反	命军吏
士燮	与楚盟宋西门之外 论外患与内忧
赵朔妻	置儿绔中祝
晋厉公	绝秦书 以杀三郤辞于栾书、中行偃
宾媚人	对晋人
苗贲皇	徇于军
雍子	发命于军
太子晋	谏雍川
季文子	论齐侯无礼 更书逐莒仆 论出莒仆 语晋韩穿 戒子 盟东门氏 盟叔孙氏
公子騑	以从楚告于晋 同盟于戏载书
荀罃	伐郑令于诸侯
知罃	伐郑令于诸侯
楚共王	请谥命大夫
子囊	谏楚共王伐晋 楚共王谥

作者	作品篇目
戎子驹支	对范宣子
魏绛	授仆人书 论和戎 辞金石之乐
荀偃	械林令 温之盟 祷河 督杨盟
栾盈	奔楚过周辞于周行人
周灵王	赐齐灵公命
公孙舍之	以服晋告于楚
卫献公	命宁喜 赐柳庄
大叔仪	对鲁襄公之吊 论宁喜置君
鲁襄公	使厚成叔吊于卫
赵武	请免叔孙豹
叔孙豹	答晋侯问乐 论三不朽
师旷	论卫人出君 论石言 论乐
季孙宿	玺书告取卞 以书告叔孙豹殡 盟臧氏
晋平公	授郑公孙段策 逐栾盈下令国人 求谏令国中
公子比	下法死灵王
士弱	同盟于戏载书
臧武仲	论铭功 论诘盗
祁奚	请免叔向
蔡声子	请复椒举
北宫文子	论威仪
楚灵王	求诸侯于晋
司马侯	论三不殆 论鲁侯不知礼
申丰	论藏冰之道
蓬启强	论辱晋 召鲁侯落章华之台
申无宇	论公子围 论执逃臣 论城陈、蔡、不羹
伍举	论台美而楚殆
左史倚相	规申公
观从	令干溪师众
公孙侨	对晋征朝 寓书以告士匄 对晋人问献捷 请秦释印堇父 论小国不为坛 对晋让坏垣 论毁乡校 论尹何为邑 论晋侯疾 复叔向书 论伯有为厉 平丘争承答韩宣子买环 对晋边吏让登陴 对晋人问立驷乞

续表

作者	作品篇目
周景王	追命卫襄公 以阎田辞于晋
楚平王	过郑誓
王子朝	使告于诸侯
羊舌肸	论单靖公 谏杀竖襄 论以忠信谋诸侯 论务德无争先 论忧德不忧贫 论晋公室 诒郑子产书 论楚克蔡 论单子将死 论楚干得国 诈为苌弘卖周书
子太叔	对楚人 对赵简子问礼 对晋人诘吊礼
单穆公	对楚人 对赵简子问礼 对晋人诘吊礼
孟僖子	语大夫
沈尹戌	论子常城郢 论费无极
卫灵公	公叔文子诔
郯子	与昭子论官
史墨	论季氏出其君 论良臣 论龙
季孙斯	被拘以爪锼馈器版
祝佗	争先蔡
吴王阖庐	作金钩令 下令孙武
孙武	令队长 算经序 孙子占 孙子兵法·九地 孙子八阵图 三十二垒经·灵辅 《孙（武）子兵法》佚文［附录］一《孙（武）子兵法》佚文《计》篇《作战》篇《谋攻》篇《形》篇《势》篇《军争》篇《九变》篇《地形》篇《九地》篇［附录］二《孙子兵法》佚文
蔡昭侯	誓报楚
董安于	书赵简子梦之帝所事 又书子晰事
鲁定公	命孔子为司寇
晏子	与崔、庆誓 与子尾论富 与叔向论齐政 谏诔祝史 论和同 谏禳彗星 楹书《晏子春秋》佚文［附录］
齐景公	请继室于晋 禁言归令
臧昭伯	盟从者载书
斗且	论子常必亡
齐人	夹谷之盟加于载书
观射父	论绝地天通
蓝尹亹	告子西
王孙圉	论国之宝
伍员	谏吴王许越成 谏伐齐 江上丈人祝 水战法

作者	作品篇目
老子	《老子》佚文［附录］
老莱子	矜知规仲尼　论齿舌刚柔　生寄死归论　隐志
孔丘	论赏仲叔于奚　论政宽猛　论晋铸刑鼎　论田赋　夹谷之盟对齐加于载书　为哀公下救火令　观吴季札之子葬题字　逸论语·问王［附录］逸论语·知道《论语》佚句　孔子集语［附录］
赵鞅	铁誓　戒二子书
阳虎	议
卫庄公	战祷
周敬王	请城成周
吴王夫差	礼越王令　输越粟令　免卫君令　伐齐令　告诸大夫　黄池之盟　告劳于周　矢书射文种蠡军　行成于越
鲁哀公	归齐国书元寘书篋上　孔子诔
沈诸梁	顾命
申叔仪	乞粮于鲁公孙有山氏
孔悝	鼎铭
鄩肹	为蒯聩告即位于周
王孙骆	移记公孙圣
邮无正	论垒培
越王句践	行成于吴　属诸大夫告　与群臣盟　誓众　与国人誓　号令三军　试下救火令伐吴令　伐吴命有司大令于国　命于国　入命夫人　命大夫　斩有罪者徇于军　一徙舍斩有罪者徇于军　再徙舍斩有罪者徇于军　至御儿斩有罪者徇于军　命有司大徇于军　一徇于军　再徇于军　三徇于军　斩有罪者以徇　命有司大徇于军　诀令国中不行者　徇于军　陈严法诛有罪者徇于军　誓范蠡　封范蠡
计然	阴谋　富国　内经《计然》佚文《范子计然》佚文
范蠡	与越王为吴王寿　为书辞句践　为书辞句践　自齐遗文种书　自齐遗文种书　养鱼经［附录］作鱼池法《范蠡》佚文
文种	行成于吴　固陵祖道祝词　文台进祝酒辞　矢书答吴王
伯嚭	遗文种书
宋大尹	少寝之庭盟
乐茷	宋三族之盟
子贡	对吴召季康子　对吴请寻盟　请释卫侯　对齐陈成子馆客　宓子贱治单父［附录］
漆雕子	漆雕之议　论臧氏三大夫之贤　论情性

作者	作品篇目
曾子	论观君子于道路　论孝行《曾子》佚文　立事　本孝　立孝　大孝　事父母　制言上　制言中　制言下　曾子疾病　天圆
子思子	孔思请行　论人主自臧《子思子》佚文　坊记　中庸　表记　缁衣
司星子韦	论断荧惑三徙　论灾异　论星野

后　记

　　进入 2000 年以来，中国古代文体学的研究呈现出十分繁荣的景象，通观时贤们的研究论著，大部分集中在对中国古代文章各体的本体特征、秦汉以后各时代有关作家文体创作特点，以及文体辨析和批评等相关问题的研究。大家讨论的范围，是以《文心雕龙》《文选》《文体明辨》等文体批评著作为中心展开的；有的学者和有关论著也涉及到《汉书·艺文志》以来的目录学传统，下及魏晋以后文集编纂实践和理论。上述研究对于构建符合中国古代文章创作和批评实际的文章学体系和文体学理论体系，均具有重要的意义和价值。

　　2002 年前后，因为要协助业师赵逵夫先生完成《先秦文学编年史》的“春秋”部分，我尝试从“篇”的角度出发，对先秦散文文献进行了较为系统的研读。受《文心雕龙》文体诸论和明清古文选本《文章正宗》《古文观止》等的启发，运用“裁篇别出之法”，对以往视为一部书整体进入散文史叙述视野的《尚书》《逸周书》《左传》《国语》《礼记》以及先秦诸子的篇章及其文体，进行归类式辑录和研究。当时这样做的目的，就是想打破这些“书”的框框，把其中的“篇”裁取出来，确定其文体，考订其创作时间，纳入到“编年体文学史”的时空坐标中去，从而展现先秦各类文章文体创作的轨迹，呈现先秦散文发展的重要成就。在完成上述工作的过程中，我发现了一个规律，春秋时代的各类文体，大多都是从“口宣文体”转录为“书面文体”。而这背后的原因，则是春秋时代因为诸侯国现实政治的需要和思想界学术传承的吁求而兴起的对前代典籍文化的整理之风。比如多见于《左传》《国语》的春秋时代的“讽谏语”，就是在春秋时代对西周以来盛行的讽谏活动的制度化以后产生的，而其由"口宣文体"转变为"书面文体"则是出于编纂"嘉言善语"以资为政为学之需的现实需求所致。

有幸生在一个学术资讯丰富和学术交流便捷的时代,使我能在完成《先秦文学编年史》的同时,接触到中国古代文体学研究的前沿信息,并从思想上受到很大的启示。现在呈现在读者面前的这部《礼乐制度变迁与春秋文体演变研究》,就是我因受启发而尝试探索春秋时代文体生成演变规律的一个不成熟的成果。2009年这个题目获得国家社科基金项目立项资助,到2015年结项,中间迁延数年,进展很缓慢。课题结项后,不断有新材料出现,我又对书稿进行了多次的修改打磨。然而,对于春秋时代的文体演变与礼乐制度的关系,以及相关问题的研究,还有很多不足,还不能说是达成了当初的设想。原来考虑尝试两个"打通",即时间上立足春秋,上溯春秋以前,下及战国;讨论范围上不局限于传统所谓"先秦散文",也旁及韵文。除传世文献外,也涉及近年新发现的出土文献。到了实际操作层面,才发现这样"打通"还有大量的工作要做,而且讨论的话题也远远超出了拙著目前所设计的论述框架。考虑再三,有关问题的讨论,留待他书再论。

特别感谢《文学遗产》《文学评论》《文史哲》《复旦学报》《扬州大学学报》等学术刊物,拙著中的部分篇章得以刊出,使我有机会在项目完成前先期求教于学界师友。还要感谢台湾成功大学的张高评教授,2014年5月,在辅仁大学中文系承办的"先秦两汉文学国际学术研讨会"上,张先生对我提交的论文《文类视阈下的先秦预言及其文学意义》给予了许多中肯的批评指正,让我获益良多。还要特别感谢中山大学吴承学先生,他的《中国古代文体学研究》等一系列论著,以及举办的中国古代文体学的研讨会,为构建中国古代文体学的理论体系有卓越的贡献,也对我完成课题研究有很大的启示。拙稿编校出版之际,正值新冠疫情肆虐,吴先生客居美国,慨然赐序,奖掖后学之情怀,令我感动和倍受鼓舞。

拙著得以面世,还要感谢西北师范大学中国语言文学优势学科经费的支持。商务印书馆关杰编辑严谨、专业的编校工作,使拙著增色;博士生张安,硕士生赵军贤、祁洋、赵进彪、张晓琳、乔静静帮我校对引文,消除了很多错误。在此一并表达谢意。

完成一个研究课题，很像是结束一段旅程！只有亲历者，才真正知道其中艰难和喜悦混杂的体验。拍拍身上的灰尘，眺望夕阳里的黄河东流。就让这种痛并快乐的感受指引着我，开启下一段学术探索之旅吧！

韩高年

2020 年 7 月 22 日